| 应急管理前沿系列 |

应急规划与管理

EMERGENCY PLANNING AND MANAGEMENT

李湖生 ◎著

机械工业出版社
CHINA MACHINE PRESS

图书在版编目（CIP）数据

应急规划与管理 / 李湖生著 . —北京：机械工业出版社，2022.10
ISBN 978-7-111-71623-5

I. ①应… II. ①李… III. ①突发事件 - 公共管理 - 研究 IV. ①D035.29

中国版本图书馆 CIP 数据核字（2022）第 174290 号

　　本书面向公共安全与应急管理相关领域的本科生、硕士研究生，为了满足教学需要，全面系统地介绍了应急规划与管理的基本概念、应急规划的理论与方法、应急规划的基本过程、应急规划的实施与管理等专业知识，以及防灾减灾、应急准备、应急响应、恢复重建等相关规划的基本定位、相关主体和主要内容等。本书既可作为高等院校的专业课教材，也可供从事应急管理相关工作的政府机关和企事业单位领导干部及专业技术人员学习参考。

出版发行：机械工业出版社（北京市西城区百万庄大街 22 号　邮政编码：100037）
策划编辑：孟宪勐　　　　　　　　　　　　责任编辑：高珊珊
责任校对：李小宝　李　杉　　　　　　　　责任印制：单爱军
印　　刷：北京联兴盛业印刷股份有限公司
开　　本：185mm×260mm　1/16　　　　　印　张：22.75
版　　次：2023 年 6 月第 1 版第 1 次印刷
书　　号：ISBN 978-7-111-71623-5
定　　价：69.00 元

客服电话：（010）88361066　68326294

版权所有·侵权必究
封底无防伪标均为盗版

FOREWORD
总　序

当前，随着世界经济和人口的迅速增长，人类社会面临着全球环境变化带来的严峻挑战。关注全球变化、保护地球气候，实现人类社会的可持续发展，是包括中国在内的全人类义不容辞的责任。

我国是世界上自然灾害最为严重的国家之一，灾害种类多、分布地域广、发生频率高、造成损失重。安全生产仍处于爬坡过坎期，各类安全风险隐患交织叠加，生产安全事故仍然易发多发，应急管理体系和能力与国家治理体系和治理能力现代化的要求存在很大差距。

高层次人才匮乏是我国应急治理现代化的主要制约因素之一。加强应急管理体系和能力建设，大力培养应急管理人才，加强应急管理学科建设，对于维护国家安全、实现可持续发展等具有重要意义。目前我国应急管理行业存在应急救援力量不足，应急管理专业人才培养滞后，人才创新能力不强，现代化的指挥人才和实战经验丰富的专家不足等问题。应急管理事关人民生命和财产安全，专业性、实用性、技术性要求强，基于"全灾种、大应急"的现实需求和应急管理学科交叉的融合特征，需要按照应急管理能力与体系现代化的要求，培养"全要素、全流程、立体化、全方位"的高层次复合型的专业人才。

在教育部等部门的推动下，高等院校的应急管理专业建设和人才培养取得了一定的成果。中国科学院大学是国内最早开展应急管理研究和人才培养的高等院校之一。2003年开办突发事件应急管理研究讨论班，2004 年开始招收突发事件应急管理方向的项目管理工程硕士，2005 年 10 月发起成立中国优选法统筹法与经济数学研究会应急管理专业委员会，2006 年以来连续举办 17 届国际应急管理论坛，在应急管理的学科建设和人才培养上做出了显著贡献。

高质量的学科建设和教学需要高质量的教材。近几年，国内应急管理方面的图书出版得比较多，但仍然欠缺适用于应急管理学位教育和复合型创新人才培养的教材。中国科学院大学应急管理科学与工程学院、中国科学院大学江海智慧安全应急联合实验室、中国优选法统筹法与经济数学研究会应急管理专业委员会、机械工业出版社等单位通过专家研讨、社会调研等方式，广泛征求了各方的意见，同心协力，密切合作，终于使"应急管理前沿系列"图书顺利面世。我衷心希望从事应急管理研究、实践的专业人士和高等院校有关专业的师生，进一步挖掘中国应急管理的优势和特长，开拓进取，努力建设具有中国风范的应急管理学派，为防灾减灾和人类福祉贡献自己的智慧！

中国科学院院士

2023 年 1 月 27 日

PREFACE
前言

2021年4月中旬，机械工业出版社组织策划出版"应急管理前沿系列"图书，邀请教授和专家学者参与教材的写作。中国科学院大学的姜卉教授将出版社的征求意见函转给我，问我是否有兴趣参与写作。我看了出版社初步拟出的教材编写书目，感觉是一套比较全面系统的应急管理教材编写计划，如果顺利完成可以弥补当前高校应急管理相关专业教材的严重短缺，是一件非常有意义的事情。虽然我自己目前不在高校工作，没有编写和选择教材的需求，但当我看到专业必修课教材名录中的《应急规划与管理》时，我还是"毛遂自荐"承担了这部教材的写作任务。后面经与机械工业出版社的编辑对接，填写教材选题申报表、编写教材大纲等，顺利通过审批流程，进入书稿写作阶段。

为什么我愿意主动承揽这样一件"吃力不讨好"的差事呢？因为从2005年下半年开始，我就有幸承担了国家发展和改革委员会经济运行调节局委托的《国家突发公共事件应急响应体系建设规划》的研究任务，以及2006年由国务院应急管理办公室与国家发展和改革委员会经济运行调节局共同组织的《"十一五"期间国家突发公共事件应急体系建设规划》编制的技术支持工作。当时，应急管理在我国才刚刚起步，《"十一五"期间国家突发公共事件应急体系建设规划》是我国第一个综合性的应急体系建设规划，规划应该包含哪些内容，怎么编制，既没有先例可循，也没有多少可参考的资料，只能"摸着石头过河"，边学习，边摸索，边形成初步的框架，经过一遍又一遍推倒重来，反复讨论修改，才逐步打磨出基本得到认可的稿子。

此后，我又继续承担了"十二五"至"十四五"期间多个国家和地方应急体系建设规划编制的技术支持工作，参与了国家及许多地方应急预案的编制、修订、评审等工作。在此过程中，我比较深入地了解了我国应急体系建设的相关情况，也对我国应急体系的基本框架、规划目标、总体布局、主要任务和重点项目等问题做过一些研究和思考，见证了我国应急体系建设的快速发展和重大成就。但同时，我也深感在应急体系规划建设的相关理论、方法和工具方面存在很大不足，规划的编制主要还是依靠专家及各方面的经验和直观判断，以及相关部门和地方提出的各种需求和建议，然后再进行综合平衡，规划工作主要是根据来料做"拼盘"，缺少可支撑规划的"菜系"和"菜谱"。2010~2013年，我主持承担了国家自然科学基金重大研究计划"非常规突发事件应急管理研究"重点项目"非常规突发事件应急准备体系的构成及其评估理论与方法"（项目号：90924303），从应急准备战略规划理论与方法、应急准备系统组成与体系结构、应急通用任务与目标能力、应急准备评估理论与方法、应急准备文化的内涵与特征等五个方面系统研究了应急准备体系的相关理论与方法，参考国内外的经验和做法，初步提出了以应急能力为核心的基于"情景－任务－能力"的应急规划方法，并在一些规划项目中应用，取得了一些成效，项目研究成果形成的专著《应急准备体系规划建设理论与方法》也于2016年由科学出版社出版。由于专著的篇幅有限，关于应急规划的内容不是很全面系统，有些内容还只是理论构想或一般性描述，也不太适合作为教材使用。通过项目研究和相关技术支持工作，我查阅并积累了大量的相关资料，为本书的写作打下了一定的基础。

近年来，随着我国经济社会快速发展和人民群众对安全与健康的要求不断提高，应急管理工作的重要性日益凸显。特别是2018年国家机构改革，组建应急管理部和各级应急管理部门，防灾减灾、安全生产和应急救援等应急管理理论与实践不断走向融合，应急管理学科正处于形成和发展的重要阶段，而应急管理人才培养又是满足社会迫切需求和学科发展的重要基础和保障。当前，应急管理人才的培养与需求之间仍存在很大的差距，既具备现代应急管理理念和知识，又精通应急管理专门业务和技术手段的复合型人才依然十分短缺。我从2019年起被借调到应急管理部办公厅，从事应急管理相关政策文件和专题报告的调研、起草和技术支持等工作，也算是这种现象的直接反映。在这样的形势下，许多大学纷纷开设应急管理相关专业，甚至成立应急管理学院，应急管理部正筹建中国应急管理大学。由于应急管理专业尚处于初期建设阶段，不同的高校有着不同的行业背景、不同的培养方向，在学生培养计划和课程方案方面也有着较大的差别，目前还没有形成科学完善的专业课程体系，相关教材更是东拼西凑、参差不齐。我曾在大学做过十多年老师，也先后参与了多部专业教材的编写，对于教学与教材的编写也算有一些经验。以上这些都可算是我与这本《应急规划与管理》教材之间的因缘，也是我写作这本书的初衷。

包括应急预案在内的应急规划是应急管理最重要的基础性工作，也是应急管理工作的重要抓手。学习掌握应急规划相关的理论、方法、技术和技能，对于应急管理专业学生以及从事应急管理工作的人员都十分重要。因此，"应急规划与管理"课程是应急管理相关专业的重要专业必修课程之一，同时也是一门涉及应急科学、安全科学、管理学、政策学等多学科交叉的课程。目前，国内还没有见到专门的"应急规划与管理"教材，只见到有从系统工程角度谈应急资源规划的教材，或者仅限于应急预案编制与管理的一些教材。国际上，美国亚利桑那州立大学教授罗纳德·W.佩里（Ronald W.Perry）和得克萨斯农工大学教授米切尔·K.林德尔（Michael K.Lindell）于2006年出版了一本《应急规划》（*Emergency Planning*）教材，就我所知应是应急规划领域第一本，也很可能是唯一一本专业教材。该书主要内容是在介绍人类灾难行为规律的基础上，重点介绍编制应急预案和人员疏散计划的相关理论与方法，同时介绍与预案相关的美国应急管理体系、应急组织体系、应急指挥中心（EOC）等，但没有涉及防灾减灾、应急体系建设和恢复重建等相关的应急规划内容，并且书中针对美国国情的一些内容可能也不适用于中国，故不太适合作为国内的教材。

在本书写作过程中，首先要解决书的内容框架问题。通过查阅大量资料，结合我国应急相关规划的实际情况，最后确定了大致的内容框架，将内容划分为四个板块：应急规划与管理的基础知识，应急规划理论、方法与过程，各类应急规划的内容与要求，应急规划实施与管理；在具体应急规划方面，围绕应急管理全过程，分为防灾减灾、应急准备、应急响应、恢复重建四类分别进行介绍。

本书共分9章。第1章应急规划与管理概述，介绍规划与管理的基本概念、应急规划的基本概念、应急规划与管理的现状及发展趋势。第2章应急规划的理论与方法，介绍应急规划的基础理论、应急管理基本理论、应急规划的基本思维方法、应急规划常用技术方法、应急规划理论学说。第3章应急规划方法与工具，介绍应急规划方法概述、应急情景清单及情景构建、通用应急任务清单、核心应急能力清单、"情景-任务-能力"清单的应用。第4章应急规划的基本过程，介绍应急规划基本过程概述、应急规划的需求定义、应急规划的编制、应急规划的实施、应急规划的维护更新。第5章防灾减灾相关规划，介绍防灾减灾规划概况，综合防灾减灾规划，单灾种防灾减灾规划，城市综合防灾规划的基本定位、相关主体和主要内容。第6章应急准备建设相关规划，介绍应急准备建设规划概况，应急体系建设规划，应急队伍建设规划，应急物资储备规划的基本定位、相关主体和主要内容。第 7 章应急响应相关规划，介绍应急响应规划概况，应急预案、应急行动方案的基本定位、相关主体和主要内容。第 8 章恢复重建相关规划，介绍恢复重建规划概况、灾前恢复重建规划、灾后恢复重建规划、业务连续性规划的基本定位、相关主体、主要内容和示例。第 9 章应急规划的实施与管理，介绍应急规划实施组织管理、应急响应相关规划的实施与管理、应急能力建设类规划的实施与管理、应急规划的持续改进。

本书的编写完全属于个人的"自选动作"，只能在完成日常工作的前提下"见缝插针"地利用所有业余时间来写作。自 2021 年 5 月开始写作以来，几乎所有周末和节假日、每天晚上 12 点之前的时间，都投入到本书的写作之中。其间，7 月 20 日河南郑州发生特大暴雨灾害造成重大人员伤亡和财产损失，8 月初国务院决定成立调查组对灾害应对情况进行调查评估，我作为专家组秘书组成员全程参与了调查评估工作，并参与专家组评估报告的撰写和统稿工作；其间 2 个多月，几乎所有精力都放在了这件事上，教材写作只能暂时放下。好在教材写作的相关材料基本齐备，正如鲁迅先生所说"时间就像海绵里的水，只要愿挤，总还是有的"，在牺牲几乎所有节假日和大量睡眠时间之后，总算基本按计划完成了书稿，了却了心中的一个大愿。

在本书写作期间，我对家人、亲属和朋友们多有疏忽，特别是三岁多的孙女"豆豆"宝贝，由于这一年来见面次数太少，早已不认我这个爷爷了。在此，首先，要特别感谢家人、亲属和朋友们的鼓励、宽容、支持和帮助！其次，要特别感谢应急管理部办公厅吕红频主任给我提供了一个宽松的工作环境。再次，要特别感谢中国科学院大学姜卉教授的热心推荐、机械工业出版社编辑的辛勤工作，没有你们就不会有这本书的面世。最后，还要特别感谢本书撰写中所参考的大量文献资料的作者们，书中未能一一列明，在此一并说明并致谢！

虽然花费了大量时间和精力，但因时间紧张和水平有限，一些内容未及深入思考和完善，留下不少遗憾。书中必定存在许多问题和不足，恳请读者批评指正。

李湖生

2022 年 6 月 5 日夜

于北京平安嘉苑寓所

SUGGESTION
教 学 建 议

课程简介

　　本课程全面系统地介绍应急规划与管理的基本概念，应急规划的理论与方法、应急规划的基本过程、应急规划的实施与管理等专业知识，以及防灾减灾、应急准备、应急响应、恢复重建等相关规划与管理的基本知识等。通过本课程的学习，要求学习者掌握应急规划与管理的基本理论和方法，形成应用规划理论、方法和技术，分析解决实际应急管理问题的核心专业能力，初步掌握组织或参与应急规划编制、实施和管理的专业技能。

前期需要掌握的知识

　　管理学、应急管理概论等课程相关知识。

课程内容框架与课时建议

　　本课程内容包括四个板块：应急规划与管理的基础知识，应急规划理论、方法与过程，各类应急规划的内容与要求，应急规划实施与管理。第一板块包括第 1 章，第二板块包括

第2章至第4章,第三板块包括第5章至第8章,第四板块包括第9章。

下面给出少课时(40学时)和多课时(72学时)两类课时建议,少课时可以适当减少标星号(*)部分内容的讲授;具体课时和学习内容可根据实际情况进行调整。

本书每章都列出了一些复习思考题,以供在阅读和学习过程中作为内容提示并激发思考,每章还列出了一些延伸阅读的推荐文献,希望对大家的学习能够有所助益。

内容板块	章	主要内容	建议课时1	建议课时2
1. 应急规划与管理的基础知识	第1章 应急规划与管理概述	1.1 规划与管理的基本概念 1.2 应急规划的基本概念 1.3 应急规划与管理的现状及发展趋势*	4	6
2. 应急规划理论、方法与过程	第2章 应急规划的理论与方法	2.1 规划基础理论 2.2 应急管理基本理论 2.3 应急规划的基本思维方法* 2.4 应急规划常用技术方法* 2.5 应急规划理论学说	6	8
	第3章 应急规划方法与工具	3.1 应急规划方法概述 3.2 应急情景清单及情景构建 3.3 通用应急任务清单* 3.4 核心应急能力清单* 3.5 "情景-任务-能力"清单的应用	4	8
	第4章 应急规划的基本过程	4.1 应急规划基本过程概述 4.2 应急规划的需求定义 4.3 应急规划的编制 4.4 应急规划的实施 4.5 应急规划的维护更新	2	4
3. 各类应急规划的内容与要求	第5章 防灾减灾相关规划	5.1 防灾减灾规划概况 5.2 综合防灾减灾规划 5.3 单灾种防灾减灾规划* 5.4 城市综合防灾规划*	4	10
	第6章 应急准备建设相关规划	6.1 应急准备建设规划概况 6.2 应急体系建设规划 6.3 应急队伍建设规划* 6.4 应急物资储备规划*	6	10
	第7章 应急响应相关规划	7.1 应急响应规划概况 7.2 应急预案 7.3 应急行动方案*	6	10
	第8章 恢复重建相关规划	8.1 恢复重建规划概况 8.2 灾前恢复重建规划 8.3 灾后恢复重建规划 8.4 业务连续性规划*	4	10
4. 应急规划实施与管理	第9章 应急规划的实施与管理	9.1 应急规划实施组织管理 9.2 应急响应相关规划的实施与管理 9.3 应急能力建设类规划的实施与管理* 9.4 应急规划的持续改进	4	6
合计			40	72

CONTENTS
目 录

总序
前言
教学建议

第 1 章　应急规划与管理概述　　　　　　　　　　　　　　1

1.1　规划与管理的基本概念　　1
1.1.1　规划的基本概念　　1
1.1.2　管理的基本概念　　4
1.1.3　规划与战略　　5
1.1.4　规划与社会管理　　7

1.2　应急规划的基本概念　　10
1.2.1　应急的概念　　10
1.2.2　应急管理的概念　　12
1.2.3　应急管理的目的　　15
1.2.4　应急规划的概念　　17

1.3　应急规划与管理的现状及发展趋势　　19
1.3.1　应急规划与准备思想的萌芽　　20
1.3.2　国际应急规划与管理现状及发展趋势　　22

1.3.3　我国应急规划与管理现状及发展趋势　28

复习思考题　31

延伸阅读　31

第 2 章　应急规划的理论与方法　32

2.1　规划基础理论　32
2.1.1　规划理论概述　32
2.1.2　规划参与者　33
2.1.3　规划过程　33
2.1.4　规划的组织　34

2.2　应急管理基本理论　34
2.2.1　以人为本的基本理念　34
2.2.2　系统思维的综合管理理论　35
2.2.3　源头治理的风险管理理论　36
2.2.4　底线思维的情景规划理论　37
2.2.5　分级负责的应急响应理论　38
2.2.6　应急管理生命周期理论　38

2.3　应急规划的基本思维方法　39
2.3.1　宏观思维方法　39
2.3.2　基于经验与问题的思维方法　40
2.3.3　基于威胁与情景的思维方法　40
2.3.4　基于能力与目标的思维方法　41

2.4　应急规划常用技术方法　41
2.4.1　系统分析技术　41
2.4.2　SWOT 分析技术　43
2.4.3　情景规划技术　44
2.4.4　专家调查（德尔菲）法　45
2.4.5　模拟仿真技术　46

2.5　应急规划理论学说　48
2.5.1　理论学说的基本概念　48
2.5.2　应急规划的基本思想　48
2.5.3　应急规划的基本原则　48
2.5.4　规划有效性评价准则　50

2.5.5	应急规划的分类	51
2.5.6	应急规划的分级	52
2.5.7	规划集成与衔接	53
2.5.8	应急规划体系框架	54

复习思考题 58

延伸阅读 59

第3章 应急规划方法与工具 60

3.1 应急规划方法概述 60
- 3.1.1 "情景－任务－能力"规划方法概述 60
- 3.1.2 "情景－任务－能力"规划基本过程 61

3.2 应急情景清单及情景构建 63
- 3.2.1 情景清单概述 63
- 3.2.2 情景构建过程 63
- 3.2.3 情景清单描述 64

3.3 通用应急任务清单 68
- 3.3.1 通用应急任务框架 68
- 3.3.2 预防使命领域通用任务 72
- 3.3.3 减灾使命领域通用任务 78
- 3.3.4 应急准备使命领域通用任务 84
- 3.3.5 监测预警使命领域通用任务 90
- 3.3.6 应急响应使命领域通用任务 93
- 3.3.7 恢复重建使命领域通用任务 104

3.4 核心应急能力清单 109
- 3.4.1 核心应急能力框架 109
- 3.4.2 预防使命领域核心应急能力 113
- 3.4.3 减灾使命领域核心应急能力 121
- 3.4.4 应急准备使命领域核心应急能力 128
- 3.4.5 监测预警使命领域核心应急能力 137
- 3.4.6 应急响应使命领域核心应急能力 140
- 3.4.7 恢复重建使命领域核心应急能力 157

3.5 "情景－任务－能力"清单的应用 163
- 3.5.1 情景清单的应用 163
- 3.5.2 通用应急任务清单的应用 163

第 4 章 应急规划的基本过程   166

    3.5.3 核心应急能力清单的应用   164
   复习思考题   165
   延伸阅读   165

- 4.1 应急规划基本过程概述   166
- 4.2 应急规划的需求定义   167
  - 4.2.1 明确规划需求   167
  - 4.2.2 规划任务分配   167
- 4.3 应急规划的编制   169
  - 4.3.1 调研与分析   169
  - 4.3.2 规划文本编写   171
  - 4.3.3 征求各方意见   172
  - 4.3.4 规划评审与批准   172
- 4.4 应急规划的实施   173
  - 4.4.1 规划发布   173
  - 4.4.2 规划推广   173
  - 4.4.3 规划应用   174
- 4.5 应急规划的维护更新   174
  - 4.5.1 应急规划的评估   174
  - 4.5.2 应急规划的修订   175
  - 4.5.3 应急规划的更新   176
- 复习思考题   177
- 延伸阅读   177

第 5 章 防灾减灾相关规划   178

- 5.1 防灾减灾规划概况   178
  - 5.1.1 防灾减灾的基本概念   178
  - 5.1.2 防灾减灾规划的类别   179
  - 5.1.3 防灾减灾规划的作用   181
- 5.2 综合防灾减灾规划   182
  - 5.2.1 规划基本定位   182
  - 5.2.2 规划相关主体   182
  - 5.2.3 规划主要内容   183

	5.3	单灾种防灾减灾规划	189
		5.3.1 规划基本定位	189
		5.3.2 规划相关主体	190
		5.3.3 规划主要内容	190
	5.4	城市综合防灾规划	197
		5.4.1 规划基本定位	197
		5.4.2 规划相关主体	198
		5.4.3 规划主要内容	198
	复习思考题		204
	延伸阅读		204
第6章	应急准备建设相关规划		206
	6.1	应急准备建设规划概况	206
		6.1.1 应急准备建设规划的概念	206
		6.1.2 应急准备建设规划的类别	207
		6.1.3 应急准备建设规划的作用	207
	6.2	应急体系建设规划	208
		6.2.1 规划基本定位	208
		6.2.2 规划相关主体	209
		6.2.3 规划主要内容	209
	6.3	应急队伍建设规划	233
		6.3.1 规划基本定位	233
		6.3.2 规划相关主体	233
		6.3.3 规划主要内容	235
	6.4	应急物资储备规划	238
		6.4.1 规划基本定位	238
		6.4.2 规划相关主体	239
		6.4.3 规划主要内容	242
	复习思考题		245
	延伸阅读		246
第7章	应急响应相关规划		247
	7.1	应急响应规划概况	247

	7.1.1 应急响应规划的概念	247
	7.1.2 应急响应规划的类别	247
	7.1.3 应急响应规划的作用	248
7.2	应急预案	249
	7.2.1 应急预案基本定位	249
	7.2.2 应急预案相关主体	249
	7.2.3 应急预案编制与管理过程	250
	7.2.4 应急预案主要内容	252
7.3	应急行动方案	271
	7.3.1 应急行动方案基本定位	271
	7.3.2 应急行动方案相关主体	271
	7.3.3 应急行动方案主要内容	272
	7.3.4 美国事件行动计划（IAP）示例	273
复习思考题		283
延伸阅读		284

第8章 恢复重建相关规划   285

8.1	恢复重建规划概况	285
	8.1.1 恢复重建规划的概念	285
	8.1.2 恢复重建规划的类别	285
	8.1.3 恢复重建规划的作用	286
8.2	灾前恢复重建规划	287
	8.2.1 灾前恢复重建规划基本定位	287
	8.2.2 灾前恢复重建规划相关主体	288
	8.2.3 灾前恢复重建规划主要内容	290
	8.2.4 灾前恢复重建规划示例	292
8.3	灾后恢复重建规划	295
	8.3.1 灾后恢复重建规划基本定位	295
	8.3.2 灾后恢复重建规划相关主体	295
	8.3.3 灾后恢复重建规划主要内容	298
	8.3.4 灾后恢复重建规划示例	301
8.4	业务连续性规划	305
	8.4.1 业务连续性规划基本定位	305

	8.4.2 业务连续性规划相关主体	305
	8.4.3 业务连续性规划主要内容	307
	8.4.4 业务连续性计划示例	309
复习思考题		311
延伸阅读		311

第9章 应急规划的实施与管理   313

9.1	应急规划实施组织管理	313
	9.1.1 应急规划实施各相关责任主体	313
	9.1.2 应急规划实施责任主体的主要职责	314
	9.1.3 落实应急规划实施的资金保障	315
9.2	应急响应相关规划的实施与管理	316
	9.2.1 应急预案培训与演练	316
	9.2.2 预警信息发布及预警响应	320
	9.2.3 应急响应启动与终止	320
	9.2.4 应急预案的数字化应用	324
9.3	应急能力建设类规划的实施与管理	326
	9.3.1 重点项目建设实施程序与管理要求	326
	9.3.2 应急能力建设成效监测评估	332
9.4	应急规划的持续改进	341
	9.4.1 完善应急规划体系	341
	9.4.2 加强应急规划理论与政策指导	342
	9.4.3 强化应急规划的社会参与	343
复习思考题		343
延伸阅读		344

第 1 章
应急规划与管理概述

本章主要内容包括规划与管理的概念,规划与战略、规划与社会管理的关系;应急、应急管理和应急规划的基本概念,应急管理的目的、应急规划的类别和作用等;应急规划与管理的现状及发展趋势,主要包括应急规划与准备思想的萌芽,美国、日本、英国、俄罗斯等国家与联合国的应急规划与管理状况,以及我国应急规划与管理现状及发展趋势。

1.1 规划与管理的基本概念

1.1.1 规划的基本概念

1. 规划的含义

规划与计划密不可分。《辞海》对"规划"的释义是:谋划,筹划……后亦指较全面或长远的计划,如科研规划、十年发展规划。对"计划"的释义是:人们为了达到一定目的,对未来时期的活动所做的部署和安排。

在英语中不易区分"规划"与"计划",作为名词都是用"plan"来表示,而规划(计划)过程一般可用动词"plan"或"planning"表示。大英百科全书在线对"plan"作为名词的解释之一是:一种用于制作某种东西或做某件事或达成一个结果的方法。作为动词的解释之一是:编制计划。大英百科全书在线对"planning"的解释是:编制或执行规划的行为或过程;特别是为社会或经济单位建立目标、政策和程序,如"城市规划""企业规划"等。

从以上释义可以看出"规划"一词具有两方面的含义。

(1) 作为名词,规划是较全面、长远的计划,也就是说规划是计划的一个子集,规划是一种特定类别的计划。规划的内容,一般要按照计划来具体实施,也就是说,规划是宏观的,计划是具体的。计划可以看作规划的延伸与展开,即长远的"规划"经过细化行动方案后,可形成若干个"计划",如根据中长期"规划"制订年度工作"计划"。

(2) 作为动词,规划是"谋划""筹划""考量和设计未来整套行动方案",也就是编制"计划""规划"的过程。换句话说,规划是按照一定的规律、规矩把要做的事在空间上或较长的时间范围内进行谋划；计划是根据自身的人力和财力等条件把要做的事在较短的时间范围内做出安排。

规划的一般定义为：规划是政府、组织和团体为完成未来特定的任务，在资料收集和分析基础上，识别最佳行动方案，拟定执行程序，并针对未来可能出现的意外状况提出预防和应对策略等。规划的结果通常是一份文件，在不同的领域和语境下，它可能是一份"工作计划""行动方案""战略方案""应急预案"或者"发展规划"，等等。

规划具有复杂的含义。规划是一个跨学科、综合性的交叉领域，涉及管理学、政治学、军事学、战略管理、决策科学和公共政策等学科领域。规划是管理中的一个重要环节，是对多种可选择方案的决策，是一种涉及未来发展方向和路径选择的战略，是政府管理社会和经济的公共政策手段，等等。

2. 规划的分类

规划有各种各样的分类方法。从规划主体的角度有个人、组织、企业、政府等不同主体的规划，从规划功能的角度有物质空间、宏观经济、社会发展、专门领域、运营操作等规划。此外，根据规划的广度（战略性与运营性）、时间框架（短期与长期）和具体性（具体性与指导性）可对规划进行以下分类：

（1）战略规划与运营计划。战略规划（strategic plan）是应用于整体组织的计划，其任务在于建立组织的全局目标和寻求组织在环境中的地位。运营计划（operational plan）则是具体规定如何实现全局目标的行动计划。战略规划与运营计划在时间框架、覆盖范围和组织目标方面是不同的。战略规划趋向于覆盖较长的期间，通常为五年甚至更长，覆盖较宽的领域，并且要设立目标；运营计划趋向于覆盖较短的期间，如月度计划、周计划、日计划，而且假设目标已经存在，只是提供实现目标的途径。

（2）长期规划与短期计划。财务分析人员习惯于将投资回收期分为短期、中期和长期。短期是指一年以内的期间，长期一般超过十年，而中期介于两者之间。管理者往往也采用同样的术语来描述计划。由于组织的环境变得越来越不确定，目前通常将时间跨度超过五年的计划定义为长期规划，一年以内的计划为短期计划，介于两者之间的计划则视具体情况而定。

（3）指导性规划与具体计划。指导性规划（directional plan）是一种具有内在灵活性的计划，它只规定一般的指导原则或指出重点行动方向，但不把管理者限定在实现具体目标的特定的行动方案上。具体计划（specific plan）是清晰定义目标、不存在模糊性和理解上的歧义的计划。具体计划建立特定的程序、资源分配预算，以及实现目标的各项活动的进度安排。

3. 规划的层次

美国管理学家哈罗德·孔茨（Harold Koontz）等从抽象到具体，把规划或计划的内容分为：宗旨或使命、目标、战略、政策、程序、规则、方案或项目集群、预算等不同层次。它们之间构成从宏观到具体的相互关联的层次结构体系。

（1）宗旨或使命（purpose or mission）。宗旨描述了组织的愿景、共享的价值观、信念和存在的理由，它对组织有强有力的影响。使命是组织力图实现的结果和经营范围的正式说明。

（2）目标（goal 或 objective）。目标是组织在未来某一时间的业务活动应达到的预期成果，它是组织一切活动的出发点和归宿点。

（3）战略（strategy）。战略通常是一个事关组织全局的方案、谋略或韬略，它决定着本组织在一定时期内的活动方向，是制订计划的准绳。

（4）政策（policy）。政策是人们进行决策时思考和行动的指南，为管理者执行决策提供控制标准，但同时留有酌情处理的余地。

（5）程序（procedure）。程序是行动的实际指南，是一种通用的、详细指出必须如何处理未来行动的方法，规定未来达到某一目标所需行动的先后次序。

（6）规则（rule）。规则是一种形式简单的计划，它通过详细阐明必要的行动和非必要的行动，对组织成员的行动提供具体指导；它没有酌情处理的余地，也不规定行动的时间先后次序。

（7）方案或项目集群（program）。方案或项目集群是一种综合性的计划，它包括为实现既定目标所制定的政策、程序、规则、任务分配、实施步骤、资源配置及其他必要的措施，一般都有预算支持。它可大可小，大到一项重要的投资项目，小到班组长对其所管理工人制订的一项鼓舞士气的计划。

（8）预算（budget）。预算是一种"数字化"或"金额化"的计划，是用数字和金额来表示所期望的结果。预算是一种基本的计划工具和控制工具。对于任何组织而言，编制预算都是加强组织计划工作的一种重要方法。

宗旨或使命、目标、战略、政策和规则等，通常更多地出现在战略规划、长期规划和指导性规划之中，而程序、方案或项目集群、预算等则更多地出现在运营计划、短期计划和具体计划之中。

4. 规划的过程

规划（计划）的过程大致可划分为以下主要步骤：

（1）明了局势。了解外部环境和组织内部的机会，分析优势与弱点，这是编制计划的基础。

（2）确定目标。确定总体目标及各层次的目标、长期目标与短期目标，目标指明计划的方向。

（3）拟定前提条件。前提条件是那些对计划来说是关键性的、一致认可的、最影响计划的贯彻实施的有关环境的假设条件。

（4）提出可供选择的方案。提出可达成目标的若干种行动路线，并细化需要的资源，形成几种可供选择的方案。

（5）评价可供选择的方案。根据选定目标对多种方案进行比较，看哪种方案可以提供最佳机会，按最低成本、最大效益去实现目标。

（6）选定方案。由高层领导者进行决策，选出最合适的方案。

（7）制订实施计划。依据选定的方案制订出详细的实施计划，如人员、采购、资金、生产、销售等方面的计划。

（8）用预算使计划数字化。把计划转变为预算，让预算成为汇总各种计划的手段，并使其成为衡量计划过程的重要标准。

1.1.2 管理的基本概念

1. 管理的含义
管理（management）是指一定组织中的管理者，通过实施计划、组织、指挥、协调、控制等职能来协调他人的活动，使别人同自己一起实现既定目标的活动过程。管理是人类各种组织活动中最普通和最重要的一种活动。

2. 管理的职能
法国管理学家亨利·法约尔（Henri Fayol）于1916年提出管理的五大基本职能：

（1）计划。通过调查研究，预见未来，对组织的目标和行动进行预先的谋划。

（2）组织。建立一定的组织结构，并使组织成员形成合理的分工协作关系。

（3）指挥。管理者利用组织所赋予的权力去指挥、影响和激励组织成员为实现组织目标而努力工作。

（4）协调。统一和调和组织各单元及各成员的活动，使所有工作都能和谐地进行。

（5）控制。通过核实计划落实情况，发现偏差并采取措施加以纠正，以使实际活动与计划活动保持一致。

3. 管理的要素
管理是一项有组织的社会活动，它通常包括五个基本要素：

（1）管理主体。这是行使管理的组织或个人，如各级各类领导者、管理者和各种管理机构等。

（2）管理客体。这是管理活动所作用的对象，即被管理者，包括人、财、物、信息等。

（3）管理目标。这是管理主体预期要达到的愿景和结果，是管理活动的出发点和归宿点，要反映上级领导机关和所属人员的意志。

（4）管理方法。这是管理主体对管理客体发生作用的途径和方式，包括行政方法、经济方法、法律方法和教育方法等。

（5）管理理论。这是指导管理的各种规范和理论。

4. 管理的方法
管理的基本方法包括行政方法、经济方法、法律方法和教育方法。

（1）行政方法。这是行政机构通过行政命令、指标、规定等手段，按照行政系统和层次，以权威和服从为前提，直接指挥下属行动的管理方法。行政方法的特点是具有权威性、强制性、垂直性、具体性。其优点为：①有利于管理系统的集中统一，避免各行其是；②有利于管理职能的发挥，强化管理作用；③有利于灵活地处理各种特殊问题。其缺点为：①管理效果直接受到组织领导水平的制约；②强调集中统一，不便于分权管理；③可能会扭曲经济价值规律。

（2）经济方法。这是组织根据客观规律，运用各种经济手段，调节相关主体之间的经济利益关系，以获取较高经济利益与社会利益的管理方法。经济方法的特点是具有利益性、灵活性、平等性、有偿性。其优点为：①便于分权管理；②有利于充分调动组织成员的积极性和主动性；③有利于组织提高经济效益和管理效率。其缺点为：以价值规律为基础，带有一定的盲目性和自发性。

（3）法律方法。这是运用法律这种由国家制定或认可并以国家强制力保证实施的行为规范以及相应的社会规范来进行管理的方法。法律方法的特点是具有规范性、严肃性、强制性。其优点为：①有利于维护正常的管理秩序；②有利于调节各种管理因素之间的关系；③有利于促进法治建设与民主管理。其缺点为：①缺少灵活性和弹性，不利于处理一些特殊问题和新出现的问题；②原则上适用于管理的各个领域，但在某些领域，它显得无能为力。

（4）教育方法。这是组织根据一定的目的和要求，对被管理者进行有针对性的思想道德教育和情感交流，启发其思想觉悟并激发积极情感，以便自觉地根据组织目标去调节各自行为的管理方法。教育方法的特点是具有启发性、真理性、艺术性。其优点为：①可以激发人们持久的工作热情和积极性；②对其他管理方法的综合应用起着重要的促进作用。其缺点为：①教育对于被管理者并没有行政方法和法律方法那样的强制性，也没有经济方法的诱导力；②受个人的观念和文化知识等影响较大，可能需要经过长期不懈的有针对性的努力才能发挥作用。

5. 管理的二重性

管理作为一种社会活动，本质上具有二重性，它既有同生产力、社会化大生产相联系的自然属性，又有同生产关系、社会制度相联系的社会属性。

（1）管理的自然属性是指管理的技术性，技术性是管理本质的一个重要方面。管理之所以必要，是由劳动的社会化和生产力发展水平所决定的。管理是分工协作的共同劳动得以顺利进行的必要条件。管理是生产力的要素之一，不进行有效的管理，生产就无法顺利地进行，更谈不上发展。

（2）管理的社会属性是指管理与生产关系、社会制度的性质紧密相关。因为管理是一种社会活动，管理必须且只能在一定的社会历史条件下和一定的社会关系中进行，因而也必然采取一定的社会组织形式来执行管理的职能。管理学中的组织目标、组织道德、领导作风、激励方式、管理理念、人际关系、群体价值观、组织文化等，主要是对人的管理，属于生产关系和社会关系的范畴。

根据管理的二重性学说，应急规划与管理应从基本国情出发，建立起符合国情的应急管理体系。同时，也要学习、借鉴其他国家和地区的先进经验和方法，避免重蹈别人走过的弯路，以便迅速提高我国的应急管理水平。

1.1.3 规划与战略

1. 战略的含义

在西方，战略（strategy）一词源于希腊语"strategos"，意为"将才"。后来演变成军事术语，是指军事将领提前谋划，并先于敌人将军队布置到关键的位置。在中国，战略一词历史久远，"战"是指战争，"略"是指谋略。春秋时期孙武的《孙子兵法》被认为是中国最早对战略进行全局筹划的著作。

在18世纪以前（冷兵器时期），战略是指作战的谋略，包括了现代意义上的战略与战术；从18世纪至第一次世界大战（火炮应用于战争），开始将战略与战术明确区分，"战略是关于在视界与火炮射程以外进行军事行动的科学""战略是在地图上进行战争的艺术""战略是为了达到战争目的而对战斗的运用"。

在现代,"战略"被定义为"布置并应用军事手段以实现政策目标的艺术",并被引申至政治和经济领域,其含义演变为泛指统领性的、全局性的、决定胜败的谋略、方案和对策,如政治战略、经济战略、科技战略、外交战略、人口战略、资源战略、体育战略,等等。

2. 战略的构成要素

战略的最基本要素包括目标、方针、途径和措施,进一步还可以细分为以下要素:

(1) 目标(aim, goal & objective)。战略目标是战略行动所要达到的预期结果,是制定和实施战略的出发点和归宿点。战略目标是分层次的,大致可分为目的(aim)、总体目标(goal)和具体目标(objective)。目的是战略的最终结果,即"靶心",总体目标是不同的努力方向的预期结果,具体目标是各项行动试图达成的结果。不同层次目标之间的关系如图 1-1 所示。

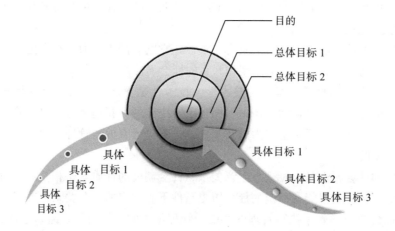

图 1-1　不同层次目标之间的关系示意图

(2) 方针与原则(policy and principle)。战略方针是指导全局的纲领和制定战略预案的基本依据,是体现战略指导者主观能动性的重要部分;战略原则是战略从制定到实施过程中必须遵循和运行的一些规范。

(3) 重要举措(initiative)。重要举措是为了达成最终目的而必须解决一些重大问题所采取的举措,是战略目标的具体化。

(4) 能力(capability)。战略能力是战略的物质基础和支柱,是战略主体执行其既定战略方针、实施战略任务、实现战略目标的能力。

(5) 途径(approach)。战略途径是实现战略目标而运用战略能力的方式和方法。

(6) 措施(measure)。战略措施是战略主体准备和实施战略任务所采取的各种切实可行的行动和步骤。

3. 战略与规划的关系

战略与规划都是一种广义的计划,它们之间既有联系又有区别。

(1) 战略与规划的联系。它们涉及的对象是相同的。战略与规划都是针对一个组织(企业)或者一项事业的全局的问题,又都是涉及一个组织或者一种事业的未来长期发展的问题。两者都具有全局性、长远性、前瞻性等特点,也都有可操作性的要求。由于"战略"与

"规划"具有相同的主体和类似的性质与要求，因此，两者彼此间是互相联系、密不可分的。

（2）战略与规划的区别。在概念的层次上，战略高于规划。战略强调的是思想，是涉及组织或者事业发展的思路。战略是制定规划的指导思想，任何一个组织的规划都是在既定的战略指导下形成的。

在形成的时序上，战略先于规划。如果一个组织或者事业没有形成既定的战略思路，就很难制定其发展规划。因此，一个组织或者事业要制定发展规划，必须先着手研究其发展战略，在战略的指导下，再编制发展规划。

在具体的内容上，战略"软"于规划。战略是规划的抽象原则，规划是战略的具体体现。从某种意义上说，战略是规划的纲要，规划是战略实现的蓝图。

4. 战略规划

战略规划（strategic planning）是一个动词性偏正词组，其中心语是动词"规划"（planning），是指制定规划的过程或活动；"战略（的）"是修饰词，表示具有全局性的重要意义。简单来说，战略规划就是制定事关全局的重要策略的过程。战略规划是战略管理（战略形成、战略规划和战略实施）三个阶段的一个环节，同时也是一种战略思维的工具。

（1）战略规划的特征。战略规划具有以下四个基本特征：

1）战略规划是一个面向未来的决策，即通过对未来潜在的机会和威胁进行系统的辨析，通过超前决策，以期能在未来抓住机遇、避开风险。

2）战略规划是一个动态过程，需要根据局势的变化及时做出调整。

3）战略规划是一个资源配置策略，即通过对组织（区域）的外部环境、长远发展方向的判断，有效地配置和利用组织（区域）当前和未来的资源，使其发挥出最佳的效用。

4）战略规划是一个体系，包括长期规划、中期规划、短期规划。

（2）战略规划的分类。根据规划制定主体的不同，可分为各级政府、各类企业、各类其他组织的战略规划；根据规划涉及的范围不同，可分为综合战略规划、领域战略规划、专项战略规划等。

（3）战略规划的功能。战略规划的功能主要包括四个方面：

1）确定目标以及目标的先后次序。

2）预测对实现目标可能产生影响的未来事态。

3）通过设定预算来执行规划。

4）提出指导实现预期目标的政策。

（4）战略规划过程。战略规划过程可分为三个阶段：

1）确定目标，即组织在未来的发展过程中，要应对各种变化所要达到的目标。

2）考虑使用什么手段、措施和方法来达到这个目标，即战略。

3）形成战略规划文本，以备评估、审批和发布实施。

1.1.4 规划与社会管理

规划是政府及各类组织实现管理的重要手段。现代社会发展的各个领域普遍应用规划作为宏观管理工具，其中，城市规划是应用最早的领域。

1. 规划与城市发展

城市规划（urban planning）是为了实现一定时期内城市的经济和社会发展目标，确定城市性质、规模和发展方向，合理利用城市土地，协调城市空间布局和各项建设所做的综合部署和具体安排。

城市规划是一项战略性、综合性很强的工作。它起着协调城市各方面发展，对城市空间布局、土地利用、重大设施建设等进行综合部署和统筹安排的作用，集中体现了国家意志和人民利益。一个城市能否建设得好，管理得好，关键是要有一个好的规划。只有这样，城市的建设和管理才能依据规划科学地、有序地进行。否则，城市建设和管理就很容易出现盲目性和随意性。

随着社会经济的发展、城市的出现、人类居住环境的复杂化，城市规划思想产生并得到不断发展。特别是在社会变革时期，旧的城市结构不能适应新的社会生活要求的情况下，城市规划理论和实践往往出现飞跃。

中国古代的城市规划学说散见于《周礼·考工记》《商君书》《管子》《墨子》等典籍之中。《考工记》确定了"都""王城"和"诸侯城"的三级城邑制度，用地的功能分区和道路系统等；《商君书》论述了某一地域内山陵丘谷、都邑道路和农田土地分配的适当比例，以及建城、备战、人口、粮食、土地等相应条件。

在西方，古希腊城邦时期就出现了强调以棋盘式路网为城市骨架的"希波丹姆"规划模式。古罗马建筑师维特鲁威的《建筑十书》阐述了城市选址、环境卫生、建设规划设计、公共建筑布局等方面的基本原则，并提出了当时的"理想"城市模式。文艺复兴时期，建筑师阿尔伯蒂、帕拉第奥、斯卡摩锡等也提出了一些反映当时商业兴盛和城市生活多样化的城市理论和城市模式。

近代城市规划思想的萌芽，源自人们从社会改革角度出发解决城市矛盾和危机的种种探讨，如：英国在19世纪对公共卫生领域的关注；20世纪20~30年代控制无限制的郊区化（城市增长）；20世纪30~40年代的区域人口平衡、经济发展问题；20世纪50年代的战后重建设计，全面控制城市增长、疏散人口、保护农村地区环境；20世纪60年代关注系统规划设计；20世纪70年代的城市贫困、内城危机问题；20世纪80年代的就业规划、社会学；20世纪90年代的环境危机、可持续发展等。

20世纪以来，许多国家都制定了有关城市规划的法律和法规。制定城市建设法规最初的目的是维持整齐、清洁、安定的城市环境，以保障居民健康。英国于1848年制定《公共卫生法》，其中规定了住宅的卫生标准；1906年颁布《住宅与城市规划法》；1944年制定《城乡规划法》。瑞典于1907年制定了有关城市规划和土地使用的法律；美国纽约于1916年颁布了控制土地利用和建筑高度的分区区划法规；日本于1919年制定了《城市规划法》；苏联于1958年颁布了《城市规划与修建法规》；联邦德国于1960年颁布《联邦城市建设法》。

中国的城市规划，从20世纪50年代以来基本上采取第二次世界大战前后国外流行的方法：先论证城市发展性质，估算人口规模；再确定土地使用方式，组织建筑空间结构，确定道路交通系统及其他主要市政工程系统等；然后编制城市总体规划和城市详细规划。1984年1月5日国务院颁布了《城市规划条例》，这是中华人民共和国第一部关于城市规划、建设和管理的基本法规；从1990年4月1日起施行《中华人民共和国城市规划法》；从2008

年1月1日起施行《中华人民共和国城乡规划法》。法律名称和内容的变化反映了适应社会、经济迅速发展的规划思想与方法的进步。

2019年5月10日发布的《中共中央国务院关于建立国土空间规划体系并监督实施的若干意见》，将城乡规划、区域规划等涉及国土空间开发保护的相关规划统一为国土空间规划，明确国土空间规划是对一定区域国土空间开发保护在空间和时间上做出的安排，包括总体规划、详细规划和相关专项规划三大类，以及国家、省、市、县、乡镇五层级；是国家空间发展的指南、可持续发展的空间蓝图，是各类开发保护建设活动的基本依据。

有关自然灾害减灾的土地利用规划、工业重大危险源（如化工厂）选址与布局的城市公共安全规划等与应急相关的规划已经成为城市及区域等国土空间规划的重要组成部分。

2. 规划与经济发展

20世纪20年代，俄国在十月革命胜利后，建立了一种高度集中的计划经济体制，即对国家的生产、资源分配以及产品消费事先进行计划。50年代前后，中国和其他社会主义国家，也相继建立起了公有制占绝对统治地位的计划经济体制。在计划经济体制下编制"国民经济和社会发展计划"，对一定时期内国民经济的主要活动、科学技术、教育事业和社会发展做出计划和安排，是国家指导经济和社会发展的重要手段。中国从1953年起至2005年共制订和实施了10个国民经济和社会发展五年计划。

从"十一五"时期开始，我国将延续了50多年的国民经济和社会发展"计划"变成"规划"，主要是凸显政府更加注重发挥市场对资源配置的基础性作用。从"计划"到"规划"，体现了从微观向宏观、从直接向间接、从项目管理向规划管理的突出转变，是政府转变职能、更好地履行社会管理和公共服务职能的需要。"十一五"时期，首次将经济社会发展的主要指标分成预期性指标和约束性指标。其中，预期性指标是政府引导社会预期的发展目标，主要依靠市场主体的自主行为来实现；约束性指标是政府在基本公共服务和生态环保等涉及公共利益领域对相关部门提出的工作要求，要通过合理配置公共资源和有效运用行政力量，确保有关指标的实现。明确两类指标的性质，对厘清政府和市场的边界、强化政府在公共服务和生态环境领域的责任具有重要的指导意义。

3. 我国政府规划体系

根据2018年11月中共中央国务院颁布的《关于统一规划体系更好发挥国家发展规划战略导向作用的意见》，我国建立以国家发展规划为统领，以空间规划为基础，以专项规划、区域规划为支撑，由国家、省、市县各级规划共同组成，定位准确、边界清晰、功能互补、统一衔接的国家规划体系。

（1）国家发展规划。国家发展规划，即中华人民共和国国民经济和社会发展五年规划纲要，是社会主义现代化战略在规划期内的阶段性部署和安排，主要是阐明国家战略意图、明确政府工作重点、引导规范市场主体行为，是经济社会发展的宏伟蓝图，是全国各族人民共同的行动纲领，是政府履行经济调节、市场监管、社会管理、公共服务、生态环境保护职能的重要依据。国家发展规划根据党中央关于制定国民经济和社会发展五年规划的建议，由国务院组织编制，经全国人民代表大会审查批准，居于规划体系最上位，是其他各级各类规划的总遵循。国家级专项规划、区域规划、空间规划，均须依据国家发展规划编制。

（2）国家级空间规划。国家级空间规划以空间治理和空间结构优化为主要内容，是实施国土空间用途管制和生态保护修复的重要依据。国家级空间规划要细化落实国家发展规划提出的国土空间开发保护要求，由国务院有关部门编制，报国务院审批。国家级空间规划在空间开发保护方面发挥着基础和平台功能的作用，为国家发展规划确定的重大战略任务落地实施提供空间保障，对其他规划提出的基础设施、城镇建设、资源能源、生态环保等开发保护活动提供空间性指导和约束。国家级空间规划要聚焦空间开发强度管控和主要控制线落地，全面摸清并分析国土空间本底条件，划定城镇、农业、生态空间以及生态保护红线、永久基本农田、城镇开发边界，并以此为载体统筹协调各类空间管控手段，整合形成"多规合一"的空间规划。

（3）国家级专项规划。国家级专项规划是指导特定领域发展、布局重大工程项目、合理配置公共资源、引导社会资本投向、制定相关政策的重要依据。国家级专项规划要细化落实国家发展规划对特定领域提出的战略任务，由国务院有关部门编制，其中国家级重点专项规划报国务院审批。国家级专项规划原则上限定于关系国民经济和社会发展全局且需要中央政府发挥作用的市场失灵领域。其中，国家级重点专项规划要严格限定在编制目录清单内，与国家发展规划同步部署、同步研究、同步编制。国家级专项规划要围绕国家发展规划在特定领域提出的重点任务，制定细化落实的时间表和路线图，提高针对性和可操作性。

（4）国家级区域规划。国家级区域规划是指导特定区域发展和制定相关政策的重要依据。国家级区域规划要细化落实国家发展规划对特定区域提出的战略任务，由国务院有关部门编制，报国务院审批。国家级区域规划主要以国家发展规划确定的重点地区、跨行政区且经济社会活动联系紧密的连片区域以及承担重大战略任务的特定区域为对象，以贯彻实施重大区域战略、协调解决跨行政区重大问题为重点，突出区域特色，指导特定区域协调协同发展。

（5）地方规划。省（自治区、直辖市）级规划、市（设区的市、自治州）县（县级市、自治县）级规划一般也包括发展规划、专项规划、区域规划、空间规划，由各级人民政府及其相关部门负责编制。地方规划依据国家发展规划制定，既要加强与国家级专项规划、区域规划、空间规划的衔接，形成全国"一盘棋"，又要因地制宜，符合地方实际，突出地方特色。

1.2 应急规划的基本概念

1.2.1 应急的概念

应急的本义为"应付急迫的需要"（to meet urgent needs），引申为"应对突然发生的需要紧急处理的事件"（emergency response）。

1. 日常性意外事件的应急

火灾、交通事故、意外伤害、急性病症、刑事案件等是每天都有可能发生的意外事件。为了有效处理这些日常性意外事件，各国政府制定法律法规、设立专门的部门和机构、建立专门的报警热线、准备足够的人力和装备，使得这些意外事件的处置基本实现了专业化、规范化和程序化。

（1）119火警处理。为预防和处理火灾事故，政府设立消防部门和消防救援队伍，按照一定的空间密度设置消防站，配备不同类型的消防车和其他器材装备，并设立"119"火警电话和接处警服务台。在接到火灾报警电话后,处于待命状态的消防队在数分钟内就能到达火灾现场,迅速开展救援和灭火行动。

(2)122 交通事故处理。为维护道路交通秩序和快速处理交通事故,政府设立交通管理部门和交通警察,并设立"122"交通事故报警电话和接处警服务台。在接到交通事故报警电话后,执行出警任务的交警将很快到达事故现场;在对事故现场进行勘察和取证后,快速恢复现场交通秩序。

(3)120 病人急救。为了对急症病人进行快速救治,政府设立急救中心、急救医院、急救门诊、急救人员,配备急救车及相关急救器材装备,并设立"120"急救电话和接处警服务台。在接到急救报警电话后,急救车和急救人员可快速到达现场,在现场紧急处置后根据需要将患(伤)者快速运送到急救中心或医院进行救治。

(4)110 接处警。为了对刑事、治安案件和其他事件进行快速响应和提供紧急援助,政府公安机关设立"110"报警电话和接处警服务台。在接到报警电话后,执行出警任务的警察将很快到达现场进行处置。

(5)公用设施维修服务。为了快速处理水、电、气、暖、通信等城市"生命线系统"的故障,城市公共事业部门设立服务热线和建立专业抢修队伍,及时对市民报修的各种故障进行快速响应。

为了方便公众报警,避免在紧急情况下因记错和打错报警电话而贻误宝贵的时间,同时也避免重复投资和资源浪费,各地政府部门和服务机构纷纷将 110、119、122、120 等报警服务台合并建设和运行,建立"三台合一""多台合一"的报警服务台。

这些负责日常意外事件应急处理的机构及人员,由于能够迅速出现在各种突发事件的现场,因此,在国外通常被称为"第一响应人"(first responder)。

2. 灾难性事件的应急

灾难性事件(disaster),或者因为其后果十分严重,或者因为影响范围大等原因,对它们的处理往往超出一般日常性处置机构的处置能力,需要更多来自不同部门和机构、不同地区的人员和资源投入事件处置之中,这类事件通常属于重大灾难性事件。如破坏性地震、大洪水、森林大火、危险化学品泄漏爆炸、疫情大暴发、大规模群体性事件、恐怖袭击事件等。

对重大灾难性事件的防范与应对,是政府应急管理的主要对象和重点内容。由于灾难性事件具有发生频率低、破坏性大、涉及范围广、应急处置复杂等特点,往往很难像日常性意外事件一样由少数专业人员在很小的范围解决,也很难完全实现处置过程的程序化、规范化,因此其应急管理也就相对复杂。到目前为止,虽然世界各国已积累了丰富的经验,探索了各种适合各自国情的体制机制,但目前并没有一种普遍适用的最优模式。

在 2003 年传染性非典型肺炎(SARS,以下简称"非典")疫情之前,我国政府对不同类型的灾难性事件采取分部门负责应对的管理模式。例如,气象部门负责气象灾害预测预报,地震部门负责地震灾害的预测、预报和管理,水利部门负责水旱灾害防范和应对,民政部负责灾害救助,安全监管部门负责生产安全事故预防和救援,环境保护部门负责环境污染事件的防范和处理,卫生健康部门负责公共卫生事件防控和生命医疗救护等。同时,在政府层面还设立了一些综合性议事协调机构负责某些灾害事故的综合协调和指挥,如国家防汛抗旱总指挥部、国务院抗震救灾指挥部、国家森林防火指挥部、国家减灾委员会、国务院安全生产委员会等。

2003年非典疫情之后，中国政府全面加强了应急管理工作，在各级政府及其相关部门设立应急管理办公室，通过编制应急预案，建立和完善应急管理的体制、机制和法制（简称"一案三制"），应急管理工作取得重大进展。

2018年3月，在党和国家机构改革过程中，为防范化解重特大安全风险，进一步加强自然灾害和事故灾难的防范和应对能力，整合优化应急力量和资源，推动形成统一指挥、专常兼备、反应灵敏、上下联动的中国特色应急管理体制，根据《中共中央关于深化党和国家机构改革的决定》《深化党和国家机构改革方案》和《国务院机构改革方案》，将国家安全生产监督管理总局的职责，国务院办公厅的应急管理职责，公安部的消防管理职责，民政部的救灾职责，国土资源部的地质灾害防治、水利部的水旱灾害防治、农业部的草原防火、国家林业局的森林防火相关职责，中国地震局的震灾应急救援职责以及国家防汛抗旱总指挥部、国家减灾委员会、国务院抗震救灾指挥部、国家森林防火指挥部的职责整合，组建应急管理部，作为国务院组成部门。经过几年来的改革实践，国家、省、市、县各级应急管理部门相继完成组建，消防救援和森林消防部队转制组建成立国家综合性消防救援队伍。应急管理部门统筹推进防灾减灾、安全生产和应急救援工作，强化全灾种综合管理、全过程管理和力量资源的优化管理，应急相关专业部门发挥专业优势，确保责任链条无缝对接，增强了应急管理工作的系统性、整体性、协同性，中国特色应急管理体制已基本成型，成效已初步显现。

1.2.2 应急管理的概念

1. 应急管理的定义

"应急管理"一词源于英文"emergency management"，是指政府、企业以及其他组织，为了保护公众生命财产安全、身体健康和维护社会稳定等，在突发事件事前、事发、事中、事后所进行的预防、减灾、准备、监测预警、应急响应、恢复重建等活动的总称。

在英文中"emergency"是指各类突发事件（包括各种自然的、技术的和人为的事故、事件、灾难、案件），因此"emergency management"过去也曾被翻译为"事件管理""事故管理""灾难管理""突发事件管理""紧急情况管理"，等等，目前已基本统一为"应急管理"。

2007年美国国土安全部出版的《术语》（*Lexicon*）中给出的"应急管理"定义是：协调和整合一切必要的活动，以建设、维持和改进对潜在威胁、现实灾难或突发事件进行准备、响应、恢复和减缓的能力，而不论灾难或事件的原因是什么。

最早把"应急管理"（emergency management）两个词连在一起使用，可追溯到1933年美国总统富兰克林·罗斯福推行新政时期。为处理经济大萧条带来的严重危机，罗斯福总统发布行政命令建立"国家应急委员会"（NEC），其成员包括总统、内阁成员、主要联邦机构负责人等，其主要职责是协调与国家危机应对相关的所有应急项目，同时也承担自然灾害灾民的救助职责。1939年，该委员会更名为"应急管理办公室"（OEM），这是其首次作为机构名称被使用。在此后的几十年中，该机构几经更名、重组，与此相关的救灾、民防、国防动员等职能分分合合，直至1979年卡特总统组建联邦应急管理局（FEMA），它合并了一系列与民防和应急相关的机构，成为美国联邦政府的一个综合性应急管理机构。

美国联邦应急管理局（FEMA）的成立和运作是以 1978 年《全国州长联合会（NGA）应急准备项目最终报告》（1979 年 5 月压缩后以《综合应急管理：州长指南》名字出版）为基本理论基础，秉承"综合应急管理"的理念。

我国在 2003 年之后在各级政府设立应急管理办公室，2006 年发布《国家突发公共事件总体应急预案》，2007 年颁布《中华人民共和国突发事件应对法》（后文简称《突发事件应对法》），2018 年组建应急管理部和各级应急管理部门，也是秉承"综合应急管理"的理念。

2. 综合应急管理

综合应急管理（CEM）是现代应急管理概念的核心内涵，所谓"综合"主要有三重含义，简言之，就是"全灾种、全社会、全过程"。

（1）全灾种。就应急管理的对象来说，包括自然灾害、技术事故与人为事件等，涵盖了从自然灾害、事故灾难、公共卫生事件到社会安全事件等突发事件。

（2）全社会。就应急管理的主体来说，包括政府、军队、非政府组织、企业和个人等共同参与。

（3）全过程。就应急管理的过程来说，包括突发事件的预防、减灾、准备、监测预警、应急响应、恢复重建等。

尽管强调应急管理的综合性，但在实践中并不可能把所有突发事件归到一个部门进行管理。例如，美国 FEMA 在成立之初，主要是负责自然灾害救灾和民防准备等，此后应急管理的职能逐步扩展，特别是在"9·11"事件后增加了恐怖袭击事件应急准备等职能。但目前，职业安全与健康监管仍是由劳工部下设联邦职业安全与健康监管局（OSHA）、联邦矿山安全健康监察局（MSHA）等负责，公共卫生事件则由美国卫生和公众服务部（HHS）、美国疾病控制与预防中心（CDC）等负责。

3. 应急管理的范围

虽然综合性是应急管理的基本特征，但如果"全灾种、全社会、全过程"中每个"全"的综合性程度不同，则应急管理的范围也就存在很大的不同。

根据我国对于"全灾种"所包括突发事件类别的不同，应急可以大致分为"大应急""中应急"和"小应急"。

（1）"大应急"及其范围。所谓"大应急"是与"大安全"相对应的。由于安全可以包括"国家安全""公共安全""生产安全""社会安全""生物安全"等各种各样的安全，所谓"大安全"目前通常有两种含义：一是"国家安全"，即一切与国家安全相关的事务；二是"公共安全"，即与公众生命财产安全、身体健康等相关的事务。

从应急管理的概念出发，应该是以"突发事件"为管理对象，对应的主要是"公共安全"。虽然与公共安全相关的许多领域有可能涉及国家安全，如"核安全""生物安全"等，但大多数国家安全危机应对的手段（如军事、外交等）超越了通常应急管理的范畴，所以"大应急"还是应该限制在"公共安全"的范畴之内。以《突发事件应对法》为依据，"大应急"就是指包括自然灾害、事故灾难、公共卫生事件、社会安全事件四大类突发事件的应急管理。

（2）"中应急"及其范围。根据现阶段我国应急管理相关部门的职能划分，可以把应急管理部门职能范围内的自然灾害和事故灾难（简称"灾害事故"）的应急管理，称为"中应急"。此外,公共卫生事件、社会安全事件的应急管理,实际上也是多种具体突发事件的综合,因此,也可以称为"中应急"。

(3)"小应急"及其范围。"小应急"可以有两种含义:

1)单一突发事件的应急管理,如地震、地质灾害、森林火灾、洪涝灾害等,其"小"主要是指突发事件的类别和应对环节相对较少。

2)一些与应急管理相关的政府部门、行业领域、企事业单位等,针对自身职能范围内的相关突发事件的应急管理。其"小",主要是指涉及的事件类型、责任主体和应对环节都相对较少。

4. 应急管理的过程

应急管理过程(或者阶段)的划分,目前在学术界和实践部门都还没有统一的标准。目前比较广泛使用的是美国1979年发表的《综合应急管理:州长指南》中提出的减灾、准备、响应和恢复四阶段理论。但在后来的美国相关政策文件中,逐步增加了预防、保护、监测等不同的阶段(或功能、使命)。在我国的《突发事件应对法》中,将突发事件应急管理分为预防与应急准备、监测与预警、应急处置与救援、事后恢复与重建等阶段。

综合国内外研究与实践经验,结合我国实际,本书将应急管理全过程的任务划分为六个使命领域:预防、减灾、应急准备、监测预警、应急响应、恢复重建。

(1)预防(prevention)。这是为了避免事件发生所开展的各种活动。

(2)减灾(mitigation)。这是为了减轻事件损失而采取的有利于在事件发生时提供被动保护,或者延缓事件损失高峰到来并压低峰值的各种行动。

(3)应急准备(preparedness)。这是为了减轻事件损失而采取的有利于在事件发生后提供主动保护或应对策略而采取的各种行动。

(4)监测预警(monitoring and early warning)。这是对事件的特征参数进行观测以了解事态的变化,以尽可能阻止其恶化并在事件爆发前发出预警。

(5)应急响应(response)。这是在事件即将发生前、发生期间或紧随发生后,为挽救生命、减少财物损失和环境破坏等而采取的各种行动。

(6)恢复重建(recovery)。这是使受灾体的状态从恢复到最低可接受标准直至恢复正常或更好水平的各种活动。

应急管理各使命领域的关系如图1-2所示。

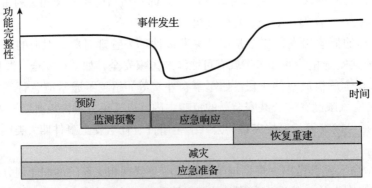

图1-2 应急管理各使命领域的关系

应急管理各使命领域在时间上并不是完全顺序排列的，而是存在一定的重叠关系。例如，在事件发生之前的预防与监测预警使命领域就是重叠的，当出现事件征兆后就要加强监测，如果有足够的信息支持做出事件即将发生的判断则应及时发布预警信息；但在此期间，预防工作还将一直持续，尽最大可能避免事件最终失控。在事件发生后的应急响应与恢复重建也会有一定的重叠。减灾与应急准备使命领域则贯穿于事件应急管理工作的全过程。

1.2.3 应急管理的目的

应急管理的最终目的是降低突发事件风险，最大限度减少各类突发事件造成的生命、财产损失和生态环境和破坏，维护社会稳定和国家安全。但是，从不同科学概念和可操作性的角度，满足人类基本需求、维持组织关键业务的连续性、降低社区脆弱性、提升社会韧性和增强应急能力等，也都是应急管理不同层面的目的。

1. 满足应急时的人类基本需求

大多数突发事件都对受害者的生命、健康、生存条件产生影响。应急响应的首要目标是满足受灾人群的基本生存需求。

美国心理学家亚伯拉罕·H.马斯洛（Abraham H. Maslow）总结了人类基本需求所具有的共性，于1943年提出了人类基本需求层次论和自我实现论。马斯洛将人的基本需求分为五个层次：生理需求、安全需求、爱与归属感需求、尊重的需求、自我实现的需求，按其重要性和发生的先后次序由底层向高层依次排列成"金字塔"形状。

一般而言，越是底层的需求对个体越重要，一般情况下，首先满足较低层次的需求，然后再考虑满足较高层次的需求。生理需求是最底层的需求，也是最重要的需求，必须首先予以满足。在一个层次的需求被满足或部分被满足后，更高一层的需求才会出现并逐渐明显和强烈，但有时不同层次的需求会重叠，甚至颠倒。随着需求层次的上移，层次越高的需求，其意义及满足的方式越具有差异性。

马斯洛的需求层次与动机理论比较好地反映了人类个体在灾难性事件中的需求和行为动机。在应急规划和管理过程中，通过对受灾人群的基本需求结构做出比较准确的预测，就可以设计相应的应急响应战略和政策，以尽可能满足人们的感知需求。如果某些人群的感知需求不可能或不现实，那么也可以进行引导和干预，甚至改变人们的感知需求，从而取得更好的准备和响应效果。

在灾难发生后，人们首先想到的基本生存需求是维持生命所必需的生理需求，比如食物、水和庇护所（包括衣服）。其次，当人的生命安全受到威胁时，如被困在倒塌的建筑物中，泄漏的有毒有害物质在大气中扩散，就需要对被困人员进行搜救、伤病人员进行医治、受威胁人员给予安全保护等。还要帮助离散家庭团聚，为受灾人员提供安慰和心理救助等，从而满足人的爱与归属感需求。除此之外，其他一些虽然不一定是生存攸关的合理需求，如了解灾情信息等，对于提高应急处置的成效也非常重要。

2. 维持社会和组织的关键功能

社会和组织的关键功能是指当这类功能被中断或失效，就会危及社会和组织的重要业务并造成严重损失。一个组织的关键功能取决于该组织的属性和目的。对于高层政府和社组织而言，关键功能是那些构成社会运行能力基础的活动、物资和服务，例如能源供应、IT和通信、运输、供水和食品、金融服务、警察、急救服务、医疗服务和社会服务等。

通过编制业务连续性计划，建立和维护一套基于业务运行规律的管理要求和规章流程，以便社会和组织在突发事件面前能够迅速做出反应，确保关键业务功能可以持续，而不造成业务中断或业务流程本质的改变，从而有助于社会和组织在经受自然或人为灾难的打击下连续不断地运作。

3. 降低突发事件风险

风险（risk）是"由事故、事件或偶发情况所导致的负面结果的可能性，由其发生的可能性和相关后果的严重度所确定"。对于一个系统而言，风险在传统上被定义为三个元素的函数：对系统产生不利影响的威胁（threat）或危险源（hazard），系统对该威胁或危险源的脆弱性（vulnerability），以及该系统受到影响出现不利事件可能产生的后果（consequence）。

威胁和危险源都是对系统产生不利影响的致灾因子。威胁是明确指向系统并可能产生危害的自然的或人为的事件、个人、实体或行动。危险源是系统中能够产生危害的自然的或技术的来源或原因。它们之间的区别是：威胁通常是由外部指向一个系统，而危险源通常是源于系统内部。脆弱性是系统的物理特征或操作属性，使其可被人非法利用或者受到特定危险源的影响。后果是一个由事故、事件或偶发情况所导致的结果。

风险管理被定义为"识别、分析和沟通风险，并接受、避免、转移或以一个可接受的代价将它控制到一个可接受水平的过程"。风险管理的基本思路是，通过辨识威胁和危险源，分析和评估风险大小，确定可接受风险水平，制定并实施风险减缓、转移和控制措施，从而使风险得到有效控制。对社会的不同人群而言，风险管理具有不同的含义：对于社会公众，主要是参与风险沟通，了解面临的风险；对于科学家和专业人士，主要是研究风险管理理论与方法，并开展风险评估，为风险管理提供依据；对于政策制定者，主要是风险管理决策，了解风险评估结果和确定风险管理措施；对于高风险从业者和管理者，主要是风险管理与风险沟通，实施风险管理措施。降低突发事件风险也是应急管理的基本目标。

但是，人们可用于减少风险的资源是有限的。因此，一方面必须使用成本效益分析方法来管理风险，以确保资源使用效益的最大化；另一方面，一些风险往往很难完全消除，而只能控制到一定的可接受水平，也就是说，总是会有残存的风险。这些残存的风险在适当的条件下，有可能转化为灾难性的事件。因此，做好事前的应急准备和事后的应急响应与恢复是现代社会管理所不可或缺的，这也正是应急管理在世界范围内日益受到重视的根源。

对于一些特定的系统和危险源，人们开发出了许多不同的方法和指标来评估其风险。从理论上而言，风险的量值可以直接作为衡量应急管理和应急准备效果的指标。但是，在实践上，由于风险是高度抽象的概念，目前人类对许多突发事件的风险认知尚不深入，对某些风险的准确定量评估还十分困难。因此，在应急准备领域目前还很难完全依靠风险量值的变化来衡量应急准备的程度。

4. 增强城市和社区韧性

韧性（resilience）是抵抗（resist）、吸收（absorb）、从中恢复（recover from）并成功地适应（adapt）逆境或条件变化的能力，过去也曾被译为"恢复力""抗逆力"等。对于一个系统而言，其宽泛的特征是系统失效概率的降低、因失效而引发的后果的减轻和系统性能恢复时间的减少。因此韧性与系统的脆弱性和后果相关，从而也与风险相关。

在应急管理领域，韧性是指一个个体、系统、社区、城市等适应变化的条件，抵抗并从突发事件的破坏中快速恢复的能力。因此，应急管理与应急规划的目标可以表述为增强系统韧性。

国内外在城市和社区韧性方面都已有大量研究。对于一个复杂的城市系统而言，韧性的基本要素包括冗余性、灵活性、重组织能力和学习能力，如图1-3所示。

- 冗余性：当一个系统受到破坏时，其他一些系统能提供可替代的服务。
- 灵活性：系统在一定的参数摄动下维持其基本性能的特性。或者系统能够吸收冲击并避免灾难性的失效，也被称为"鲁棒性"（robustness）。
- 重组织能力：系统有能力暂时或永久地适应、改变和进化以应对变化的环境条件。
- 学习能力：能够从过去的经验中学习、识别并解决相关问题，确保行动是以相关信息和经验为基础。

图1-3 韧性的基本要素

5. 提高应急能力

能力（capability）是在特定条件下、通过执行一项或多项任务，并达到目标绩效水平，以实现一项使命或功能的手段。一项能力可以通过可达成期望后果的适当的计划、组织、装备、培训和演练的任意组合来提供。

能力是实现满足人类基本需求、维持关键业务的连续性、降低风险、降低脆弱性和增强韧性的重要手段。能力通常具有一定的物质形态和表现形式，因此，比上述其他目标更容易观察和评估。因此，能力就成为衡量未来目标达成情况的一个标准。提高应急能力也就成了应急管理和应急规划的重要直接目标。

1.2.4 应急规划的概念

1. 应急规划的定义

应急规划（emergency planning）是指在突发事件发生之前、之中和之后所开展的计划性、系统性的谋划工作。在突发事件发生前开展的规划包括防灾减灾规划、应急准备规划和应急预案等，在突发事件发生之中开展的主要是应急行动规划，在突发事件发生之后开展的是恢复重建规划。

虽然应急规划的最终成果表现为一份或几份文件，但应急规划更多的是一个过程，而不仅是一个结果，特别是规划本身需要随着时间的推移、情况的变化而更新。

应急规划是系统地为可能发生或者已经发生的突发事件做好准备或者谋划行动方案的过程，是应急管理的重要基础性工作，也是应急管理部门的重要职能。在各级应急管理部门的主要职责中都包括组织编制应急预案、应急体系建设规划、综合防灾减灾规划、安全生产规划等。

应急体系建设规划、综合防灾减灾规划、安全生产规划属于事业发展规划或能力建设规划，在国家规划体系中属于专项规划范畴，是国家规划体系的有机组成部分，是对应急管理领域相关工作在时间、空间上的具体安排，是对一定时期内应急管理领域相关发展目标、主要任务和建设项目等做出的具体安排，是指导应急管理领域事业发展、布局重大工程项目、合理配置公共资源、引导社会资本投向、制定相关政策的重要依据。

2. 应急规划的类别

（1）应急准备规划。应急准备规划是指在突发事件实际发生之前，为更好地了解相关应急管理需求，并为快速、有效地开展预防、减灾、监测预警、应急响应、恢复重建等使命领域的工作，而对未来一定时期的活动及其保障条件进行部署和安排的过程。应急准备规划的结果包括各种预案、计划、规划、方案、规程、手册等。应急准备规划是应急准备活动中最重要的工作内容之一，其涉及的范围包括应急管理全过程，有时也被简称为应急规划。

应急准备是指为建立和维护政府、各类组织及个人的必要应急能力，以对突发事件预防、减灾、监测预警、应急响应和恢复重建等提供支持，从而避免和减轻突发事件可能造成的损失，所采取的包括计划、组织、装备、培训、演练、评估、改进等行动的持续循环过程。

《突发事件应对法》"第二章 预防与应急准备"部分规定了各级人民政府、企事业单位和社会组织等应开展的预防与应急准备工作，包括建立健全突发事件应急预案体系，开展危险源、危险区域调查、登记、风险评估，建立健全安全管理制度，开展隐患排查治理，建立应急救援队伍，建立健全应急管理培训制度，组织开展应急知识宣传普及和应急演练，建立健全应急物资储备保障制度、应急通信保障体系和巨灾风险保险体系，在城乡规划中统筹安排应对突发事件所必需的设备和基础设施建设，合理确定应急避难场所等。这些工作都应该通过应急准备规划做出合理安排。

（2）应急行动规划。应急行动规划是指在突发事件实际发生之中，根据应急预案及突发事件现场实际情况，为需要立即开展的应急救援与处置行动而进行部署和安排的过程。

（3）恢复重建规划。恢复重建规划是指在突发事件应急处置基本结束之后，为快速恢复正常生产生活秩序，对事件后的恢复重建工作而进行部署和安排的过程。

《突发事件应对法》第五十九条规定：突发事件应急处置工作结束后，履行统一领导职责的人民政府应当立即组织对突发事件造成的损失进行评估，组织受影响地区尽快恢复生产、生活、工作和社会秩序，制定恢复重建计划，并向上一级人民政府报告。

恢复重建规划要坚持以人为本、尊重自然、统筹兼顾、科学重建；要求优先恢复灾区群众的基本生活条件和公共服务设施，尽快恢复生产条件；在空间布局上强调合理调整城镇乡村、基础设施和生产力的布局，逐步恢复生态环境。根据突发事件造成的破坏程度和影响范围不同，恢复重建规划可能包括城乡住房建设、城镇建设、农村建设、公共服务、基础设施、产业重建、防灾减灾、生态环境、精神家园等方面的恢复重建内容。

3. 应急规划的作用

美国国土安全部（DHS）2007年发布的《国家应急准备指南》指出：应急规划是一种对潜在危机的整个生命周期进行系统思考的方法。良好的规划过程有利于缩短控制事件的时间，有利于快速而有效地提供有关现场情况的信息交流和研判，选择行动方案，因而花费在规划上的时间和精力将会得到回报。应急规划还可帮助各级政府更有效地发挥能力和资源的效用，并确保组织结构、流程和程序更有力地支持预定的战略方向。相关各方通过学习和演练自己的角色，可以减少事件初期关键阶段的不确定性，提高响应速度和行动效果。这是在危机中成功保护人民生命和财产的一个关键因素。

通过事前、事中和事后的应急规划过程，形成应急管理组织机构、应急预案、应急能力建设规划、应急行动方案和恢复重建规划等成果，可以发挥以下作用：

（1）通过应急准备规划可以未雨绸缪，早做准备。传统上对灾难性事件的应对是"被动反应式"的，即仅仅当事件发生后才开始行动；其效果往往不太理想。人们从经验教训中认识到应急响应需要超前思维和战略规划。应急规划通过事先做出制度性的安排和计划，编制并演练应急预案，可以提高应急响应的速度和效果。

（2）通过应急准备规划可以建立并维持必要的应急能力。虽然一个国家或地区所面对的风险千差万别，但各类风险的后果具有相似性，因此其应对行动及所需要的能力也就具有一定的普遍性。对于一些史无前例的灾难，由于受历史经验和想象力的限制，往往难于预测和进行有针对性的准备。通过规划过程的战略思维方法的运用和激发参与各方的洞察力，有可能做出更好的预测并开展情景构建，通过"情景－任务－能力"的规划分析方法，归纳出一定数量的目标能力或核心能力，作为一定时期内应急准备的重点工作任务，从而为应对未来的风险建立并维持必要的应急能力，更好地做好应急准备。

（3）通过应急组织规划可以形成有效的应急管理和指挥组织机构。应急管理组织机构是应急管理体制机制的重要载体，是明确职责分工、控制结构、工作程序和资源保障的基本形式。应急组织包括政府、企业、社会、基层等各类组织。政府组织机构依据国家政体和相关法律法规确定的程序和方法确定，通常通过国家和地方编制管理机构发布的部门和单位的"三定"（定职责、定机构、定编制）规定文件进行明确，具有严肃性、权威性、专业性和强制性。在应急规划过程中，主要是以日常性应急管理组织机构为基础，规划设计突发事件应对的组织指挥体系，明确事前、事中和事后的应急管理职责分工和责任体系等。

（4）通过应急行动规划可以统筹运用全社会的资源。灾难刚开始时通常都是地方性的，但是地方的资源通常不足以应对所有灾难。因此，通过应急行动规划可以有效协调政府间和社会组织间的资源，建立协作机制；通过规划建立的系统与程序，可以使相关各方高效和有效地交流并使用资源信息；通过事前与事中的规划过程还有助于相关各方建立联系，增进了解，从而提高应急行动的协同性。

（5）通过恢复重建规划可以更有效地组织和利用应急资源开展恢复重建。通过明确恢复重建的领导机构及相关部门的职责，短期功能恢复安排，建筑标准和土地规划，恢复重建资金筹措（包括灾害保险）和补贴标准等，可以为灾后抚平灾难伤痕、改善灾区生存与发展环境、避免未来灾难损失提供基础。

（6）通过应急规划可以总结积累经验教训。如果缺乏对突发事件应对的评估、总结和事前与事后的规划，往往会导致知识和经验出现断层和丢失。通过规划有助于产生组织学习和集体记忆，并将知识与经验汇集到相关规划文件之中，避免重蹈覆辙。

1.3 应急规划与管理的现状及发展趋势

应急规划与应急准备密切相关，有意识的应急准备通常都是事先谋划的结果。应急规划与管理经历了从单项的不自觉的行动到全面的有计划的行动的发展过程;作为应急管理理论的重要组成部分,也经历了从经验哲学到科学理论与方法的发展过程。

1.3.1 应急规划与准备思想的萌芽

1. 人类早期的应急规划与准备

流传 2000 多年的中国古语"有备无患",提醒人们凡事都应先有准备,这样才可以避免祸患。在经济发展水平有限的古代社会,对于各种天灾人祸,人们真正能够做的规划与准备极其有限,主要是储备一些粮食等生活必需品,对灾祸本身大多只能"听天由命"。在长期的生产、生活实践中,人类不断总结和汲取经验教训,在住宅选址、房屋结构、兴修水利、防火救灾、赈灾养恤等方面逐渐形成了一些行之有效的规划和准备做法。

最早的有组织的应急准备活动应属对火灾的预防规划和世界各地城市成立的"消防队"。随着城市的发展,火灾成为威胁城市安全的重大灾害。据史料记载,在 11 世纪,北宋都城东京(开封)规模宏大、人口稠密,市区和宫中发生多次大火,为此专门成立了由军队组成的"潜火队",负责救火。1657 年日本发生明历大火(振袖火事),几乎烧掉了整个江户城(东京),死亡 10 多万人,随后成立了专事救火的"定火消"。1666 年英国伦敦发生大火,烧毁房屋 13 200 幢,整个伦敦的近 2/3 化为废墟,随后伦敦成立了英国第一支消防队;这次大火也促进了建筑标准和火灾保险这两项重要减灾规划措施的诞生。

2. 针对战争威胁的应急规划与准备

萌芽于第一次世界大战期间的民防(civil defense)组织和民防工程,是世界历史上规模最大的针对战争威胁的应急规划与准备行动。第一次世界大战期间,英国伦敦遭到德国空军的不断轰炸,为减少人员伤亡和财产损失,伦敦建立了独立的防空指挥机构和专门的防空部队,并在市区实行灯火管制、构筑防空洞、疏散居民、建立空袭警报系统等。

第二次世界大战期间,由于航空工业和技术的迅猛发展,空袭威胁明显增大,欧洲许多国家相继建立了"城市防空体系",民防工程也因此得到了迅速发展。如英国各重要城市,掩蔽所、防毒室比比皆是,基本上可做到人人有洞可藏;法国则大力构筑掩蔽所,仅巴黎就构筑了 2 万多个,可容纳 170 万人,约占巴黎人口的 2/3;德国在战前也构筑了大量防护工程,因而德国虽然从 1941 年开始即遭到美英两国的战略轰炸,但直到 1944 年其军火生产还在稳步上升。

第二次世界大战后,随着冷战、导弹和核威胁的加剧,进行民防建设的国家和地区从战争时期的 10 来个上升到了 100 多个,而且建设的规模越来越大,水平越来越高。如美国修建的民防工程可容纳 1.2 亿人,占总人口的 57%;苏联修建的民防工程可容纳 1.8 亿人,占总人口的 68%;瑞士、瑞典修建的工程可容纳总人口的 85% 以上;以色列修建的工程则能够容纳全国人口的 100%。除了建设传统的地下防空洞,许多国家还开展了城市人口疏散计划编制,以及疏散后的人口安置设施与生活资源保障等方面的规划。

3. 针对灾害事故的应急规划与准备

随着工业化、城市化快速发展,灾害事故的破坏性影响越来越严重,事前开展应急规划也就变得非常重要。在一些高危工业领域,如煤矿井下开采,一般都要制订灾害预防与处置计划,特别对如何控制井下风流方向,从而为火灾等事故发生时井下工人逃生提供生命通道,都需要事先进行设计并编制灾害处置计划。20世纪70年代以来,随着化学工业的快速发展,国外发生了一系列造成重大人员伤亡和环境污染的化学品泄漏及火灾爆炸事故,总结这些事故的惨痛教训,逐步建立完善了防控重大工业事故的法律法规和标准,其中应急规划(应急预案)就是重要措施之一。

1974年6月1日,英国弗利克斯伯勒(Flixborough)的一家化工厂发生大量可燃环己烷气体泄漏,后续引发剧烈连锁爆炸,摧毁了周围600米范围内的所有设施,造成工厂内部人员28人死亡、36人受伤,厂外53人受伤,经济损失上亿美元。随后,英国健康与安全执行局(HSE)设立重大危险源咨询委员会(CAMH),全面调查此次事故发生的原因并提出改进措施。1976年,CAMH向HSE提交了重大危险源管理措施,主要包括三项策略:①企业辨识并向政府报告存在的危险源;②为预防危险源重大事故必须采取控制措施;③为降低事故的破坏性必须采取减缓措施。基于这一思想,英国于1984年颁布《工业重大事故危害控制规程》(CIMAH),该规程规定了170种危险物质的危害控制分级标准,如果企业拥有的危险物质数量超过设定的标准,经营者必须向政府监管部门提交书面安全报告,并通过场所选址、技术措施和管理措施保证安全性;为应对可能发生的事故,企业必须编制场内应急预案,地方政府则必须编制场外应急预案。这是采取土地利用规划和应急响应计划(应急预案)等应急规划措施防范工业事故的起源。

1976年7月10日,意大利塞维索(Seveso)镇的伊克梅萨化工厂的TBC(1,2,3,4-四氯苯)加碱水解反应釜突然发生爆炸,包括反应原料、生成物以及二噁英杂质等在内的化学物质泄漏形成污染云团。由于污染团中含有剧毒化学品二噁英(简称TCDD),造成严重的环境污染;当地居民产生热疹、头痛、腹泻和呕吐等症状,许多飞禽和动物被污染致死。这起事故促使欧盟理事会和欧洲议会在1982年6月颁布了《工业活动中重大事故危险法令》(82/501/EEC),简称《塞维索(Seveso)法令》,其防控措施与英国的《工业重大事故危害控制规程》(CIMAH)基本相同,都是对重大危险源采取严格管控并加强应急规划等措施。

1984年12月3日凌晨,美国联合碳化物公司设在印度博帕尔市(Bhopal)的一家农药厂发生异氰酸甲酯(MIC)毒气泄漏事故,导致3150人死亡,5万多人失明,2万多人受到严重毒害,近8万人终身残疾,15万人接受治疗。这是迄今为止,世界化工史上最严重的人员伤亡事故。这一事故直接促使国际劳工组织(ILO)于1993年制定并发布了《预防重大工业事故公约》(第174号)和《预防重大工业事故建议书》(第181号),要求各成员制定并实施重大危险源辨识、评价和控制的相关政策,预防重大工业事故发生。博帕尔(Bhopal)事故也促使美国于1986年10月通过了《应急规划和社区知情权法》(EPCRA)。EPCRA的目的有两个:一是鼓励和支持州和地方各级开展应急规划工作,二是向公众和地方政府公开其所在社区存在的化学危险源的信息。为促进应急规划的开展,该法律要求各级地方政府成立多方参与的应急规划实体,主要包括地方应急规划委员会(LEPC)和部落应急规划委员会(TEPC)等。LEPC和TEPC的代表包括地方官员和规划人员、危险设施所有者和经营者、第一响应人员、卫生和医院人员、环境团体、居民和社会公众等。LEPC和TEPC具体负责组织开展地方层面的应急规划,以协同做好化学品事故的准备、响应和恢复。

对于重大自然灾害,如洪水、台风(飓风)和地震等,事先编制应急预案并开展应急准备，以便能够通过监测预警、快速应急响应和恢复重建，最大限度减少生命财产损失，在国内外日益受到重视，其发展过程在后面将会进一步介绍。

1.3.2 国际应急规划与管理现状及发展趋势

1. 美国的应急规划与管理

美国联邦政府于1961年在总统行政办事机构内设立应急规划办公室（OEP，1968年改名为应急准备办公室），负责各类自然与技术灾害的应急规划和准备；同时在国防部成立民防办公室（OCD，1971年改名为民防准备局），负责民防事务。此后，这些机构几经分、合，但基本是按民防和灾难管理两条线各自发展。1979年，美国国防部民防准备局与其他四个灾难管理相关机构合并，成立联邦应急管理局（FEMA），统一负责民防战备的规划建设和平时应急规划、准备与救灾工作。此后，民防建设与应急管理相结合成为世界各国的共同趋势。

1972年，美国灾难研究中心发表了一份《关于灾难规划的一个视角》研究报告，提出了致灾因子的特征及其产生的响应需求，灾难环境下个人与群体行为，正常时期与突发事件条件下社区活动的对比，现有社区预案及规划战略方面存在的不足。以从对大量灾难案例的研究中总结出的灾难响应行为知识为基础，从行为学的角度提出了灾难规划时必须考虑的各种因素、应该避免的有关灾难行为的错误观念，同时提出了灾难规划的八条原则：规划是一个持续的过程，规划应该试图减少未知性，规划应该唤起适当的行动，规划应该以实际可能性的事件为基础，规划应该基于正确的知识，规划的重点应该是确定原则，规划在一定程度上是一种教育活动，规划必须克服阻力等。1979年，美国灾害学者柯兰德利（Quarantelli）和蒂尔尼（Tierney）发表了《灾难应急准备规划》研究报告，对灾难准备规划的相关问题进行了深入的探讨，如为什么需要开展灾难准备，影响灾难规划的条件以及目前的公共政策状况，基础与应用研究成果对于灾难规划的影响等，并对该领域未来的发展提出了建议。

美国自1979年成立FEMA后，逐步形成了"综合应急管理"（CEM）的理念，即综合协调所有相关机构的能力以应对各类灾害和突发事件；将应急管理划分为减灾、准备、响应和恢复四个阶段。从20世纪90年代起，美国政府加强了减灾和应急的规划与准备工作。在减灾方面将土地规划、人口转移和保险作为重要措施，在应急规划与准备方面则强调预案编制、警报系统、应急物资储备和互助协议、人员培训和预案演练等。为全面了解整个国家的应急准备情况，从1997年起，美国联邦应急管理局（FEMA）与国家应急管理协会（NEMA）合作开发"州应急准备能力评估办法"（CAR），评估内容包括13项主要职能、1801个评估要素。从1997年到2000年，美国56个州、地方和海岛都完成了应急准备能力状况评估工作。

2001年9月11日，美国纽约世界贸易中心"双子塔"遭受恐怖袭击，造成2996人死亡和巨大财产损失。此后，美国政府总结"9·11"事件的经验教训，对应急管理体制和应急管理战略进行了大规模调整，于2002年11月发布了《国土安全法》，并依据该法建立新的联邦政府部门国土安全部（DHS），统一负责包括应急管理在内的所有国土安全事务，FEMA被并入DHS。2003年2月，布什总统签署主题为"国内突发事件管理"的国土安全第5号总统令（HSPD-5），指示编制"国家应急预案"（NRP）及"国家突发事件应急管理系统"（NIMS）。2003年12月，布什总统发布主题为"国家应急准备"的国土安全第8

号总统令（HSPD-8），提出了制定"国家应急准备目标"和全面加强预防和应对恐怖袭击、重大灾难和其他事件的规划与能力建设的要求。此后，美国国土安全部出台了一系列政策文件，对国家应急规划与准备体系进行了全面改进，如制定发布"国家应急准备暂行目标（2005）""国家应急准备导则（2005）"，设计了15种"国家应急规划情景"，包含约1600种任务的"通用任务清单"（UTL2.1）和36种关键应急能力的"目标能力清单"（TCL1.1），并提出了7个国家需优先提升的能力，同时联邦每年投入约40亿美元提升这些能力。

尽管如此，2005年8月美国发生的"卡特里娜飓风"灾难，还是造成了至少1833人死亡和960亿美元的财产损失。在2006年美国政府发布的《2005年卡特里娜飓风调查报告》中，总结了17条经验教训，其第1条就是"全国应急准备工作在四个方面存在严重缺陷：全国应急响应的统一管理；联邦政府内的指挥管理架构；对应急规划与准备的了解；地区性的规划与协调。"为此，美国政府于2006年发布了《卡特里娜后应急管理改革法案》（PKEMRA），重点对提升应急管理能力和建立国家应急准备系统提出了明确要求。此后，美国政府修改了国家应急准备的目标、需优先提升的能力，于2007年9月发布了替代"国家应急准备暂行目标（2005）"的"国家应急准备指南"（NPG，2007），该指南包括四个主要部件：一是"国家应急准备愿景"；二是"国家应急规划情景"；三是"通用任务清单"（UTL2.1）；四是"目标能力清单"（TCL2.0）。并且确定了8个国家需优先提升的能力，与原来相比增加了"加强规划和公民准备能力"的要求。2006年6月发布了"国家基础设施保护计划（2006）"，确定了18个方面的国家重要基础设施和关键资源，提出了保护国家基础设施的基于风险管理的框架；2008年1月发布了取代"国家应急预案"（NRP）的"国家应急框架"（NRF），进一步明确了全国各级政府及各类组织的应急响应职责与响应程序，取消了由总统宣布"发生国家级突发事件"后联邦政府才提供援助的规定，并强调新发布的框架不是行动预案，联邦部门和机构应根据框架及附件制定自己的应急行动预案。为了统一管理和协调全国的应急准备行动，清楚了解全国应急准备的状况，对当前的能力水平进行评估分析并提出改进战略，美国联邦应急管理局于2009年组织开发了"国家应急准备系统"（NPS）。

2011年3月奥巴马总统发布《总统政策指令8：国家应急准备》（PPD-8），调整了国家应急准备的策略。应急准备规划的重点从"国家规划情景"转向了《国家准备目标》，即国家应急准备的五个使命领域：预防、保护、减灾、响应和恢复的31项（2015年9月后增加为32项）核心能力及其能力目标，以体现"全灾种""全社会""综合应急管理"的理念。根据新的政策指令，FEMA组织修订了《国家应急准备目标》（2011年）、《国家应急准备系统》（2011年）和系列综合应急准备指南（CPG）等应急规划指导性文件。联邦政府针对五个应急使命领域分别编制国家应急规划框架，包括：国家预防框架、国家减灾框架、国家应急响应框架、国家灾难恢复框架和国家保护框架。与每个使命领域的"规划框架"相对应，分别编制一份《联邦跨部门行动预案》（FIOP），并针对具体事件编制行动预案，作为FIOP的事件附件。地方各州、部落、县、市等主要编制综合应急预案和综合减灾规划。

为了提高全民的应急准备意识，从2004年起，美国国土安全部把每年的9月定为"国家准备月"。在整个9月份，国土安全部和其他各级各类应急管理机构，通过提供资料、主持活动、资助行动计划等形式，鼓励全体美国人加入到应急规划与准备活动之中，促进家庭、企业和学校做好应急规划和准备。特别是催促所有美国人准备家庭应急包、制订家庭应急计划、了解自己社区所面临的危险，并参与到社区的应急准备行动中。

通过制定和发布一系列新的方针、政策、计划和程序，建立和完善应急规划与准备体系，大力提升优先能力，加强培训和演练，对效果进行评估和改进不足等，美国的应急规划与准备工作有了明显提高。

2. 日本的应急规划与管理

日本是灾害易发型国家，在行政体系上实行地方"都道府县"和"市町村"自治，中央政府在法定范围内按照事权、财权与地方政府进行分工，而不存在行政上的上下级关系。日本的应急管理体系体现了以"市町村"为基础、相互间协作、"都道府县"和中央政府提供援助的特点。日本政府总结1959年伊势湾台风灾害造成5040人死亡的经验教训，于1961年制定了《灾害对策基本法》，使以往单灾种的管理体系转变为综合防灾管理体系，即各类灾害统一管理，"预防—应急—恢复重建"综合规划；1995年阪神大地震后，又进一步转变为"国家危机管理体系"，强化了中央政府的职能与责任，形成"防灾减灾—危机管理—国家安全保障"三位一体的系统。

在应急规划与准备方面，第一是建立了较完备的应急管理机构，包括中央层面的"内阁危机管理总监""中央防灾委员会""防灾担当大臣"及"参事官"、地方层面的"防灾委员会""危机管理总监""综合防灾部"，以及灾害发生时负责指挥决策的各级"灾害对策本部"；第二是系统地编制了各类型的防灾计划（规划）、应急预案、行动指南和手册等；第三是建立了先进的灾害预警系统、通信系统、物资储备与避灾场所、灾害保险等保障体系；第四是开展了形式多样、广泛参与的灾害教育、宣传、培训、演练等活动。

（1）防灾组织结构体系和管理体系。日本应对灾害建立了一套较为完善的防灾组织结构体系和管理体系。防灾计划类型包括：防灾基本计划、防灾业务计划、地区防灾计划和指定地区防灾计划。根据防灾基本计划，日本历史上所发生的各种主要灾害可以被分类成自然灾害和事故灾害，针对灾害发生的全过程，做好灾前预防阶段预案制定、灾害防控空间布局规划，灾时应急阶段人员疏散协调管理、救援物资的调度和灾害恢复期安置复原对策，复兴阶段的中长期收容。

（2）灾害管理体制机制。日本灾害管理机制中包括：日本中央政府以及各都（道、府、县）和市（町、村）的三个不同层级分别设置了非常明确的责任和义务，使各层级防灾组织平时定期召开防灾会议，并制订防灾计划加以贯彻执行。日本《灾害对策基本法》第2条是针对"市（町、村）防灾会议（协议会）"和"相互间协作"的规定，各级不是上下级关系，协议内明确了灾害支援程序、防灾支援内容、发生经费负担和应对各种巨灾的应急演习等内容，中央政府对地方政府实施监督控制。根据日本《灾害对策基本法》的防灾规划中第3条至第5条的规定，由日本的中央政府来负责制定国家防灾规划，并对自治体进行防灾工作的推进和综合调整。都（道、府、县）制定并实施都（道、府、县）所在地相关的防灾规划，负有对本都道府县内的市（町、村）进行的相关防灾援助和综合调整的责任。市（町、村）等基础自治体负责制定地方行政单位防灾相关规划并负责实施。同时，可采取跨越行政区的协作计划，制定受灾地域整体的灾害对策。日本也十分注重公众参与、防灾宣传教育、开展居民自救与互助活动。

（3）应急规划体系。日本的应急规划体系主要包括：综合防灾规划、专项规划以及各部门规划中的防灾、安全、应急规划等。以东京都为例，包括《东京都防灾规划》及其《震灾篇》和《火山与风灾水灾篇》，以及《风水灾害对策规划》《火山灾害对策规划》《大规模事故等对策规划》《原子能灾害对策规划》等专项规划。

（4）应急规划编制和实施。在应急规划的制定和实施环节，日本注重软硬件相结合，城市规划和防灾规划一致。日本政府在城市硬件和软件的建设中，无论是在灾前预防还是在灾后应急方面都能做到井然有序。将城市防灾与城市规划结合起来，从硬件设施到软件环境营造，从防灾减灾的设备到信息的发布和市民组织，从城市土地利用规划到开发诱导地区规划中的公众参与，都很好地体现出这一特点；在空间尺度上，形成"地域防灾规划—防灾城市建设规划—城市规划"的等级体系，下位规划要遵守上位规划，软硬件相结合，宏观和微观相协调，实现城市更好地防灾减灾。

3. 英国的应急规划与管理

2000年英国出现燃油供应短缺危机，冬季恶劣天气带来洪水灾害；2001年全国暴发口蹄疫；2001年美国"9·11"事件之后英国的恐怖袭击威胁也不断增加。这些因素促使英国政府高度重视加强国家应急能力，以便在发生自然灾害或人为灾难时能够有效应对，保障公民安全和社会正常运转。

2001年成立的英国首相府内阁办公室的国民紧急事务秘书处（CCS）是中央政府推进应急管理工作的核心机构，负责识别、描述、量化、评估所有可能对英国安全构成的风险，监督各中央部门应急计划、业务持续性计划、应急物资准备等工作，在紧急情况下负责协调跨部门的应急行动。

英国于2004年制定了《民事突发事件法》（Civil Contingencies Act 2004），并随后于2005年发布《应急准备：2004年民事突发事件法及其相关条例与非法令性安排指南》《应急响应与恢复：辅助应急准备的非法令性指南》，于2010年发布《突发事件响应：英国中央政府的响应行动概念》等指导文件，从而奠定了英国应急规划与管理的基础。

英国的应急规划主要是指应急预案和业务连续性计划，分为国家、区域和地方三级。

（1）国家级应急规划。在中央政府层级，由内阁办公室的国民紧急事务秘书处（CCS）指定不同类别突发事件的牵头政府部门，由该部门具体负责相应类别突发事件的应急管理及应急规划工作。

需要中央政府介入的突发事件由低至高被划分为三个层级：①重大突发事件（1级），是指受到广泛关注并需要中央政府提供支持的突发事件。由牵头部门的部长根据自身的职能和使用自己适当的应急设施组织管理应急响应行动。必要时由国民紧急事务秘书处（CCS）提供建议。②严重突发事件（2级），是指具有或可能有广泛而持续的影响后果，需要中央政府的多个部门协调和提供支持的事件。由牵头部门从内阁紧急应变小组（COBR）发布协调指令。国民紧急事务秘书处（CCS）就重大影响的管理和恢复问题提供支持。③灾难性突发事件（3级），是指具有重大且广泛的影响后果，需要中央政府立即指示和支持的灾难性事件。由首相或指定的国务大臣领导中央政府提供有效响应措施，在必要时运用紧急权力措施。由内阁紧急应变小组（COBR）和国民紧急事务委员会（CCC）提供支持。

（2）区域级应急规划。英国主要包括英格兰、威尔士、苏格兰和北爱尔兰四部分，后三者被授以一定的自治权力。为加强区域协调，英格兰被分为9个统计区，其他三部分各为1

个统计区，共 12 个统计区，在各个统计区设有中央政府的区域办公室。自 2003 年以来，英国在各统计区设立"区域韧性论坛"（regional resilience forum，RRF），以协调区域内的民事应急活动。区域级应急规划由区域韧性论坛（RRF）及其工作组负责，目标是改善区域及区域之间的协调；改善中央与区域之间的协调；改善区域与地方响应能力之间的协调。

区域级应急规划主要有三种类型：①通用区域应急预案，旨在确保在必要时区域的危机管理机制可以顺利地被启动，主要包括启动政府部门相关危机设施的程序，启动区域指挥与控制中心（RCCC）的程序，以及与地方层级、其他区域和中央政府进行通信的程序等；②政府办公室的业务连续性计划（GOBCP），旨在确保政府办公室在突发事件下其基本职能可以继续运作，尤其是应急响应可能需要的职能；③区域能力协调预案（RCCP），旨在发展以区域为基础的能力以应对可能压垮地方的突发事件，明确在紧急情况下可用于救急的位于区域内的政府资源，并计划如何以高效和有效的方式获得。

（3）地方级应急规划。英国的《民事突发事件法》将地方应急响应人员分为两类：第一类响应人员（category 1 responder），主要包括地方政府、应急服务部门（如警察、消防、急救等）、卫生部门、海事部门等；第二类响应人员（category 2 responder），是辅助应急处置的人员，主要包括公用事业单位（如水、电、燃气等）、通信邮政、铁路运营商等，这类响应人员的主要职责是与其他部门应急响应人员合作并共享信息。承担地方级应急规划职责的是第一类响应人员。

地方级应急规划（预案）主要有三种类型：①通用预案（generic plan），是对一起突发事件进行响应时调集人员和资源的核心预案；②专项预案（specific plan），是针对由风险评估确定在当地广泛出现的特定类型的事件或特定场所的预案；③多机构和多层级的预案，涉及不同数量和层级的应急响应者的预案。大多数第一类响应人员同时拥有通用预案和专项预案，这两类预案共同工作，由通用预案建立一套清晰的、可以在突发事件之间转换的能力和程序，由专项预案针对特定灾害和威胁进行详细分析并有针对性地做好相关准备。对于有些涉及多个机构、多个层级参与应急响应的场合，第一类响应人员就需要通过开发多机构、多层级的预案来协调各方的应急资源。

英国的应急规划是基于风险管理的方法，风险评估及合作和信息共享是应急规划的基础，应急规划也重视对企业的指导、与公众的沟通、对弱势群体的保护以及对业务连续性计划的指导。英国应急规划的过程主要包含：了解风险概况；确定目标与能力；明确任务与资源；设计组织结构；分配责任；规划发布；培训、演练；规划维护与修订等。

4. 俄罗斯的应急规划与管理

俄罗斯建立了以总统为核心，以联邦安全会议为决策中枢，政府各部门分工合作、相互协调的俄紧急情况预警及救灾国家统一体系，简称"统一国家体系"（USEPE）。统一国家体系的横向架构包括九个不同专业部门：军事化及非军事化消防、搜救和恢复、医疗、环境及农作物保护、水文监测、国防、原子能安全、空中搜索力量、铁路应急及水上救援；其纵向架构由联邦级、跨地区、地区、市级和特殊区域等各层级行政部门组成，各层级均建有作为协调部门的预警救灾委员会、应急响应管理中心、紧急情况部及其各下属分支。

俄罗斯于 1994 年根据《关于联邦行政权力组成的总统令》，建立了直接对总统负责的联邦民防、紧急情况和消除自然灾害后果部（简称"紧急情况部"），负责自然灾害、技术性突发事件和灾难类突发事件的预防和救援工作。俄紧急情况部属于军事化管理部门，部长是国家安全会议成员，由总统直接任命，一般都授予大将或者上将军衔。紧急情况部职责包括保护国民和领土免受紧急情况威胁、在水陆空执行具体抢险救灾行动、监督预防措施落实情况、培养救灾力量、向总统及政府提出职权范围内的立法建议、制定有关操作指引、搜集灾害信息发出预警等。俄联邦、联邦主体（州、直辖市、共和国、边疆区等）、城市和基层村镇四级政府都设置了垂直领导的紧急情况管理机构。

2003年设立的俄联邦政府紧急情况与消防预警和救灾委员会是中央层级动员和组织救灾行动的协调机关，职责包括组织救援、提出立法建议、编写材料、参与有关科研项目和保障统一国家体系正常运行。该委员会主席由俄紧急情况部部长担任，俄紧急情况部处于委员会核心位置，内务部、国防部或者内卫部队协助紧急情况部处置突发事件。委员会有权听取和质询各部门应急救灾工作情况汇报，各联邦部门及地方主体须无条件执行委员会在职权范围内做出的决定。

为强化应急管理机构的权威性和中央的统一领导，在俄罗斯远东地区、西北地区、南方地区、伏尔加河沿岸和乌拉尔地区、西伯利亚地区和中央地区设立了六个区域中心，每个区域中心管理下属的联邦主体紧急情况局，在紧急情况部的直接领导下负责所辖地区各种灾害事故的预防和处置。联邦、区域、联邦主体和城市紧急情况机构（部、中心、总局、局）下设指挥中心、救援队、信息中心、培训基地等管理和技术支撑机构，保证了紧急情况部有能力发挥中枢协调作用。

紧急情况部是俄罗斯应对突发事件的中枢机构。紧急情况部下设11个司，负责预防灾害事故、消除突发情况后果、协助地方应对突发情况、改进民防工作、组织技术和后勤保障、管理基础设施建设、进行组织和动员工作、开展应急规划和编制应急预案、组织和协调国际救援行动、起草法律法规和编制部门预算等任务。紧急情况部还下设八个局，负责民防部队管理和培训、组织灭火行动、监督企事业单位防火措施落实情况、对在内河和近海航行或作业的小型船只进行监督管理、组织水上搜救、调动飞机参与救援、监督和检查紧急情况系统资金使用情况以及保障救援行动安全有效进行。紧急情况部还拥有消防服务队、民防部队、中央航空救援队、特种搜索救援队、水下设施事故救援队和小型船只事故救援队等多支专业应急力量。紧急情况部设有国家危机管理中心，主要负责对各类灾害事故和紧急情况等进行监测预警、对预防和消除紧急情况的国家力量和活动进行管理。俄罗斯联邦每年用于预防和消除紧急情况的经费预算约占年度总财政支出的2.1%，远高于用于应急救援的专项拨款，体现了对应急准备的高度重视。

《俄罗斯联邦紧急状态法》等法律法规对应急救援准备有明确的要求，对开展应急规划和编制应急预案等有具体规定。如紧急情况部的职能中明确了"起草俄罗斯联邦民防领域行动预案，以及关于在俄罗斯联邦各地区或全国的部分或全部地区实施民防领域行动预案的建议"等，对于可能发生的各类灾害事故或紧急情况都编制有比较完善的应急预案。

5. 联合国的防灾减灾规划与战略

联合国一直将防灾减灾作为其人道主义事务的一个重要部分。1987年12月，联合国大会通过决议，将1990~2000年定为"国际减少自然灾害十年"。十年的目标之一是鼓励提高国家能力，减少在灾害面前无能为力的状况。1994年，联合国在日本横滨举行了第一届减灾世界会议，通过了《横滨战略及其行动计划》，为成员制定了防灾、备灾、减灾战略。其战略要点包括：灾害预防和准备对于降低救灾赈济是至关重要的；灾害预防和准备应该被看作国家、区域、双边、多边和国际各级发展政策和发展规划的组成部分；发展和加强预防、减少灾害的能力是当务之急；早期预警以及利用包括广播服务在内的电信手段有效地预警，是灾害预防和准备取得成功的关键因素；只有在地方社区、国家政府、区域和国际各级参与的情况下，预防性措施才会取得最好效果；通过对整个社区进行适当教育和培训，采用侧重目标群体的适当发展规划和发展格局，才能降低脆弱性。

2005年1月，在日本兵库召开的世界减灾大会上，联合国际减灾战略（UNISDR）的168个成员单位通过了《兵库宣言》和《2005~2015年兵库行动框架：加强国家和社区的韧性》（简称《兵库行动框架》），将提升国家和社区的韧性作为所有国家和地区2005~2015年的减灾行动战略目标和行动重点。这些重点分别是：①确保减灾成为各国政府和地方政府部门工作重心之一；②识别、评估和监测灾害风险，增强早期预警能力；③利用知识、创新和教育在各级机构中培养安全和韧性意识，在各个层面上营造注重安全和韧性的文化；④减少潜在的灾害危险因素；⑤增强准备能力，确保对灾害做出有效反应。

2015年3月，在日本仙台召开的第三届世界减灾大会，审议了《兵库行动框架》执行情况，通过了《仙台宣言》和《2015~2030年仙台减灾框架》，确定了包括到2030年的全球减灾目标和优先行动事项，包括大幅降低全球灾害死亡率、大幅减少受影响的民众人数、减少与全球国内生产总值相关的经济损失、大幅减少灾害给卫生和教育等关键基础设施带来的损失以及对基本服务的干扰，在2020年前增加制定国家级和地方级减灾战略的国家数量，促进国际合作，增加获得多灾种早期预警系统和减灾信息及评估的机会等。其中，了解灾害危险、强化减灾管理工作、加大减灾投资力度、做好防灾及灾后恢复重建工作被列入优先行动事项。

联合国还在其"人道主义事务协调办公室"下设立了"紧急救援司"和"中央应急基金"，并编制应急预案，以便对全球范围内的突发灾害做出快速反应，减少生命财产损失。1989年12月，联合国决定每年10月的第二个星期三为"国际减灾日"，作为促进减轻自然灾害风险全球氛围形成的手段。2009年，联合国大会通过决议，改为每年的10月13日为"国际减轻自然灾害日"。

1.3.3　我国应急规划与管理现状及发展趋势

1. 我国应急管理体制、机制、法制发展情况

我国是重大自然灾害频发、事故灾难较严重、公共卫生与社会安全形势较严峻的国家。长期以来，主要是以分部门、分灾种的方式预防和处置各类灾害和突发事件。为减轻战争灾害可能造成的损失，我国从20世纪50年代起逐步建立了一个比较完善的人民防空体系，包括由组织指挥、通信预警、防护工程、专业队伍等构成的系统。在减灾和灾害救助方面，我国于1989年成立了"中国国际减灾十年委员会"（2005年更名为"国家减灾委员会"），当时的办公室设在民政部，民政部还成立了国家减灾中心、救灾救济司等机构，负责全国抗灾救灾的综合协调工作。此外，还逐步建立了中央救灾物资储备体系、灾情会商与预警系统、自然灾害救助预案和应急响应系统、救灾社会动员系统等。

2003年非典疫情之后，我国全面加强了以"一案三制"（应急预案、应急体制、应急机制、应急法制）为基础的应急体系建设。2005年底国务院办公厅成立了国务院应急管理办公室（国务院总值班室），各级政府办公厅也相继组建了应急管理办公室，履行值守应急、信息汇总和综合协调等职能，初步形成了"统一领导、综合协调、分类管理、分级负责、属地管理为主"的应急管理体制；2006年1月8日，国务院发布了《国家突发公共事件总体应急预案》以及25件专项预案和80件部门预案，各省级总体应急预案也编制完成；2007年发布了《中华人民共和国突发事件应对法》，对突发事件的预防与应急准备、监测与预警、应急处置与救援、事后恢复与重建四个阶段的相关制度做出了明确规定；此后相继制定和修订了一批自然灾害防治、安全生产、公共卫生和社会安全方面的法律法规和标准规范，初步形成了应急管理法律法规体系。

2018年3月，根据《中共中央关于深化党和国家机构改革的决定》《深化党和国家机构改革方案》和《国务院机构改革方案》的要求，整合了11个部门13项职能，包括5个国家议事协调机构，组建了应急管理部，19万名消防救援和森林消防兵转制组建成立国家综合性消防救援队伍，省、市、县各级应急管理部门相继完成组建，初步构建起了统一指挥、专常兼备、反应灵敏、上下联动的中国特色应急管理体制。应急管理部门统筹推进防灾减灾、安全生产和应急救援工作，强化全灾种综合管理、全过程管理和力量资源的优化管理，应急相关专业部门发挥专业优势，确保责任链条无缝对接，增强了应急管理工作的系统性、整体性、协同性。

2. 我国应急管理相关规划发展情况

我国县级以上各级人民政府针对不同类型的突发事件编制防灾减灾、应急体系建设等应急相关规划。1998年，由当时的中国国际减灾十年委员会组织编制了针对自然灾害减灾的《中华人民共和国减灾规划（1998—2010年）》，这是我国第一个综合性质的防灾减灾战略规划。2006年3月发布的《中华人民共和国国民经济和社会发展第十一个五年规划纲要》"第四十一章加强公共安全建设"，首次将"强化应急体系建设"纳入规划内容，要求：建立健全应急管理体系，加强指挥信息系统、应急物资保障、专业救灾抢险队伍、应急标准体系以及运输、现场通讯保障等重点领域和重点项目的建设，健全重特大自然灾害发生后的社会动员机制，提高处置突发公共事件能力。为落实规划纲要要求，由国务院应急管理办公室、国家发展和改革委员会经济运行调节局组织编制了《"十一五"期间国家突发公共事件应急体系建设规划》，这是我国第一个综合性的应急体系建设规划。"十三五"期间，编制发布了《国家突发事件应急体系建设"十三五"规划》，持续对公共安全风险防控、监测预警、信息与指挥、应急队伍、物资保障、紧急运输、通信保障、恢复重建、科技支撑、培训演练、应急管理体系等方面的建设目标、主要任务和重大工程等进行了规划和布局。在应急管理相关领域，各有关部门还编制实施了其他国家专项和部门规划，如"十三五"期间，有《安全生产"十三五"规划》《安全生产应急管理"十三五"规划》《"十三五"国家食品安全规划》《防震减灾规划（2016—2020年）》《全国地质灾害防治"十三五"规划》《全国森林防火规划（2016—2025年）》《"十三五"全国草原防火规划》《国家重大海上溢油应急能力建设规划（2015—2020年）》《突发急性传染病防治"十三五"规划（2016—2020年）》《突发事件紧急医学救援"十三五"规划（2016—2020年）》，等等。

在"十四五"期间，应急管理部牵头组织编制了"1+2+10"共13个应急管理相关规划，基本涵盖了安全生产、防灾减灾和应急救援的各个主要方面，其中，"1"是指《"十四五"应急体系规划》，是国家级重点专项规划；"2"是指《"十四五"国家安全生产规划》和《"十四五"国家综合防灾减灾规划》；"10"是指其他部门级专项规划，分别是《"十四五"国家消防工作规划》《"十四五"国家防震减灾规划》《"十四五"国家防汛抗旱应急能力建设规划》《"十四五"国家矿山安全生产规划》《"十四五"国家应急救援力量建设规划》《"十四五"国家应急物资保障规划》《"十四五"国家应急管理科技创新规划》《"十四五"国家应急管理装备发展规划》《"十四五"国家应急管理信息化规划》和《"十四五"国家应急卫星业务发展规划》。其他相关部门还组织编制了《"十四五"国民健康规划》《国家职业病防治规划（2021-2025年）》《"十四五"国家药品安全及促进高质量发展规划》《"十四五"国家食品安全规划》《"十四五"全国社会治安防控体系建设规划》《"十四五"水安全保障规划》《"十四五"全国道路交通安全规划》《"十四五"地质灾害防治规划》《"十四五"全国草原防灭火规划》等。

3. 我国应急预案发展情况

长期以来，在我国煤矿、化工厂等高危行业的工矿企业，相关法律法规都要求制订"事故应急救援预案""灾害预防及处置计划"。公安、消防、急救等负责日常突发事件应急处置的部门，也都制订各类日常突发事件应急处置方案。20世纪80年代末，国家地震局在国内地震重点危险区开展了地震应急预案的编制工作，1991年编制完成了《国内破坏性地震应急反应预案》，1996年国务院颁布实施《国家破坏性地震应急预案》。20世纪80年代中期开始，我国核电企业编制《核电厂应急计划》；1996年国防科工委牵头制定了《国家核应急计划》。2001年上海市开始编制《上海市灾害事故紧急处置总体预案》；2003年非典疫情暴发，2003年9月，北京市发布了《北京防治传染性非典型肺炎应急预案》。据2003年初步统计，当时国务院相关部门共有应急预案77件，正在制定的应急预案31件。这些应急预案具有以部门、地方为主、单项应对的特点。

2003年非典疫情之后，应急预案工作成为完善应急管理体系的重要内容和抓手。2003年12月，国务院办公厅成立应急预案工作小组，开始全面布置政府应急预案编制工作；2004年国务院将应急预案的编制工作列为重点工作任务之一。2004年4月和5月，国务院办公厅分别印发了《国务院有关部门和单位制定和修订突发公共事件应急预案框架指南》（国办函〔2004〕33号）和《省（区、市）人民政府突发公共事件总体应急预案框架指南》（国办函〔2004〕39号）。与此同时，国务院应急预案工作小组聘请了几十名专家作为专家组成员，各地各部门总共聘请了2000多名专家广泛参与各专项预案、部门预案和省级预案的制定工作。2005年1月26日，国务院通过，并于2006年1月8日发布并实施《国家突发公共事件总体应急预案》；随后，国务院印发了25件专项预案、80件部门预案，省级预案也相继发布，从而初步建立起了国家应急预案体系框架。此后，各级人民政府、企事业单位和基层组织等都加强了应急预案的制定和修订工作。据原国务院应急管理办公室统计，至2008年6月30日，我国共制定各级各类突发事件应急预案约246万余件；至2012年年底，我国各级各类应急预案数量已超过550万件。应急管理部成立以来，应急预案工作不断推进，管理工作逐步完善，应急预案体系建设工作取得了新进展。据应急管理部统计，截至2019年年底，我国已编制应急预案 780 余万件，其中 2019 年新修订编制 200 余万件。

总体来看，我国已形成"横向到边、纵向到底"的预案体系。2013 年国务院办公厅发布的《突发事件应急预案管理办法》对应急预案的分类和内容、编制、审批、备案、公布、演练、评估和修订等做了更具体的规定。按照"统一领导、分类管理、分级负责"的原则，根据不同责任主体，我国突发事件应急预案可划分为政府应急预案和基层组织应急预案，政府应急预案又分为总体应急预案、专项应急预案、部门应急预案等不同类别。

复习思考题

1. 如何理解规划与计划的关系？
2. 规划有哪些基本过程？
3. 管理的主要职能是什么？
4. 什么是管理的二重性？
5. 规划在社会管理中的作用是什么？
6. 简要说明我国政府的规划体系。
7. 什么是应急？请列举一些自己或朋友遇到的应急案例。
8. 什么是应急管理？为什么需要应急管理？
9. 什么是应急规划？
10. 简要说明应急规划的作用。
11. 简要说明应急规划出现和发展的原因。
12. 简要说明美国、日本、英国等国应急规划的发展过程。
13. 简要说明我国应急管理相关规划发展过程。
14. 谈谈学习应急规划与管理课程的目的和计划。

延伸阅读

[1] 闪淳昌，薛澜. 应急管理概论：理论与实践 [M]. 2 版. 北京：高等教育出版社，2012.
[2] 罗珉. 现代管理学 [M]. 4 版. 成都：西南财经大学出版社，2018.
[3] 杨永恒. 发展规划：理论、方法和实践 [M]. 北京：清华大学出版社，2012.
[4] 黄征学. 国家规划体系演进的逻辑 [J]. 中国发展观察. 2019(14)：29-31.
[5] 李湖生. 应急管理阶段理论新模型研究 [J]. 中国安全生产科学技术，2010，6(5)：18-22.
[6] RONALD W P, MICHAEL K L. Emergency planning [M/OL]. Hoboken, NJ: John Wiley & Sons, 2006 [2021-12-04]. https://www.yourhomeworksolutions.com/wpcontent/uploads/edd/2017/12/Ronald-W.-Perry-Michael-K.-Lindell-Emergency-Planning-Wiley-Pathways-Wiley-2006.pdf.

第 2 章
应急规划的理论与方法

本章主要内容包括规划基础理论，规划参与者、规划过程与规划的组织；应急管理基本理论，包括以人为本理念和综合管理、风险管理、情景规划、应急响应、生命周期等理论；应急规划的基本思维方法，包括政治、辩证、法治、系统、创新和底线等宏观思维方法，以及基于经验与问题、威胁与情景、能力与目标等思维方法；应急规划的常用技术方法，包括系统分析、SWOT 分析、情景规划、专家调查、模拟仿真技术等方法；应急规划理论学说，包括应急规划的基本概念、基本思想、基本原则、评价准则，应急规划的分类分级，应急规划的体系框架等。

2.1 规划基础理论

2.1.1 规划理论概述

规划理论产生于长期的规划实践探索，随着规划内涵的延伸不断深化。20 世纪 50～60 年代，规划理论在系统论思想的影响下迅速发展，经历了从传统物质规划理论到社会科学理论，从公共选择和公共物品理论到环境与社会可持续发展理论的变化，关注的焦点也从城市物质空间形态扩展到政治、经济、社会、文化等领域，形成了理性规划、倡导式规划、协作式规划等许多不同的规划理论学派。

规划理论从其关注的核心内容的角度可分为"程序性规划理论"（procedural planning theory）和"实质性规划理论"（substantive planning theory）两类。程序性规划理论被定义为"规划的理论"（theory of planning），是对规划自身及其规律的总结，关注的是规划自身定位、规划参与主体、规划编制程序等方面的内容。实质性规划理论被定义为"规划中的理论"（theory in planning），是对具体规划对象或实体的规划理念、方法和内容的总结，如关于经济规划、社会规划、土地规划、交通规划等的理论。

本书在学习借鉴程序性规划理论和实质性规划理论的基础上，试图在程序性规划理论的指导下，学习借鉴其他领域的实质性规划理论，构建应急管理领域的实质性规划理论。本节主要介绍程序性规划理论的核心内容，即规划参与者、规划过程、规划的组织等。

2.1.2 规划参与者

规划参与者是指在规划过程中所涉及的各个领域的相关行为主体。一般而言，规划的利益相关者都应以适当的形式参与规划过程，以使规划能够兼顾各方面的利益。所谓利益相关者是指能够影响规划目标实现的同时也被规划目标的实现所影响的个人、群体和组织。

在政府规划编制过程中，政治家、政府部门工作人员、专家、规划师、公众是主要的利益相关者。理想的规划过程应该是各类利益相关者或其代表之间研究、磋商与讨论的互动过程。由于规划过程的复杂性、规划程序和时间的限制，并不是所有利益相关者都能直接参与规划过程，特别是公众的参与，是既重要又困难的问题。通过拟定合适的规划程序，了解利益相关者特别是公众的需求，尊重他们的知识，让他们以适当的形式参与规划的编制、审议、实施和评估等过程，对于推进规划的科学化、民主化和规范化至关重要。

2.1.3 规划过程

规划理论界与实践界普遍认同"规划是一个过程"的理念。但是，规划过程并不是一个单一的确定性过程，而是一个极其复杂的螺旋式、渐进式的系统过程。尽管有许多批评和新的理论，但 20 世纪 50~60 年代发展起来的"理性规划过程"仍是规划遵循的基本规划过程，大致可以分为六个主要阶段，如图 2-1 所示。

（1）识别规划问题。明确和界定规划所要解决的主要问题。

（2）界定规划对象和目标。根据对规划问题的认识，界定规划的对象和拟实现的规划目标。

（3）识别备选规划方案/政策。识别解决规划问题和实现规划目标可以采取的规划方案或政策措施。

（4）评估选择规划方案/政策。设立一套评估标准和方法，对各种备选方案和政策措施进行评估，重点放在各种方案的可行性、可接受性、成本、效益、目标实现程度等方面。根据各个方案的评估情况，由决策者选择最佳方案或政策措施。

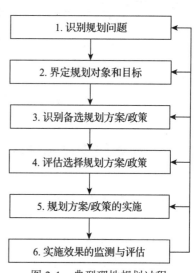

图 2-1 典型理性规划过程

（5）规划方案/政策的实施。明确实施主体，分解实施任务，投入所需资源，实施选择的规划方案或政策措施。

（6）实施效果的监测与评估。采取适当的方法和手段，对规划的实施效果进行监测、跟踪和评估，如果出现偏离预期目标的情况，需要检查和改进实施中存在的问题，或者返回前面几个阶段对规划方案进行适当的调整和修订。

2.1.4 规划的组织

规划的组织就是通过适当的组织形式和工作机制,让规划的利益相关者参与规划过程,发挥各自独特的角色作用,形成良性的研究、磋商与讨论的互动过程。

规划的组织形式可能多种多样,如规划委员会、规划工作组、规划论坛、规划讨论会、规划论证会、公开征求意见等。

政府规划的主要参与者包括政治家、政府部门工作人员、专家、规划师、公众等不同主体。其中,政治家的主要作用是领导、目标确定和决策;政府部门代表公共利益,通过公权力对规划的编制与实施进行组织和资源投入;专家在理论、技术、方法和专业知识领域方面为规划提供支持和保障;规划师负责规划具体的组织、调研、分析、设计和文案工作;公众参与反映不同阶层、团体与个人的需求、利益和意见,这既是保障公众知情权、参与权和部分决策权的要求,也是规划最终能否成功的关键。在规划的六个主要阶段中,各方参与者的作用大致如表 2-1 所示。

表 2-1 规划过程中各方参与者的作用

规划阶段	规划参与者				
	公众	规划师	专家	政府部门工作人员	政治家
1. 识别规划问题		●	○	●	●
2. 界定规划对象和目标	●	○	○	●	●
3. 识别备选规划方案/政策		●	●	○	
4. 评估选择规划方案/政策	●	○	●	●	●
5. 规划方案/政策的实施		○	○	●	●
6. 实施效果的监测与评估	●	●	○	●	

注:●为主要角色,○为促进或支持角色。

2.2 应急管理基本理论

2.2.1 以人为本的基本理念

以人为本是一个哲学价值论概念。首先,这里"人"的概念是相对于"物"而言的。其次,这里的"本"是"根本"的本,它与"末"相对。以人为本,就是说与物相比,人是更重要、更根本的,不能本末倒置。中国古代已有"天地万物,唯人为贵"的人本思想,《论语》记载,马棚失火,孔子问伤人了吗?不问马。说明在孔子看来,人比马重要。

应急规划与应急管理必须坚持以人为本的原则。以人为本就是要以保护人的生命安全和身体健康、减少人的生命与健康损失作为各项应急管理工作的根本目标。在经济社会发展规划和城乡建设管理中,更加注重突发事件风险防控,加强防灾减灾措施,提高安全保障水平。在应急响应阶段,把抢救人的生命安全放在首位,不放弃每一个有可能挽救生命的机会；对受伤受灾人员全力救治和救助，满足人的基本生活需求并使其心理得到抚慰，特别是对老幼病残等弱势人群要实施有效保护和及时救助。在恢复重建过程中，把人的身心健康和全面发展摆在首位。此外，在应急管理工作中人是最重要、最宝贵的资源，让社会的各类主体参与并协调一致地工作，是提高应急管理能力的关键。提高人的应急意识、知识、技能和经验，激发人的积极性、主动性是保证应急管理工作顺利开展的重要前提。

在我国，以人为本已经上升到以人民为中心的发展思想，以及"人民至上、生命至上"的价值理念，成为习近平新时代中国特色社会主义思想的核心内容之一。

2.2.2 系统思维的综合管理理论

突发事件的致因多种多样，从灾害来源的角度可大致分为自然的、技术的和人为引发的几大类。不同类型的灾害具有自己的特殊性质（如致灾媒介物的种类、媒介物的状态与释放过程、承灾体的脆弱性、致灾因子和承灾体的相互作用等），这些特性会对事件的可预测性和可控性，预警时间长短，事件影响强度、范围、持续时间等产生很大的影响，从而使得不同灾害的预防、应急准备、监测预警、应急响应和恢复重建也呈现出不同的特点。正因为如此，对不同类别突发事件的管理，在许多国家一开始都是分灾种进行的，其应对和处理的责任被分散到不同的政府部门和专业领域。

对于造成严重后果的突发事件，也许任何一个部门和地区都不可能拥有独自应对的能力和资源，需要其他部门与地区的支援与协助。在此过程中，如果事先没有制定好预案并做好准备，必然会出现各个机构之间权限不明、相互扯皮、沟通协调不畅的现象。另外，许多事件的最终后果都是表现为人员的伤亡、建筑和财物的破坏以及环境的污染。因此，虽然突发事件的原因可能差别很大，但其应对所需要开展的活动和能力是相似的，如人员的疏散与庇护、受伤人员的医疗护理、受灾民众的生活照顾、现场的安全保卫等。20世纪70年代的美国也面临着同样的挑战和问题，为此，1978年美国全国州长联合会（NGA）的应急准备项目报告（1979年5月压缩后以《综合应急管理：州长指南》的名称出版）提出了"综合应急管理（CEM）"的新概念，它指的是通过协调众多机构的行动来管理所有类型的紧急事件和灾难，同时，综合考虑应急活动的四个"阶段"：减灾、应急准备、应急响应和恢复重建。基于这个理念，美国全国州长联合会要求联邦政府整合相关应急管理机构。当时的美国总统吉米·卡特曾担任乔治亚州州长，对此他深有体会，也决心从组织上强化联邦的应急管理职责。在美国国会的支持下，美国于1979年成立了直接对总统负责的联邦应急管理局（FEMA），合并了相关联邦机构，集成了和平时期与战争时期各种灾难的联邦减灾、应急准备、应急响应和恢复项目。由此逐步形成了应急管理"全灾种（all-hazards）""全过程（all-phases）"和"全社会（whole-community）"的综合应急管理理论，并在世界各国应急管理研究与实践中被广泛应用。

"全灾种"管理要求针对所有类型的突发事件开展综合规划，编制综合应急预案，建立适用于多种事件的应急能力，通过优化和高效利用资源来管理各类事件的风险。"全灾种"应急规划并不是指为每一种可能的突发事件都编制一份预案，而是指编制一份适应性强的综合预案，它可以为处置一系列不同类型的事件提供共同的基础。"全灾种"规划的前提是通过风险评估找出一个社区风险等级高的突发事件，并对其中的典型突发事件构建出事件情景，并以这些具有代表性的事件情景来反映该社区的所有突发事件。

"全过程"管理要求应急规划包括突发事件全过程——预防、减灾、应急准备、监测预警、应急响应和恢复重建等，这是有效降低突发事件总体风险水平，提高社区韧性的根本要求。过去以应急响应为中心的应急规划，容易割裂应急管理各使命领域之间的有机联系，难以做到资源优化配置。

"全社会"管理要求应急规划应该包括各级政府、社会组织、基层社区组织、生产经营单位和家庭与个人等各类社会主体。只有全社会共同参与应急规划，并履行自己的应急职责，才能构筑起突发事件应急准备的完整体系，才能真正提升全社会的应急准备水平。

在我国应急管理实践中，从2003年非典疫情以来，政府的综合应急管理职能逐步加强，成立了各级应急管理办公室等综合办事协调机构，特别是在2018年国务院机构改革中，将自然灾害和事故灾难的应对管理职能统一到新组建的应急管理部门，更加强调安全风险源头治理、强化应急准备和救援救助等全过程管理措施，以及全社会共同参与、构建共建共治共享的社会治理格局等，"全灾种""全过程"和"全社会"的综合应急管理理论创新与实践应用不断取得新进展。

2.2.3 源头治理的风险管理理论

风险是现代社会使用较为广泛的概念。人们从不同的专业领域、不同的视角研究风险，形成了丰富多彩的风险理论和风险管理方法。以德国社会学家乌尔里希·贝克和英国社会理论家安东尼·吉登斯为代表的"风险社会"理论认为：随着人类活动的扩大，传统自然风险的主导地位已逐步让位于人为不确定性带来的风险；风险已成为现代社会的基本特征，人类进入了"风险社会"；对风险导致的伤害的缓解和风险的分配已逐步取代财富的生产与分配，成为现代社会的核心问题。

风险管理理论是支撑应急管理的理论基础之一。与风险相关的基本概念，如灾害与威胁、脆弱性、后果严重度、可接受风险水平、风险减缓与转移等，也成了应急管理的最基本概念。例如，在防灾减灾和关键基础设施保护等领域，都强调采用综合风险管理方法来预防灾害的发生或者减轻其可能造成的影响；强调使用一种现实的、综合的、前瞻性的风险管理框架来管理风险，这样的框架通常包括：风险识别、风险评估、风险决策、风险减缓与转移、效果评价与改进等循环过程。

风险管理理论也认识到，人们可用于减少风险的资源是有限的。因此，一方面，必须使用成本效益分析方法来管理风险，以确保资源使用效益的最大化；另一方面，风险往往很难完全消除，而只能控制在一定的可接受水平，也就是说，总是会有残存的风险。这些残存的风险在适当的条件下，有可能转化为灾难性的事件。因此，做好事前的应急准备和事后的应急响应与恢复重建是现代社会管理所不可或缺的，这也正是应急管理在世界范围内日益受到重视的根源。应急规划正是连接风险管理、应急准备和应急响应与恢复重建的最重要过程。风险识别和风险评估方法也已成为应急规划、预案编制、资源管理、能力发展、公共教育、培训和演练等应急管理工作的重要组成部分。

基于风险的应急规划与应急管理就是要通过对所面临各类突发事件风险的识别、评估、沟通和管理，使全社会的各主体充分了解各种威胁和危险源，并且采取积极主动的风险防范策略，科学理性地接受、避免、减少或转移风险；使用综合性思维方法来开展应急准备，通过规划、资源配置和工程与管理措施来减少风险和减轻事件发生的后果，从而提高全社会应对各种灾害事故的韧性。

2.2.4 底线思维的情景规划理论

在应急规划过程中是应该以过去发生过的灾难性事件还是未来可能发生的灾难性事件为基础，一直是一个充满争议的问题。管理学中用于战略规划的"情景规划"理论与方法为应急规划提供了借鉴，同时，根据应急规划本身的特点发展出以"情景构建"为核心的应急规划理论与方法，进而形成针对非常规突发事件的"情景-应对"的应急管理理论。

管理学领域的"情景规划"，主要是针对未来宏观的经济、社会或业务领域的可能发展方向和状态进行战略预测，用若干个存在明显差异的"情景"代表未来可能不同的发展方向，并根据一些关键指标监测其发展方向，从而为最可能发生的"情景"做好准备及及时调整战略，其本质上是为了对不确定的未来进行"预测"。应急管理领域的"情景构建"，不是试图预测未来会发生什么突发事件，而是为了深入了解突发事件可能的"演化路径"和"最坏"的后果，以分析应对此类不确定性很高的突发事件需要开展哪些应急任务，以及需要什么样的应急能力，从而为应急规划提供基础。

2001年美国发生"9·11"事件后，为了防范国内恐怖袭击风险和加强应急准备，并为接下来的国土安全规划奠定基础，2003年11月，美国国土安全委员会（HSC）和国土安全部（DHS）组建了一个跨机构的情景工作组（SWG），以建立一组可能对美国的国土安全构成重大挑战的典型情景。情景工作组最终开发了15种国家规划情景（NPS），并于2004年7月首次发布，此后又多次进行修订完善。这15种情景中有12种为恐怖袭击事件，2种为自然灾害（地震、飓风），1种为突发公共卫生事件（流感大流行）。对15种情景的描述基本采用了一致的框架，主要包括情景简表、情景概要、情景详细描述、规划考虑因素、应对任务、事件后果等。2005年5月美国国土安全部（DHS）发布《通用任务清单》和《目标能力清单》，分别是基于国家规划情景梳理出的通用性应急任务和核心应急能力，由此形成了"基于能力的应急准备方法"的三个重要的规划工具。

美国在国土安全领域率先提出国家规划情景，并以此为基础，逐步形成了以"情景-任务-能力"为核心的应急准备的一套战略思路和方法。我国学者借鉴相关思路和方法，开展了以"情景-任务-能力"为核心的应急准备理论与方法的研究工作，根据我国应急管理实际进行了改进和发展，并在一些城市和行业领域开展了示范应用，初步形成了基于"情景-应对"的应急管理理论。

应急管理领域的"情景构建"，主要是针对特定类别的突发事件，设想其可能的演化过程和后果，并通过文字描述或音视频进行展现，为应急规划、预案编制和应急演练等应急准备工作提供重要基础。

2.2.5 分级负责的应急响应理论

分级响应理论根植于人类居住地的地理空间分布性质和社会治理结构的层级化体制。突发事件必定是发生在某一个或一些特定的地理位置，对发生地的一些个体或社区造成生命、财产和环境的损害或影响。因此所在地的地方政府、相关组织和个人是事件管理的第一责任者和响应者，而且大多数事件都会在地方一级得到妥善处理。有些事件只需要个别部门和组织就可处理，有些事件则需要地方多个部门和组织甚至全社会的统一协调行动。当事件超出地方的应对能力时，则需要邻近地区或上级政府的支持。随着事件规模、范围和处置复杂性的增大，事件所涉及的政府层级逐步升高，直至国家层级，甚至可能需要国际社会的支援。

根据不同国家权力体制的不同，分级响应的形式也不完全相同。对于联邦制国家，地方具有充分的自治权力，事件管理一般也是以地方为主，上级政府和组织主要是提供资源支持，事件的指挥权力仍保留在地方一级；对于中央集权制国家，上级政府对下级政府拥有司法和行政权力，因此，当事件响应升级时，事件的指挥权力可能也随之转移。具体的分级响应形式，一般通过法律、法规、标准和预案等进行规定。无论如何，分级响应理论都强调突发事件的应急响应应该由有能力处理的最低行政层级进行处置，以免反应过度造成资源的浪费，但所有层级都应该为应急响应做好准备，建立并维持与自己辖区内的风险相适应的应急资源和能力。

分级响应理论要求在应急规划中梳理并明确各层级的应急相关主体、职责划分，形成层次化的组织体系、资源与能力分布格局，以及分级预警、分级响应的程序和措施，并使责任体系、组织指挥体系、预案体系、资源与能力体系等形成一个有机的整体。

2.2.6 应急管理生命周期理论

应急管理生命周期理论是立足于事件发展的时间顺序性，将应急管理划分为预防、监测、响应、恢复、重建五个阶段和减灾与准备两类基础性功能。预防是为了避免事件发生所开展的各种活动，如风险辨别与分析、风险评估、专业性的技术和管理措施等；监测是对事件的特征参数进行观测以了解事态的变化，并尽可能阻止其恶化或在事件爆发前发出预警；响应是在事件即将发生前、发生期间或紧随发生后，为挽救生命、减少财物和环境破坏等而采取的各种行动；恢复是使受灾体的状态恢复到最低可接受标准的各种活动；重建是使受灾体的状态恢复到正常或更好的水平的各种活动。减灾是为了减轻事件损失而采取的有利于在事件发生时提供被动保护的各种行动，如风险管理或降低脆弱性等；准备是为了减轻事件损失而采取的有利于在事件发生后提供主动保护或应对策略而采取的各种行动，如应急规划、预案编制、应急能力建设等。通过对应急管理生命周期的划分，使得在不同阶段的应急管理使命变得清晰，纷繁复杂的应急管理活动能够科学地进行归类。

应急准备贯穿应急管理整个生命周期，在应急管理中具有特殊地位。应急准备是一个持续改进的循环过程，包括规划、组织、装备、培训、演练、评估和改进等。规划包括开发政策、预案、程序、协议、策略等；组织包括建立整体的组织机构，加强各层级的领导，为关键的应急响应和恢复重建任务组建队伍和准备资源；装备是识别并确定获得和部署完成指定使命和任务所需的足够数量的设备、用品、设施和系统等；培训是使参与应急管理和响应的个人和团队的素质达到一定的标准，形成所需的技能和可测量的能力；演练是提供在无风险环境中测试应急预案和提高技能水平的机会，精心设计和组织的演练可以改进跨部门的协调和沟通，突显能力差距和需要改进的方面；评估和改进是通过评估绩效、识别不足，制订并实施、改进行动计划。

应急管理生命周期理论是综合应急管理理论的重要基础。虽然各类不同的突发事件都具有独特性，但在生命周期的各个阶段也有共性的规律，正是这些共性规律促进了由过去的分灾种应对向综合应急管理的转变，为"全灾种""全过程"应急管理提供了理论基础。应急管理生命周期理论要求在应急规划中充分考虑突发事件"全过程"的应急管理任务，规划成果应具有适应性和灵活性，并根据规划条件的变化进行动态更新。

2.3 应急规划的基本思维方法

应急规划是国家规划体系的重要组成部分，其思维方法一方面要体现在国家规划中使用的宏观思维方法，另一方面要体现应急管理领域针对不同情况而使用的专业思维方法。

2.3.1 宏观思维方法

1. 政治思维

政治思维是指从政治方向、政治立场、政治观点、政治纪律等方面分析和把握事物发展特征，把政治鉴别力和政治敏锐性体现在判断和决策中。要把党中央、国务院的有关决策部署落实到应急规划的规划目标、重点任务和重大举措之中。

2. 辩证思维

辩证思维是指以变化发展视角认识事物的思维方式。辩证思维的实质是按照唯物辩证法的原则，在联系和发展中把握认识对象，在对立统一中认识事物。在应急规划中坚持和运用辩证思维要做到以下几点：一是要坚持一分为二地看问题，既要看到有利的一面，也要看到不利的一面；既要看到自身的优势，也要看到面临的困难和问题；既要看到发展的机遇，也要看到存在的风险与挑战。二是要抓主要矛盾和矛盾的主要方面，通过找准重点、抓住关键，在关键点和症结点上寻找解决问题的办法和策略。三是要科学把握事物之间的联系，科学把握本地区、本部门、本单位与外部的联系，在深刻理解普遍联系的基础上制定发展战略。

3. 法治思维

法治思维是将法律作为判断是非和处理事务的准绳，并将法治要求运用到认识、分析、处理问题中的思维方式。在应急规划中要运用法治思维和法治方式，完善应急管理领域法律法规和标准体系，深入推进科学立法、严格执法、公正司法、全民守法，加快应急管理工作的法治化、规范化、制度化步伐。

4. 系统思维

系统思维是运用系统观点，把对象的互相联系的各个方面及其结构和功能进行系统认识的一种思维方法。在应急规划中坚持和运用系统思维，要有全局意识、协同意识，要注重规划任务和措施的整体效果；要注意区分层次、主次，既要有顶层设计和总体目标，也要有具体的任务分解；要把握好规划任务的力度与节奏，加强不同措施的配套和衔接。

5. 创新思维

创新思维是一种不受常规思维束缚，寻求全新独特的解决问题的方法的思维过程，是因时制宜、知难而进、开拓创新的科学思维。改革创新是破解各类问题的重要手段。在应急规划中，对于前期已经取得的成果，要进一步巩固加强；对于试点证明有效的经验措施，要在总结经验的基础上积极复制推广；对于尚待突破的难点障碍，要进一步解放思想、敢闯敢试，尽快形成新思路、新举措、新办法。

6. 底线思维

底线是不可逾越的警戒线、是事物质变的临界点，一旦突破底线，就可能导致无法接受的坏结果。在应急规划中需要坚持底线思维，要考虑可能对应急管理体系和能力构成重大挑战的大灾巨灾，切实做好应急准备；要防范化解重大安全风险，切实守住不发生系统性风险，不引发重大不稳定因素的底线。

2.3.2 基于经验与问题的思维方法

基于经验（experience-based）的准备是以已经发生的灾难作为准备的参考依据。刚刚发生的灾难总是给人以最强烈的冲击和最深刻的印象，它提供了某种特定的灾难（如地震、飓风、海啸、洪水、矿难或者恐怖袭击等）对生命和财产造成巨大破坏和损失的可见的、切实的证据。某一灾难发生后，对该灾难的应急响应可能会暴露出许多需要改进的问题，全社会也会反思和追问，如何采取措施确保同类灾难不再发生，或者至少在发生后其损失能够尽可能地减少。例如，洪灾发生后对大坝进行除险加固，以增强对未来洪灾的抗灾力；地震发生后，增加建筑物的抗震等级以减少地震可能造成的损失。因此，灾难发生后的一定时期，往往成为减灾和应急准备的重要"机会窗"（window of opportunity），这是通过快速决策并采取行动从而获得超常利益的一个短暂时期。例如，在2001年发生"9·11"事件之后，美国政府对国土安全法律、政策和联邦机构等进行了重大调整，并采取一系列措施应对针对美国本土的恐怖袭击和其他威胁；在2003年发生非典疫情之后，中国政府总结经验教训，以"一案三制"（应急预案及应急体制、机制和法制）为核心，采取了一系列加强应急管理工作的对策措施。

从最近所经历的灾难中汲取经验教训，开展减灾与应急准备活动，是人类历史上最自然、最常用的思维与行动模式。每一次重大灾难的发生，在给人们带来巨大损失的同时，也提供了改革不合理的体制机制、启动和推进应急规划和增加资源投入的重大机遇。

2.3.3 基于威胁与情景的思维方法

基于威胁（threat-based）的准备是以目前所面临的现实威胁作为准备的依据。该方法源于军事规划领域，其重点是聚焦于"谁"是威胁者，并调查了解其意图、目标、实力、弱点、可能的行动路线等，从而有针对性地做好应变准备和力量部署。基于威胁的准备的基本思路是以超过对手的实力挫败其威胁，对于某些可提前获得预警信息的自然灾害、事故灾难、公共卫生事件等，也可以借鉴基于威胁的规划方法进行准备。基于威胁的准备规划方法的关键步骤是使命分析、威胁评估、行动路线开发和应对能力建设规划等。对于恐怖袭击、偶发事件等非对称威胁或非常规突发事件，可能会因为缺乏相关信息，而在使命分析和情报评估阶段不能准确地预测威胁实施者的行动路线或者事件的过程和后果，从而出现"无的放矢"的情况，难以取得有效的规划结果。

2.3.4 基于能力与目标的思维方法

基于能力（capabilities-based）的准备是以应对未来事件所需能力作为准备的依据。基于能力的规划方法（CBP）是作为一种军事战略规划方法，首先由美国兰德（Rand）公司研究开发的，它被定义为："在不确定性条件下，为应对现代社会的各种挑战和局势提供适当的能力，同时保持在一个可行的经济框架内的一种规划方法。"这种方法的核心在于针对未来一个时期的各种可能的威胁情景归纳出所需要达到的能力，通过比较现有能力与目标能力的差距，规划出需要采取的战略、行动和需动用的资源等。由于21世纪国际安全环境的重大变化，以及非传统安全问题日益凸显，对未来安全威胁进行预测的不确定性增大，因此基于能力的规划方法随之取代基于威胁的规划方法成为军事战略规划的主流方法。在应急管理领域，基于能力的思维与战略规划方法也逐渐得到应用。2003年12月美国总统乔治·沃克·布什发布《国土安全总统指令8：国家应急准备》（HSPD-8），要求国土安全部部长协调其他联邦官员并与州和地方政府磋商，制定出一个应对国内各种重大灾难的国家应急准备目标。此后，国土安全部门采纳了基于能力的规划方法来开展应急准备规划。通过使用国家规划情景，归纳出应急通用任务和目标能力，以此作为开展应急规划和配置能力建设资金的依据。

2.4 应急规划常用技术方法

2.4.1 系统分析技术

系统分析（systems analysis）技术是一种解决问题的技术，是从系统的概念出发，将系统分解成各个组成部分，研究这些组成部分如何有效地工作和交互，以使得系统目标整体最优或求得最满意的解决方案。

系统分析这个词是由美国兰德公司在20世纪40年代末首先提出的，最早应用于武器技术装备研发，后来转向国防装备体制与经济领域。随着科学技术的发展，其适用范围逐渐扩大，目前已被广泛应用于政策制订、发展规划、科研开发、产品研制、咨询服务、企业管理等各个方面问题的分析。

系统分析方法源于系统科学。系统科学是20世纪40年代以后迅速发展起来的一个横跨各个学科的新的科学部门，它从系统的角度去考察和研究整个客观世界，为人类认识和改造世界提供了科学的理论和方法。它的产生和发展标志着人类的科学思维由主要以"实物为中心"逐渐过渡到以"系统为中心"，是科学思维的一个划时代突破。

系统分析是应急规划的最基本方法。如果把一个复杂的规划项目看成一项系统工程，通过系统目标分析、系统要素分析、系统环境分析、系统资源分析和系统管理分析等，可以准确地发现存在的问题，深刻地揭示问题起因，从而有效地提出规划目标和发展重点等。

1. 结构分析方法

系统的结构是指系统内部诸要素的排列组合方式。同样一些要素，排列组合的方式不同，就可能具有完全不同的性质、特征与功能。结构分析方法是通过分析和确立系统内部各组成要素之间的关系及联系方式进而认识系统整体特性的一种科学分析方法。

系统理论的创立和发展，对结构分析法的应用和发展产生了积极的推动作用，其主要表现为：①从静态结构分析到动态结构分析。系统既具有空间结构，又具有时间结构，如生物发育过程就是一种时间结构。②引入层次概念，从各个不同的结构层次逐级进行分析，进而从整体上把握事物的结构。③把系统结构与功能联系起来，通过认识和分析功能可达到分析和认识结构的目的，为认识特别复杂的系统结构开辟了新途径。

结构分析有许多具体方法和工具：①系统结构模型图分析，通常采用网络图论中的有向图、相邻矩阵、可达性矩阵等分析和建立系统结构模型图。②结构对比分析方法，依据系统的相似结构特性，采用一定的比较分析手段，将研究对象系统结构与目标系统结构进行对比与分析，以便达到发现问题和解决问题的目的。③系统结构的逻辑关系分析方法，从系统结构要素之间的功能逻辑、因果逻辑关系角度，将复杂的系统分解为易于理解和分析的子系统，从而实现识别系统、掌握系统并更好地控制和利用系统的目的。在因果关系分析中常使用因果鱼刺图分析和故障树分析等工具。

2. 层次分析方法

系统论认为，任何复杂的系统都具有一定的结构层次。系统结构的层次性既指等级性，又指侧面性。前者是指任何一个复杂系统，都可以从纵向划分为若干等级，即存在着不同等级的系统层次关系，其中低一级的结构是高一级结构的有机组成部分，如我国政府体制上从中央人民政府（国务院）到省、市、县、区、乡地方各级人民政府。后者是指任何同一级的复杂系统，又可以从横向上分为若干相应联系，相互制约，又各自独立的平行部分。系统的结构层次性是系统的稳定性和连续性的重要保证，也是系统发挥其最佳功能的前提条件之一。

层次分析法作为一种分析问题和解决问题的方法，是根据问题的性质和要达到的总目标，将问题分解为不同的组成因素，并按照因素间的相互关联影响以及隶属关系将因素按不同层次聚集组合，形成一个多层次的分析结构模型，从而最终使问题归结为最低层（供决策的方案、措施等）相对于最高层（总目标）的相对重要权值的确定或相对优劣次序的排定问题。

层次分析法常被应用于多因子评价和决策分析，其基本步骤是：首先，明确问题中所包含的因子及其相互关系，将各因子划分为不同层次，从而形成多层次结构；其次，通过对各层次因子的比较分析，建立判断矩阵；最后，通过判断矩阵的计算将不同因子或方案按重要性或适用性大小排列，从而为最优方案的选择提供依据。层次分析首先要解决系统分层及其规模的合理性问题，层次的划分要考虑到系统传递物质、能量和信息的效率、质量和费用等因素；其次要使各个功能单元的层次归属合理。

3. 相关性分析方法

系统论认为，构成系统的各个子系统、单元和要素之间以及它们与环境之间是相互联系和相互作用的，这一特征叫作系统的相关性（有机关联性）。首先，相关性体现在系统与要素之间的不可分割的联系。在系统整体中，各要素并不是孤立存在的，而是由系统的结构联结在一起，相互依存、相互作用，如果其中一项发生变化，就会导致其他要素也发生变化。其次，相关性体现在要素与系统整体的关系中。要素与系统整体相适应，一旦要素改变，整体必然发生改变；系统整体发生改变，系统要素也必然发生变化（要素与系统之间的相互作用是通过结构这一中介来实现的）。再次，相关性表现在系统与环境的关系方面，即系统的改变引起环境的变化，环境的变化也会导致系统的变化；系统创造自己的环境，环境又规定着自己的系统。最后，相关性还表现在系统发展的协同性上。协同性是指系统发展变化中各部分发展变化的同步性，即系统的变化必然引起各要素以及环境的变化，这种变化不是杂乱无章的，而是有规律可循的，这个规律就是同步性或协同性。

相关性分析被广泛应用于规划和政策研究过程，尤其是在问题界定、目标设定和方案规划等阶段，要求充分注意到各种问题及问题的各个方面之间，各个目标之间、各个方案之间，子目标与总目标以及子方案与总方案之间的关系，注意问题目标和方案与社会、经济和政治环境之间的相互联系和相互作用，考虑各种因素对规划和政策执行效果可能产生的影响，从而设计出理想的或较优的规划和政策方案。

2.4.2 SWOT 分析技术

SWOT 分析方法是一种战略分析方法，根据分析对象自身的既定内在条件，找出优势、劣势及核心竞争力之所在，同时把握环境提供的机会，防范可能存在的风险与威胁，对于制订成功的战略方案具有重要意义。所谓 SWOT，是英文 strength（优势）、weakness（劣势）、opportunity（机遇）和 threat（威胁）的简写，其中，S、W 是内部因素，O、T 是外部因素。

SWOT 分析方法起源于 20 世纪 80 年代，由美国旧金山大学的管理学教授海因茨·韦里克（Heinz Weihrich）提出，经常被用于企业战略制定、竞争对手分析等场合。与其他分析方法相比较，SWOT 分析方法具有比较显著的结构化和系统性特征。就结构化而言，首先在形式上，SWOT 分析法表现为构造 SWOT 结构矩阵，并对矩阵的不同区域赋予不同的分析意义；其次在内容上，SWOT 分析法强调从结构分析入手对企业的外部环境和内部资源进行分析。另外，早在 SWOT 分析方法诞生之前的 20 世纪 60 年代，就已经有人提出过 SWOT 分析中涉及的内部优势、劣势，外部机遇、威胁这些变化因素，但都只是孤立地对它们加以分析。SWOT 分析方法的重要贡献就在于用系统的思想将这些似乎独立的因素相互匹配起来进行综合分析，使得企业战略计划的制订更加科学全面。

SWOT 分析法一般分成如下六个步骤：

（1）列出分析对象的优势和劣势、可能的机遇与威胁，分别填入 SWOT 结构矩阵中的 S、W、O、T 单元格中，如表 2-2 所示。

表 2-2 SWOT 结构矩阵

外部因素	内部因素	
	优势（S） （具体列出自身优势）	劣势（W） （具体列出自身劣势）
机遇（O） （具体列出存在的机遇）	S-O 战略 发挥优势、抓住机遇 （列出战略措施要点）	W-O 战略 克服劣势、抓住机遇 （列出战略措施要点）
威胁（T） （具体列出面临的威胁与挑战）	S-T 战略 发挥优势、规避威胁 （列出战略措施要点）	W-T 战略 克服劣势、规避威胁 （列出战略措施要点）

（2）将内部优势与外部机遇相组合，形成 S-O 战略，并将战略措施要点填入单元格中，以发挥优势、抓住机遇。

（3）将内部劣势与外部机遇相组合，形成 W-O 战略，并将战略措施要点填入单元格中，以克服劣势、抓住机遇。

（4）将内部优势与外部威胁相组合，形成 S-T 战略，并将战略措施要点填入单元格中，以发挥优势、规避威胁。

（5）将内部劣势与外部威胁相组合，形成 W-T 战略，并将战略措施要点填入单元格中，以克服劣势、规避威胁。

（6）对 S-O、W-O、S-T、W-T 战略进行比较和选择，确定应该采取的具体战略措施。

2.4.3 情景规划技术

情景规划（scenario planning）方法是一种对不确定的未来进行构想的一种重要战略规划方法。情景规划方法是通过先设计几种未来可能发生的情景，然后再去想象不同的情景下可能发生的情形，并寻找应对的策略。这种分析方法的核心在于系统思考、改变心智模式以及激发想象力。

情景规划方法最早出现在第二次世界大战之后不久，当时是一种军事规划方法。美国空军试图想象出它的竞争对手可能会采取哪些措施，然后准备相应的战略。20 世纪 60 年代，曾经供职于美国空军的赫尔曼·卡恩（Herman Kahn），把这种军事规划方法提炼为一种商业预测工具。荷兰皇家壳牌石油公司的情景规划小组在 1972 年运用这种方法，构想出"能源危机情景"及其应对策略，成功地预测了发生于 1973 年的石油危机，因其事先的良好准备，使得壳牌石油公司不仅抵挡住了这次危机而且还抓住了发展机遇。情景规划方法因此而声名鹊起，后来被广泛应用于各领域的各种战略规划之中。

情景规划法的核心是构想未来可能出现的若干"情景"，在具体技术方法方面可能会应用到许多其他方法，如系统分析、SWOT 分析、头脑风暴等。情景规划法并不试图寻求对未来的确定性预测和最佳战略，而是通过多种"情景"来容纳多种可能性。在战略实施过程中，通过对关键指标的监测和分析，判断正在向哪种"情景"方向发展，进而适时调整战略措施。

情景规划法的基本过程如下：

（1）问题界定与决策焦点确认。对于规划的范围、拟解决的关键问题等进行界定，确定为达成使命所要进行的关键决策内容。

（2）确定关键决策因素。界定所有会影响决策的各项关键因素，通常可以采用SWOT分析方法，对内部外部的影响因素进行全面分析。

（3）设计"情景"组合。对各项关键因素按照出现可能性、不确定性、冲击性水平等进行适当的组合，构想出几条不同的发展路径，构想在未来可能出现的若干个不同的"情景"。

（4）分析、阐释及选定"情景"组合。对初步构想的"情景"进行情景描述，并与相关管理和决策人员沟通交流，进一步完善、评估和筛选，最终选定2～4个可能构成重大挑战的情景。

（5）运用"情景"组合辅助战略决策。由于未来"情景"的不确定性，战略决策通常不针对具体"情景"，也没有最优解。战略措施通常首先面向共性的资源或能力的薄弱环节展开，一方面注重资源投入的综合性效益，另一方面对各"情景"的敏感指标进行监测，适时调整战略措施，增加对最可能"情景"的资源投入。

（6）持续改进。当内外环境条件和关键影响因素发生变化时，对"情景"组合及其战略措施也应做出相应调整。

2.4.4 专家调查（德尔菲）法

专家调查法又称德尔菲法（Delphi）。Delphi是古希腊传说中阿波罗神殿所在地，传说中阿波罗具有预见未来的能力。美国兰德（Rand）公司在20世纪50年代与道格拉斯公司合作研究出一种有效、可靠的收集专家意见的方法，以"Delphi"命名，之后，该方法被广泛地应用于商业、军事、教育、科技、社会发展等许多领域。

德尔菲法是为了克服专家个人判断和专家会议法的缺点而产生的一种专家预测方法。在调查过程中，采用专家匿名发表意见的方式，专家之间不进行讨论，不发生横向联系。在3～5轮次的调查中，每次都请专家回答内容基本一致的调查问卷，并要求他们简要陈述自己意见的理由根据。每轮次调查的结果经过整理后，都在下一轮调查时向所有被调查专家公布，以便他们了解其他专家的意见，以及自己的看法与大多数专家意见的异同。经过多轮反复征询、归纳、修改，最后汇总成基本一致的专家看法，作为最终的调查结果。这种方法克服了在专家会议法中经常发生的专家们不能充分发表意见、权威人物的意见左右其他人的意见等弊病，特别适用于客观资料或数据缺乏情况下的长期预测，或采用其他方法难以进行的技术预测。

德尔菲法的具体实施步骤如下：

（1）组成专家小组。按照预测课题所需要的知识范围选择并确定专家。专家人数的多少，可根据预测课题的大小和涉及面的宽窄而定，一般以10～50人为宜。

（2）向所有专家提出所要预测的问题及有关要求，并附上有关这个问题的所有背景材料。然后，由专家做书面答复。

（3）各位专家根据所收到的材料，提出自己的预测意见，并简要说明自己是怎样利用这些材料并做出预测的。

（4）将各位专家的第一次预测意见汇总，列成图表进行对比，再分发给各位专家，让专家比较自己同他人的不同意见，修改自己的意见和判断。也可以把各位专家的意见加以整理，或请身份更高的其他专家加以评论，然后把这些意见再分送给各位专家，以便他们参考后修改自己的意见。在向专家进行反馈的时候，只给出各种意见，但并不说明发表各种意见的专家的具体姓名。

（5）将所有专家的修改意见收集起来，汇总后再次分发给各位专家，以便做第二次修改。逐轮收集意见并为专家反馈信息是德尔菲法的主要环节。收集意见和信息反馈一般要经过多轮，直到各位专家不再改变自己的意见。

（6）对专家的意见进行综合处理。如果专家对某些问题的意见没有达成统一，可以用不同的方法（如平均数法、中位数法、加权均数法、优序图法和层次分析法等）进行处理，以形成最终结论。此外，还可以统计得到以下指标：①专家积极系数（也就是应答率）；②专家意见集中程度（如均数、方差等）；③专家意见协调程度（如变异系数和协调系数等）；④专家意见权威程度，可通过专家自评或他评来决定，如通过在问卷中设置熟悉程度，以及分析参考意见被采纳程度等。

2.4.5 模拟仿真技术

模拟仿真技术是基于物理或数学模型，通过物理模型试验或计算机数值计算，开展系统模拟仿真实验，以研究和反映系统行为或过程的技术。物理模拟仿真技术在20世纪初已有了初步应用，如在实验室中建立水利模型，进行水利学方面的研究；20世纪40到50年代，航空、航天和原子能技术的发展推动了模拟仿真技术的进步；20世纪60年代以来，计算机科学技术的突飞猛进提供了先进的数值计算模拟仿真工具，加速了数字仿真技术的发展。现代仿真技术不仅被应用于传统的工程领域，而且日益被广泛地应用于社会、经济、生物等领域，如城市规划、交通控制、资源利用、环境污染防治、生产管理、市场预测、经济的分析和预测等。对于社会经济等系统，很难在真实的系统上进行实验。因此，利用模拟仿真技术来研究这些系统就具有更为重要的意义。

1. 物理模型或模拟试验

物理模型实验指的是实体试验，通过在比例缩小或等比模型上进行相应的试验，获取相关数据及检查设计缺陷。在物理和工程领域，常采用在适当比例和相似材料制成的与原型相似的试验结构（或构件）上施加比例荷载，使模型受力后模拟原型结构实际工作的结构试验。试验对象为仿照原型（实际结构）并按照一定比例尺（通常比原型小）复制而成的试验代表物，它具有实际结构的全部或部分特征。按照模型相似理论，由模型的试验结果可推算实际结构的工作。流体力学模型中的流体通常是采用水或空气，即同种流体模拟或水汽模拟，在平面势流的模拟试验中也常采用水电模拟。严格要求的模拟条件必须是几何相似、物理相似和材料相似。模型按相似条件可分为相似模型和缩尺模型，按试验目的可分为弹性模型和强度模型。在人文社科领域，也有在一定的群体或组织中，通过设定一定的条件和引入特定的情景，搭建模拟实验环境，对某些人类行为进行观察研究的模拟实验。采用物理模型或模拟实验的主要优点是：可以控制主要试验参数，不受环境条件的限制与影响；便于改变试验参数进行对比试验；经济性好。主要的不足是：相似指标难以完全满足，常常只能考虑某些主要因素而忽略其次要因素。

2. 数值模拟计算与仿真

计算机科学、信息处理技术和网络技术的发展，已经完全改变了模拟仿真的概念。采用数值模拟技术，首先要建立反映问题（工程问题、物理问题等）本质的数学模型。其次，在数学模型建立之后，需要寻求高效率、高准确度的计算方法，即各种数值计算方法。再次，需要编制计算机程序进行计算机求解计算，由于求解的问题通常比较复杂，数学模型需要验证，各种参数需要调整，所以，计算机数值模拟也是一个对模型、算法、参数等反复修改调整的过程，因而又叫数值试验。最后，在计算工作完成后，大量数据必须通过图像、动画等形象地显示出来，才能让人快速、直观地看到模拟计算的结果。目前人们已经能把图像、动画做得非常逼真。在安全与应急领域，人们针对大规模人群的运动和疏散过程，开发出了复杂的模拟仿真系统，可以实现三维动态模拟仿真。在安全培训和演练方法上，也开发出了各种培训用模拟器（如驾驶模拟器、工业系统操作模拟器等），以及组织开展各种桌面推演、综合协同的模拟演练系统，提供了安全、便捷、高效的培训与演练工具。

3. 虚拟仿真技术

近年来，随着虚拟现实（virtual reality，VR）和增强现实（augmented reality，AR）的快速发展，模拟仿真技术发展为虚拟仿真技术。

虚拟仿真技术是在多媒体技术、虚拟现实技术与网络通信技术等信息科技迅猛发展的基础上，将仿真技术与虚拟现实技术相结合的产物，是一种更高级的仿真技术。虚拟仿真技术以构建全系统统一的完整的虚拟环境为典型特征，通过虚拟环境集成并控制为数众多的"实体"。"实体"可以是模拟器，可以是其他的虚拟仿真系统，也可用一些简单的数学模型表示。"实体"在虚拟环境中相互作用，或与虚拟环境作用，以表现客观世界的真实特征。虚拟仿真技术的这种集成化、虚拟化与网络化的特征，充分满足了现代仿真技术的发展需求。

虚拟现实（VR）技术是20世纪80年代以来新崛起的一种综合集成技术，涉及计算机图形学、人机交互技术、传感技术、人工智能等。它是由计算机硬件、软件以及各种传感器构成的三维信息的人工环境——虚拟环境，可以逼真地模拟现实世界（甚至是不存在的）的事物和环境，人进入这种环境中，立即有"身临其境"的感觉，并可亲自操作，自然地与虚拟环境进行交互。VR技术主要有三方面的含义：第一，借助于计算机生成的环境是虚幻的；第二，人对这种环境的感觉（视、听、触、嗅等）是逼真的；第三，人可以通过自然的方法（手动、眼动、口说、其他肢体动作等）与这个环境进行交互，虚拟环境能够实时地做出相应的反应。

增强现实（AR）技术是一种将真实世界信息和虚拟世界信息"无缝"集成的新技术，是把原本在现实世界的一定时间、空间范围内很难体验到的实体信息（视觉信息、声音、味道、触觉信息等）通过电脑等科学技术，模拟仿真后再叠加，将虚拟的信息叠加到真实世界，被人类感官所感知，从而得到超越现实的感官体验。在视觉化的增强现实中，用户利用头盔显示器，把真实世界与电脑图形多重合成在一起，便可以看到真实的世界围绕着它。增强现实技术包含了多媒体、三维建模、实时视频显示及控制、多传感器融合、实时跟踪及注册、场景融合等新技术与新手段。AR 技术具有三个突出的特点：第一，真实世界和虚拟世界的信息集成；第二，具有实时交互性；第三，在三维尺度空间中增添、定位虚拟物体。AR 技术被广泛应用到军事、医疗、建筑、教育、工程、影视、娱乐等领域。

2.5 应急规划理论学说

2.5.1 理论学说的基本概念

理论学说是指对某方面知识总结与凝练而得出的自成系统的主张或理论，既可能是一家之言，又可能是官方或半官方认定的教条或规范。这里的"规划理论学说"是指一个国家或地区具有长期效力的规划指导文件。规划理论学说包括规划思想和基本原理，以及一整套规范化、程序化的系统分析框架与规划过程，构成价值判断、行动模式、决策和行为的基础。规划理论学说应既有权威性又有灵活性，对于指导具体操作而言它足够确定而权威，但在面临复杂多样的局面时又有足够的灵活性。

应急规划理论学说需要研究解决的主要问题包括以下五个。

（1）规划的基本思想：指导应急规划的基本理念和思维方法。

（2）规划的基本原则：从学说与实践中提炼的指导应急规划的概要性要求。

（3）规划的体系问题：规划如何进行分级分类，不同规划之间的相互关系。

（4）规划的基本方法：指导应急规划的方法论及其基本过程，通常包括各种标准规范、导则、指南等。

（5）规划的集成与管理：指导不同规划进行集成、衔接和管理的方法。

2.5.2 应急规划的基本思想

应急规划的基本思想是指导应急规划的基本理念和思维方法。从国内外相关领域的研究与实践的发展趋势来看，应急规划都应该贯彻以人为本的基本理念，全灾种、全过程、全社会的综合性思维方法，以及基于风险的准备文化。

在我国，应急规划应坚持以习近平新时代中国特色社会主义思想为指导，坚持总体国家安全观，坚持人民至上、生命至上，统筹发展和安全，以防范化解重大安全风险、推进应急管理体系和能力现代化为根本任务，有效维护公众生命财产安全和社会稳定，为建设更高水平的平安中国提供坚实保障。

2.5.3 应急规划的基本原则

原则是指行事所依据的法则或标准，通常是依据价值观和长期经验总结所得出的规律而确定的。原则将人的价值观和行为连接起来，特别是在面临两难选择时，依据事先所确定的原则进行决策，往往是最有效的、不易后悔的选择。

我国的各类规划中通常以一个时期内的发展规划、宏观理念、基本价值观、基本方略等作为基本原则。例如，我国"十四五"总体规划必须遵循的原则是：坚持党的全面领导，坚持以人民为中心，坚持新发展理念，坚持深化改革开放，坚持系统观念。"十四五"应急体系规划的基本原则是：坚持党的领导，坚持以人为本，坚持预防为主，坚持依法治理，坚持精准治理，坚持社会共治。城市规划的基本原则：整合原则，经济原则，安全原则，美学原则和社会原则。

此外，还需要注意规划基本原则与规划编制原则之间的差异，前者是规划涉及领域的工作和建设等需要遵循的基本原则，而后者是在规划编制过程中需要遵守的原则。例如，在国家"十四五"总体规划编制中需要把握的五条原则是：一是处理好继承和创新的关系，做好"两个一百年"奋斗目标有机衔接。二是处理好政府和市场的关系，更好发挥我国制度优势。三是处理好开放和自主的关系，更好统筹国内国际两个大局。四是处理好发展和安全的关系，确保不发生影响现代化进程的系统性风险。五是处理好战略和战术的关系，做到既高瞻远瞩又务实管用。这些关系也是应急规划过程中应该遵守和把握的原则。

在应急规划的具体方法论层面，国内外学者总结出开展应急规划应该遵守的一些具体原则。

（1）应急规划应该是一个有序的分析问题和解决问题的过程。从规划开始到目标分析，到提出和比较实现目标的方法，到选择最佳的解决方案的过程，必须遵循一个合乎逻辑的步骤。

（2）应急规划指导应急准备活动。通过确立最终状态和需要完成的任务，为指导准备提供一个共同的框架。

（3）应急规划应该有助于处理突发事件面临的复杂问题。提供使一个区域的应急准备系统协同工作的机会，以分析和解决这些非常复杂的独特的问题。

（4）应急规划应该满足各类突发事件的共同功能需求。各类突发事件的原因可能差异很大，但其效果大体相同。采用"全灾种"的规划可确保规划者识别共同的任务并确定谁负责完成这些任务。

（5）应急规划从本质上来说是一个风险管理工具。不确定性和风险是应急规划和行动的固有特性。规划过程中的风险管理包括识别潜在危害因素和脆弱性，并评估每一因素影响使命完成的可能概率和严重性。由决策者来决定和传达可接受的风险水平。

（6）应急规划并不需要白手起家，而是基于他人的经验和已有的基础。通过评估和参考已有的规划文件（预案、标准和指南），规划者可以确定适用的法律和法规，获得对风险的认知，了解过去的组织安排和解决问题的措施。

（7）应急规划应当能够描述预期的事件场景和环境。对规划假设和风险尽早了解并达成一致意见，可为规划互动提供背景。有效的规划可以识别出清晰的任务和目的，促进利益相关者之间的频繁互动，以指导准备活动，建立执行的程序，提供同步行动的措施，分配和再分配资源。

（8）应急规划必须让决策者及所有利益相关者参与。好的规划需要团队共同努力，团队成员包括来自各级政府、企事业单位、私营部门和非政府组织的代表。

（9）应急规划应强调对策措施的灵活性。规划的行动受时间、不确定性、风险和经验的影响。规划过程应注重行动的原则，而不是试图描述行动的详细过程及具体细节。

（10）应急规划应该解决跨组织的协调问题。为了实现应急功能，需要组织间相互了解各自的使命、组织结构、行动风格、通信系统功能和局限性，以及协调稀缺资源并分配到不同功能领域的机制。

（11）规划要分配任务，调配资源，建立应急准备的责任制。决策者们必须确保规划人员具有完成规划需求所需要的资源。

（12）规划应该以有关威胁和危险源以及人类行为的准确知识为基础。错误的知识将会误导资源配置和信息的传播，从而妨碍应急规划的有效性。

（13）规划应促进应急管理和救援人员采取适当的行动。在灾难性事件中获得正确的信息以了解发生了什么事比贸然采取行动要重要得多。规划应有助于阻止盲目的反应，优先采取在该情形下适宜的行动。

（14）规划应该提供对所建议行动的检验。应急训练和演练提供了审慎地研究行动细节的模拟环境。演练可构成对预案、人员编制、人员培训、程序、设施、设备和材料的同时和全面的检验。此外，实施演练也可以作为应急规划和管理过程的一种宣传形式。

2.5.4 规划有效性评价准则

评价应急规划是否成功、规划成果（预案、规划、计划等）是否有效，可采用以下一些共性的准则进行衡量。

（1）可接受性（acceptability）。如果一个规划（预案）能够满足预期情景的要求，可以在高层领导和公众愿意支持的成本和时间框架内实施，并与适用法律相一致，那么它被认为是可接受的。

（2）适当性（adequacy）。如果一个规划（预案）符合适用的规划指南，规划的假设是正确和相关的，行动理念能识别和解决与预案目标相关的关键任务，那么它被认为是适当的。

（3）完整性（completeness）。如果一个规划（预案）包含所有必要的元素，如重大行动、目标和要完成的任务等，那么它被认为是完整的。完整的预案涉及需要的人员和资源，以及它们将被如何部署、招募、维持和复员，还应包含衡量成功实现目标和期望的最终状态的时限和标准。通过在规划过程中争取所有相关人员的参与，可以大大提高一份预案的完整性。

（4）一致性和标准化（consistency and standardization）。标准化的规划过程和规划产品可提高不同主体之间行动的一致性、互操作性和相互协作程度。

（5）可行性（feasibility）。可行性主要考虑应急资源是否充足，当满足以下条件时，一份预案被认为是可行的：关键任务可以利用内部现有的或者通过互助可获得的资源来完成；对需要从其他来源（上下级政府、相邻社区、社会组织等）获得额外资源的情况也进行了详细识别和预先协调；制定了有效整合资源和从所有潜在供应商获取资源的程序。

（6）灵活性和适应性（flexibility and adaptability）。灵活性和适应性可通过分散决策和采用"全灾种"的方法来提升，使得预案可适用于从规模较小的事件到范围广泛的全国性紧急事件。

（7）互操作性和协作性（interoperability and collaboration）。如果在规划过程中识别出了拥有相似和互补性预案的利益相关者，并对预案的相关内容进行了有效衔接，同时支持与这些预案相关的定期协作，从而使它们在一起事件中能同时实现自己独自的和集体的目标，那么，一个预案就是互操作的和协作的。

2.5.5 应急规划的分类

应急规划可以有不同的分类方法。从应急管理过程的角度，可以划分为防灾减灾、应急准备、应急响应和恢复重建等规划；从应急管理的行政层级上，可以分为国家、省、市、县、乡镇（街道）等不同层级的规划；从应急管理规划功能的角度，可以划分为能力建设类、应急行动类、工作计划类等不同的规划。

1. 按应急管理过程分类

（1）防灾减灾规划，是指以抵御、减轻各种灾害对可能造成的生命财产损失的各种政策性措施和工程性措施安排为主要规划内容的应急规划，包括综合防灾减灾规划、城市防灾减灾规划、特定灾害的专项防灾减灾规划。

（2）应急准备规划，是指在突发事件发生之前为应对突发事件而进行准备的相关规划，主要包括应急体系建设规划、应急队伍建设规划和应急物资储备建设规划等，其核心是建立和维持相关应急能力，为应急管理提供应急能力保障。

（3）应急响应规划，是指以突发事件应急响应行动为主要规划内容的应急规划，主要包括事前的应急预案和事后的应急行动方案。

（4）恢复重建规划，是指以突发事件发生后的基础设施、房屋建筑的恢复重建为主要规划内容的应急规划，主要包括灾区各级政府和企事业单位等编制的恢复重建规划。

2. 按应急管理行政层级分类

（1）国家级应急规划，是指国务院及其组成部门组织编制并发布的各类应急相关规划，包括综合性和专项性的规划和应急预案等。通常对地方各级应急规划具有指导作用。

（2）省级应急规划，是指省级人民政府及其组成部门组织编制并发布的各类应急相关规划。省级应急规划对上要落实国家级规划确定的目标和任务，对下要对市级、县级等规划提供指导。

（3）市（地）级应急规划，是指市级人民政府及其组成部门组织编制并发布的各类应急相关规划。市（地）级应急规划对上要落实国家和省级规划确定的目标和任务，对下要对县（区）级等规划提供指导。

（4）县（区）级应急规划，是指县（区）级人民政府及其组成部门组织编制并发布的各类应急相关规划。县（区）应急规划对上要落实国家、省、市（地）级规划确定的目标和任务，对下要对乡镇（街道）级等规划提供指导。

（5）乡镇（街道）级应急规划，是指乡镇（街道）组织编制并发布的各类应急相关规划（或规划实施方案）。乡镇（街道）级应急规划（或规划实施方案）要落实上级政府确定的目标和任务。

3. 按应急管理规划功能分类

（1）能力建设类应急规划，是指为了增强应急管理关键能力而制定的以能力要素配置与布局为主要规划内容的建设或发展规划等，即防灾减灾、应急准备规划。

（2）应急行动类应急规划，是指以特定突发事件的应急救援与处置行动为主要规划内容的应急规划，主要包括事前的应急预案和事后的应急行动方案，即应急响应规划。

（3）工作计划类应急规划，是指以一定时期（如一年、五年）内的工作任务为主要规划内容的应急规划，如应急预案编制工作规划、应急培训与演练工作规划等。

2.5.6 应急规划的分级

应急规划的分级包括两个方面的含义：一是通常意义上的行政层级，即国家、省、市、县、乡镇，乃至社区居民个人等，层级越低越接近灾难现场，应急规划越要针对具体的行动；二是概念上的分层，即从抽象到具体划分为战略、战役和战术等层级，它们源于军事规划术语。行政层级与概念层级有一定的相关性，但并不是完全等同。在国家、省、市等相对较高的行政层级，除了战略级规划，还有战役和战术级的规划；县、乡镇、社区等基层，除了战术级规划，还有战略和战役级的规划。

概念层级的不同规划，主要反映的是对未来预测的确定性程度的差异。从规划的适用时间（规划期）长短来看，规划期越长的规划，对未来分析预测的不确定性越高，因此其目标将越宏观、任务更通用、行动细节就越少，则其概念层级越靠近战略性，如图 2-2 所示。

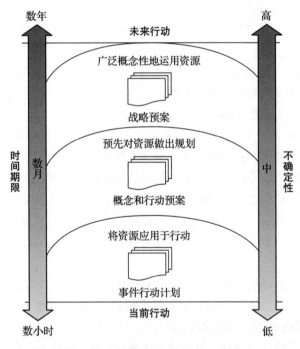

图 2-2　应急规划的层级与规划期之间的关系

概念层级的不同规划的关注重点也不相同。战略级规划主要关注战略目标和总体指导方针；行动（战役）级规划重点关注行动的角色与职责、行动路线等；战术级规划重点关注具体应急资源的应用，包括人员、装备和资源管理。它们之间的关系如图 2-3 所示。

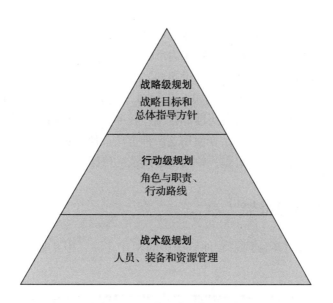

图 2-3　战略级、行动级和战术级规划之间的关系

2.5.7　规划集成与衔接

各级各类应急规划必须集成与衔接，以保持行动的一致性。

1. 纵向集成

纵向集成是将上下各级政府的规划和行动联系起来，实现各级政府之间的纵向协调，以确保单一的行动焦点。纵向集成遵循这样的理念，即行动的基础是在地方层级，而来自各级政府和其他社会组织的支持被逐级加到地方的活动中。

2. 横向集成

横向集成是综合各级政府机构、生产经营单位、社会组织、基层社区组织、家庭与个人等的努力，以确保对各类突发事件进行规划协调的方法。横向集成需要战略、战役和战术层级的跨部门的合作。一个辖区的预案应包括内部部门和支持机构之间以及与邻居或合作伙伴间的协同，并提供与支持相关的使命分配信息。

3. 规划衔接

通过对不同规划内容的检查与审核，实现不同规划在时间、空间、目标和任务等方面的衔接。以下四种概念有助于理解规划的衔接。

（1）区块（section）。区块是规划内容中的特定领域或区域，它有自己明显的特征。例如，规划人员通常使用时间、距离、地理、资源和关键事件等因素来划分不同的区块。不同区块之间的联结和转换往往会成为关键问题，通过规划衔接可以试图解决这些问题。

（2）分支（branch）。一个分支是指规划内容的一个方向或一条路线，通过分支形成规划的内容框架。例如，对于不同的突发事件的不同的可能场景，规划人员可以设计不同的应对方案。规划人员一般将重要、关键的内容列为分支，而不是将所有可能性都列为分支。通过对不同规划中的重要分支进行检查与确认，可以发现存在的重复和漏洞等。

（3）规划期。没有人能够预测灾难或紧急事件会在什么时候发生，规划人员在编制应急规划和行动预案时，通常使用以数月至数年为单位的规划期。

（4）正向与反向规划。正向规划从（设想的）当前状态开始，按时间顺序列出可能的决定和行动，建立朝向期望目的或目标的每一步行动，这个方法是规划人员使用最多的方法。反向规划从目的或目标开始，从后向当前倒排工作任务，反向规划通常用于辅助时间压力下的决策。在实践中，规划人员通常结合使用这两种方法：使用正向规划查看在已分配的时间内什么可行，用反向规划固定决策点、中间目标或最终目标。

2.5.8 应急规划体系框架

应急规划体系是指由各种规划文件所构成的相互支撑、相互补充的层次结构体系，如图 2-4 所示。

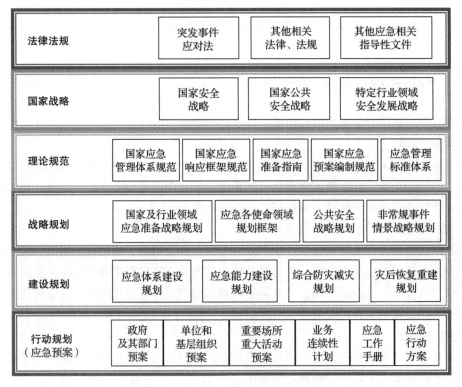

图 2-4 应急规划体系框架示意图

应急规划体系框架包括六个层次：

（1）法律法规，是指应急管理相关的法律、法规、规章等规范性文件，是开展应急准备规划的法规政策基础。

（2）国家战略，是指一个时期内国家在公共安全与应急管理方面的宏观战略、基本愿景和工作重点等。

（3）理论规范，是指开展应急准备规划的理论、方法和标准规范等。

（4）战略规划，是指对应急准备的不同方面、重点事件情景等的宏观战略性安排，包括定义使命、确定负责部门、描述责任、确定关键能力和预期目标等。

（5）建设规划，是指为了实现战略规划确定的关键能力和预期目标，而制定的能力建设规划和发展规划等。

（6）行动规划（应急预案），是指为应对突发事件而将组织、程序和能力集成起来的行动计划、行动方案和操作手册等。

1. 法律法规

国家与地方发布的应急管理相关法律、法规、规章等规范性文件，是开展应急准备规划的法规政策基础。中国应急管理相关法律法规体系主要包括法律、行政法规、地方性法规、行政规章四个层级。

（1）法律是指由全国人民代表大会及其常务委员会制定的在全国范围内生效的规范性法律文件，如《中华人民共和国突发事件应对法》《中华人民共和国防震减灾法》《中华人民共和国防洪法》《中华人民共和国安全生产法》《中华人民共和国消防法》等。

（2）行政法规特指国务院为领导和管理国家各项行政事务，根据宪法和法律，按照法定程序制定和发布的规范性文件，其地位和效力低于宪法和法律，高于行政规章，如《破坏性地震应急条例》《生产安全事故应急管理条例》《突发公共卫生事件应急条例》《生产安全事故报告和调查处理条例》《国务院关于全面加强应急管理工作的意见》《国家突发事件总体应急预案》等。

（3）地方性法规是指由省、自治区、直辖市人民代表大会及其常务委员会制定和发布的地方性规范文件。省、自治区人民政府所在地的市，经国务院批准的较大的市的人民代表大会及其常务委员会，也可以制定地方性法规，报省、自治区、直辖市的人民代表大会及其常务委员会批准后施行，如《广东省防震减灾条例》《江苏省实施〈中华人民共和国突发事件应对法〉办法》等。

（4）行政规章是指国务院各部委以及各省、自治区、直辖市的人民政府和省、自治区的人民政府所在地的市以及国务院批准的较大市的人民政府根据宪法、法律和行政法规等制定和发布的规范性文件。国务院各部委制定的称为部门行政规章，其余的称为地方行政规章，如《中央企业应急管理暂行办法》《突发事件应急预案管理办法》《生产安全事故应急预案管理办法》等。

法律规范为应急规划设定限制性条件，其基本作用包括：

（1）明确规定应急权利与义务。应急管理法律法规主要包括对应急权力的规范、应急权利的规范和应急义务的规范。通过法律法规解决上下级政府之间、政府各部门之间以及政府和社会力量之间的关系，以便各方面职责能够明确协调，各种资源能够有效运行，以最高的效率来应对各种突发事件。

（2）建立完善应急机制，规范应急管理过程。应急管理法律规范为处理突发事件提供了程序化的手段，使得在突发事件发生时，处理机构能够有法可依、有章可循。同时，应急法律规范赋予了突发事件处理手段的合法性，从而增强了其有效性。应急管理法律规范还能增加应急管理的预期，从而促进应急管理的顺利完成。

（3）约束限制行政权力，保障公民合法权益。突发事件不仅对经济、社会造成巨大冲击，还会对已有的法制形成冲击。对自由裁量权的限定不周全可能还会导致侵犯公民合法权益的现象发生。应急管理法律规范的重要意义就在于使法治的精神和原则在突发事件状态下得到坚持。

2. 国家战略

国家战略是指针对事关国家长远的、根本的、全局的利益问题，调动相关力量与资源以实现既定政策目标的谋略、方案和对策。与应急管理相关的国家战略包括国家安全战略和国家公共安全战略。

国家安全战略是指为达到巩固国家安全目标而发展、运用和协调国家实力的各部分（包括外交、经济、军事和信息等）的艺术和科学。国家安全战略的核心是维护国家安全利益。国家安全利益的构成要素包括固定的领土、定居的居民、政府和国家主权等。国家核心安全利益是国家主权独立和领土完整、政治经济秩序运转正常以及社会生活安宁。能否实现国家安全利益取决于国家实力，即综合国力，是指国家为实现国家安全战略目标所能动员的战略资源的总和，它是物质性战略资源和精神性战略资源的统一。

国家公共安全战略是国家为实现公共安全战略目标而发展、运用和协调相关力量与资源的谋略、方案和对策。国家公共安全战略应说明面临的公共安全风险和优先任务，阐明公共安全愿景与目标，以及实现公共安全的途径和手段等。

公共安全通常是指多数人的生命、健康和财产的安全。公共安全是由政府及社会提供的预防各种重大事件、事故和灾难的发生，保护公众生命财产安全，减少社会危害和经济损失的基础保障，是政府加强社会管理和公共服务的重要内容。对于公共安全领域的一些重特大突发事件，如果处置不当，可能会影响社会稳定甚至危及国家安全。公共安全与国家安全的区别主要是主客体关系的不同：国家安全的主客体关系是国家与国际上其他国家的关系，其立足点是以维护国家利益为最高目标，而公共安全面对的则主要是国内不同自然与社会主体间的关系，公共安全以保护公众的生命、健康和公私财产安全为最高目标。应急管理是实现公共安全的一种有效手段之一。

3. 理论规范

理论规范是指导应急规划的理论学说、方法和标准规范等。理论学说、方法除了以著作、论文和报告等形式发布外，也可以以标准规范等形式发布。应急管理标准规范是指由公认机构批准发布，供应急管理相关机构、组织和个人共同遵守和使用的规范性文件，其表现形式可以是标准、规范、规程等。

从应急规划和应急准备的实际需要来看，在国家层面应该制定并发布以下规范性指导文件：

（1）国家应急管理体系规范。重点说明国家应急管理的体制、机制等，可参考其他国家的国家突发事件管理系统。

（2）国家应急准备指南。重点说明国家应急准备的理论与方法、体制结构、重点任务、目标、工具等，可参考其他国家的国家应急准备指南、国家应急准备系统、国家应急准备目标等。

（3）国家应急预案编制规范。重点说明应急预案体系、预案主要内容、预案编制过程、预案管理的要求等。目前，国务院办公厅已发布《突发事件应急预案管理办法》，为应急预案编制与管理提供了法规基础，下一步应该根据实际情况及时修订完善，并编制和发布更具体的相关工作指南。可参考其他国家的综合应急准备指南。

（4）应急管理标准体系。应急管理标准体系是指由应急管理相关标准和规范按其内在联系形成的有机整体。目前，我国各行业领域已经发布了大量应急管理相关标准，如《核电厂应急计划与准备准则》《地震现场应急指挥管理信息系统》《突发事件应急演练指南》等。未来应该进一步建立完善应急管理标准体系，组织编写急需的标准规范，如基本术语、突发事件分级分类、应急资源分类编码，以及各类通信互联、信息共享的标准规范等。

4. 战略规划

战略规划是应急规划中最高层级的规划，它对应急准备的不同方面、重点事件情景等做出宏观战略性安排，包括定义使命、确定负责部门、描述责任、确定关键能力和预期目标等。应急准备相关战略规划大致可分为以下几类：

（1）国家及行业领域应急战略规划。重点说明国家或行业领域的应急体系、应急准备目标，以及定义使命领域、确定负责部门、描述责任等。

（2）应急各使命领域规划框架。重点说明在国家应急准备中每个使命领域的职责，以及全社会如何构建、维持和提供核心能力的总体策略和原则。这些框架中的概念被用于指导后续的规划活动，提供关于角色和职责的信息，识别提供核心能力需要完成的关键任务，以及识别资源、工作人员和资源采购的需求等。可参考其他国家的《国家规划框架》体系下的预防、减灾、保护、响应和恢复规划框架。

（3）公共安全战略规划。在城乡规划体系中针对面临的公共安全风险，提出在土地利用、功能分区、建筑设防标准、重大危险源选址、安全基础设施规划、风险防控措施、应急管理与救援体系设计等方面的总体要求和基本布局，为其他规划提供基础。

（4）非常规事件情景战略规划。对于特定的非常规事件（特别重大突发事件），战略规划将概述战略重点、战略目标和规划基本假定，定义不同社会主体的使命、识别职责部门、划定角色和职责、建立使命攸关任务、确定需要的和优先的能力，以及开发绩效和效果评价指标。

5. 建设规划

建设规划是指为了实现战略规划确定的关键能力和预期目标，而制定的能力建设规划和发展规划等。根据建设规划所涉及的内容和范围的不同，可以划分为以下不同类别的应急相关建设规划：

（1）应急体系建设规划。可分为国家、行业和地方应急体系建设规划，是对国家、行业和地方未来一个时期应急体系的总体布局、建设重点和投资方向的宏观规划。我国自2006年发布《"十一五"期间国家突发公共事件应急体系建设规划》以来，各级政府正式把应急体系建设规划纳入国民经济与社会发展规划体系，并作为专项规划之一组织编制和实施。

（2）应急能力建设规划。可分为国家、行业和地方应急能力建设规划。目前，我国尚没有全国性的综合应急能力建设规划，但在不同行业、不同地区分别制定并实施了应急能力建设相关规划，例如《突发事件紧急医学救援"十三五"规划（2016—2020年）》《中央企业安全生产保障能力建设发展规划（2011—2015年）》等。

（3）综合防灾减灾规划。综合防灾减灾规划是对抵御、减轻各种灾害造成生命财产损失的各种政策性措施和工程性措施的安排，其最大特点是综合性。综合防灾减灾规划注重灾前预防，在对所有灾种进行统一考虑和等级评价的基础上，对灾中应急和灾后重建的衔接工作做出周密的安排，与各单灾种规划相互协调和衔接，并与城乡规划和其他专项规划相互协调和衔接，实现统一部署、相互协调、综合评估、定期反馈、及时更新。

（4）灾后恢复重建规划。是指为解决灾区灾后恢复重建问题而开展的专门规划，如《汶川地震灾后恢复重建总体规划》《玉树地震灾后恢复重建总体规划》《汶川地震灾后恢复重建城乡住房建设专项规划》等。

6. 行动规划（应急预案）

行动规划（应急预案）是指各级人民政府及其部门、基层组织、企事业单位、社会团体等为依法、迅速、科学、有序应对突发事件，最大程度减少突发事件及其造成的损害而预先制订的工作方案。

应急预案按照制定主体可分为政府及其部门应急预案、单位和基层组织应急预案两大类。政府及其部门可进一步分为总体应急预案、专项应急预案、部门应急预案等。为提高应急预案的可操作性，应急预案还可由应急工作手册、标准操作手册和应急行动方案等提供支撑。此外，业务连续性计划也可以看作一种应急预案。

复习思考题

1. 你了解政府每五年制定发布的经济社会发展规划吗？
2. 如何理解"规划是一个过程"这一理念？
3. 简述以人为本的基本理念。
4. 简述系统思维的综合管理理论。
5. 简述源头治理的风险管理理论。
6. 简述底线思维的情景规划理论。
7. 简述分级负责的应急响应理论。
8. 简述应急管理生命周期理论。
9. 应急规划需要了解和掌握哪些宏观思维方法？
10. 基于经验与问题的思维方法有什么优点和不足？
11. 基于威胁与情景的思维方法有什么优点和不足？
12. 基于能力与目标的思维方法有什么优点和不足？
13. 简述为什么系统分析法是应急规划的最基本方法？
14. 简述 SWOT 分析法基本步骤。
15. 简述情景规划分析法基本步骤。
16. 简述专家调查（德尔菲）法基本步骤。
17. 简述应急规划的基本指导思想。
18. 简述应急规划的基本原则。

19. 简述应急规划有效性评价准则。
20. 按应急管理过程可将应急规划分成哪几类？
21. 按应急管理行政层级可将应急规划分成哪几类？
22. 按应急管理规划功能可将应急规划分成哪几类？
23. 简述应急规划体系框架的六个层次。

延伸阅读

[1] 杨永恒. 发展规划：理论、方法和实践 [M]. 北京：清华大学出版社，2012.

[2] 吴维海. 政府规划编制指南 [M]. 北京：中国金融出版社，2015.

[3] 林毓铭. 应急管理定量分析方法 [M]. 广州：暨南大学出版社，2011.

[4] 帕顿，沙维奇. 政策分析和规划的初步方法 [M]. 2 版. 孙兰芝，胡启生，译. 北京：华夏出版社，2001.

[5] Federal Emergency Management Agency.Comprehensive Preparedness Guide (CPG) 101: Developing and Maintaining Emergency Operations Plans. Version 3.0[R/OL]. (2021-09) [2021-12-04]. https://www.fema.gov/sites/default/files/documents/fema_cpg-101-v3-developing-maintaining-eops.pdf.

第 3 章
应急规划方法与工具

本章主要内容包括基于"风险－情景－任务－能力－目标"的应急规划方法的基本过程；应急情景清单及情景构建过程；通用应急任务框架，预防、减灾、准备、监测预警、应急响应和恢复重建使命领域的通用任务清单；核心应急能力框架，预防、减灾、准备、监测预警、应急响应和恢复重建使命领域的核心应急能力清单；情景、任务和能力清单的应用等。本章列出的各项情景、任务和能力清单可作为应急规划的参考工具，在学习时主要了解其基本框架和思路，需要时可再随时查阅。

3.1 应急规划方法概述

基于"情景－任务－能力"的综合集成的应急规划方法是以基于能力的规划方法为基本框架，同时吸收威胁、风险、情景、任务、能力等规划要素和工具。通过分析评估现实的威胁和未来可能的灾难情景，提供了描述不确定性环境的方法，使人们能够评估假定、测试概念、确定执行任务所需要的适当能力。然后将由多种威胁和情景所产生的需求转化成驱动规划过程的规划目标。接下来再根据目标、任务、能力等来确定规划策略、行动方案，细化规划任务和建设项目等，并通过应急能力水平的变化来评估应急规划的实施效果。

3.1.1 "情景－任务－能力"规划方法概述

在我国中长期发展规划编制中目前普遍采用的是"问题导向"和"目标导向"的规划方法。即规划研究编制团队通过对规划领域的现状分析和未来形势分析，找出存在的主要问题，结合决策层面提出的"规划目标"，梳理未来的主要任务、重大政策，谋划重点建设项目等。这种规划方法主要以定性分析为主，很大程度上依赖于参与规划人员、专家的经验和判断，存在一定的主观模糊性。

基于"情景－任务－能力"的应急规划方法是近 10 多年来国内外应急管理领域逐步发展出的一种规划方法。该方法通过对面临的突发事件情景进行分析构建，梳理应对情景所需完成的应急任务，以及按照适当绩效标准完成任务所需的能力；根据社会经济总体发展情况确定一定时期内需要的核心能力及达到的目标；再根据对各项核心能力现状的评估筛选出未来一定时期需要投入资源优先发展的能力。规划过程如图3-1所示。

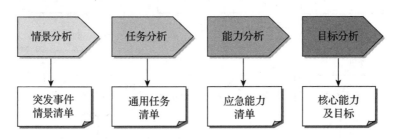

图3-1 基于"情景－任务－能力"的规划方法示意图

（1）情景分析。基于风险评估和战略预测，筛选出作为应急准备对象的突发事件情景清单并进行规范化描述。

（2）任务分析。依据得到的突发事件情景清单，对不同使命领域需要完成的通用任务进行分析，得出通用任务框架和通用任务清单。

（3）能力分析。根据得到的通用任务清单，进一步分析完成这些任务所需要的应急能力。将这些能力进行必要的合并和规范化处理，得到应急能力清单。

（4）目标分析。根据当前的形势及现有能力情况，从应急能力清单中进一步筛选出当前和今后一个时期需要重点加强的核心能力，并为每一个核心能力开发一个定性或定量的能力目标。

在应急规划实践中，通常可综合应用"问题导向""目标导向"和基于"情景－任务－能力"的规划方法，通过"取长补短"，在规划的现状与形势分析中引入公共安全风险分析评估方法；在问题分析中，基于采用"情景－任务－能力"的应急规划方法，将问题聚焦于应急能力的差距分析，以弥补应急能力的重大短板作为确定应急体系规划目标、任务、重点项目和行动方案的重要考量因素。这种规划方法以应急能力为核心，"问题"与"目标"都聚集于应急能力，通过对应急能力及其目标进行量化定义，形成系统化的应急体系建设需求，并通过应急能力评估指标的设定，实现对规划建设成效和应急准备水平的定量或半定量评估，因此可称之为"以应急能力为核心的综合应急规划方法"，其规划过程如图3-2所示。

3.1.2 "情景－任务－能力"规划基本过程

基于"情景－任务－能力"的综合应急规划通常包括以下10个基本步骤：

第1步：定义规划情景。主要解决"为什么而规划？"的问题。一般是通过风险评估与情景构建，筛选出典型突发事件情景，并对每一突发事件情景的重要特征进行描述，包括：事件发生的速度，可感知性或可预测性，事件发生的可能性，事件的强度或后果严重性，事件的影响范围，事件的持续时间等。

第2步：识别应完成的任务。主要解决"应该做什么？"的问题。通过对事件情景的分析，整理出"任务清单"。这些任务是在应急过程中必须完成的任务，此时尚不必考虑由谁或怎样完成任务。

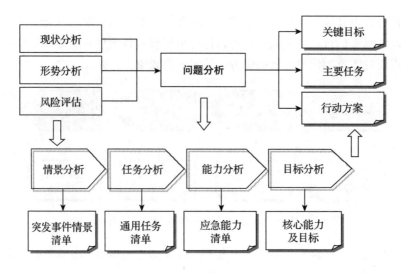

图 3-2　以应急能力为核心的综合应急规划方法示意图

第 3 步：识别关键任务。主要解决"哪些是最关键的任务？"的问题。关键任务是为防止灾难、减少生命或财产损失所必须完成的，或如果不完成会导致灾难性后果的任务，在整个规划过程中要进行任务优先排序。

第 4 步：定义需要什么能力。主要解决"为了完成关键任务我们需要什么样的能力？"的问题。能力是为完成一项或多项关键任务，并获得可度量的效果而需要的能力，通常由人员、装备、物资、组织、计划、培训、演练等要素构成。

第 5 步：确定所需能力的大小。主要解决"我们需要多少能力？"的问题。通过情景交互分析能力需求，并在需求和可接受风险间找到平衡点，分析"关键性"能力，探讨其他可选方案。

第 6 步：分配提供能力的责任。主要解决"在哪里建设所需的能力？"的问题。能力的提供者通常包括各级政府、企事业单位、社会组织、基层社区和社会公众等各类主体。

第 7 步：确定优先目标能力。主要解决"目前最需要什么样的能力？"的问题。通常根据面临的主要风险和现有能力情况等，通过战略规划确定国家或地方的"目标能力清单"，作为一个时期的发展重点。

第 8 步：开展目标能力评估。主要解决"我们是否具备所需要的能力？"的问题。包括：对各级部门的能力进行评估，识别出差距、缺陷或过度的能力，并确定各项能力的优先顺序。

第 9 步：为优先需求提供资源。主要解决"如何分配我们的应急资源？"的问题。各级决策者针对目标能力的差距和不足，配置各类资源，改进和提升需优先发展的能力。

第 10 步：评估规划效果情况。主要解决"我们准备得怎么样了？"的问题。通过建立应急能力目标和评估标准，收集有关资源配置和能力建设的相关信息，评估各项目标能力的状况，以及国家或地方的总体准备情况。还可以通过对应急演练和真实事件应急响应情况的评估来检验能力和准备情况。

3.2 应急情景清单及情景构建

3.2.1 情景清单概述

基于对规划区域或主体的风险评估，筛选出可能发生的特别重大的非常规性突发事件，根据其后果和应对所需资源与能力的相似性对它们进行适当归类和合并，得到数量尽可能少的情景清单。对每一个列入清单的情景，开展"情景构建"，对其演化过程和可能后果进行推演分析，重点估计该情景事件发生后可能造成的人员伤亡或受到影响的情况（包括死亡人数、受伤人数、被困人数、受灾人数、需疏散安置人数），以及财产损失情况（包括损坏房屋间数、垃圾杂物吨数、泄漏污染物吨数、直接经济损失亿元数）等，将相关信息列入一个格式化的表中，得到情景后果简表。按照规范化的情景描述框架，形成情景描述文件和情景展示视频。

突发事件情景是对未来一定时期内一个国家或地区可能发生的一些特别重大突发事件的一种合理的设想，是对不确定的未来灾难开展应急准备的一种战略性思维工具。情景描述的是某一类事件的一种可信的最严重的情形，它通常不局限于某一具体的地理位置；它也不是对未来可能发生的特定事件的准确预报，而是对该类事件在设定环境下的一种基于普遍规律的认识表达。在构建特别重大突发事件情景时，需要充分考虑当地的公共安全风险水平、经济发展水平、应急管理体制机制等因素对情景发生的可能性和后果的影响。当它被应用于其他地区时，应该根据该地区的特定人口、经济和地理条件等做相应的调整。

3.2.2 情景构建过程

突发事件情景构建的基本过程如图3-3所示，包括情景筛选、演化过程构建、后果估计、应对行动分析、情景描述与展现、情景应用与更新等。

（1）情景筛选。从一个区域的大量突发事件历史案例和现实威胁中，筛选出适当数量的具有代表性的特别重大突发事件，以作为当前和未来一个时期的应急管理重点对象。

（2）演化过程构建。在筛选出特别重大突发事件情景后，接下来需要研究分析事件的演化特征，构建出情景事件发生、发展的过程。

（3）后果估计。分析情景事件可能引发的次生、衍生事件，事件造成的生命与财产损失、服务中断、经济影响和长期的健康影响等方面的后果，是情景构建的重要任务。

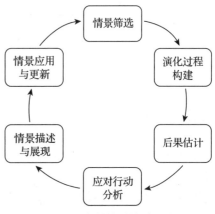

图 3-3 突发事件情景构建基本过程

（4）应对行动分析。结合事件的演化过程和后果，分析在情景事件条件下需要采取哪些预防、减灾、应急准备、监测预警、应急响应和恢复重建行动。

（5）情景描述与展现。根据以上分析结果，按照情景描述的要素和方法，编写出情景描述文本，必要时采取模拟仿真技术进行直观的展示。

（6）情景应用与更新。情景构建出来后，可以用于对现有应急资源与能力的差距进行的分析、对应急预案进行的评估和改进，以及为应急培训和演练提供情景基础；通过应用，可以发现情景所依据的条件和环境的变化，并在必要时对事件情景进行修改和完善。

情景筛选的基本原则是：事件发生的"紧急性""非常规性"，对公众生命财产影响的严重性，应急准备任务与能力的代表性和通用性，以及应急准备的现实可能性。例如，美国国土安全部根据美国面临的恐怖袭击、自然灾害和公共卫生事件等情况，提出了一套国家规划情景，共有15种情景，并被分为8个关键情景集，如表3-1所示。

表 3-1 美国关键情景集与国家规划情景的关系

关键情景集	国家应急规划情景
1.爆炸袭击—简易爆炸装置	情景 12：爆炸袭击—简易爆炸装置
2.核袭击	情景 1：核爆炸—简易核装置
3.放射性袭击	情景 11：放射性袭击—放射物释放装置
4.生物武器袭击—带有不同病原体的附件	情景 2：生物袭击—空气传播炭疽热 情景 4：生物袭击—肺鼠疫 情景 13：生物袭击—食物污染 情景 14：生物袭击—外源性动物疫情
5.化学袭击—带有不同媒介的附件	情景 5：化学袭击—起疱剂 情景 6：化学袭击—有毒工业化学品 情景 7：化学袭击—神经毒气 情景 8：化学袭击—储氯罐爆炸
6.自然灾害—带有不同灾害的附件	情景 9：自然灾害—大地震 情景 10：自然灾害—飓风
7.网络袭击	情景 15：网络袭击
8.流感大流行	情景 3：生物疾病大暴发—流感大流行

3.2.3 情景清单描述

在我国"十三五"应急体系建设规划研究过程中，基于对我国未来 5~10 年突发事件发展趋势的分析，提出了"十三五"时期应急体系规划的突发事件情景集，包括自然灾害、事故灾难、公共卫生事件和社会安全事件四大类共 17 种，如表 3-2 所示。

表 3-2 我国"十三五"时期突发事件情景及简要描述

序号	事件名称	事件类别	事件情景简要描述	事件后果描述
1	特别重大破坏性地震灾害	自然灾害	一场震级达 7.8 级、烈度达 IX 级或更大强度的地震，发生在一个人口密集的大城市及其周边的农村地区，给一个涉及 3 个省（市）共 15 个县和大约 3 000 万人口的地区造成严重破坏	50 000 人死亡；280 000 人入院治疗。150 万建筑物被毁；500 万建筑物受破坏。500 万人家园被毁；300 万人到安全区域寻求避难所；300 万人自我疏散出地震区域。在一些地区可能受危险品污染。经济损失可能达数千亿元人民币
2	流域性大洪水	自然灾害	一场持续时间长、覆盖范围广、强度大的暴雨，导致某大江流域先后出现 8 次洪峰流量超过 50 000m³/s 的洪水过程，并与中下游洪水遭遇，形成了全流域型特别重大洪涝灾害	1 500 人死亡；20 000 人入院治疗。200 万间房屋倒塌；受灾耕地面积 20 万公顷（300 万亩）；产生大量泥沙和建筑残骸。200 万人家园被毁；400 万人被疏散。淹没总面积超过 30 万公顷（450 万亩）；在一些地区可能受危险品污染。经济损失达 1 500 亿元
3	极端气象灾害（超强台风）	自然灾害	一个超强台风在我国某地登陆，登陆时中心附近最大风力 17 级（60m/s），中心气压 920hPa；台风所掠之处，船只倾覆、网箱破碎、水利设施损毁、道路桥梁冲毁、房屋坍塌、电力通信中断，给台风经过的多个省份造成十分重大的人员和财产损失	500 人死亡；5 000 人入院治疗。倒塌房屋 8 万间，损坏房屋 15 万间；形成大量残骸。60 万人家园被毁；150 万人被疏散；460 万人受灾。在一些地区可能受危险品污染。经济损失达 200 亿元
4	特别重大森林火灾	自然灾害	在某年的春季，干旱枯燥，因人为和雷击等原因，某林区的几处林场相继发生火灾。因扑救不及和大风狂吹，致使火源迅速蔓延，形成多条火线。大灾持续燃烧 20 余天，过火面积达 130 余万公顷，造成十分重大的人员和财产损失	200 人死亡；800 人被大灾烧伤、灼烧入院治疗。过火面积达 130 万公顷，烧毁房舍 60 万平方米，其中居民住房 40 万平方米。10 余万人受火威胁疏散转移；5 万多人失去住房，其中 1/2 在本地安置，1/2 需外迁安置。周边区域受到林火的烟尘污染。经济损失达 80 亿元
5	特别重大地质灾害（滑坡、泥石流）	自然灾害	某年汛期，某县城东北部山区突降特别重大暴雨，引发数条沟系发生特别重大山洪地质灾害，泥石流长约 5 千米，平均宽度 300 米，平均厚度 5 米，总体积 750 万立方米，流经区域被夷为平地。泥石流涌入河流，造成河道严重堵塞，形成了长 1.2 千米以上、宽约 100 米的河道堵塞带，河床被抬升 8~10 米，并形成堰塞湖；该县城水淹至三楼，周边农村大量农田、房屋被水淹没	1 500 人死亡或失踪，2 300 人入院治疗。灾害损毁房屋 5 500 间，损坏房屋 2 万余间；10 000 人需转移安置。交通、通信、电力等基础设施严重受损。经济损失达 30 亿元
6	特别重大交通事故	事故灾难	某年夏季的一天夜晚，在 Z 省 W 市境内的动车铁路区间，因雷击致使列控中心信号采集电路中的保险管熔断，并导致其控制的区间信号机错误地保持绿灯状态。该晚 20 时 30 分许，运行在该区间内同方向的两列动车组列车发生追尾事故。事故造成两列列车部分车辆互相叠压，数个车辆脱轨，造成重大人员伤亡	40 人死亡、170 余人受伤；动车组车辆报废 7 辆、不同程度损坏 22 辆；事故路段接触网损坏、中断上下行线行车 32 小时。直接经济损失 2 亿元

(续)

序号	事件名称	事件类别	事件情景简要描述	事件后果描述
7	特别重大火灾爆炸事故	事故灾难	某化工企业液氯储罐区的3个总共存储有36吨液氯的储罐，因工作人员处置失误，导致发生爆炸而引起液氯泄漏，释放出大量的氯气，随风扩散至下风侧的居民区，导致大量人员伤亡，10多万人被疏散	500人死亡；3 000人不同程度中毒，30 000人门诊治疗。在直接爆炸区域附近的建筑物完全受损，在重度暴露区域金属被腐蚀。15万人被疏散到安全区域；20万人自我疏散出影响区域。直接经济损失1.5亿元
8	人员拥挤踩踏事故	事故灾难	某市在某风景区举办传统新年倒计时活动。该年新年夜，大量市民和游客涌入该风景区，至23时左右已涌入30多万人。23时30分许，在该风景区的一个约2 000平方米的观景平台的人行通道阶梯处，上下人流不断对冲形成"浪涌"，造成阶梯底部有人失衡跌倒，继而引发大面积人员摔倒、叠压，导致拥挤踩踏事件发生	40人死亡，100人受伤。直接经济损失约5 000万元
9	重大危化品环境污染事件	事故灾难	地处一条大江边的某石化公司化工装置发生爆炸，导致相邻罐区内的1台硝基苯储罐、2台苯储罐发生燃烧和泄漏，泄漏的约100吨苯类物质混合着消防废水，流入大江，导致江水被严重污染，引发了一起重大环境污染事件	35人死亡；80人受伤入院治疗。5万人被紧急疏散。河流水质受到危险化学品严重污染，1 000万人饮用水供应受到影响。经济损失达50亿元
10	核设施泄漏事件	事故灾难	一座位于海边的核电站，受到9级地震以及随之而来的海啸的严重破坏，造成核电站操作系统异常和应急供电中断，4个反应堆冷却系统失灵，进入"紧急"状态。事故导致严重的放射性物质泄漏，数百人遭受过量辐射，核电站周边的自来水被污染，核电站30公里以内的居民全部撤离	500人受到辐射伤害，10 000人入院检查治疗。区域性电力系统受到影响。20万人被紧急疏散；10万人自发疏散到外地。水体和土壤受到放射性污染。经济损失数千亿元
11	流感大流行	公共卫生事件	一种高致病性禽流感病毒株在2年内零星地感染了一些地方的家禽，并被一些可能受到无症状感染的野生候鸟传播，感染的地理分布在日益增长。春节前后，一些密切接触受感染家禽的人群中出现了零星的人类感染；由于病毒属于新的亚型，其传染性很强、致死率达2%，同时缺少有效疫苗储备，致使感染和死亡人数及传播范围不断扩大。到这年5～6月份，几乎所有大中城市都经历了流感大暴发	暴发流行区域30%人口的致病率。发病和住院治疗人数与流感病毒的毒性相关：中度情景—46万人死亡，160万人住院治疗；严重情景—423万人死亡，1 890万人住院治疗。在某些情形下需要采取就地防护和隔离措施。与卫生相关的直接和间接成本以及旷工损失可达数千亿元
12	特别重大动物疫情	公共卫生事件	某年春季，我国两个不同省份的两个奶牛场相继发现可疑牛病例，后经检验确诊为口蹄疫。两个月内，疫情被传播到全国10个省市的数千个猪、牛养殖场	牲畜损失超过500万头。经济损失达300亿元

（续）

序号	事件名称	事件类别	事件情景简要描述	事件后果描述
13	重大食品安全事件	公共卫生事件	一些不法奶品生产企业非法向奶制品中添加一种被称为"蛋白精"的化学物质，以提高奶制品中的"蛋白"检测含量，从而实现以次充好。事件给社会造成十分恶劣的影响	6名婴幼儿死亡；900名婴幼儿病情严重；5万婴幼儿入院治疗；30万婴幼儿健康受到影响。经济损失达100亿元
14	地铁恐怖袭击事件	社会安全事件	在某日的早班高峰期间，由某极端势力成员组成的恐怖组织团伙，将沙林毒气释放到一个大城市的一座大型地铁站厅。毒气随风蔓延到整个地铁站大厅和进、出站台，并进入到达站台的地铁列车上。毒气造成地铁站内、列车中和街道上数千人伤亡。该恐怖袭击事件在全世界产生巨大影响	500人死亡；2 600人严重受伤；4 500人受到中毒影响。周围建筑物中的15万人被通知就地避险和临时疏散。直接经济损失8 000万元
15	大规模群体性事件	社会安全事件	某县近年来经济高速发展，但各种社会矛盾不断积累，蓄势待发。该县一名初中女学生非正常死亡后，因相关部门处理不当，以致谣言四起。事发当日，死者家属邀约300余人在县城内游行，逐渐聚集2万多人，并围堵政府部门；因当地政府应对不力，导致事态不断扩大并演变为打砸抢烧严重暴力事件	150人受伤。一些政府建筑物和车辆被毁。可能出现因火灾、爆炸引发的毒物泄漏。直接经济损失1 600万元
16	大规模网络攻击事件	社会安全事件	在某个国庆日的凌晨，由某敌对势力组织的网络攻击团伙，利用其经长期建设而形成的数量庞大的僵尸电脑网络，实施对中国互联网基础设施的网络攻击。网络攻击导致大多数政府网站、大型商业网站无法登陆，网络银行和在线支付业务停止服务。网络攻击造成的服务中断持续数天，其影响持续数月	无直接人员伤亡。但网络攻击事件严重破坏了公众对互联网安全的信心，网上银行和电子商务等互联网服务受到严重影响，造成的经济损失达数百亿元
17	重大跨境突发事件	社会安全事件	某非洲国家，近年来由于政治动荡，致使经济和安全形势日趋恶劣。某年2月间，该国爆发骚乱及流血事件，中国驻该国的多家企业、机构和人员遭受暴力袭击，致使许多中国公民伤亡；随着骚乱不断升级，中国在该国的3万多人员面临严重安全威胁。中国政府决定启动国家涉外突发事件Ⅰ级响应，组织包机和轮船等接回所有中方人员，包括使用医疗包机接回受伤人员	20人死亡，150多人受伤，35 000多人需要紧急撤离

对于每一个典型突发事件情景，可对事件经过和后果进行简要描述，形成情景简表；同时，可参考图3-4所示的基本要素，对事件发生发展与应对过程等进行较详细的文字描述，形成突发事件情景说明书。

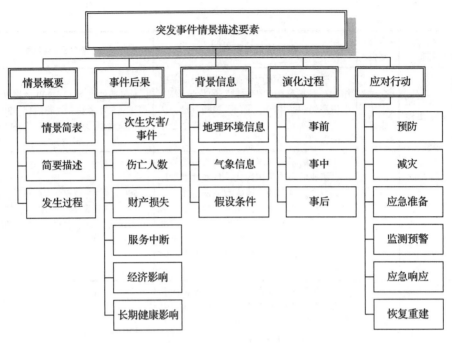

图 3-4　突发事件情景描述要素

3.3　通用应急任务清单

3.3.1　通用应急任务框架

应急任务是指由个人或组织为实现一定目的而开展的一项独立的行动或操作，通常表示为"在什么条件下做什么"，如"地震发生后搜寻、定位和救出被困人员"。通用应急任务仅涉及需要做什么，而不涉及由谁去做、达成的效果等。将各类突发事件情景中可能需要开展的通用应急任务分门别类地列出，形成一个清单，就是"通用任务清单"。作者研究得出的应急通用任务功能框架示意图如图 3-5 所示，列表如表 3-3 所示。该框架针对应急管理的预防、减灾、应急准备、监测预警、应急响应和恢复重建六个使命领域，归纳整理了 22 项战略目标、76 项核心功能、600 多项通用任务，为应急规划领域提供了一个通用任务框架和标准术语体系。

应急通用任务清单可以为情景构建、应急规划、应急预案、培训和演练等提供通用的语言和基础性分析工具。在需要考虑完成任务所需资源和能力时，则首先需要确定完成应急任务的绩效目标。通常可以从需要完成的工作量和时间（速度）等角度对绩效目标进行量化定义。例如，"地震发生后的 72 小时内完成对 5000 位被困失踪人员的搜寻、定位和救出""在火灾发生后 2 小时内，扑灭一起威胁 200 户居民的高层建筑火灾"，等等。显然，将情景构建所得到的事件后果与通用任务、期望目标结合起来，可以梳理出特定情景事件的应急任务清单及其绩效目标。

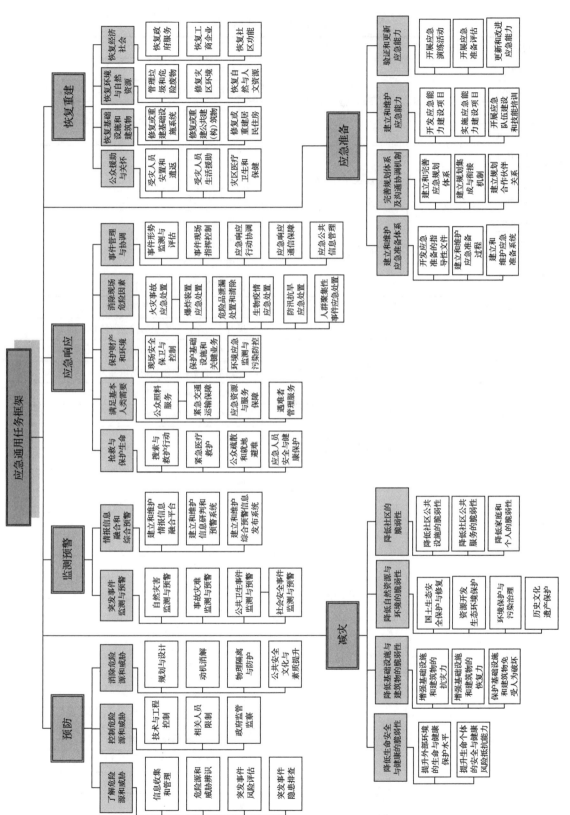

图 3-5 应急通用任务功能框架

表 3-3 应急通用任务功能框架表

功能编号	使命领域	目标	功能
Function 1	预防	了解危险源和威胁	信息收集和管理
Function 2			危险源和威胁辨识
Function 3			突发事件风险评估
Function 4			突发事件隐患排查
Function 5		控制危险源和威胁	技术与工程控制
Function 6			相关人员限制
Function 7			政府监管监察
Function 8		消除危险源和威胁	规划与设计
Function 9			动机消解
Function 10			物理隔离与防护
Function 11			公共安全文化与素质提升
Function 12	减灾	降低生命安全与健康的脆弱性	提升外部环境的生命与健康保护水平
Function 13			提升生命个体的安全与健康风险抵抗能力
Function 14		降低基础设施与建筑物的脆弱性	增强基础设施和建筑物的抗灾力
Function 15			增强基础设施和建筑物的恢复力
Function 16			保护基础设施和建筑物免受人为破坏
Function 17		降低自然资源与环境的脆弱性	国土生态安全保护与修复
Function 18			资源开发生态环境保护
Function 19			环境保护与污染治理
Function 20			历史文化遗产保护
Function 21		降低社区的脆弱性	降低社区公共设施的脆弱性
Function 22			降低社区公共服务的脆弱性
Function 23			降低家庭和个人的脆弱性
Function 24	应急准备	建立和维护应急准备体系	开发应急准备的指导性文件
Function 25			建立和维护应急准备过程
Function 26			建立和维护应急准备系统
Function 27		完善规划体系及沟通协调机制	建立和完善应急规划体系
Function 28			建立规划集成与衔接机制
Function 29			建立规划合作伙伴关系
Function 30		建立和维护应急能力	开发应急能力建设项目
Function 31			实施应急能力建设项目
Function 32			开展应急队伍建设和技能培训
Function 33		验证和更新应急能力	开展应急演练活动
Function 34			开展应急准备评估
Function 35			更新和改进应急能力

（续）

功能编号	使命领域	目标	功能
Function 36	监测预警	突发事件监测与预警	自然灾害监测与预警
Function 37			事故灾难监测与预警
Function 38			公共卫生事件监测与预警
Function 39			社会安全事件监测与预警
Function 40		情报信息融合和综合预警	建立和维护情报信息融合平台
Function 41			建立和维护信息研判和预警系统
Function 42			建立和维护综合预警信息发布系统
Function 43	应急响应	抢救与保护生命	搜索与救护行动
Function 44			紧急医疗救护
Function 45			公众疏散和就地避难
Function 46			应急人员安全与健康保护
Function 47		满足基本人类需要	公众照料服务
Function 48			紧急交通运输保障
Function 49			应急资源与服务保障
Function 50			遇难者管理服务
Function 51		保护财产和环境	现场安全保卫与控制
Function 52			保护基础设施和关键业务
Function 53			环境应急监测与污染防控
Function 54		消除现场危险因素	火灾事故应急处置
Function 55			爆炸装置应急处置
Function 56			危险品泄漏处置和清除
Function 57			生物疫情应急处置
Function 58			防汛抗旱应急处置
Function 59			人群聚集性事件应急处置
Function 60		事件管理与协调	事件形势监测与评估
Function 61			事件现场指挥控制
Function 62			应急响应行动协调
Function 63			应急响应通信保障
Function 64			应急公共信息管理
Function 65	恢复重建	公众援助与关怀	受灾人员安置和遣返
Function 66			受灾人员生活援助
Function 67			灾区医疗卫生和保健
Function 68		恢复基础设施和建筑物	修复或重建基础设施系统
Function 69			修复或重建公共建（构）筑物
Function 70			修复或重建居民住房

(续)

功能编号	使命领域	目标	功能
Function 71	恢复重建	恢复环境与自然资源	管理垃圾和危险废物
Function 72			修复灾区环境
Function 73			恢复自然与人文资源
Function 74		恢复经济社会	恢复政府服务
Function 75			恢复工商企业
Function 76			恢复社区功能

注：详细功能如表 3-4~表 3-79 所示。

3.3.2 预防使命领域通用任务

预防是指那些避免、预防或阻止危险源和威胁变为现实的活动。对于恐怖袭击或人为破坏等事件，预防主要包括在袭击之前发现恐怖或破坏分子，防止恐怖或破坏分子及其装备接近或进入目标，采取果断行动消除他们所构成的威胁。对于技术系统的事故灾难，预防主要包括通过设计、建造和运行管理提高系统的可靠性，通过教育培训提高操作维护人员素质和减少人为失误，通过监测监控管理消除环境中的不安全因素，通过政府监管监察和社会监督防止违法违规行为，从而最大限度消除事故隐患，避免事故发生。对于生物因素引发的人类和动植物传染性疾病，主要是通过加强公共健康和农业监测与检验流程、免疫接种、隔离或检疫等，及时发现、消除和控制传染源，避免传染性疫情暴发。

对于地震、洪水、飓风（台风）等气象和地质原因引发的自然灾害，大多数人类还无法避免它们的发生。但某些滑坡、泥石流地质灾害，以及人为引发的森林草原火灾，则可以通过工程加固、加强火种管理等措施，尽量避免它们的发生。对于那些目前无法预防的灾害，则可以采取土地规划、建筑法规、搬迁避让、工程防护等减灾措施，尽量减少其对生命财产安全的威胁，这将在"减灾使命"中进行描述。

总体而言，预防使命有三个主要目标，即了解危险源和威胁、控制危险源和威胁，以及消除危险源和威胁。

1. 了解危险源和威胁

危险源（hazard）是指某种自然的、技术的或人为的引发伤害或困境的来源或原因；威胁（threat）是指一种可能发生暴力、伤害或危险的迹象。危险源和威胁本质上可归结为危险物质或能量，它们意外或被人为故意地泄漏或释放可能引发突发事件。通过对危险源和威胁的相关信息的收集和管理、辨识分析，选择合适的方法对事件发生的可能性和严重程度进行定性和定量分析，在此基础上进行风险等级的划分，以确定预防和管理的重点。

（1）信息收集和管理。

表 3-4 "信息收集和管理"功能

Function 1	信息收集和管理	
定义	通过日常性的活动从所有来源，例如风险评估、安全评价、执法、报警求助、应急救援等，收集可用于识别危险源和威胁的原始数据和信息，并对其进行整理、分类、登记和保存	
任务编号	通用任务名称	简要说明
Prevent 1.1.1	收集自然地理和气象信息	包括但不限于：区域地图、辖区面积、地形地貌、地质构造、植被、交通条件、气候条件、降水分布、河流水系、洪水特性、地震烈度等
Prevent 1.1.2	收集城乡规划和建设信息	包括但不限于：城乡建设规划、防灾减灾规划、基础设施建设规划的文本及图件，重点场所、重点单位相关信息
Prevent 1.1.3	收集人口统计信息	包括但不限于：人口统计年鉴和人口普查等资料，人口在地理空间中分布情况的资料，残疾和有特殊需要人口资料
Prevent 1.1.4	收集动物统计信息	包括但不限于：家畜家禽和宠物类别、数量和地理空间分布情况，野生动物类别、数量和地理空间分布情况
Prevent 1.1.5	收集经济和社会发展相关信息	包括但不限于：统计年鉴、政府公报、国民经济和社会发展的总体规划、专项规划、产业规划等各种反映经济与社会发展情况的资料
Prevent 1.1.6	收集各类突发事件发生的历史统计和案例资料	包括但不限于：历年各类突发事件的统计资料、分析总结报告、案例调查分析报告、新闻报道等资料
Prevent 1.1.7	收集与特定危险源和威胁相关的专门信息	根据特定危险源和威胁的实际情况，从相关专业部门和特定来源收集专门信息
Prevent 1.1.8	信息分类、整理和规范化	对所有来源的信息进行筛选、分类、整理和规范化处理，区分保密和非保密信息
Prevent 1.1.9	信息存储与管理	将数据和信息录入数据库中，以便能够长期存储、检索调用和共享

（2）危险源和威胁辨识。

表 3-5 "危险源和威胁辨识"功能

Function 2	危险源和威胁辨识	
定义	基于过去的经验、预测、专家判断和现有资源，辨识出与主体（国家、区域、场所、单位等）相关的危险源和威胁	
任务编号	通用任务名称	简要说明
Prevent 1.2.1	列出初步的危险源和威胁清单	根据收集的资料，列出一份所在区域可能具有的危险源和威胁的清单
Prevent 1.2.2	研究分析危险源和威胁出现的可能性	基于过去的经验、预测、专家判断，对每一项危险源和威胁出现的可能性进行分析，如果可能计算出发生概率
Prevent 1.2.3	研究分析危险源和威胁的空间分布特征	利用历史数据和预测资料，得出每一项危险源和威胁的空间分布特征，如果可能绘制出空间分布地图
Prevent 1.2.4	研究分析危险源和威胁的时间分布特征	利用历史数据和预测资料，得出每一项危险源和威胁的长期演变规律，在年、月、周、天、时等方面的分布特征，如果可能绘制出时间分布图

(续)

任务编号	通用任务名称	简要说明
Prevent 1.2.5	研究分析危险源和威胁演变为灾难性事件的典型情景	用一个或多个典型情景描述危险源和威胁演变为灾难性事件的过程
Prevent 1.2.6	研究分析不同危险源和威胁之间的关联性	研究分析灾难性事件可能引发的次生、衍生事件,得到一些典型灾害链、事件链
Prevent 1.2.7	形成危险源和威胁清单及情景描述	形成区域内需要加以关注的危险源和威胁的清单,并对每种威胁做出简要的情景描述

（3）突发事件风险评估。

表 3-6 "突发事件风险评估"功能

Function 3	突发事件风险评估
定义	通过开发或选用适当的方法,对危险源和威胁出现的可能性和后果的严重性进行定性或定量的评估,并得出一个可表征风险相对大小的程度分级或指标数值。这项任务的结果是可以对不同的危险源和威胁进行比较并设定优先顺序,从而可确定事件预防和风险管理的重点。可能性是某些事情发生的机会,可使用一般描述、频率或概率进行定义、测量或估计。后果是指事情发生后的效果或影响,可能是直接的或者是间接的,主要包括(但不限于)生命损失、人员受伤、经济影响、心理后果、环境退化和重要使命执行中断等

任务编号	通用任务名称	简要说明
Prevent 1.3.1	开发或选择风险评估方法	综合考虑评估的目的和最终使用评估信息的决策支持的需要,数据的可用性及时间、资金、人员的限制等因素,开发或选择适当的风险评估方法。一般而言,简单适用但不易推翻的方法优于过于复杂的方法。没有单一的方法可适用于评测所有危险源和威胁的风险,在选择适当的方法时需要对其设计进行独立判断
Prevent 1.3.2	运用风险评估方法	应用已收集的数据,并补充收集必要的数据,运用选定的风险评估方法,定量计算风险的大小或定性确定风险的等级。风险评估通常包括对危险源和威胁可能引发突发事件的可能性、受影响目标的暴露程度和脆弱性,以及对暴露的人员、财产、服务设施以及依存的环境所造成的损害的严重性的估算
Prevent 1.3.3	验证和展示评估结果	对用于风险评估的数据和证据进行分析,对评估结果的可靠性进行验证,并用适当的方式展现评估结果,以为决策者提供相关的和感兴趣的风险特征
Prevent 1.3.4	应用风险评估结果	依据风险评估的结果,对不同的危险源和威胁进行比较并设定优先顺序,从而确定事件预防和风险管理的重点;开展风险沟通和共享风险评估结果

（4）突发事件隐患排查。

表 3-7 "突发事件隐患排查"功能

Function 4	突发事件隐患排查
定义	隐患是指可能引发特定突发事件的各种已经存在但尚未引起足够关注或尚未采取有效的控制措施的有害因素。在安全生产领域常称为"事故隐患",被定义为"生产经营单位违反安全生产法律、法规、规章、标准、规程和安全生产管理制度的规定,或者因其他因素在生产经营活动中存在可能导致事故发生的物的危险状态、人的不安全行为和管理上的缺陷。"隐患排查就是采用各种方法找出这些已存在的有害因素,并对其进行逐一分析、建立档案,以便根据轻重缓急分别采取治理、消除、监控、监管等措施,以避免其恶化并引发突发事件

（续）

任务编号	通用任务名称	简要说明
Prevent 1.4.1	排查相关责任主体在责任落实方面的隐患	排查相关事故或事件预防的安全管理和安全监管责任主体是否明确，是否确实履行了职责，是否建立了制度化的安全隐患排查评估机制
Prevent 1.4.2	排查有关法规标准执行方面的隐患	排查在相关生产经营、司法行政、社会管理等活动中是否遵守了国家有关法律法规的规定
Prevent 1.4.3	排查物理系统可靠性方面的隐患	排查与事故或事件相关的物理系统可靠性方面的安全隐患，其结构、材料、环境等方面是否存在不安全因素
Prevent 1.4.4	排查人的技能与行为方面的隐患	排查与事故或事件相关的操作、管理、监管、执法等人员是否接受了必要的培训、获得了必要的资质、是否存在身体和心理方面的不适用性
Prevent 1.4.5	对隐患进行分级分类	对排查出的每条隐患根据一定的标准进行分级和分类，如根据其危害大小和整改难度进行分级（如一般隐患和重大隐患），根据其特征分成不同的类别
Prevent 1.4.6	对隐患进行建档管理	对排查出的每条隐患进行登记建档并录入数据库进行管理，对其治理、消除、监控、监管等情况进行记录；必要时与相关部门共享或向社会公布

2. 控制危险源和威胁

针对不同危险源、威胁与隐患的特点，有针对性地采取技术与工程控制措施、相关人员的限制措施、环境监测监控措施以及政府监管监察与社会化监督措施，避免其引发突发事件。

（1）技术与工程控制。

表 3-8 "技术与工程控制"功能

Function 5	技术与工程控制	
定义	对已识别出的各种危险源、威胁和隐患，根据其危害大小、紧急程度和技术经济可行性，采取必要的技术与工程控制措施，以尽量避免其引发可能造成严重影响的突发事件	
任务编号	通用任务名称	简要说明
Prevent 2.1.1	对地质灾害隐患点采取工程治理措施	对人类生存环境中的崩塌、滑坡、泥石流、地面塌陷、地裂缝和地面沉降、高陡边坡等地质灾害隐患点，采取工程治理措施，避免发生滑坡、泥石流等地质灾害
Prevent 2.1.2	对建筑物和构筑物采取工程加固等措施	对存在安全隐患的建筑物和构筑物采取工程加固及其他排除隐患的措施，避免因各种原因发生建（构）筑物垮塌失稳、危险物积聚和其他安全事故
Prevent 2.1.3	对技术系统中的安全隐患采取技术改造和工程治理等措施	对各种人类技术系统中发现的安全隐患，采取技术改造、装备更新、工程治理等措施，避免发生事故灾难
Prevent 2.1.4	对传染性疾病的感染源采取隔离、免疫和杀灭等控制措施	对引发传染性疾病的病毒、细菌和动植物宿主进行消毒和杀灭，对受感染人员进行隔离和疫苗接种等
Prevent 2.1.5	对发现的用于袭击的危险材料和杀伤性武器等采取排除危险的技术措施	对发现的用于恐怖袭击和人为破坏的危险材料和杀伤性武器等，采用拆除、封存、移走、洗消、排爆等技术措施排除危险
Prevent 2.1.6	对针对网络信息系统的威胁采取阻止、拦截、反击等排除危险的技术措施	针对网络信息系统的病毒、攻击、侵入等威胁，采取阻止、拦截、反击等技术措施，防止发生网络安全事件

（2）相关人员限制。

表 3-9 "相关人员限制"功能

Function 6	相关人员限制	
定义	对可能引发各类突发事件的人类的无意或故意行为进行必要的干预和限制，以避免引发突发事件	
任务编号	通用任务名称	简要说明
Prevent 2.2.1	防止人类活动诱发地质灾害	避免因工程建设等人类活动而破坏地质结构的稳定性进而诱发地质灾害
Prevent 2.2.2	防止人为引发森林草原火灾	严格管理森林草原高火险区域内的人员进入和用火，以免人为引发森林、草原火灾
Prevent 2.2.3	防止人为失误引发事故灾难	加强人员培训和安全文化建设，避免在技术系统的操作和运行中出现人的不安全行为或失误从而引发事故灾难
Prevent 2.2.4	限制传染性疾病感染者的移动	对传染性疾病感染者采取隔离措施，防止疾病和疫情的传播
Prevent 2.2.5	对恐怖和破坏分子采取限制措施	识别和跟踪恐怖与破坏分子，必要时采取拘留、逮捕和起诉等司法行动，打击恐怖主义和破坏活动
Prevent 2.2.6	对人员密集场所中的人员实施限制管理	对人员密集场所的人员，采取安检、提醒、疏导、限入和劝离等措施，避免发生拥挤、踩踏等事故和治安事件

（3）政府监管监察。

表 3-10 "政府监管监察"功能

Function 7	政府监管监察	
定义	政府监管监察是预防各类突发事件的不可缺少的重要手段。政府监管监察主要包括制定有关法律法规和标准，建立监管执法队伍，开展行政性审批、预防性检查、行政性执法、宣传教育与信息服务，并受理社会化监督等活动	
任务编号	通用任务名称	简要说明
Prevent 2.3.1	制定有关法律法规、政策和标准	制定有关法律法规、政策和标准是国家立法机关和政府职能部门履行社会管理职能的重要基础，也是预防突发事件的重要依据
Prevent 2.3.2	建立监管执法队伍	监管执法队伍是开展监管监察工作的人力保障。政府根据监管监察工作的需要设立相关的监管监察机构，配备人员与装备等行政资源，履行监管监察职能
Prevent 2.3.3	开展行政性审批活动	为预防各类突发事件，政府对土地使用、开发建设、经济与社会活动等设置前置性的行政审批要求，以确保这些活动符合法律法规的规定，并且采取了预防事故与灾害的措施
Prevent 2.3.4	开展预防性检查活动	为预防各类突发事件，政府相关部门需要经常开展各种预防性的检查活动，排查出危险源和隐患，以便采取相关的治理措施
Prevent 2.3.5	开展行政性执法活动	为贯彻落实有关法律法规、政策和标准，监管执法机构将开展相应的执法检查活动，对违法违章行为采取行政处罚措施，必要时移送司法机关追究法律责任
Prevent 2.3.6	开展宣传教育和信息服务	政府相关部门为预防各类突发事件，还需要有针对性地开展法规政策的宣传教育活动，并向全社会提供有关信息
Prevent 2.3.7	受理社会化监督	受理由各类社会组织和个人举报的各种违法行为和突发事件隐患，并进行调查处理

3. 消除危险源和威胁

针对不同的危险源与威胁的特点，有针对性地采取规划与设计、动机消解、物理隔离与防护和公共安全文化与素质提升等措施，尽可能消除危险源和威胁，构建有效的风险防控体系，从根本上降低突发事件发生的可能性。

（1）规划与设计。

表 3-11 "规划与设计"功能

Function 8	规划与设计	
定义	对于人工建设和设计开发的系统，采取规划和设计措施提高人工系统的安全可靠性等，尽可能消除危险源和威胁，构建有效的风险防控体系	
任务编号	通用任务名称	简要说明
Prevent 3.1.1	土地利用规划和选址控制	通过土地利用规划和开发与建设的选址控制，避免建设的设施和系统因选址不当出现事故隐患，或对周边公众造成威胁
Prevent 3.1.2	遵守建设和设计法规标准	通过制定和遵守各类建设和设计法规标准，限制或消除开发建设项目中的危险源
Prevent 3.1.3	人工系统的本质安全设计	通过在系统设计中采用安全工艺、安全介质、安全控制、安全保护等措施，提升系统的本质安全性，避免系统发生事故
Prevent 3.1.4	人工系统的安全防护设计	对于不能完全消除危险源与威胁的人工系统，采取安全防护设计，如核反应堆的多级安全防护系统，构建有效的风险防控体系

（2）动机消解。

表 3-12 "动机消解"功能

Function 9	动机消解	
定义	对由人为故意引发的社会安全事件，通过化解矛盾、消除存在条件和打击与威慑等措施，消解其动机，从而避免发生社会安全事件	
任务编号	通用任务名称	简要说明
Prevent 3.2.1	化解社会矛盾和纠纷	及时调解和妥善处理民间纠纷和利益冲突，防止矛盾激发，引发刑事案件或群体性事件
Prevent 3.2.2	消除恐怖主义等势力滋生的条件	通过沟通、理解、尊重、教育、阻止、打击等综合治理手段，消除恐怖主义、分裂主义和极端主义滋生的条件
Prevent 3.2.3	通过威慑而阻止恐怖行动	通过加强重点目标的防护，严厉打击恐怖主义和极端主义行为，公开其图谋，破坏其支持网络，使正在策划恐怖活动的人员"知难而退"，放弃恐怖行动

（3）物理隔离与防护。

表 3-13 "物理隔离与防护"功能

Function 10	物理隔离与防护
定义	将危险源与可能受到伤害的人员和财产、恐怖分子与其袭击目标等，通过空间隔离的方法，以避免相互接触，或使人员和财产避免暴露于危险之中

(续)

任务编号	通用任务名称	简要说明
Prevent 3.3.1	边境管控	通过加强边境安保和全球供应链的监管和保护,防止危险势力及其使用的材料和装备,以及危险品和生物灾害感染源等,通过合法与非法渠道进入国家的边境
Prevent 3.3.2	基础设施与重点场所安检与防护	对重要基础设施、交通运输工具、重点场所等实施出入控制、安检等措施,防止受到恐怖袭击和人为破坏
Prevent 3.3.3	重点目标安全保卫	对重要人物、重大事件、重要场所等加强安保措施,防止恐怖袭击和暴力侵害
Prevent 3.3.4	重大危险源隔离与防护	对各类后果严重的重大危险源采取物理隔离、安全防护距离和安保等措施,防止人员进入、接触或暴露于危害之中

(4)公共安全文化与素质提升。

表 3-14 "公共安全文化与素质提升"功能

Function 11	公共安全文化与素质提升
定义	通过全社会的共同努力,提高社会公众的公共安全素质,培育全社会的公共安全文化,从而提高预防各类突发事件的主动性、自觉性,在根本上减少突发事件的发生

任务编号	通用任务名称	简要说明
Prevent 3.4.1	针对在校学生的公共安全教育	将公共安全知识教育纳入各级各类学校的必修课程,提高青少年的公共安全意识,了解和掌握有关公共安全的知识和技能
Prevent 3.4.2	针对劳动者的安全技能培训	对劳动者开展形式多样的安全知识和技术培训,对特种作业和特殊岗位的人员实施上岗许可证制度,使劳动者了解存在的风险和预防措施,掌握必要的安全和应急技能,避免因人为失误引发安全事故
Prevent 3.4.3	针对专业人员的培训演练	对从事安全、安保、应急等相关工作的专业人员,要经常组织培训和演练,学习并掌握相关专业技能,获得必要的专业资质,履行好自己的职责
Prevent 3.4.4	针对社会公众的宣传教育	通过社区、大众媒体和社会化网络,开展防范和应对突发事件的宣传教育活动,提高公众的安全意识和应急基本知识,提升公众识别、报告和处理突发事件的能力,营造全社会共同参与的安全文化氛围

3.3.3 减灾使命领域通用任务

减灾是在灾难发生前或后采取的预防或减轻致灾因子造成人员伤亡、财产损失、生态环境破坏和社会功能破坏的各种措施和活动。有两种主要类型的减灾措施和活动,即结构性减灾和非结构性减灾。结构性减灾包括设计、施工、维护、更新物理结构和基础设施以抵抗致灾因子带来的冲击。非结构性减灾包括努力减少人群、物理结构和基础设施暴露于危险之中,主要包括根据致灾因子的潜在影响制定土地利用措施,规范和限制灾害高风险区的开发,如地震地质、洪涝等灾害高风险区,以及在可能的情况下搬迁处于高风险区域内的社区居民。

从突发事件造成损失的对象（承灾体）来看，主要包括受影响区域内人与动物的生命安全与健康、基础设施与建筑物、自然资源与环境、社区服务和社会关系等。减灾活动的主要目标和任务也可从这几个方面进行描述。

1. 降低生命安全与健康的脆弱性

人的生命是最宝贵的，保护人的生命安全和健康是应急管理工作的首要目标。容易出现生命与健康脆弱性的人口可能包括：①居住和工作在灾害高风险区的；②居住和工作在这些区域内抗灾能力差的建筑内的；③灾前未采取干预措施（预防、减灾和准备）的；④灾后采取应急和灾难恢复响应措施不力的。这些人口可能由于直接、间接或信息的效应而遭受更多伤亡、财产损失、心理创伤等。减轻各种危险因素对生命安全与健康的损害，主要可以通过采取加强生命个体外部与内部的安全与健康防护措施来实现。

（1）提升外部环境的生命与健康保护水平。

表 3-15 "提升外部环境的生命与健康保护水平"功能

Function 12	提升外部环境的生命与健康保护水平	
定义	通过采取各种公共安全防护措施，避免和限制各种危险因素对公众的生命安全与健康造成损害	
任务编号	通用任务名称	简要说明
Mitigation 1.1.1	改进人类生存空间的安全与健康设计	在做所有生产生活环境和设施的规划设计时，充分考虑减少对人的生命和健康的危害，并在必要时提供安全保护
Mitigation 1.1.2	加强应急避险场所与系统建设	建设应急避难场所、"安全屋"和紧急避险系统等，提高紧急情况下对生命安全的特殊保护
Mitigation 1.1.3	加强公共场所和重点目标的安保	加强公共场所、重大活动和重点人群的安全保卫，降低社会公众的生命安全与健康风险
Mitigation 1.1.4	加强个体安全与健康防护	在特殊环境下，向相关人员提供和佩戴个体防护设备，防止破坏性和有毒有害物质对人体的伤害
Mitigation 1.1.5	提升生命安全与健康保险水平	完善各类灾害、人身安全和健康保险，增强抵抗生命安全与健康风险的能力

（2）提升生命个体的安全与健康风险抵抗能力。

表 3-16 "提升生命个体的安全与健康风险抵抗能力"功能

Function 13	提升生命个体的安全与健康风险抵抗能力	
定义	通过提升生命个体的素质与能力，避免和限制外部环境中的危险因素对个体生命安全与健康的损害	
任务编号	通用任务名称	简要说明
Mitigation 1.2.1	提升公众身体健康素质	通过促进个体的营养、卫生、体育锻炼等，提高公众的身体素质
Mitigation 1.2.2	加强预防接种和传染病免疫	实施各类传染病的预防接种和免疫措施，防止疫病疫情的暴发流行
Mitigation 1.2.3	加强安全与健康知识教育	加强全社会成员的安全与健康知识教育，自觉避免意外事故伤害和健康损害
Mitigation 1.2.4	加强自救互救技能培训	加强全社会成员的自救、互救知识和技能培训，减轻紧急情况下的生命损失和健康损害

2. 降低基础设施与建筑物的脆弱性

基础设施和建筑物包括人类在一个区域内所建设的各种提供基础服务功能的设施和建筑物。基础设施与建筑物的脆弱性主要是指其物理结构的脆弱性，主要产生于基础设施与建筑物的设计和使用的材料无法抵抗极端的能量水平（例如大风、水的流体动压力、地震的摇晃等），或者无法避免有害物质的渗入。结构脆弱性可定义为一个给定强度的事件引起基础设施和建筑物不同程度破坏（从轻微损伤直至彻底倒塌）的可能性。

（1）增强基础设施和建筑物的抗灾力。

表 3-17 "增强基础设施和建筑物的抗灾力"功能

Function 14	增强基础设施和建筑物的抗灾力	
定义	通过各种措施提升其抵御各种毒雾灾因子的影响和冲击、维持其结构的基本完整和主要功能不受损失的能力	
任务编号	通用任务名称	简要说明
Mitigation 2.1.1	提升基础设施和建筑物的防灾性能	通过提高设计标准、改进结构设计和除险加固等，提高基础设施和建筑物抵抗各类灾害的破坏的能力
Mitigation 2.1.2	限制基础设施和建筑物的灾害严重性	通过分散化和网络化布局降低基础设施和建筑物及其功能的集中度，改进功能实现的工艺、过程和材料的安全性等，限制其功能失效或损毁的数量、程度和持续时间
Mitigation 2.1.3	减少次生和衍生灾害损失	通过设置适当的安全防护距离和采取物理隔离防护等措施，避免或降低基础设施和建筑物之间的相互影响，从而减少次生和衍生灾害损失
Mitigation 2.1.4	减少基础设施和建筑物的风险暴露	将位于高风险地区的基础设施和建筑物搬迁到风险较低的地区，或者通过阻挡、疏导、排除等方法，以减少基础设施和建筑物对灾害因素的直接暴露，从而减少损失

（2）增强基础设施和建筑物的恢复力。

表 3-18 "增强基础设施和建筑物的恢复力"功能

Function 15	增强基础设施和建筑物的恢复力	
定义	基础设施和建筑物的结构或功能通过系统快速重构、切换和修复，而保持不受影响或短期快速恢复的能力	
任务编号	通用任务名称	简要说明
Mitigation 2.2.1	增强基础设施和建筑物的快速重构能力	通过重要部件冗余设计和功能与数据的备份等措施，实现快速切换受损部件，维持系统功能不受严重影响
Mitigation 2.2.2	增强基础设施和建筑物的自动处置能力	采用传感器、物联网、智能化等技术，实现灾难发生时关键基础设施和系统的自动停机、自动重启和自我诊断与修复能力
Mitigation 2.2.3	增强基础设施和建筑物的快速修复能力	采用标准化的部件和网络化设计，降低修复的难度

(3) 保护基础设施和建筑物免受人为破坏。

表 3-19 "保护基础设施和建筑物免受人为破坏"功能

Function 16	保护基础设施和建筑物免受人为破坏	
定义	避免或延迟恐怖分子或破坏者对基础设施和建筑物的人为攻击,以保护基础设施和建筑物的功能与业务的完整性和可持续性	
任务编号	通用任务名称	简要说明
Mitigation 2.3.1	建立安全保卫制度和能力	建立相应的安保制度和配置必要的安保系统和设备
Mitigation 2.3.2	控制人员出入	对重要地点和系统严格控制准入,实施和维护身份核实与授权制度,并对被授权人员的合法活动进行记录管理
Mitigation 2.3.3	保护关键人员的安全	保护关键人员的安全,包括暴露保护、个人防护装备、接种和防疫等
Mitigation 2.3.4	建立和维护技术防范系统	采用多种先进监测手段,对重要的资产和系统及其进出人员和物品进行自监测、监控和检测
Mitigation 2.3.5	开展情报活动	开展情报收集和分析行动,以提前发现计划实施攻击的犯罪嫌疑人及其行为
Mitigation 2.3.6	开展执法活动	阻止、拘留、逮捕和惩处计划、实施和支援攻击的犯罪嫌疑人

3. 降低自然资源与环境的脆弱性

自然资源与环境是人类赖以生存的宏观物质基础。自然资源包括土地、淡水、矿产、森林、草原和海洋等资源;环境则是指我们生活于其中的由地球地理地质、大气和水等形成的条件。减轻各类突发事件对自然资源与环境的影响和损害,是减灾工作的一个重要组成部分。

(1) 国土生态安全保护与修复。

表 3-20 "国土生态安全保护与修复"功能

Function 17	国土生态安全保护与修复	
定义	建设以森林植被为主体、林草结合的国土生态安全体系,加强重点生态功能区保护和管理,增强涵养水源、保持水土、防风固沙能力	
任务编号	通用任务名称	简要说明
Mitigation 3.1.1	强化生态功能区的建设和保护	加强国家重点生态功能区的保护和管理,建立不同类型、不同级别的自然保护区,严格限制涉及自然保护区的开发建设活动
Mitigation 3.1.2	加强生物多样性保护	开展生物多样性保护优先区域、保护示范区、恢复示范区等建设;实施野生动植物迁地保护和种质资源移地保存,推动重点地区和行业的种质资源库建设
Mitigation 3.1.3	加强森林生态保护	加强植树造林和森林保护经营,提高森林火灾防扑火综合能力;切实加强林业有害生物的治理,严防外来有害生物入侵;构建林业病虫害检疫和防治体系
Mitigation 3.1.4	开展草原生态保护	实施草原退牧还草、草地治理和游牧民定居等草原保护工程;增强草原涵养水源、防止水土流失、防风固沙等生态功能
Mitigation 3.1.5	建立湿地保护体系	实施湿地保护、恢复、可持续利用示范和能力建设等重点工程,建立湿地自然保护区、国际重要湿地、国家湿地公园等湿地保护体系

（2）资源开发生态环境保护。

表 3-21 "资源开发生态环境保护"功能

Function 18	资源开发生态环境保护	
定义	规范资源开发利用活动，加强农业、矿产、水电、海洋资源开发中的生态保护与监管，落实生态保护责任等	
任务编号	通用任务名称	简要说明
Mitigation 3.2.1	严格保护耕地和农业水资源	实行严格的耕地和水资源管理制度，积极防治土地退化，加强农田水利设施、节水灌溉、动植物保护、水土保持等工程建设
Mitigation 3.2.2	合理开发和保护矿产资源	强化矿产资源集中统一规划与管理，推进资源开采方式科学化、资源利用高效化、生产工艺环保化和矿山环境生态化
Mitigation 3.2.3	促进水资源和水生态保护	构建水资源开发、利用、节约、保护和管理的制度框架体系，提高水资源配置和调控能力；限制排污总量，保护与修复水生态系统
Mitigation 3.2.4	合理开发和保护海洋资源	加强对海洋资源的综合管理、合理开发以及对海洋环境的保护；加强对海洋工程、海洋倾废、海洋石油勘探开发等海上开发活动的监督管理

（3）环境保护与污染治理。

表 3-22 "环境保护与污染治理"功能

Function 19	环境保护与污染治理	
定义	通过实施严格的污染物排放标准，大幅度削减污染物排放总量，努力改善环境质量，治理环境污染，提升环境风险防控能力	
任务编号	通用任务名称	简要说明
Mitigation 3.3.1	加强污染物总量控制	加快淘汰落后产能、减少新增污染物排放量；加大重点地区、行业水污染减排力度，着力削减化学需氧量和氨氮排放量；实施除尘脱硫工程、淘汰落后产能、加强机动车污染防治，加大二氧化硫和氮氧化物减排力度
Mitigation 3.3.2	科学管理固体废物	依法规范危险废物、医疗废物、电子废物等管理；加强废物处理设施建设
Mitigation 3.3.3	加强化学品无害环境管理	防止危险化学品意外泄漏；严格实施新化学物质和有毒化学品进出口环境管理登记；强化化学品无害化管理
Mitigation 3.3.4	实施大气污染物综合控制	通过源头削减、过程控制和终端治理等途径，深化颗粒物污染控制，加强挥发性有机污染物和有毒废气控制；推进城市大气污染防治，加强城市空气质量达标和分级管理工作

（4）历史文化遗产保护。

表 3-23 "历史文化遗产保护"功能

Function 20	历史文化遗产保护	
定义	保护历史文化遗产免受各类突发事件的影响或破坏，或者减轻其可能遭受的损失	
任务编号	通用任务名称	简要说明
Mitigation 3.4.1	了解历史文化遗产的现状和保护需求	对各类文物和历史遗址等进行调查登记，了解历史文化遗产的现状和保护需求
Mitigation 3.4.2	对有形历史文化遗产的保护	对各类文物和历史遗址等实施严格的物理保护措施，提升防灾设防标准，避免其遭受各种可能的损害
Mitigation 3.4.3	对非物质文化遗产的保护	对非物质文化遗产进行记录整理，对传承人进行培养和保护

4. 降低社区的脆弱性

社区通常是指一个政治或地理的实体，人们共同生活或工作在一个共享的地理边界内。在大多数情况下，社区可能是一个城市、乡镇、街道、城市居民小区或农村村落。从社会组织的角度，它是由个人和家庭、企业、政府和其他社会组织构成的网络。社区层次的减灾措施主要包括降低社区公共设施、公共服务及生活于其中的家庭与个人的脆弱性。

（1）降低社区公共设施的脆弱性。

表 3-24 "降低社区公共设施的脆弱性"功能

Function 21	降低社区公共设施的脆弱性	
定义	降低社区生命线系统、服务设施和建筑物等对自然、技术与人为事件的脆弱性，减轻这些事件的不利后果的严重性和持续性	
任务编号	通用任务名称	简要说明
Mitigation 4.1.1	降低社区生命线系统的脆弱性	通过设计、建设、加固、维护和保护等措施，降低社区水、电、气、交通、通信等生命线系统的脆弱性
Mitigation 4.1.2	降低社区服务设施的脆弱性	通过设计、建设、加固、维护和保护等措施，降低社区管理、商业、卫生、教育、文化、娱乐等服务设施的脆弱性
Mitigation 4.1.3	降低社区公共与私人物业的脆弱性	通过设计、建设、加固、维护和保护等措施，降低社区公共与私人房屋及其他建（构）筑物的脆弱性

（2）降低社区公共服务的脆弱性。

表 3-25 "降低社区公共服务的脆弱性"功能

Function 22	降低社区公共服务的脆弱性	
定义	通过编制公共服务业务连续性计划并落实相关措施，减少社区公共服务降级的程度或中断的时间	
任务编号	通用任务名称	简要说明
Mitigation 4.2.1	降低社区行政管理机构及服务的脆弱性	通过编制社区行政管理业务连续性计划并落实相关措施，减少社区行政管理服务降级的程度或中断的时间
Mitigation 4.2.2	降低社区经济与商业组织及服务的脆弱性	通过编制社区经济与商业服务业务连续性计划并落实相关措施，减少社区经济与商业服务降级的程度或中断的时间

（续）

任务编号	通用任务名称	简要说明
Mitigation 4.2.3	降低社区医疗卫生机构及服务的脆弱性	通过编制社区医疗卫生业务连续性计划并落实相关措施，减少社区医疗卫生服务降级的程度或中断的时间
Mitigation 4.2.4	降低社区教育机构及服务的脆弱性	通过编制社区教育业务连续性计划并落实相关措施，减少社区教育服务降级的程度或中断的时间
Mitigation 4.2.5	降低社区文化娱乐机构及服务的脆弱性	通过编制社区文化娱乐业务连续性计划并落实相关措施，减少社区文化娱乐服务降级的程度或中断的时间

（3）降低家庭和个人的脆弱性。

表 3-26　"降低家庭和个人的脆弱性"功能

Function 23	降低家庭和个人的脆弱性	
定义	通过风险沟通和实施家庭与个人减灾计划，提升社区居民家庭与个人应对灾害事故的能力，降低脆弱性	
任务编号	通用任务名称	简要说明
Mitigation 4.3.1	开展社区风险沟通	使用明确、一致、容易获得以及在文化和语言上适当的方式进行风险沟通，使社区居民对所在社区存在的各种公共安全风险有比较清楚的了解
Mitigation 4.3.2	避免在高风险区域生活和工作	居民在了解风险的基础上，主动避免在高风险区域置业和工作生活
Mitigation 4.3.3	加固家庭住房或排除事故隐患	通过加固家庭住房或识别并排除事故隐患，提升抵御灾害的能力和减少不安全的状态
Mitigation 4.3.4	提高灾难发生时的生存能力	安装自动报警和应急保护系统（如自动灭火、自动停气停电、安全避险等系统），提升安全意识和自救互救能力，减轻灾难发生时的生命和财产损失
Mitigation 4.3.5	投保财产和人身保险	通过投保适当的财产和人身安全保险以转移风险，减轻灾难对家庭的影响

3.3.4　应急准备使命领域通用任务

应急准备是一系列建立、保持和改进应急管理行动能力的深思熟虑的、关键的任务和活动，包括规划、组织、装备、培训、演练、评估和采取改进行动等努力的持续循环过程。应急准备包括突发事件预防、减灾、监测预警、应急响应和恢复重建各个环节的准备。其目的是通过持续改进的准备过程建立和保持完成各项使命所需要的能力。过去通常所说的应急准备实际是指应急响应准备，其目的是建立和维护有利于在事件发生后提供主动保护或应对的能力。同样，预防、减灾、监测预警、恢复重建等使命领域也都应建立和保持相应的能力。

应急准备使命领域有四个主要目标，即建立和维护应急准备体系，完善规划体系及沟通协调机制，建立和维护应急能力，以及验证和更新应急能力。

1. 建立和维护应急准备体系

应急准备体系是一套完整的指南、项目和过程,以帮助指导各级政府、企事业单位、基层社区及社会公众开展应急能力建设,使整个社会实现应急准备的目标。

(1) 开发应急准备的指导性文件。

表 3-27 "开发应急准备的指导性文件"功能

Function 24	开发应急准备的指导性文件	
定义	开发一套完整的应急准备的指导性文件,如政策、指南、标准等,并应用于指导应急准备实践	
任务编号	通用任务名称	简要说明
Preparedness 1.1.1	开发和维护国家应急准备指南	应急准备指南是描述国家应急准备的愿景、目标、战略优先事项、方法和工具等的指导性文件
Preparedness 1.1.2	建立和维护国家突发事件管理系统	突发事件管理系统是为各级政府部门及全社会应对突发事件提供管理突发事件的模板。它提供一套核心学说、概念、原则、术语和组织程序,使有效、高效协作的事件管理成为可能
Preparedness 1.1.3	建立和维护国家应急准备相关标准	应急准备相关标准是规范应急准备各项工作的基础,包括目标能力、资源分类、人员培训、应急演练等各种标准
Preparedness 1.1.4	建立和维护应急准备的辅助工具和模板	应急准备需要各种辅助工具,如风险评估、能力评估的软件、应急通用任务、能力清单、能力标准等

(2) 建立和维护应急准备过程。

表 3-28 "建立和维护应急准备过程"功能

Function 25	建立和维护应急准备过程	
定义	建立并实施一个系统性的应急准备过程,将应急准备活动纳入一个统一的持续改进的生命周期,以集成全社会的努力	
任务编号	通用任务名称	简要说明
Preparedness 1.2.1	建立和维护识别、评估风险的过程	识别、评估风险是应急管理的基础。建立和维护一个标准化的风险识别和评估的过程,是应急准备的首要任务
Preparedness 1.2.2	建立和维护分析、估计能力需求的过程	应急准备的核心是提升应急管理的能力,对能力需求和能力差距的分析评估,是提升和改进能力的基础
Preparedness 1.2.3	建立和维护资源优化配置决策的过程	建立以风险和能力目标为基础的资源优化配置决策过程,以合理配置和应用应急资源
Preparedness 1.2.4	建立和维护能力验证和更新的过程	通过应急演练和实际案例的评估和总结分析,找出能力差距和改进措施

(3) 建立和维护应急准备系统。

表 3-29 "建立和维护应急准备系统"功能

Function 26	建立和维护应急准备系统
定义	建立明确、客观和可量化的应急准备评估指标与方法,以及相关数据和信息的收集、汇总、整理、存储、评估和信息共享系统,并定期开展评估和提交报告

(续)

任务编号	通用任务名称	简要说明
Preparedness 1.3.1	建立和维护应急准备评估指标体系	建立明确、客观和可量化的应急准备评估指标体系，采用综合性的方法评估应急准备情况
Preparedness 1.3.2	形成规范化的应急准备评估方法	建立一致性、标准化的应急准备评估程序和方法
Preparedness 1.3.3	建立和维护应急准备信息管理系统	建立应急准备相关数据和信息的收集、汇总、整理、存储、评估和信息共享系统
Preparedness 1.3.4	定期开展评估并提交报告	定期开展应急准备评估，形成评估报告，并共享相关结果

2. 完善规划体系及沟通协调机制

应急规划体系包括应急规划的分类和分级，不同类别和级别规划所包括的内容，不同规划之间的衔接和集成关系等。应急规划涉及社会的方方面面，如何将不同责任主体的规划人员组织起来，并遵守共同的原则和方法以完成规划任务，需要建立一定的沟通协调机制。

（1）建立和完善应急规划体系。

表 3-30 "建立和完善应急规划体系"功能

Function 27	建立和完善应急规划体系
定义	开发指导全国各界开展应急规划的指导性文件，建立和完善应急规划的体系框架及各类不同的规划和预案文件
任务编号	通用任务名称	简要说明
Preparedness 2.1.1	开发应急规划工作指南	通过开展深入的调查研究，形成应急规划的理论学说和指导原则；开发指导应急规划工作的详细指南，以规范全国的应急规划工作
Preparedness 2.1.2	建立和完善应急规划的框架	建立和完善全国的应急规划体系框架，规范不同层次、不同领域的规划内容
Preparedness 2.1.3	建立和维护应急能力建设规划	形成各级各类应急能力建设中长期规划体系，并编制具体规划和实施方案
Preparedness 2.1.4	建立和维护应急预案体系	建立并维护覆盖各级政府和社区的应急预案体系，描述详细的行动理念、关键任务和责任、详细的人员和资源需求等

（2）建立规划集成与衔接机制。

表 3-31 "建立规划集成与衔接机制"功能

Function 28	建立规划集成与衔接机制
定义	建立不同层级和不同类别的应急规划（预案、计划）之间的集成与衔接关系
任务编号	通用任务名称	简要说明
Preparedness 2.2.1	不同层级政府规划（预案）的纵向集成	明确不同层级政府规划（预案）的关系，以及如何实现不同层级预案的纵向集成
Preparedness 2.2.2	不同部门和主体规划（预案）的横向集成	明确同一层级不同部门和主体规划（预案）的关系，以及如何实现同一层级预案的横向集成
Preparedness 2.2.3	建立规划（预案）之间的衔接协调机制	明确实现预案相互衔接的工作机制和方法

（3）建立规划合作伙伴关系。

表 3-32 "建立规划合作伙伴关系"功能

Function 29	建立规划合作伙伴关系	
定义	形成一个包括社会各界，具有共同的理念、良好的专业素质的应急规划人员构成的群体，建立起良好的合作伙伴关系	
任务编号	通用任务名称	简要说明
Preparedness 2.3.1	明确规划相关主体及其责任	应急规划涉及社会的所有成员，明确不同主体及其责任
Preparedness 2.3.2	建立规划社区的协调机制	建立不同规划主体之间的沟通协调机制
Preparedness 2.3.3	明确规划人员的资质要求	对规划人员的知识结构、经验、培训和职业资质要求等提出明确的标准和认证方法
Preparedness 2.3.4	规范具体规划团队的工作机制	规范具体规划工作团队的建立、人员构成及其工作机制

3. 建立和维护应急能力

通过开发和实施应急能力建设项目，合理优化和配置资源，以建立和维护所需要的应急能力。

（1）开发应急能力建设项目。

表 3-33 "开发应急能力建设项目"功能

Function 30	开发应急能力建设项目	
定义	在各级政府和各类社会组织筹措所需资金和援助，开发应急能力建设项目	
任务编号	通用任务名称	简要说明
Preparedness 3.1.1	落实应急能力建设规划	列入规划的应急能力建设项目，由承建部门组织项目申报、编制可行性研究报告，并报主管部门批准
Preparedness 3.1.2	筹措应急能力建设资金	根据项目的性质，资金来源可能包括国家、地方及承建单位自筹等
Preparedness 3.1.3	管理应急能力建设项目	成立项目建设组织管理机构，对各类应急能力建设项目的申报、审批、验收、评价等进行管理

（2）实施应急能力建设项目。

表 3-34 "实施应急能力建设项目"功能

Function 31	实施应急能力建设项目	
定义	通过配置构成能力的资源要素，如人员和装备，提供建立和维护能力的基本条件	
任务编号	通用任务名称	简要说明
Preparedness 3.2.1	制定应急能力分级及资源配置标准	将不同类别的应急能力进行分级，并且确定构成该能力的资源要素的类型及其数量等，有利于应急能力建设的标准化和规范化
Preparedness 3.2.2	制定和实施应急装备认证标准	为规范应急相关装备配置，保证装备质量，有必要对相关装备进行筛选和认证

（续）

任务编号	通用任务名称	简要说明
Preparedness 3.2.3	编制应急能力建设项目设计方案	在规划和申请立项的基础上，按照相关标准，编制具体应急能力建设项目的设计方案
Preparedness 3.2.4	完成应急能力建设项目、建设内容	由具体建设项目承担单位组织实施建设项目，完成项目建设内容
Preparedness 3.2.5	建立和维护应急能力信息档案	建立和维护项目建设档案，并将形成的应急能力信息纳入国家应急准备信息管理系统
Preparedness 3.2.6	签订辖区间的应急能力共享协议	对于可共享的应急能力，由相关辖区之间签订应急能力共享协议，规范调用程序和补偿方式等

（3）开展应急队伍建设和技能培训。

表 3-35 "开展应急队伍建设和技能培训"功能

Function 32	开展应急队伍建设和技能培训	
定义	应急队伍是以一定数量的人为基础，并配备必要的装备，掌握必要的技能，完成相应的任务的团队，是应急能力的重要载体。通过技能培训让应急队伍人员掌握应急相关的知识、技能，是应急能力提升的重要内容	
任务编号	通用任务名称	简要说明
Preparedness 3.3.1	规划应急队伍体系	开展应急队伍的体系规划，形成合理的队伍结构
Preparedness 3.3.2	制定应急队伍的能力建设标准	制定相关标准规范，对不同类别应急队伍的人员类别与数量、装备、技能等进行规范化
Preparedness 3.3.3	制定人员资格要求和认证计划	明确不同类别应急人员的资质和资格要求，并逐步实施资质认证
Preparedness 3.3.4	建立培训与教育课程体系	明确不同类别应急人员的培训教育要求，规范教育培训的课程体系和内容大纲
Preparedness 3.3.5	组织开展培训教育和技能认定	通过开展规范化的培训和教育，提升相关人员的应急技能，并组织开展技能认定

4. 验证和更新应急能力

通过应急演练和实际突发事件应对过程的评估分析，找出应急准备的不足，并采取措施改进和完善。

（1）开展应急演练活动。

表 3-36 "开展应急演练活动"功能

Function 33	开展应急演练活动	
定义	通过组织开展演练活动，测试和验证应急预案和应急能力	
任务编号	通用任务名称	简要说明
Preparedness 4.1.1	制定应急演练指导性文件	编制和维护应急演练指南、应急演练评估指南及其他指导性文件
Preparedness 4.1.2	建设应急演练系统和设施	研发、建立和维护可支持应急演练活动的模拟仿真、推演、模拟与真实场景等的技术系统和演练设施

（续）

任务编号	通用任务名称	简要说明
Preparedness 4.1.3	编制应急演练计划和方案	包括制订每个年度的应急演练计划，以及编制具体应急演练项目的演练方案、演练评估方案等
Preparedness 4.1.4	组织实施应急演练	组织实施具体的应急演练活动
Preparedness 4.1.5	评估应急演练效果	对应急演练的效果、暴露出的问题和不足等进行评估，并提出改进措施

（2）开展应急准备评估。

表3-37 "开展应急准备评估"功能

Function 34	开展应急准备评估
定义	通过定期组织开展评估活动，评估能力、资源和预案，以确定它们是否仍然适用或需要更新

任务编号	通用任务名称	简要说明
Preparedness 4.2.1	建立应急准备评估规范	建立开展应急准备评估的方法、内容、标准和过程
Preparedness 4.2.2	组织开展应急预案评估	定期组织开展各级各类应急预案的评估，以完善预案，提高预案的适应性、可操作性
Preparedness 4.2.3	组织开展应急资源评估	定期组织开展各级各类应急资源的评估，以了解现有资源状况，改进和完善资源配置
Preparedness 4.2.4	组织开展应急能力评估	定期组织开展应急能力状况评估，分析能力差距，以改进和完善应急能力
Preparedness 4.2.5	组织开展突发事件应对评估	对实际发生的各类突发事件进行评估，总结分析成、败、得、失，分析应急预案、资源和能力的差距
Preparedness 4.2.6	管理和共享应急准备评估报告	建立完善应急准备评估报告管理制度，并根据保密要求进行分类管理，在适当的范围内公布、共享评估结果

（3）更新和改进应急能力。

表3-38 "更新和改进应急能力"功能

Function 35	更新和改进应急能力
定义	在应急准备评估的基础上，提出改进需求、计划，并实施计划，以提高应急准备水平

任务编号	通用任务名称	简要说明
Preparedness 4.3.1	研究分析应急能力改进需求	研究分析能力改进需求，并进行重要性排序
Preparedness 4.3.2	提出应急能力改进计划	根据能力差距的严重程度和资源情况，提出能力改进的计划，包括纳入中长期规划、年度工作计划，组织实施能力改进专项等
Preparedness 4.3.3	实施应急能力改进计划	落实应急能力改进计划内容，组织实施专项能力改进项目

3.3.5 监测预警使命领域通用任务

监测预警是对有可能发展成突发事件的危险源和威胁进行人工或自动监测，并在造成损害之前向相关人群或装置发出预警信息，以提前采取防范措施，从而减少灾难可能造成的损失。

监测是对可能引发突发事件的危险源和威胁的特征参数进行人工观测或自动监测，以了解事态的发展变化趋势。预警是指已经发现可能引发突发事件的某些征兆，或者事态发展到事先设定的预警临界点时，立即发布相关信息以便采取防范措施。相关预警防范措施可能包括人为的行动，如停止操作、人员疏散、紧急避险等；也可能是系统的自动操作，如列车和危化装置的紧急停车、核电站反应堆自动停堆等。

由于事态的发展通常有一定的过程，根据突发事件发生的紧急程度、发展态势和可能造成的危害，将即将发生的突发事件划分为不同的预警级别，分别采取不同的应急措施。目前，一般将预警级别分为四级：一级（特别严重）、二级（严重）、三级（较重）、四级（一般），分别用红色、橙色、黄色和蓝色标示。不同类别的突发事件其预警指标和标准各不相同，一般由相关专业部门制定预警级别的划分标准，并且在相关应急预案中对预警后需采取的措施做出明确规定。

监测预警的主要目标包括两个方面，一是对不同类别突发事件进行监测与预警，二是综合各种来源的情报与信息并考虑不同事件之间的相互影响之后的综合预警。

1. 突发事件监测与预警

实现对各种突发事件的致灾因子或者特征参数的变化趋势的自动监测或人工观测，并在达到事先设定的预警临界点时或经综合研判后，及时发布预警信息。

（1）自然灾害监测与预警。

表 3-39 "自然灾害监测与预警"功能

Function 36	自然灾害监测与预警	
定义	对各种可能引发灾难的自然的灾害因素进行监测和预警	
任务编号	通用任务名称	简要说明
MoniWarning 1.1.1	对气象灾害因素进行监测与预警	对气象因素进行自动监测，并使用气象预报模型进行计算，在可能发生各种气象灾害之前，发布相应等级的预警信息
MoniWarning 1.1.2	对地质灾害因素进行监测与预警	对各种地质灾害因素进行自动监测或人工观测，在出现灾难发生的征兆时发布相应等级的预警信息
MoniWarning 1.1.3	对水文灾害因素进行监测与预警	对各种水文灾害因素进行自动监测或人工观测，在出现灾难发生的征兆时发布相应等级的预警信息
MoniWarning 1.1.4	对海洋灾害因素进行监测与预警	对各种海洋灾害因素进行自动监测或人工观测，在出现灾难发生的征兆时发布相应等级的预警信息
MoniWarning 1.1.5	对森林草原火灾因素进行监测与预警	对森林草原火灾风险因子进行监测，并使用模型对发生火灾的风险等级进行评估，当达到相应级别的风险时及时发布相应的预警信息

（2）事故灾难监测与预警。

表 3-40 "事故灾难监测与预警"功能

Function 37	事故灾难监测与预警	
定义	对各类可能引发事故灾难的危险源安装监测系统，并通过对所监测的特征参数的变化趋势的分析，得出事故预警信息	
任务编号	通用任务名称	简要说明
MoniWarning 1.2.1	重大工业危险源监测与预警	对各类重大工业危险源进行监控，并对可能发生的安全事故进行预警
MoniWarning 1.2.2	重大环境风险源监测与预警	对各类重大环境风险源进行监控，并对可能发生的环境事故进行预警
MoniWarning 1.2.3	重要基础设施安全监测与预警	对各类重要基础设施进行监控，并对可能发生的安全事故进行预警
MoniWarning 1.2.4	网络与信息系统安全监测与预警	对各类网络与信息系统进行安全监控，并对可能发生的网络安全事件进行预警
MoniWarning 1.2.5	人的不安全行为监测与预警	对技术系统中的人的不安全行为进行监控，并对可能发生的安全事故进行预警

（3）公共卫生事件监测与预警。

表 3-41 "公共卫生事件监测与预警"功能

Function 38	公共卫生事件监测与预警	
定义	对公共卫生事件的各种征兆进行监测，并通过对所监测的特征参数的变化趋势的分析，得出公共卫生事件预警信息	
任务编号	通用任务名称	简要说明
MoniWarning 1.3.1	医疗机构哨点监测与预警	在医疗机构和急救中心等设立疫病监测哨点，收集和报送有关疫病的病例信息，并通过对有关信息的分析进行公共卫生事件的预警
MoniWarning 1.3.2	动物疫情监测和调查	通过设立动物疫情监测点，收集和报送有关动物疫情的信息，并通过对有关信息的分析进行动物疫情的预警
MoniWarning 1.3.3	流行病学监测和调查	通过对流行病的暴露、传播方式及媒介物的调查分析，快速识别疾病的潜在暴发风险，发布预警信息，并采取措施切断疾病的传播，控制疾病的蔓延，减少流行病发生案例数
MoniWarning 1.3.4	公共卫生实验室检测	通过公共卫生实验室对有可能导致大范围疾病或死亡的化学物品、放射性物品和生物制剂等的快速检测和准确识别，及时发布预警信息，并采取措施切断疾病的传播

（4）社会安全事件监测与预警。

表 3-42 "社会安全事件监测与预警"功能

Function 39	社会安全事件监测与预警	
定义	对容易引发社会安全事件的场所、人员、物品和事件等进行监控，及时发现事件征兆和发布预警信息	

（续）

任务编号	通用任务名称	简要说明
MoniWarning 1.4.1	特定场所安全监测与预警	对容易成为恐怖袭击目标的重要基础设施、标志性建筑和容易发生群体性事件的人群密集场所等进行重点监控，及时发现事件征兆和发布预警信息
MoniWarning 1.4.2	特定人员安全监测与预警	对恐怖和破坏活动嫌疑人等进行重点监控，加强情报工作，及时发现其袭击和破坏活动图谋，并采取预警和防控措施
MoniWarning 1.4.3	特殊物品安全监测与预警	对可用于开展恐怖和破坏活动的核生化爆等危险物品进行监控，避免其非法交易和运输，并及时发现其袭击和破坏活动图谋
MoniWarning 1.4.4	特殊事件安保监测与预警	加强对各类大型活动的安全保卫和情报工作，对参与人员和携带物品等实施安检等措施，及时发现其袭击和破坏活动图谋

2. 情报信息融合和综合预警

现代社会的基本特征是各类系统的高度互联和相互影响，人员和物资凭借快捷的交通工具和物流网络而快速移动，信息通过国际互联网络和通信系统而即时共享。这使得各类突发事件之间存在复杂的相互依存关系，事件的影响范围大大扩展，恐怖袭击等嫌疑人的袭击方式和活动范围极其广泛。这一切都意味着在应急管理领域的所有机构与人员之间，也必须拥有强大的情报和信息共享能力，才能及时地发现可能的危险源和威胁，实现大范围、多灾种的综合预警。

（1）建立和维护情报信息融合平台。

表 3-43 "建立和维护情报信息融合平台"功能

Function 40	建立和维护情报信息融合平台
定义	情报信息融合系统与平台是实现信息管理和共享的必要工具和手段，包括通信系统、信息融合平台、信息管理和共享的软件系统等

任务编号	通用任务名称	简要说明
MoniWarning 2.1.1	建立跨领域的信息通信系统	建立连接不同层级、不同领域的可靠通信网络，实现相关部门、机构和组织间的信息的安全、快捷的传输
MoniWarning 2.1.2	建立多源信息融合平台	在所选择的一些关键节点设立多源信息融合平台，实现对来自各方面的相关信息的收集、汇总、交换和处理
MoniWarning 2.1.3	建立信息融合和共享机制	建立规范化的信息处理和共享的流程和标准，加强信息安全防护，通过分析研判形成有价值的情报和信息，在相关部门和机构间共享情报和信息，并最终将情报和信息转化为可指导行动的知识

（2）建立和维护信息研判和预警系统。

表 3-44 "建立和维护信息研判和预警系统"功能

Function 41	建立和维护信息研判和预警系统
定义	建立和维护综合信息研判和预警系统，实现在综合各种来源信息的基础上，对各类事件的发展趋势进行预测和研判，得到综合预警信息

（续）

任务编号	通用任务名称	简要说明
MoniWarning 2.2.1	集成和分析相关信息和情报	根据各类事件预警的需要，规范所需要的信息的类型、来源、提供方式和更新周期等，并对所获得的信息和情报进行集成和分析
MoniWarning 2.2.2	开展综合研判和综合预警	采用专家研判和模型预测分析等方法了解各类事件的发展趋势，推算达到预警阈值的时间等
MoniWarning 2.2.3	开发综合预警信息产品	根据不同的用户需求，将研判分析的结果开发为不同的预警信息产品

（3）建立和维护综合预警信息发布系统。

表 3-45 "建立和维护综合预警信息发布系统"功能

Function 42	建立和维护综合预警信息发布系统
定义	建立集成多种预警信息发布方式和手段的综合预警信息发布系统，及时将预警信息推送给需要的人员
任务编号	通用任务名称	简要说明
MoniWarning 2.3.1	建立和维护互联互通的预警信息发布平台	在各级各类应急中心建立预警信息发布平台，并实现平台之间的互联互通
MoniWarning 2.3.2	建立和维护多模式的预警信息发布机制	在预警信息接收端，根据环境、受众、现有资源等条件，建设和完善多媒介、多模式的信息接收和显示手段，如警报器、广播、电视、网络、短信、微博等
MoniWarning 2.3.3	建立预警信息发布的相关标准规范	建立和完善预警信息发布权限、内容、范围、形式、时效等方面的标准规范

3.3.6 应急响应使命领域通用任务

应急响应是指在突发事件即将发生前、发生期间或紧随发生后，为抢救生命、保护财产和环境，以及满足基本的人类需要而采取的各种行动，也称为应急处置与救援。

应急响应的主要目标包括抢救与保护生命、满足基本人类需要、保护财产和环境、清除现场危险因素等。

1. 抢救与保护生命

通过开展搜救、医疗救治和人员疏散与保护等行动，在尽可能短的时间内抢救最多的生命受到威胁的人员，以减少生命损失。

（1）搜索与救护行动。

表 3-46 "搜索与救护行动"功能

Function 43	搜索与救护行动
定义	开展陆地、水上和空中搜索与救护行动，以找到和救出因各种灾难而被困的人员
任务编号	通用任务名称	简要说明
Response 1.1.1	搜救现场情况侦察和分析	侦察和评估灾难现场情况，包括建（构）筑物的稳定性、危险品泄漏情况和其他危险条件，确定对重型机械支持的要求等
Response 1.1.2	搜索和定位被困人员	使用搜索犬、人的感官和技术装备等搜索能力，搜寻被困人员，并识别已发现的被困人员的身体状态

(续)

任务编号	通用任务名称	简要说明
Response 1.1.3	解救已发现的被困人员	制订解救方案,并使用各种工具和装备开展解救行动,并采取措施保护被困人员和救援人员的安全
Response 1.1.4	向被困和被救出人员提供医疗救治	协调解救人员和医务人员对被困人员进行安抚,并提供必要的现场医疗救治,将受伤人员及时转运至医疗机构
Response 1.1.5	遣返/重新部署搜救队伍	在搜救结束后,召开搜救人员离开现场前的简短情况通报会,整理和打包工具、装备,安排人员和设备的运输,补充必要的物资、工具和装备

（2）紧急医疗救护。

表 3-47 "紧急医疗救护"功能

Function 44	紧急医疗救护
定义	通过医疗服务和相关行动,提供抢救生命的医疗急救,通过向灾区有需要的人群提供有针对性的公共卫生和医疗支持,避免额外的疾病和损伤

任务编号	通用任务名称	简要说明
Response 1.2.1	伤检分类和院前治疗	完成对伤员的伤检分类和初始稳定,向伤病人员提供紧急院前治疗,并将经过紧急治疗的伤病人员转运至医疗机构
Response 1.2.2	医疗高峰需求的应对	在出现对医疗救护需求激增的情况时,实施高峰应对时的病人转移规程和人员保障规程,接收和处理大量的伤亡人员
Response 1.2.3	医疗用品的管理和分配	根据需要紧急调配、运输、重新包装和分发医疗用品,在应对结束后,完成医疗资源的回收和恢复
Response 1.2.4	实施大众防疫	实施免疫伤检分类确定需要免疫的个人,调配和运送疫苗,设立免疫接种和药品发放点,实施大规模免疫药品分发,监控不良反应事件

（3）公众疏散和就地避难。

表 3-48 "公众疏散和就地避难"功能

Function 45	公众疏散和就地避难
定义	将处于危险之中的人群(和伴侣动物)立即实施安全和有效的就地避难,或将处于危险中的人群(和伴侣动物)疏散到安全的避难所,以对潜在的或者实际的紧急事件进行响应;此外,还包括在可行条件下使人群安全地返回

任务编号	通用任务名称	简要说明
Response 1.3.1	向目标人群发布疏散和避难命令	确定需要疏散或就地庇护的人口、机构(如医院、养老院、惩教设施)和地点,为受灾人员推荐疏散或就地避难建议
Response 1.3.2	提供疏散运输工具和交通指挥	与交通部门协调用于疏散的运输工具、行走路线及交通指挥事宜;为特殊人口提供必要的疏散援助
Response 1.3.3	设立疏散集合点和接待区	设立疏散集合点和接待区,收容、转移和安置疏散人员,提供临时饮食及医疗救护,登记疏散人员信息并跟踪其去向
Response 1.3.4	实施就地避难行动	向就地避难人员提供安全和事件信息,指导减轻危险品和有害物质渗透的措施,保存足量的食品、水和药品等
Response 1.3.5	终止疏散和就地避难行动	向公众及时和持续地提供终止疏散或就地避难的信息,协助疏散人员安全返回,做好总结评估等工作

（4）应急人员安全与健康保护。

表 3-49 "应急人员安全与健康保护"功能

Function 46	应急人员安全与健康保护	
定义	通过建立和维护有效的安全和健康项目，确保在事件发生时有经过适当训练和装备的人员和资源可供使用，以保障现场应急响应人员、医院、医疗设施人员和技术支持人员的安全和健康	
任务编号	通用任务名称	简要说明
Response 1.4.1	确定安全、个人防护装备需求	现场观察和审查、评估现场的安全危害因素，确定应急响应人员的安全、个人防护装备需求
Response 1.4.2	提供安全、个人防护装备	为应急响应人员提供安全、个人防护装备，并确保其能够被正确地使用
Response 1.4.3	现场安全与健康管理	在指挥结构中设立安全官，监测应急行动中的安全与健康问题，识别和实施所有必要的纠正措施，制止和防止不安全行为
Response 1.4.4	长期安全与健康跟踪	建立应急人员健康档案，监测暴露的应急响应人员的心理和医疗状态，向应急人员提供心理咨询、医疗药物和辅助设备，以及心理和行为健康支持

2. 满足基本人类需要

包括向受灾人员和应急响应人员提供基本生活服务支持，紧急采购和调拨、运输、分发各种应急资源，以及妥善处理遇难者遗体和向遇难者家属提供援助服务等。

（1）公众照料服务。

表 3-50 "公众照料服务"功能

Function 47	公众照料服务	
定义	向受灾人员提供应急避难场所、饮食及相关服务，为失散家庭的团聚提供帮助	
任务编号	通用任务名称	简要说明
Response 2.1.1	评估公众照料需求	评估受灾人员的情况，并预测需要提供公众照料服务（住所、饮食、生活用品等）的数量
Response 2.1.2	设立或启用避难场所	设立或启用避难所和其他临时安置方案，配备工作人员和装备，协调相关机构提供安全检查、环境卫生、通信信息等方面的支持，发布不同类型避难所的位置信息
Response 2.1.3	收容和安置受灾人员	接收和登记受灾人员，将他们安置到适当的避难场所，协助失散家庭成员团聚
Response 2.1.4	提供食物、饮用水和生活必需品	估算资源需求并调配和运送所需的物资；准备和供应食物与饮用水；发放生活必需品
Response 2.1.5	为特殊需要人员提供服务	为老弱病残人士和其他特殊需要人员、宠物等提供支持服务，必要时设立专门的避难场所
Response 2.1.6	转移安置避难场所中的受灾人员	及时发布事件进展信息，帮助受灾人员返回已经安全的家园，向无法回到灾前住所的家庭提供安置援助或临时住房

（2）紧急交通运输保障。

表 3-51 "紧急交通运输保障"功能

Function 48	紧急交通运输保障	
定义	为应急响应提供运输保障，包括疏散人与动物、向受灾地区运送应急响应人员、设备和服务所需的航空、公路、铁路和水上运输能力	
任务编号	通用任务名称	简要说明
Response 2.2.1	评估交通基础设施受损情况	评估灾区的道路、桥梁、机场、车站、码头等交通基础设施的受损情况，估算不同运输方式的运输能力
Response 2.2.2	快速清理和修复关键交通运输设施	对受损不是很严重的关键交通设施，或者只有杂物和垃圾堆积的道路、桥梁等，组织力量进行快速清理和修复
Response 2.2.3	建立和维护灾区交通运输通道	在评估的基础上，建立和维护可通达灾区的运输通道，必要时实施交通管制措施
Response 2.2.4	优化通向灾区的多种运输模式	根据应急响应人员、物资和装备等的运输需要，优化组织航空、公路、铁路和水上运输能力，建立多模式快速联运机制
Response 2.2.5	启用和调配交通运输能力	启用、征用和调配紧急交通运输能力，保障人员和物资快速运输的需要
Response 2.2.6	恢复和补偿交通运输能力	维护和补充受损和消耗的交通运输储备能力，对征用的社会交通运输能力按有关规定给予补偿

（3）应急资源与服务保障。

表 3-52 "应急资源与服务保障"功能

Function 49	应急资源与服务保障	
定义	向受灾人员和应急响应行动人员提供应急资源与服务，包括获得各级各类应急物资储备和社区资源（例如食品杂货店、药店等），以及技术咨询、后勤保障、财务管理等服务	
任务编号	通用任务名称	简要说明
Response 2.3.1	评估响应资源和服务需求	在了解灾情和应急响应规模的基础上，评估对资源和服务的需求，了解本地可用资源情况
Response 2.3.2	获得所需要的资源和服务	根据需要和供给条件，适时从各级各类应急物资储备库及社区资源调配或采购相关资源
Response 2.3.3	运输和跟踪所调配的资源	调用紧急运输能力运送各种应急资源，启用资源跟踪管理系统跟踪记录资源的去向和状态
Response 2.3.4	设立资源集结和分配中心（站点）	设立资源集结区提供资源存储、设备维修、加油、餐饮和信息等服务；设立资源分配中心（站点）向需求方分发相关资源
Response 2.3.5	为响应行动提供资源和服务支持	根据应急响应行动的需要及时提供所需的应急资源和支持保障服务
Response 2.3.6	给受灾人员分配资源	给受灾区和受灾人员分发基本生活用品和其他自救互救的物资装备等
Response 2.3.7	提供志愿者及捐赠服务	组织、培训和认证志愿者；启用和协调志愿者资源；接收、管理和使用捐赠物资和现金
Response 2.3.8	回收和维护资源	人员队伍轮换和休整；补充恢复消耗性和非消耗性资源；回收已部署的未使用资源；维修、清洁或报废非消耗性资源；资源与服务的财务管理和补偿支付

（4）遇难者管理服务。

表 3-53 "遇难者管理服务"功能

Function 50	遇难者管理服务	
定义	提供遇难者管理服务，包括遗体恢复和遇难者识别、寻找遇难者家属、提供丧葬服务和其他咨询服务	
任务编号	通用任务名称	简要说明
Response 2.4.1	遇难者搜索和遗体回收	建立失踪人员报告和登记程序；在受灾区域内搜索遇难者遗体；开展现场遗体检查、遗物收集和有关资料记录
Response 2.4.2	遇难者遗体清理和转运	将遗体移送到暂存区；处理受感染的和被污染的遗体；有尊严地整理和复原遗体；将遗体转移到太平间
Response 2.4.3	实施太平间遗体检查	启用永久、临时或移动太平间；登记和妥善保存遗体及个人财物；进行尸体解剖和法医学调查
Response 2.4.4	收集和管理遇难者生前数据	收集遇难者生前社会、生理和医疗数据；对家庭成员进行DNA采集；建立遇难者生前资料记录数据库
Response 2.4.5	识别遇难者身份	通过亲属辨识、照片比对、指纹/掌纹/足迹分析、医疗与牙科资料分析、DNA分析等手段，识别遇难者身份
Response 2.4.6	进行遗体最终处置	通知遇难者亲属；签发死亡证明书；返还个人物品；有尊严地处理遗体
Response 2.4.7	为遇难者家属提供社会支持	为遇难者家属提供事件信息；协助寻找失踪人员；协调葬礼服务；协助保险索赔和获得援助；提供安全、卫生和心理指导等

3. 保护财产和环境

在应急响应过程中，通过为受灾地区、响应行动、重要基础设施和关键业务等提供安全保卫和环境保护支持，从而减少事件或重大活动的影响和后果。

（1）现场安全保卫与控制。

表 3-54 "现场安全保卫与控制"功能

Function 51	现场安全保卫与控制	
定义	为受灾地区和响应行动提供安全保卫，以维护现场秩序和避免损失扩大	
任务编号	通用任务名称	简要说明
Response 3.1.1	评估并保护事件现场	对现场的安全性进行初步评估；识别并设置事件、犯罪现场的最内层边界；评估事件的安保资源需求
Response 3.1.2	控制现场及附近的交通和人群	建立事件现场周边的控制区域；布置安全保卫力量；控制进出控制区域的交通和人员；疏导控制区域内的人群
Response 3.1.3	为应急响应活动提供安保	向其他应急响应活动（包括相关重要场所、设施和物资）提供安全保卫，以使行动能够安全和不受干扰
Response 3.1.4	维护社会公共秩序	实施交通管制，物资供应配给，信息发布和谣言澄清，加强巡逻与打击犯罪等，维护社会公共秩序
Response 3.1.5	开展执法行动	调查事件原因，询问目击证人、旁观者，识别犯罪嫌疑人，抓捕犯罪嫌疑人等

（2）保护基础设施和关键业务。

表 3-55 "保护基础设施和关键业务"功能

Function 52	保护基础设施和关键业务	
定义	保护与关键业务活动和重要基础设施领域相关的人员、建筑物、材料、产品和系统，维持重要基础设施和关键业务的正常运行	
任务编号	通用任务名称	简要说明
Response 3.2.1	识别事件可能影响的基础设施和关键业务	识别可能受到事件影响的基础设施和关键业务，以及它们受到破坏后的损失及可能影响到的人群和社区
Response 3.2.2	提升重要基础设施和关键业务的安保级别	在应急响应期间适当提升重要基础设施和关键业务的安保级别，限制无关人员的进入，稳定基础设施功能和关键业务
Response 3.2.3	启用备用安全和业务支撑系统	在必要时，启用备用电源、备用设备设施和备用运营场所等，以快速恢复系统功能和业务
Response 3.2.4	暂时停止重要基础设施和关键业务	为了保障安全和减少损失，快速停止危险设施的运行，如核电反应堆和化工装置等；暂时停止某些业务，如飞行航班、证券业务等

（3）环境应急监测与污染防控。

表 3-56 "环境应急监测与污染防控"功能

Function 53	环境应急监测与污染防控	
定义	对环境污染事件进行响应和向其他应急响应行动提供环境卫生保护支持，最大限度地减少环境卫生危害对人类的影响，例如受污染的食物、空气、水、固体废物、危险废物、垃圾、沉积物和带菌者等，以保护受灾区域内应急响应人员和社会公众的健康与安全	
任务编号	通用任务名称	简要说明
Response 3.3.1	评估受灾害区域的环境污染情况	通过对水、空气、地表和土壤等的采样和物理、化学和生物检测结果，评估受灾区域的环境污染情况
Response 3.3.2	实施食物污染情况监测和管理	对受灾区域的食物污染情况进行监测，发布食物安全风险信息
Response 3.3.3	实施饮用水污染情况监测和管理	对饮用水污染情况进行监测，发布饮用水安全风险信息
Response 3.3.4	实施污水处理情况监测和管理	对污水收集、处理和处置设施进行评估和监测，提供关键设施污水处理的方案
Response 3.3.5	建筑物内环境安全监测和管理	对人群聚集场所或重要建筑物内的环境进行监测，提供室内环境安全保护方案
Response 3.3.6	室外环境安全监测和管理	对受灾区域的室外环境进行持续监测，发布环境污染情况信息，提供环境恢复和保护的方案
Response 3.3.7	为响应行动提供环境卫生支持	为公众照料、垃圾和危险废物管理、火灾事故处置、危险品污染处置和生物疫情处置等应急响应和恢复行动提供环境卫生支持

4. 消除现场危险因素

在某些类型的突发事件发生后，引发事件的危险源仍未排除，现场还存在很大的安全威胁，如火灾、爆炸装置、危险品泄漏和生物疫情等，如果不能很快消除危险因素，灾难损失将进一步快速扩大。因此，这类事件应急响应的关键是快速稳定局势并消除危险。

(1) 火灾事故应急处置。

表 3-57 "火灾事故应急处置"功能

Function 54	火灾事故应急处置	
定义	对火灾现场进行评估,营救被困人员,实施火灾抑制、控制、扑灭、支援和调查行动,以使发生火灾场所恢复安全状态	
任务编号	通用任务名称	简要说明
Response 4.1.1	评估火灾现场的形势	消防队抵达火灾事件现场后,观察火场形势并进行初始现场评估;估算需要的消防力量、水源和其他资源
Response 4.1.2	开展现场灭火行动	布置现场灭火梯队;遏制火势蔓延;控制燃烧;提供形势报告;必要时请求增援等
Response 4.1.3	火灾遇险人员搜救	搜索遇难、被困或受伤的受害者;将找到的受害者转移到安全区域;启动或请求对受害者的治疗
Response 4.1.4	彻底扑灭火灾和清理火场	投入更多的资源遏制、控制和扑灭火灾;清理火场,扑灭在空隙中的热点和暗火;结束灭火行动
Response 4.1.5	开展火灾原因调查	保护事件现场,开展火灾调查或执法调查;收集和保存现场证据;查明火灾原因

(2) 爆炸装置应急处置。

表 3-58 "爆炸装置应急处置"功能

Function 55	爆炸装置应急处置	
定义	在得到初期警报和通知后协调、指挥和实施爆炸装置应急处置。包括开展爆炸装置搜索、现场或场外排险行动,以减轻自杀式炸弹、汽车简易爆炸装置和无线电控制的简易爆炸装置等可能造成的威胁	
任务编号	通用任务名称	简要说明
Response 4.2.1	开展爆炸装置搜索和现场评估	指派适当装备的排弹队到现场;实施对现场的初步侦察;定位爆炸装置;初步识别爆炸装置类型;评估爆炸装置的威胁大小;确定排爆操作程序
Response 4.2.2	实施现场安全保卫和周界控制	建立与危险大小相称的外围控制区域(热区、温区、寒区),并控制人员的通行
Response 4.2.3	对爆炸装置在现场进行安全排险	隔离爆炸装置以避免其被遥控引爆;对爆炸装置进行安全排险或处置;使用战术行动阻止自杀式炸弹引爆
Response 4.2.4	将爆炸装置运输到异地进行处置	当必须在场外进行排险操作时,确定合适的场外排险地点;对爆炸装置或组件进行现场处理,并将其适当地封装,协调并取得运输路线许可,将爆炸装置运输到场外排险点,处理和销毁爆炸装置与爆炸物
Response 4.2.5	爆炸装置特征和恐怖嫌疑人调查	进一步评估分析爆炸装置的功能特点,开展现场法医学调查,追踪恐怖嫌疑人

（3）危险品泄漏处置和清除。

表 3-59 "危险品泄漏处置和清除"功能

Function 56	危险品泄漏处置和清除	
定义	对由于各种事故或恐怖袭击事件所导致的危险物质的泄漏进行处置和清除。包括检测和识别现场所有可能的危险品；确保应急响应人员配备防护服装和装备；开展救援行动以从有害环境中转移受到影响的受害者；开展地理调查搜救可疑的污染源或污染物扩散分布，建立隔离周界；对现场受害者、应急人员、设备和环境进行去污处理，实施证据收集和调查	
任务编号	通用任务名称	简要说明
Response 4.3.1	现场危险品识别和评估	对现场的危险品进行采样分析，识别存在的危险品种类和危险性；开展污染情况调查，评估危险品泄漏的范围与程度；识别被困人员及其分布情况；制订现场行动计划；启动证据收集和调查程序
Response 4.3.2	开展现场危险品监测活动	持续地监测和评估现场情况；监测危险品泄漏云团的移动，并形成随时间扩散的趋势；必要时使用预测模型进行危险品扩散预测评估；根据最新的危险评估结果更新行动计划
Response 4.3.3	开展现场遇险人员救援行动	确定和设立危险品区（热区、温区、寒区）的边界并实施安保措施；确定并使用适当的个人防护装备；确定救援行动涉及的人数；实施安全、有效的战术行动，完成遇险人员救援行动目标
Response 4.3.4	开展现场危险品控制行动	根据现场情况，确定开展泄漏控制所需要的人员和装备；实施安全、有效的战术行动，完成关闭阀门、堵漏、转移危险品容器和回收危险品等控制措施
Response 4.3.5	对受污染人员进行洗消处理	建立人群控制方案，防止受污染的受害者离开控制区；在人流密集的关键地点设立对受害者进行洗消的地点；对受污染的人员、宠物、装备和交通工具等进行消毒净化处理
Response 4.3.6	开展现场设施和环境的洗消处理	使用技术洗消方法净化受影响的设施和设备；对受污染区域进行洗消并处置废物材料；发布现场可重入的标准和安全事项

（4）生物疫情应急处置。

表 3-60 "生物疫情应急处置"功能

Function 57	生物疫情应急处置	
定义	在发生人类与动植物生物疫情时，通过采取药物和非药物干预措施控制疫情的蔓延，限制并最终消除疫情	
任务编号	通用任务名称	简要说明
Response 4.4.1	开展流行病学调查和实验室检测	通过对出现的生物疫情的暴露、传播方式及媒介物的流行病学调查分析，了解疫情的源头及其特征（如发生时间、地点、目标对象、损害部位和方式、环境状态等）；获取用于实验室检测的样本，通过实验室检测确定引发生物疫情的病原体类型和致病机理；提出预防控制的对策建议
Response 4.4.2	实施药物和医疗干预控制措施	向所确定的人员或动植物提供药物（包括疫苗、抗病毒药物、抗生素和抗毒素等），实施疫苗接种或医学治疗措施
Response 4.4.3	实施非药物干预控制措施	实施必要的疫病源与暴露控制策略，包括隔离和检疫、限制移动和旅游、社会隔离、环境去污、卫生及其他预防性保护措施
Response 4.4.4	实施染疫动植物处置措施	对受感染动物群实施安乐死；对受感染植物进行砍伐；实施安全的收集、处置、销毁受感染的动植物尸体及相关产品的措施

（5）防汛抗旱应急处置。

表 3-61 "防汛抗旱应急处置"功能

Function 58	防汛抗旱应急处置	
定义	在发生洪涝或干旱灾害时，通过防洪排涝、抽水运水浇灌等措施，减轻或消除灾情的影响	
任务编号	通用任务名称	简要说明
Response 4.5.1	洪涝或干旱灾情信息监测报告	当发生洪涝或干旱灾害或险情时，相关部门和机构应加密监测时段，监视汛情、旱情和工情的发展变化，收集动态险情和灾情信息，做好汛情、旱情预测和研判，及时向应急指挥机构报告
Response 4.5.2	防洪调度	运用防洪工程或防洪系统中的设施，有计划地实时安排洪水，以达到防洪最优效果，主要包括分洪区运用、水库防洪调度和防洪系统的联合调度等
Response 4.5.3	防洪工程抢险	当防洪工程出现险情时，动员和组织抗洪抢险力量进行抢险，包括巡堤查险、渗漏险情抢护、滑塌险情抢护、冲刷险情抢护、漫溢险情抢护等
Response 4.5.4	排水防涝	当城市和农村生产生活设施出现积水内涝时，通过疏通排水通道、水泵机械抽水和人工排水等措施，清除积水和淤泥等
Response 4.5.5	紧急抗旱	发生干旱灾害时，通过统一调度水源、应急打井挖泉、人工增雨、抽水运水、应急抗旱浇灌等方式，保障人畜饮水和生产生活用水

（6）人群聚集性事件应急处置。

表 3-62 "人群聚集性事件应急处置"功能

Function 59	人群聚集性事件应急处置	
定义	人群聚集性事件是指在一个特定区域内出现大量人员聚集，且人群由于各种原因开始出现焦虑、激动、拥挤、暴力等行为倾向，可能引发踩踏、肢体冲突及打砸抢烧等行为的事件。这类事件处置的重点是安抚人群的情绪、隔离和分散人群、伤亡人员救治、信息沟通与舆论引导等	
任务编号	通用任务名称	简要说明
Response 4.6.1	现场形势调查和持续监测	对已出现人群聚集且存在失控苗头的场所中的人数、人员构成、现场氛围、兴奋焦点等进行调查了解，并在整个过程中及时掌握最新动态；提出事件处置的对策建议
Response 4.6.2	人群情绪安抚和心理疏导	针对现场聚集人群的兴奋焦点或者不满情绪，迅速采取解释、化解矛盾、消除刺激等措施，提供必要的人文关怀，使局面尽快稳定下来
Response 4.6.3	现场及周边公共秩序维护	尽快在现场及周边设立警戒区和交通管制点，限制无关人员进入，并控制外围治安秩序，防止盗抢和破坏活动
Response 4.6.4	隔离和分散现场人群	在现场局势可能失控时，调派足够的警察和安保人员，对现场冲突人群进行隔离，分散过于集中的人群，避免拥挤、踩踏和发生肢体冲突；对现场起组织和鼓动作用的人员进行甄别，有针对性地说服教育或隔离控制
Response 4.6.5	疏散或驱散现场人群	采取引导、疏导、驱动、强制等多种措施，将聚集的人群进行疏散或驱散，提供必要的交通工具将人群快速运离现场
Response 4.6.6	伤亡人员救治	对现场受伤和生病人员及时进行急救和送医疗机构治疗；对死亡人员进行法医鉴定和后续遇难者管理
Response 4.6.7	事件后续处理措施	在现场处置结束后，对事件原因进行调查并及时发布有关信息；及时排解矛盾纠纷，回应合理要求，加强沟通和舆论引导

5. 事件管理与协调

对突发事件应急响应过程实施规范化的管理和协调，对于快速高效地调配应急资源和实施应急行动具有十分重要的意义。事件管理与协调主要包括建立和维护统一、协调的组织结构和工作制度，将人员、装备、设施等集成起来，开展现场形势评估、现场事件指挥、应急响应行动协调、通信保障和公共信息管理等。

（1）事件形势监测与评估。

表 3-63 "事件形势监测与评估"功能

Function 60	事件形势监测与评估	
定义	对事件的整体形势进行分析和评估，向决策者提供应急决策相关的信息，如有关危险源的特性和强度、威胁的起源和任何可能的次生和衍生效应，对应急响应行动的效果和状态进行持续监测与评估等	
任务编号	通用任务名称	简要说明
Response 5.1.1	识别事件的性质和程度	通过使用所有可获得的手段，如情报收集、人工报送、现场勘察、实验分析、监测系统、航空与卫星监测等，获得事件现场相关信息，初步识别事件的性质和可能的程度
Response 5.1.2	评估事件及其直接后果	对事件的发展趋势和可能后果进行评估，确定事件的预警或应急响应的级别
Response 5.1.3	对事件现场区域进行分类	对于事件涉及的地理空间范围大，或者危险物质随大气、水体等不断扩散漂移的情形，通过实际监测、模拟仿真等手段，对受灾区域的范围及受灾严重情况进行预测，得出受灾区域地图和损失数据
Response 5.1.4	开展事件原因和起源调查	通过情报工作和现场调查分析，分析引发事件的直接与间接原因，查明事件的责任人员，以及恐怖事件的实施者及幕后指使和支持者
Response 5.1.5	建立事件的统一行动画面	综合各方面的信息来源，形成事件的统一行动画面，并在相关各方进行信息共享

（2）事件现场指挥控制。

表 3-64 "事件现场指挥控制"功能

Function 61	事件现场指挥控制	
定义	通过使用统一、协调的事件现场组织结构和工作机制，有效指挥和控制事件现场的应急响应活动	
任务编号	通用任务名称	简要说明
Response 5.2.1	启动现场事件指挥系统	在事件现场按照应急预案启动现场事件指挥系统；派遣事件响应小组；建立与上级应急指挥中心和现场多机构应急协调中心之间的通信联系；指挥协调到达现场的第一响应人员和专业应急队伍
Response 5.2.2	建立现场事件指挥	明确现场事件指挥官；根据需要设立事件指挥所、事件基地、集结区和其他设施；征调相关指挥和管理人员；将现场应急响应人员纳入统一的指挥结构；订购、跟踪和分配事件资源；指挥协调应急响应行动
Response 5.2.3	开发事件应急行动方案	建立事件的目标、重点任务和行动周期；确定优先事项、行动规程，以及为满足事件目标必须完成的行动；开发事件通信、医疗、安全、遣返等专项行动方案
Response 5.2.4	执行事件应急行动方案	根据事件应急行动方案实施和支持各项应急响应行动；请求和配置资源；开发控制事件的机制
Response 5.2.5	评估现场事件管理的效果	监测应急响应行动的绩效；评估和改进应急响应过程；根据资源和进展情况修订事件应急行动方案

（3）应急响应行动协调。

表 3-65 "应急响应行动协调"功能

Function 62	应急响应行动协调	
定义	通过启动和运营各级各类应急平台（指挥中心）及其他协调机构，保持各级各类政府机构和社会组织的应急响应行动的协调一致，为事件响应提供及时有效的信息、物资、资金、技术等方面的支撑服务	
任务编号	通用任务名称	简要说明
Response 5.3.1	建立并维护应急指挥协调机构	建立、维护和启动运营各级各类应急平台（指挥中心）及其他协调机构，保持通信和信息系统完好、操作人员和指挥协调人员熟悉工作程序
Response 5.3.2	保持应急协调机构的态势感知	通过共享现场相关信息，保持各级各类应急协调机构对现场态势的感知，形成事件的统一行动画面
Response 5.3.3	协调应急资源的调配与使用	根据事先建立的协调机制，通过各级各类协调机构的联络协调，优化调配适当来源的应急资源，以快速、高效地满足应急响应行动的需要
Response 5.3.4	协调人员与物资的紧急运输	协调紧急运输能力，以快捷高效的方式将调配的应急人员和物资从所在地运输到目的地
Response 5.3.5	协调专业性应急处置行动	通过专业性应急协调机构，协调专业性的应急物资、专业装备、专业队伍、领域专家等，并指导应急处置行动
Response 5.3.6	协调其他功能性活动	根据事件应急响应的需要，启用专门的功能支持组件，协调功能性应急活动

（4）应急响应通信保障。

表 3-66 "应急响应通信保障"功能

Function 63	应急响应通信保障	
定义	采用任何可用的手段，确保应急行动期间在各级政府、相关辖区、受灾社区、应急响应设施，以及应急响应人员和社会公众之间可靠的通信需要	
任务编号	通用任务名称	简要说明
Response 5.4.1	开发应急通信互联互通技术标准	开发保证各类不同类型的应急通信设备、系统之间实现可操作性和兼容性的技术标准
Response 5.4.2	建立并维护应急通信与信息系统	建立并维护各级各类应急相关机构和组织之间互联互通的通信与信息系统，并保证系统的安全和可靠性
Response 5.4.3	评估事件造成的通信设施受损情况	在突发事件发生后，快速评估通信基础设施、系统和装备等的受损情况
Response 5.4.4	快速修复或建立应急通信系统	修复受损的通信设施，启用备用电源或备用通信系统，部署移动通信系统，快速搭建临时应急通信系统等
Response 5.4.5	为特定场所配置应急通信手段	在通信系统覆盖不到或通信系统被损毁的情况下，为应急响应快速配置卫星通信、无线电通信、无线对讲等通信手段
Response 5.4.6	为灾区公众提供基本通信服务	快速修复公共通信系统，扩展通信容量，或为灾区公众提供紧急通信服务

（5）应急公共信息管理。

表 3-67 "应急公共信息管理"功能

Function 64	应急公共信息管理	
定义	向社会发布协调、及时、可靠、易理解的警报和事件相关信息，有效地传递任何有关威胁或风险的警报信息、以及正在采取的行动和可提供的帮助信息	
任务编号	通用任务名称	简要说明
Response 5.5.1	建立和维护应急公共信息发布机制	建立和维护应急公共信息发布的原则、机制和设施，如设立公共信息官和新闻发言人制度，建立覆盖各类指挥协调机构的联合信息系统，并在应急响应期间设立联合信息中心等
Response 5.5.2	开发和维护应急公共信息模板	事先开发和维护应急公共信息模板，规范信息内容及其来源和格式，保证信息的及时、可靠和易于理解
Response 5.5.3	生成和发布应急公共信息	在应急响应期间，启动应急公共信息发布机制，收集、接收、确认和发布应急公共信息
Response 5.5.4	回应公众和媒体的信息需求	尊重公众和媒体的知情权和信息需求，及时回应热点问题、公布事件响应进展情况、提供预警信息和安全注意事项等
Response 5.5.5	启动谣言控制并纠正错误信息	启动舆情监测，加强与媒体的互动，以真实可靠的信息破解谣言，及时纠正前期发布的错误或被误解的信息

3.3.7 恢复重建使命领域通用任务

恢复是指协助受突发事件影响的社区恢复到最低可接受标准的各种活动；重建是使其状态恢复到正常或更好的水平的各种活动。总体而言，恢复重建就是使受到事件影响的社区在尽可能短的时间内能恢复基本的生活状态，在相对长的时间内能恢复到事件前的正常或更好的生活状态。

恢复重建使命领域主要有四个主要目标：公众援助与关怀，恢复重建基础设施和建筑物，恢复环境与自然资源和恢复经济社会。

1. 公众援助与关怀

将应急响应时的向受灾人员提供紧急公众照料服务，过渡到提供临时住所、生活援助和卫生保健服务等，使其生活逐渐恢复基本正常的状态。

（1）受灾人员安置和遣返。

表 3-68 "受灾人员安置和遣返"功能

Function 65	受灾人员安置和遣返	
定义	评估初步的住房需求，识别目前可重返居住的房屋和临时中转房屋，让受灾人员返回家园或向其提供临时住所	
任务编号	通用任务名称	简要说明
Restore 1.1.1	评估受灾人员的安置需求	了解每位受灾人员的住房情况，根据具体情况可以采取回家、投亲靠友、自己租房、接受安置等方式
Restore 1.1.2	向受灾人员提供临时住房	向需要临时安置的受灾人员提供临时住房，包括搭建临时简易住房，租用或征用中转房屋等
Restore 1.1.3	安排受灾人员重返家园	在具备返家条件时，安排受灾人员重返家园，提供必要的房屋清理、环境消毒等方面的援助
Restore 1.1.4	异地安置受灾人员	当原住址不宜居住时，选择其他合适的地点安置受灾人员，并提供必要的援助

（2）受灾人员生活援助。

表 3-69 "受灾人员生活援助"功能

Function 66	受灾人员生活援助	
定义	在对受灾人员妥善安置的同时，向受灾人员提供基本生活保障和短期援助，如食品、饮用水、衣物和生活用品，以及就业和生计援助等	
任务编号	通用任务名称	简要说明
Restore 1.2.1	提供基本生活保障	向受灾人员提供食品、饮用水、衣物和生活用品等基本生活保障
Restore 1.2.2	提供临时生活设施	为生活在临时安置住房的受灾人员提供水、电、气、暖、排污等基本生活设施
Restore 1.2.3	协调提供临时援助	协调有关机构和组织，向受灾人员提供面向个人和家庭的临时援助
Restore 1.2.4	提供就业和生计援助	协调有关机构和组织，向受灾人员提供就业、农业生产（种子、化肥）等解决生计的援助

（3）灾区医疗卫生和保健。

表 3-70 "灾区医疗卫生和保健"功能

Function 67	灾区医疗卫生和保健	
定义	恢复灾区基本卫生服务设施和功能，基本恢复到事件前的水平；向受灾和应急响应人员提供疾病治疗、心理、行为等方面的医疗保健	
任务编号	通用任务名称	简要说明
Restore 1.3.1	恢复受损医疗服务设施	识别和监测公共卫生、医疗、心理、行为健康等医疗服务设施受损情况；协调开展医疗服务设施的恢复行动
Restore 1.3.2	配置医疗用品和设备	为恢复中的医疗服务机构配置必要的医疗用品和设备，满足灾后医疗卫生和保健工作的需要
Restore 1.3.3	恢复公共卫生和医疗服务	补充和培训公共卫生和医疗服务的合格人员，恢复医疗服务机构的正常运行
Restore 1.3.4	建立人员健康/疾病档案	调查受灾和应急响应人员的身体、心理、行为健康情况，建立健康/疾病档案资料
Restore 1.3.5	提供医疗和咨询服务及援助	向存在身体、心理、行为健康问题的受灾和应急响应人员提供医疗和咨询服务，并提供资金、药物等方面的援助
Restore 1.3.6	开展持续的病媒介物控制	对灾区环境中的病媒介物进行持续监测，并采取必要的去污、消毒、免疫、隔离等控制措施
Restore 1.3.7	监测和评估卫生保健效果	监测和评估灾区卫生保健工作的效果，对进行中的医疗、咨询服务、病例管理等做出长期的安排

2. 恢复重建基础设施和建筑物

修复或重建受损的基础设施和公私建（构）筑物，恢复和维持必要的服务以满足基本生产生活需要，尽最大可能减少损失和次生灾害。

（1）修复或重建基础设施系统。

表 3-71 "修复或重建基础设施系统"功能

Function 68	修复或重建基础设施系统	
定义	制定基础设施修复和重建规划,修复或重建受损的基础设施(包括城市生命线系统)	
任务编号	通用任务名称	简要说明
Restore 2.1.1	评估基础设施的受损情况	评估基础设施的损坏情况,根据其损坏程度和重要性确定修复或重建的优先次序
Restore 2.1.2	选择合格基础设施建设承包商	选择有资质的合格基础设施恢复或重建工程承包商
Restore 2.1.3	编制基础设施恢复或重建方案	设计基础设施恢复或重建方案,并考虑防灾要求
Restore 2.1.4	开展基础设施恢复或重建行动	开展基础设施恢复或重建行动,必要时提供临时性备选方案
Restore 2.1.5	验收和恢复基础设施运行	对基础设施恢复或重建工程进行验收,验收合格后恢复基础设施的正常运行

(2)修复或重建公共建(构)筑物。

表 3-72 "修复或重建公共建(构)筑物"功能

Function 69	修复或重建公共建(构)筑物	
定义	制定公共建(构)筑物修复或重建规划,修复、加固或重建受损公共建(构)筑物	
任务编号	通用任务名称	简要说明
Restore 2.2.1	检查和评估公共建(构)筑物受损情况	评估公共建(构)筑物的损坏情况,根据其损坏程度和重要性确定修复或重建的优先次序
Restore 2.2.2	选择合格建(构)筑物建设承包商	选择有资质的合格建(构)筑物恢复或重建工程承包商
Restore 2.2.3	编制公共建(构)筑物恢复或重建方案	设计建(构)筑物恢复或重建方案,并考虑防灾要求
Restore 2.2.4	开展公共建(构)筑物恢复或重建行动	开展建(构)筑物恢复或重建行动,必要时提供临时性备选方案
Restore 2.2.5	验收和恢复公共建(构)筑物功能	对建(构)筑物恢复或重建工程进行验收,验收合格后恢复建(构)筑物的正常运行

(3)修复或重建居民住房。

表 3-73 "修复或重建居民住房"功能

Function 70	修复或重建居民住房	
定义	拆除、加固、修复或重建被损毁的居民住房,居民住房水平达到或超过受影响前的水平	
任务编号	通用任务名称	简要说明
Restore 2.3.1	检查和评估居民住房受损情况	评估居民住房的损坏情况和住房选址的安全性,根据其损坏程度和地址的安全性确定是修复还是重建
Restore 2.3.2	为居民提供住房技术和经济援助	为居民自己修复或重建房屋提供住房选址、设计标准、设计方案、安全注意事项等方面的支持;通过保险、贷款、补贴等多种方式提供资金援助
Restore 2.3.3	选择和推荐合格住房建设承包商	选择和推荐有资质的合格住房恢复或重建工程承包商
Restore 2.3.4	编制居民住房恢复或重建方案	设计居民住房恢复或重建方案,并考虑防灾要求
Restore 2.3.5	开展居民住房恢复或重建行动	开展居民住房恢复或重建行动,必要时提供临时性过渡住房
Restore 2.3.6	验收和迁入住房	对居民住房恢复或重建工程进行验收,验收合格后安排居民迁入住房

3. 恢复环境与自然资源

恢复受到灾难影响和破坏的环境与自然资源，保护生态环境的可持续性。

（1）管理垃圾和危险废物。

表 3-74 "管理垃圾和危险废物"功能

Function 71	管理垃圾和危险废物	
定义	调查和处理现场的垃圾和危险废物，包括垃圾瓦砾、死亡的动物、农产品，以及受事件破坏的材料、设备、设施和建（构）筑物等	
任务编号	通用任务名称	简要说明
Restore 3.1.1	评估垃圾和危险废物的风险	调查和评估灾区的建筑与生活垃圾、危险废物等的类型、数量、危害和分布情况
Restore 3.1.2	抢救或回收垃圾和危险废物	对可回收利用或可再生的垃圾和废物进行抢救和回收
Restore 3.1.3	现场清除垃圾和危险废物	建立垃圾清除的优先顺序，组织人力和装备开展垃圾和危险废物清除行动
Restore 3.1.4	安全运输垃圾和危险废物	对需要异地处理或存放的垃圾和危险废物，调派合适的运输车辆和适当的保护人员，收集并转运垃圾和危险废物
Restore 3.1.5	安全处置/销毁垃圾和危险废物	对垃圾和危险废物进行安全处理、存储或销毁

（2）修复灾区环境。

表 3-75 "修复灾区环境"功能

Function 72	修复灾区环境	
定义	在对灾区环境开展应急响应与保护之后，恢复受到损害的环境，确保环境质量恢复到安全无害水平	
任务编号	通用任务名称	简要说明
Restore 3.2.1	评估环境污染情况和修复需求	对灾区大气、水体、地表、土壤及建筑物等受到各种有毒有害物质污染的情况进行调查分析，评估污染修复的需求
Restore 3.2.2	制订灾区环境修复方案	研究灾区环境修复的各种可能方案，选择尽可能最优的方案
Restore 3.2.3	对环境中的污染物进行处理	对残留在环境中的各种有毒有害物质，针对其特征和分布情况，分别采取回收、中和、洗消、稀释、隔离、封存、销毁等专业性的无害化处理措施
Restore 3.2.4	对环境污染物进行长期监测	对不能完全清除的残留污染物开展长期监测，评估安全风险，限制人类和动物接触

（3）恢复自然与人文资源。

表 3-76 "恢复自然与人文资源"功能

Function 73	恢复自然与人文资源	
定义	修复和恢复自然资源、文化资源及历史遗产，使自然生态系统恢复到受到干扰前的水平，文化资源及历史遗产得到良好恢复	
任务编号	通用任务名称	简要说明
Restore 3.3.1	评估受灾的自然和人文资源	评估自然生态环境、野生动植物、农林渔矿等资源以及人文遗迹、文物档案等的受损情况，评估修复和重建需求
Restore 3.3.2	开发自然和人文资源保护方案	开发可持续的自然和人文资源修复与保护方案，以系统的、跨学科的方法来理解自然和人文资源环境的相互依赖关系
Restore 3.3.3	实施自然和人文资源保护方案	实施自然和人文资源保护方案，将生态环境保护理念贯彻到经济社会发展的所有决策之中，以保存、保护、修复、恢复自然资源和文化资源及历史遗产

4. 恢复经济社会

经济社会恢复是在事件后实施短期和长期的恢复、重建,同时考虑减灾和准备需求的过程,包括查明事件所造成的经济社会损害程度,识别并提供经济社区恢复与重建活动所需的支持,并减少未来类似事件的损失。

(1)恢复政府服务。

表 3-77 "恢复政府服务"功能

Function 74	恢复政府服务	
定义	恢复因事件影响或因开展响应行动而中断的政府服务和运作,如邮政服务、社会服务和运输服务等	
任务编号	通用任务名称	简要说明
Restore 4.1.1	评估政府服务被破坏的情况	评估政府资产、设备设施、机构、人员等的受损情况
Restore 4.1.2	保持政府关键业务的持续性	启动政府可持续性计划,维持关键业务不中断,将受到影响的基本服务协调转移到备份地点,并快速启动应急行动
Restore 4.1.3	制订重建政府服务的方案	制订重建政府服务的方案,协调恢复重建资金、可用资源的高效配置与利用,严格控制政府楼堂馆所建设及设备设施配置标准,节约社会资源
Restore 4.1.4	选择合格的建设和服务承包商	选择有资质的合格的设施建设和服务承包商
Restore 4.1.5	开展政府服务恢复行动	完成受损政府资产、设备设施等硬件建设,招募和培训必要的工作人员,恢复中断或降级的政府业务

(2)恢复工商企业。

表 3-78 "恢复工商企业"功能

Function 75	恢复工商企业	
定义	为工商企业的重新运营提供支持;重新建立现金流和物流,使受灾地区的工商企业在规定的时间框架内恢复到一个可持续的状态	
任务编号	通用任务名称	简要说明
Restore 4.2.1	评估工商企业恢复需求	评估事件造成的经济影响的范围和程度,评估灾区及关联工商企业的受损情况和恢复需求
Restore 4.2.2	为工商企业提供资金支持	通过保险、援助基金、银行贷款等方式,为企业提供灾后恢复重建的必要资金
Restore 4.2.3	为工商企业提供物资支持	为工商企业提供厂房、设备、原材料供应等方面的援助
Restore 4.2.4	为工商企业提供政策服务等支持	为工商企业提供优惠政策、简化办事程序,以及技术和市场信息等方面的服务
Restore 4.2.5	为个人和家庭提供消费补贴和贷款等	为扩大市场消费需求,研究制定鼓励个人和家庭消费的补贴和贷款等政策

（3）恢复社区功能。

表 3-79 "恢复社区功能"功能

Function 76	恢复社区功能	
定义	恢复受事件影响社区的基本功能和活力，使受事件影响社区的基本服务、基础设施、商业服务、环境和社会秩序恢复到受影响前的水平。这里的社区是指为人们的日常生活提供基本支撑的一个有限的地理区域，如城市生活小区、街道，农村乡镇和村庄等	
任务编号	通用任务名称	简要说明
Restore 4.3.1	评估社区损失和恢复需求	评估社区的公共设施、商业服务、管理和公益等活动的受损程度，评估恢复的需求和方法
Restore 4.3.2	开发和实施社区恢复项目	集成上级政府、公益机构和社会捐赠等各种资源，开发和实施社区恢复项目
Restore 4.3.3	恢复社区的公共设施	恢复或重建受损的社区公共建筑，如学校、医院、体育和文化等设施
Restore 4.3.4	恢复社区的生活环境	清除社区的垃圾和污染，恢复社区的道路和绿化等
Restore 4.3.5	恢复社区的基本服务	恢复社区的公共管理、学校、医院、保安、清洁卫生等基本服务功能
Restore 4.3.6	恢复社区的商业服务	恢复社区的商业、餐饮、休闲、娱乐等活动

3.4 核心应急能力清单

3.4.1 核心应急能力框架

应急能力通常是指由人（团队）的能力（ability 或 competence）和系统与装备的能力（capacity）相结合而成的能力（capability），是在特定条件下以一定的绩效标准完成一项或多项任务的综合实力。能力由经过适当计划、组织、装备、培训和演练的可达成期望结果的人员的合理组合来提供。例如，"城市搜救能力"就是"在城市因地震等导致建筑物等垮塌致人员埋压被困时，对被困人员进行搜寻、定位并解救出来的能力"。根据前述通用应急任务清单及应急功能等，可以梳理出相关的应急能力，进行必要的合并和规范化处理后，就可以得到一个"应急能力清单"。

每项能力都是用于实现一项或多项特定的功能和任务，因此，由上节的"应急通用任务清单"的功能和任务，可以推导出一些需要的应急能力。这些应急能力中对于突发事件应对具有重要意义，本书将它们称为"核心应急能力"。将这些能力进行必要的合并和规范化处理，就可以得到一个"核心应急能力清单"（emergency capabilities list，ECL）。与前面的应急通用任务框架相似，将核心应急能力按照 6 个使命领域、战略目标、能力项进行组织，可以得到如图 3-6 所示的核心应急能力框架。

该框架中共列出了 60 项应急能力，其中有 8 项能力可在 2 个或以上的使命领域内应用。为避免重复，将它们保留在一个使命领域进行描述，最后得到 52 项不同的核心应急能力。各项核心应急能力的名称和简要说明如表 3-80 所示。

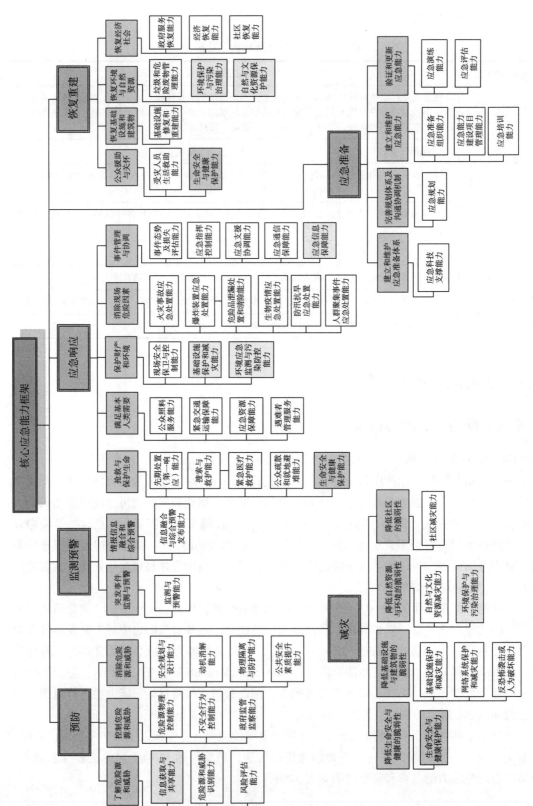

图 3-6 核心应急能力框架

表 3-80 核心应急能力简表

能力编号	使命领域	目标	应急能力
Capability 1	预防	了解危险源和威胁	危险源和威胁识别能力
Capability 2			风险评估能力
Capability 3		控制危险源和威胁	危险源物理控制能力
Capability 4			不安全行为控制能力
Capability 5			政府监管监察能力
Capability 6		消除危险源和威胁	安全规划与设计能力
Capability 7			动机消解能力
Capability 8			物理隔离与防护能力
Capability 9			公共安全素质提升能力
Capability 10	减灾	降低生命安全与健康的脆弱性	生命安全与健康保护能力
Capability 11		降低基础设施与建筑物的脆弱性	基础设施保护和减灾能力
Capability 12			网络系统保护和减灾能力
Capability 13			反恐怖袭击或人为破坏能力
Capability 14		降低自然资源与环境的脆弱性	自然与文化资源减灾能力
Capability 15			环境保护与污染治理能力
Capability 16		降低社区的脆弱性	社区减灾能力
Capability 17	应急准备	建立和维护应急准备体系	应急科技支撑能力
Capability 18		完善规划体系及沟通协调机制	应急规划能力
Capability 19		建立和维护应急能力	应急准备组织能力
Capability 20			应急能力建设项目管理能力
Capability 21			应急培训能力
Capability 22		验证和更新应急能力	应急演练能力
Capability 23			应急评估能力
Capability 24	监测预警	突发事件监测与预警	监测与预警能力
Capability 25		情报信息融合和综合预警	信息融合与综合预警发布能力
Capability 26	应急响应	抢救与保护生命	先期处置（第一响应）能力
Capability 27			搜索与救护能力
Capability 28			紧急医疗救护能力
Capability 29			公众疏散和就地避难能力
Capability 30		满足基本人类需要	公众照料服务能力
Capability 31			紧急交通运输保障能力
Capability 32			应急资源保障能力
Capability 33			遇难者管理服务能力

（续）

能力编号	使命领域	目标	应急能力
Capability 34	应急响应	保护财产和环境	现场安全保卫与控制能力
Capability 35			环境应急监测与污染防控能力
Capability 36		消除现场危险因素	火灾事故应急处置能力
Capability 37			爆炸装置应急处置能力
Capability 38			危险品泄漏处置和清除能力
Capability 39			生物疫情应急处置能力
Capability 40			防汛抗旱应急处置能力
Capability 41			人群聚集性事件应急处置能力
Capability 42		事件管理与协调	事件态势及损失评估能力
Capability 43			应急指挥控制能力
Capability 44			应急支援协调能力
Capability 45			应急通信保障能力
Capability 46			应急信息保障能力
Capability 47	恢复重建	公众援助与关怀	受灾人员生活救助能力
Capability 48		恢复基础设施和建筑物	基础设施修复和重建能力
Capability 49		恢复环境与自然资源	垃圾和危险废物管理能力
Capability 50		恢复经济社会	政府服务恢复能力
Capability 51			经济恢复能力
Capability 52			社区恢复能力

注：详细应急能力如表 3-82～表 3-133 所示。

对每项核心应急能力都可以按照一个标准的框架进行详细描述，如表 3-81 所示。该能力描述框架包括能力名称、定义、期望结果、能力要素、主要活动和综合绩效指标等。能力要素通常可划分为组织与领导、人员、装备、物资、计划、培训、演练与评估等构成要素。每项能力可能包括一项或多项主要活动（功能），每项主要活动又由若干通用任务构成，这些通用任务在前面已经进行了定义并有特定的编号。每项通用任务的完成情况可通过一定的绩效指标来进行评价。针对一项应急能力，既可以从能力要素的数量、质量、效果等方面进行要素评价，也可以通过完成相关通用任务的绩效情况进行评价，还可以通过能力的综合绩效指标进行评价。通过每项核心应急能力的描述表，可以快速了解一项能力的基本情况，从而为应急规划工作提供工具和标杆。

表 3-81 搜索与救护能力描述表（示例）

Capability 27	搜索与救护能力
定义	协调和实施城市/水上/矿山搜索和救护的能力，对被埋在已损坏或倒塌的建筑中、矿山、水上或处于其他灾难中的受害者，进行定位、救出和提供现场医治等救援活动
期望结果	安全而高效地实施城市/水上/矿山搜索和救护活动，用最短的时间救出最多的受害者，同时保证施救者的安全

（续）

要素名称		组件和说明	要素评价指标
能力要素	组织与领导	包括从事搜索与救护相关活动的各级各类机构、搜救队伍	机构类别、规模、数量等
	人员	城市/水上/矿山搜索和救护人员；城市/水上/矿山搜索和救护支持人员；医疗小组；工程人员（检查倒塌房屋建筑、矿山、水域的船舶情况）；施工人员（大型机械如吊车、推土机等的操作人员）	各级各类人员的数量、质量（职称、资质、资格）等
	装备	各类搜索与救护机构、队伍拥有的信息收集、分析计算、测量记录、搜索、定位、破拆、吊运、急救、通信等的设施、设备、系统和工具等	各类装备与系统的数量、价值；达到装备标准的比例等
	物资	自我生活保障物资；应急行动消耗性物资	品种、数量
	计划	城市/水上/矿山搜索和救护计划；应急行动计划；搜索与救护工作标准规范等	计划、预案和标准规范等的数量、质量
	培训	城市/水上/矿山搜索和救护技术操作；危险品操作；生命支持系统使用；互联通信设备使用培训	培训的方式、内容、范围、效果
	演练与评估	专业城市/水上/矿山搜索和救护演练；效果评估和计划及程序的改进	演练与评估的类别、范围、频次和效果
主要活动	任务编号	通用任务名称	绩效指标
开展搜索与救护活动	Response 1.1.1	搜救现场情况侦察和分析	完成时间、质量
	Response 1.1.2	搜索和定位被困人员	完成时间、成功率
	Response 1.1.3	解救已发现的被困人员	完成时间、成功率
	Response 1.1.4	向被困和被救出人员提供医疗救治	完成时间、成功率
	Response 1.1.5	遣返和重新部署搜救队伍	完成时间、恢复情况
综合绩效指标	CPI 27.1	达到不同等级标准的搜救队伍数量	等级、数量
	CPI 27.2	72小时内可完成搜救的工作量	面积、被困人数

下面以简表形式，按预防、减灾、准备、监测预警、应急响应和恢复重建的顺序，简要列出各使命领域的应急能力的名称、定义、期望结果、能力要素、主要活动和综合绩效指标。

3.4.2 预防使命领域核心应急能力

1. 了解危险源和威胁

表 3-82 "危险源和威胁识别能力"描述表

Capability 1	危险源和威胁识别能力
定义	基于过去的经验、预测、专家判断和现有资源，采用科学方法辨识区域（国家、城市、场所、单位等）内存在的危险源和威胁以及事故隐患的能力
期望结果	区域内存在的危险源和威胁以及事故隐患被识别出来，以便采取相应的应对措施

（续）

要素名称		组件和说明	要素评价指标
能力要素	组织与领导	从事危险源和威胁识别、管理相关活动的各级各类领导协调机构及科技支撑机构	机构类别、规模、数量等
	人员	各类从事危险源和威胁识别、管理活动的人员，如安全管理人员、安全技术人员、安全评价人员等	各级各类人员的数量、质量（职称、资质、资格）等
	装备	各类危险源和威胁识别、管理机构拥有的用于信息收集、分析计算、测量记录、检测检验等工作的设施、设备、系统和工具等	各类装备与系统的数量、价值；达到装备标准的比例等
	物资	危险源和威胁识别所需的物资	品种、数量
	计划	危险源和威胁识别工作计划、工作标准规范等	计划和标准规范等的数量、质量
	培训	危险源和威胁识别技术培训	培训的方式、内容、范围、效果
	演练与评估	危险源和威胁识别效果评估与改进	演练与评估的类别、范围、频次和效果
主要活动	任务编号	通用任务名称	绩效指标
开展危险源和威胁辨识	Prevent 1.2.1	列出初步的危险源和威胁清单	完成时间、质量
	Prevent 1.2.2	研究分析危险源和威胁出现的可能性	完成时间、质量
	Prevent 1.2.3	研究分析危险源和威胁的空间分布特征	完成时间、质量
	Prevent 1.2.4	研究分析危险源和威胁的时间分布特征	完成时间、质量
	Prevent 1.2.5	研究分析危险源和威胁演变为灾难性事件的典型情景	完成时间、质量
	Prevent 1.2.6	研究分析不同危险源和威胁之间的关联性	完成时间、质量
	Prevent 1.2.7	形成危险源和威胁清单及情景描述	完成时间、质量
开展突发事件隐患排查	Prevent 1.4.1	排查相关责任主体在责任落实方面的隐患	完成时间、质量
	Prevent 1.4.2	排查有关法规标准执行方面的隐患	完成时间、质量
	Prevent 1.4.3	排查物理系统可靠性方面的隐患	完成时间、质量
	Prevent 1.4.4	排查人的技能与行为方面的隐患	完成时间、质量
	Prevent 1.4.5	对隐患进行分级分类	完成时间、质量
	Prevent 1.4.6	对隐患进行建档管理	完成时间、质量
综合绩效指标	CPI 1.1	重大危险源辨识评价完成率	百分比
	CPI 1.2	排查出的危险源总数	数量
	CPI 1.3	排查出的隐患总数	数量

表 3-83 "风险评估能力"描述表

Capability 2	风险评估能力
定义	通过开发或选用适当的方法，对危险源和威胁可能引发的突发事件的可能性和后果的严重性进行定性或定量评估的能力
期望结果	对区域内可能发生的主要突发事件风险都进行了评估，以便采取相应的风险管控措施

（续）

	要素名称	组件和说明	要素评价指标
能力要素	组织与领导	从事风险评估相关活动的各级各类领导协调机构及科技支撑机构	机构类别、规模、数量等
	人员	各类从事风险评估活动的人员，如风险评估人员、行业专家、情报分析人员等	各级各类人员的数量、质量（职称、资质、资格）等
	装备	各类风险评估机构拥有的用于信息收集、分析计算、测量记录、检测检验等工作的设施、设备、系统和工具等	各类装备与系统的数量、价值；达到装备标准的比例等
	物资	风险评估所需的物资	品种、数量
	计划	风险评估工作计划、工作标准规范等	计划和标准规范等的数量、质量
	培训	风险评估技术方法培训	培训的方式、内容、范围、效果
	演练与评估	风险评估效果的评估与改进	演练与评估的类别、范围、频次和效果
主要活动	任务编号	通用任务名称	绩效指标
开展突发事件风险评估	Prevent 1.3.1	开发或选择风险评估方法	完成时间、质量
	Prevent 1.3.2	运用风险评估方法	完成时间、质量
	Prevent 1.3.3	验证和展示评估结果	完成时间、质量
	Prevent 1.3.4	应用风险评估结果	完成时间、质量
综合绩效指标	CPI 2.1	风险评估完成率	百分比
	CPI 2.2	完成风险评估的风险事件总数	数量
	CPI 2.3	不同风险等级的风险事件数量	数量

2. 控制危险源和威胁

表 3-84 "危险源物理控制能力"描述表

Capability 3	危险源物理控制能力		
定义	对已识别出的各种危险源、威胁和隐患采取必要的技术与工程控制措施，以尽量避免其引发可能造成严重影响的突发事件的能力		
期望结果	已识别出的各种危险源、威胁和隐患都已采取适当的控制措施，不会引发灾难性的后果		
	要素名称	组件和说明	要素评价指标
能力要素	组织与领导	从事危险源控制相关活动的各级各类领导协调机构及科技支撑机构	机构类别、规模、数量等
	人员	各类从事危险源控制活动的人员，如安全管理人员、工程技术人员、安全专家等	各级各类人员的数量、质量（职称、资质、资格）等
	装备	各类危险源控制机构拥有的用于信息收集、分析计算、测量记录、检测检验、工程设计、工程施工等工作的设施、设备、系统和工具等	各类装备与系统的数量、价值；达到装备标准的比例等

（续）

	要素名称	组件和说明	要素评价指标
能力要素	物资	危险源控制所需要的各类物资，如建材、疫苗等	品种、数量
	计划	危险源治理计划与方案、工作标准规范等	计划和标准规范等的数量、质量
	培训	危险源控制专业培训	培训的方式、内容、范围、效果
	演练与评估	危险源控制效果评估与改进	演练与评估的类别、范围、频次和效果
主要活动	任务编号	通用任务名称	绩效指标
实施技术与工程控制措施	Prevent 2.1.1	对地质灾害隐患点采取工程治理措施	完成时间、质量
	Prevent 2.1.2	对建筑物和构筑物采取工程加固等措施	完成时间、质量
	Prevent 2.1.3	对技术系统中的安全隐患采取技术改造和工程治理等措施	完成时间、质量
	Prevent 2.1.4	对传染性疾病的感染源采取隔离、免疫和杀灭等控制措施	完成时间、质量
	Prevent 2.1.5	对发现的用于袭击的危险材料和杀伤性武器等采取排除危险的技术措施	完成时间、质量
	Prevent 2.1.6	对针对网络信息系统的威胁采取阻止、拦截、反击等排除危险的技术措施	完成时间、质量
综合绩效指标	CPI 3.1	辨识出的各类隐患点治理完成率	百分比
	CPI 3.2	对尚未完成治理隐患的监测监控率	百分比
	CPI 3.3	采取工程技术措施后的减灾成效	数量、百分比

表 3-85 "不安全行为控制能力"描述表

Capability 4	不安全行为控制能力		
定义	对可能引发各类突发事件的人类的无意或故意的不安全行为进行必要的干预和限制的能力		
期望结果	对人类的无意或故意的不安全行为进行必要的干预和限制，避免其引发灾难性的后果		
	要素名称	组件和说明	要素评价指标
能力要素	组织与领导	从事不安全行为控制相关活动的各级各类领导协调机构及科技支撑机构	机构类别、规模、数量等
	人员	各类从事不安全行为控制活动的人员，如安全管理人员、执法人员	各级各类人员的数量、质量（职称、资质、资格）等
	装备	各类不安全行为控制机构拥有的用于信息收集、分析计算、测量记录、检测检验、执法等工作的设施、设备、系统和工具等	各类装备与系统的数量、价值；达到装备标准的比例等
	物资	不安全行为控制所需的物资	品种、数量
	计划	不安全行为控制计划与方案及其工作标准规范等	计划和标准规范等的数量、质量

(续)

	要素名称	组件和说明	要素评价指标
能力要素	培训	不安全行为控制宣传、教育与培训	培训的方式、内容、范围、效果
	演练与评估	不安全行为控制效果评估与改进	演练与评估的类别、范围、频次和效果
主要活动	任务编号	通用任务名称	绩效指标
实施不安全行为人员的限制措施	Prevent 2.2.1	防止人类活动诱发地质灾害	完成时间、质量
	Prevent 2.2.2	防止人为引发森林草原火灾	完成时间、质量
	Prevent 2.2.3	防止人为失误引发事故灾难	完成时间、质量
	Prevent 2.2.4	限制传染性疾病感染者的移动	完成时间、质量
	Prevent 2.2.5	对恐怖和破坏分子采取限制措施	完成时间、质量
	Prevent 2.2.6	对人员密集场所中的人员实施限制管理	完成时间、质量
综合绩效指标	CPI 4.1	辨识并限制不安全行为的数量	数量
	CPI 4.2	采取不安全行为限制措施后的减灾成效	数量、百分比

表 3-86 "政府监管监察能力"描述表

Capability 5		政府监管监察能力	
定义		通过制定有关法律法规和标准,建立监管执法队伍,开展行政性审批、预防性检查、行政性执法、宣传教育与信息服务并受理社会化监督等活动的能力	
期望结果		通过政府监管监察,使各类突发事件的预防活动能够依法有序地实施	
	要素名称	组件和说明	要素评价指标
能力要素	组织与领导	政府监管监察相关活动的各级各类领导协调机构、执法机构及科技支撑机构	机构类别、规模、数量等
	人员	各类从事政府监管监察活动的人员,如安监员、执法人员、技术支持人员、检测检验人员等	各级各类人员的数量、质量(职称、资质、资格)等
	装备	各类政府监管监察机构拥有的用于信息收集、分析计算、测量记录、检测检验、执法等工作的设施、设备、系统和工具等	各类装备与系统的数量、价值;达到装备标准的比例等
	物资	政府监管监察活动所需物资	品种、数量
	计划	政府监管监察计划;政府监管监察能力建设规划;相关标准规范	计划和标准规范等的数量、质量
	培训	监管监察人员培训	培训的方式、内容、范围、效果
	演练与评估	监管监察执法效果评估及改进	演练与评估的类别、范围、频次和效果
主要活动	任务编号	通用任务名称	绩效指标
实施政府监管监察措施	Prevent 2.3.1	制定有关法律法规、政策和标准	完成时间、质量
	Prevent 2.3.2	建立监管执法队伍	完成时间、质量

（续）

主要活动	任务编号	通用任务名称	绩效指标
实施政府监管监察措施	Prevent 2.3.3	开展行政性审批活动	完成时间、质量
	Prevent 2.3.4	开展预防性检查活动	完成时间、质量
	Prevent 2.3.5	开展行政性执法活动	完成时间、质量
	Prevent 2.3.6	开展宣传教育和信息服务	完成时间、质量
	Prevent 2.3.7	受理社会化监督	完成时间、质量
综合绩效指标	CPI 5.1	各类监管执法行为的数量	数量
	CPI 5.2	实施监管监察措施后的成效（事故数量和违法行为下降率等）	数量、百分比

3. 消除危险源和威胁

表 3-87 "安全规划与设计能力"描述表

Capability 6		安全规划与设计能力	
定义		采取规划和设计措施提高人工系统的安全可靠性，尽可能消除危险源和威胁，构建有效的风险防控体系的能力	
期望结果		通过规划和设计措施，在可接受的成本范围内，尽量提高人工系统的安全可靠性，提升本质安全水平	
能力要素	要素名称	组件和说明	要素评价指标
	组织与领导	从事安全规划与设计相关活动的政府相关部门和规划与设计单位	机构类别、规模、数量等
	人员	各类从事安全规划与设计活动的人员，如规划人员、设计人员、项目管理人员等	各级各类人员的数量、质量（职称、资质、资格）等
	装备	各类安全规划与设计机构拥有的用于信息收集、分析计算、测量记录、检测检验、评审、执法等工作的设施、设备、系统和工具等	各类装备与系统的数量、价值；达到装备标准的比例等
	物资	安全规划与设计所需的办公用品等	品种、数量
	计划	安全规划与设计相关法律法规和标准规范	计划和标准规范等的数量、质量
	培训	安全规划与设计人员培训、教育	培训的方式、内容、范围、效果
	演练与评估	安全规划与设计效果评估	演练与评估的类别、范围、频次和效果
主要活动	任务编号	通用任务名称	绩效指标
开展安全规划与设计	Prevent 3.1.1	土地利用规划和选址控制	完成时间、质量
	Prevent 3.1.2	遵守建设和设计法规标准	完成时间、质量
	Prevent 3.1.3	人工系统的本质安全设计	完成时间、质量
	Prevent 3.1.4	人工系统的安全防护设计	完成时间、质量
综合绩效指标	CPI 6.1	各类建设工程和项目完成安全规划与设计的数量和比率	数量、百分比
	CPI 6.2	实施规划与设计措施后的成效（灾害事故下降）	数量、百分比

表 3-88 "动机消解能力"描述表

Capability 7		动机消解能力	
定义		通过化解矛盾、消除存在条件以及打击、威慑等措施,消解其动机,从而避免发生人为故意引发社会安全事件的能力	
期望结果		通过采取化解社会矛盾等措施,尽可能避免发生人为故意引发社会安全事件	
能力要素	要素名称	组件和说明	要素评价指标
	组织与领导	从事动机消解相关活动的政府相关部门、基层组织、社会组织等	机构类别、规模、数量等
	人员	各类从事动机消解活动的人员,如执法人员、调解人员	各级各类人员的数量、质量(职称、资质、资格)等
	装备	各类动机消解机构拥有的用于信息收集、分析计算、测量记录、检测检验、宣传教育、执法等工作的设施、设备、系统和工具等	各类装备与系统的数量、价值;达到装备标准的比例等
	物资	动机消解活动所需的物资	品种、数量
	计划	动机消解活动计划;打击恐怖主义预案	计划和标准规范等的数量、质量
	培训	动机消解相关人员专业培训	培训的方式、内容、范围、效果
	演练与评估	打击恐怖主义预案演练、效果评估与预案改进	演练与评估的类别、范围、频次和效果
主要活动	任务编号	通用任务名称	绩效指标
采取动机消解措施	Prevent 3.2.1	化解社会矛盾和纠纷	完成时间、质量
	Prevent 3.2.2	消除恐怖主义等势力滋生的条件	完成时间、质量
	Prevent 3.2.3	通过威慑而阻止恐怖行动	完成时间、质量
综合绩效指标	CPI 7.1	采取各类动机消解措施的数量和比率	数量、百分比
	CPI 7.2	实施动机消解措施后的成效(损失下降)	数量、百分比

表 3-89 "物理隔离与防护能力"描述表

Capability 8		物理隔离与防护能力	
定义		将危险源与可能受到伤害的人员和财产、恐怖分子与袭击目标等,通过空间隔离的方法,避免相互接触的能力	
期望结果		通过采取物理隔离与防护措施,尽可能避免危险源或恐怖袭击者与其可能伤害的人员和财产进行接触,从而避免发生灾难性事件	
能力要素	要素名称	组件和说明	要素评价指标
	组织与领导	从事物理隔离与防护相关活动的政府相关部门和安全保卫机构等	机构类别、规模、数量等
	人员	各类从事物理隔离与防护活动的人员,如安保人员、安检人员等	各级各类人员的数量、质量(职称、资质、资格)等
	装备	各类物理隔离与防护机构拥有的用于信息收集、分析计算、测量记录、检测检验、安全防范、执法等工作的设施、设备、系统和工具等	各类装备与系统的数量、价值;达到装备标准的比例等

（续）

	要素名称	组件和说明	要素评价指标
能力要素	物资	物理隔离与防护所需的物资	品种、数量
能力要素	计划	物理隔离与防护相关工作计划和标准规范	计划和标准规范等的数量、质量
能力要素	培训	物理隔离与防护相关知识培训	培训的方式、内容、范围、效果
能力要素	演练与评估	物理隔离与防护效果评估与改进	演练与评估的类别、范围、频次和效果
主要活动	任务编号	通用任务名称	绩效指标
采取物理隔离与防护措施	Prevent 3.3.1	边境管控、周界安全防护	完成时间、质量
采取物理隔离与防护措施	Prevent 3.3.2	基础设施、重点场所安检与防护	完成时间、质量
采取物理隔离与防护措施	Prevent 3.3.3	重点防护目标安全保卫	完成时间、质量
采取物理隔离与防护措施	Prevent 3.3.4	重大危险源隔离与防护	完成时间、质量
综合绩效指标	CPI 8.1	各类重点防护目标的有效隔离或保护率	数量、百分比
综合绩效指标	CPI 8.2	实施物理隔离与防护后的成效（损失下降）	数量、百分比

表 3-90 "公共安全素质提升能力"描述表

Capability 9	公共安全素质提升能力		
定义	提高社会公众的公共安全素质，培育全社会的公共安全意识，从而提高预防各类突发事件的主动性、自觉性的能力		
期望结果	通过公众的公共安全素质的提升，有效避免或减少各类突发事件的发生		
	要素名称	组件和说明	要素评价指标
能力要素	组织与领导	从事公共安全知识宣传与教育相关活动的政府相关部门、各类学校、社会组织等	机构类别、规模、数量等
能力要素	人员	各类从事公共安全知识宣传与教育活动的人员，如教师、专家、媒体记者等	各级各类人员的数量、质量（职称、资质、资格）等
能力要素	装备	各类公共安全知识宣传与教育机构拥有的用于信息收集、分析计算、测量记录、检测检验、宣传、教育、培训等工作的设施、设备、系统和工具等	各类装备与系统的数量、价值；达到装备标准的比例等
能力要素	物资	公共安全知识宣传与教育所需的物资	品种、数量
能力要素	计划	公共安全知识宣传与教育计划和标准规范	计划和标准规范等的数量、质量
能力要素	培训	公共安全知识培训	培训的方式、内容、范围、效果
能力要素	演练与评估	公共参与的公共安全应急演练、效果评估与改进	演练与评估的类别、范围、频次和效果

主要活动	任务编号	通用任务名称	绩效指标
采取公共安全文化与素质提升措施	Prevent 3.4.1	针对在校学生的公共安全教育	完成时间、质量
	Prevent 3.4.2	针对劳动者的安全技能培训	完成时间、质量
	Prevent 3.4.3	针对专业人员的培训演练	完成时间、质量
	Prevent 3.4.4	针对社会公众的宣传教育	完成时间、质量
综合绩效指标	CPI 9.1	公众每年人均参与教育培训和演练的时间	数量
	CPI 9.2	社会公众的公共安全知识普及率	百分比

3.4.3 减灾使命领域核心应急能力

1. 降低生命安全与健康的脆弱性

表 3-91 "生命安全与健康保护能力"描述表

Capability 10		生命安全与健康保护能力	
定义		通过采取各种生命安全与健康防护措施，避免和限制各种危险因素对生命安全与健康造成损害的能力	
期望结果		避免或减轻各种危险因素对生命安全与健康所造成的损害	
能力要素	要素名称	组件和说明	要素评价指标
	组织与领导	从事生命安全与健康相关活动的各级各类机构，如医疗、公共卫生、红十字会、公共安全、应急管理等部门	机构类别、规模、数量等
	人员	各类从事生命安全与健康活动的人员，如公共卫生官员、医务人员、防疫人员、安全人员等	各级各类人员的数量、质量（职称、资质、资格）等
	装备	各类生命安全与健康机构拥有的用于监测、分析计算、测量记录、医疗救护、卫生防疫等工作的设施、设备、系统和工具等	各类装备与系统的数量、价值；达到装备标准的比例等
	物资	医疗用品、药品、消毒水、疫苗等	品种、数量
	计划	生命安全与健康保护计划及相关标准规范等	计划和标准规范等的数量、质量
	培训	生命安全与健康保护相关培训、宣传与教育以及急救培训等	培训的方式、内容、范围、效果
	演练与评估	生命安全与健康保护活动演练；相关计划评估与改进	演练与评估的类别、范围、频次和效果
主要活动	任务编号	通用任务名称	绩效指标
采取公共安全防护行动	Mitigation 1.1.1	改进人类生存空间的安全与健康设计	完成时间、质量
	Mitigation 1.1.2	加强紧急避险场所与系统建设	完成时间、质量
	Mitigation 1.1.3	加强公共场所和重点目标的安保	完成时间、质量
	Mitigation 1.1.4	加强个体安全与健康防护	完成时间、质量
	Mitigation 1.1.5	提升生命安全与健康保险水平	完成时间、质量

（续）

主要活动	任务编号	通用任务名称	绩效指标
提升生命个体的安全与健康风险抵抗能力	Mitigation 1.2.1	提升公众身体健康素质	完成时间、质量
	Mitigation 1.2.2	加强预防接种和传染病免疫	完成时间、质量
	Mitigation 1.2.3	加强安全与健康知识教育	完成时间、质量
	Mitigation 1.2.4	加强自救互救技能培训	完成时间、质量
应急人员安全与健康保护	Response 1.4.1	确定安全/个人防护装备需求	完成时间、质量
	Response 1.4.2	提供安全/个人防护装备	完成时间、质量
	Response 1.4.3	现场安全与健康管理	完成时间、质量
	Response 1.4.4	长期安全与健康跟踪	完成时间、质量
灾区医疗卫生和保健活动	Recovery 1.3.1	恢复受损医疗服务设施	完成时间、质量
	Recovery 1.3.2	配置医疗用品和设备	完成时间、质量
	Recovery 1.3.3	恢复公共卫生和医疗服务	完成时间、质量
	Recovery 1.3.4	建立人员健康/疾病档案	完成时间、质量
	Recovery 1.3.5	提供医疗和咨询服务及援助	完成时间、质量
	Recovery 1.3.6	开展持续的病媒介物控制	完成时间、质量
	Recovery 1.3.7	监测和评估卫生保健效果	完成时间、质量
综合绩效指标	CPI 10.1	生命安全与健康保护措施覆盖的人员数量和比率	数量、百分比
	CPI 10.2	实施生命安全与健康保护措施后的成效（受到伤害的人数下降）	数量、百分比

2. 降低基础设施与建筑物的脆弱性

表 3-92 "基础设施保护和减灾能力"描述表

Capability 11		基础设施保护和减灾能力	
定义		采取最具成本效益和风险平衡的策略，以降低基础设施与建筑物的脆弱性的能力	
期望结果		基础设施与建筑物的脆弱性得到有效降低	
能力要素	要素名称	组件和说明	要素评价指标
	组织与领导	从事基础设施保护相关活动的各级各类机构，如基础设施运营部门、设计部门、所有部门、维修部门等部门	机构类别、规模、数量等
	人员	各类从事基础设施保护活动的人员，如保护计划编制人员、安保人员、风险管理人员等	各级各类人员的数量、质量（职称、资质、资格）等
	装备	各类基础设施保护机构拥有的用于检测检验、分析计算、测量记录、工程施工等工作的设施、设备、系统和工具等	各类装备与系统的数量、价值；达到装备标准的比例等
	物资	基础设施保护相关物资	品种、数量
	计划	基础设施保护计划和相关标准规范	计划和标准规范等的数量、质量
	培训	对基础设施保护相关人员的培训	培训的方式、内容、范围、效果
	演练与评估	基础设施保护应急演练、效果评估与计划改进	演练与评估的类别、范围、频次和效果

（续）

主要活动	任务编号	通用任务名称	绩效指标
增强基础设施和建筑物的抗灾力	Mitigation 2.1.1	提升基础设施和建筑物的可靠性	完成时间、质量
	Mitigation 2.1.2	限制基础设施和建筑物的灾害严重性	完成时间、质量
	Mitigation 2.1.3	减少次生和衍生灾害损失	完成时间、质量
	Mitigation 2.1.4	减少基础设施和建筑物的风险暴露	完成时间、质量
增强基础设施和建筑物的韧性	Mitigation 2.2.1	增强基础设施和建筑物的快速重构能力	完成时间、质量
	Mitigation 2.2.2	增强基础设施和建筑物的自我处置能力	完成时间、质量
	Mitigation 2.2.3	增强基础设施和建筑物的快速修复能力	完成时间、质量
保护基础设施和关键业务	Response 3.2.1	识别事件可能影响的基础设施和关键业务	完成时间、质量
	Response 3.2.2	提升重要基础设施和关键业务的安保级别	完成时间、质量
	Response 3.2.3	启用备用安全和业务支撑系统	完成时间、质量
	Response 3.2.4	暂时停止重要基础设施和关键业务	完成时间、质量
综合绩效指标	CPI 11.1	各类基础设施和关键业务的数量和受到保护的比率	数量、百分比
	CPI 11.2	实施基础设施保护措施后的成效（脆弱性降低，损失下降）	数量、百分比

表 3-93 "网络系统保护和减灾能力"描述表

Capability 12	网络系统保护和减灾能力		
定义	采取最具成本效益和风险平衡的策略，以降低网络基础设施的脆弱性和提高网络安全水平的能力		
期望结果	网络基础设施的脆弱性得到有效降低，网络安全得到有效保护		
能力要素	要素名称	组件和说明	要素评价指标
	组织与领导	从事网络安全保护相关活动的各级各类机构，如网络基础设施运营部门、设计部门、维修部门等	机构类别、规模、数量等
	人员	各类从事网络安全保护活动的人员	各级各类人员的数量、质量（职称、资质、资格）等
	装备	各类网络安全保护机构拥有的用于检测检验、分析计算、测量记录等工作的设施、设备、系统和工具等	各类装备与系统的数量、价值；达到装备标准的比例等
	物资	网络安全保护所需的物资	品种、数量
	计划	网络系统风险管理计划和相关标准规范	计划和标准规范等的数量、质量
	培训	对从事网络安全保护活动的人员进行培训	培训的方式、内容、范围、效果
	演练与评估	实施网络安全保护应急演练，评估保护效果和持续改进	演练与评估的类别、范围、频次和效果

(续)

主要活动	任务编号	通用任务名称	绩效指标
增强网络基础设施的抗灾力	Mitigation 2.1.1	提升网络基础设施的可靠性	完成时间、质量
	Mitigation 2.1.2	限制网络基础设施的灾害严重性	完成时间、质量
	Mitigation 2.1.3	减少由网络破坏而导致的次生和衍生灾害损失	完成时间、质量
	Mitigation 2.1.4	减少网络基础设施的风险暴露	完成时间、质量
增强网络基础设施的韧性	Mitigation 2.2.1	增强网络基础设施的快速重构能力	完成时间、质量
	Mitigation 2.2.2	增强网络基础设施的自我处置能力	完成时间、质量
	Mitigation 2.2.3	增强网络基础设施的快速修复能力	完成时间、质量
综合绩效指标	CPI 12.1	网络基础设施数量及受到保护的比率	数量、百分比
	CPI 12.2	实施网络安全保护措施后的成效（脆弱性降低，损失下降）	数量、百分比

表 3-94 "反恐怖袭击或人为破坏能力"描述表

Capability 13		反恐怖袭击或人为破坏能力	
定义		避免、延迟恐怖分子或破坏者对基础设施和建筑物的人为攻击，以保护基础设施和建筑物的功能与业务的完整性和可持续性的能力	
期望结果		基础设施和建筑物免于恐怖袭击或人为破坏，其功能与业务的完整性和可持续性得到有效保护	
能力要素	要素名称	组件和说明	要素评价指标
	组织与领导	从事反恐相关活动的各级各类机构，如国家安全部门、公安部门、情报机构、情报融合中心等	机构类别、规模、数量等
	人员	各类从事反恐活动的人员，如情报人员、执法人员等	各级各类人员的数量、质量（职称、资质、资格）等
	装备	各类反恐机构拥有的用于情报收集、检测检验、分析计算、测量记录、反恐执法等工作的设施、设备、系统和工具等	各类装备与系统的数量、价值；达到装备标准的比例等
	物资	反恐活动所需的物资	品种、数量
	计划	反恐相关计划和标准规范	计划和标准规范等的数量、质量
	培训	对从事反恐工作的人员进行专业培训	培训的方式、内容、范围、效果
	演练与评估	反恐防恐演练、效果评估和持续改进	演练与评估的类别、范围、频次和效果
主要活动	任务编号	通用任务名称	绩效指标
保护基础设施和建筑物免受人为破坏	Mitigation 2.3.1	建立安全保卫制度和能力	完成时间、质量
	Mitigation 2.3.2	控制人员出入	完成时间、质量
	Mitigation 2.3.3	保护关键人员的安全	完成时间、质量
	Mitigation 2.3.4	建立和维护技术防范系统	完成时间、质量
	Mitigation 2.3.5	开展情报活动	完成时间、质量
	Mitigation 2.3.6	开展执法活动	完成时间、质量
综合绩效指标	CPI 13.1	基础设施和建筑物的数量和受到保护的比率	数量、百分比
	CPI 13.2	实施基础设施和建筑物保护措施后的成效（侵入次数下降，损失下降）	数量、百分比

3. 降低自然资源与环境的脆弱性

表 3-95 "自然与文化资源减灾能力"描述表

Capability 14		自然与文化资源减灾能力	
定义		通过加强重点生态功能区保护和管理、涵养水源、保持水土、防风固沙等措施对自然生态和资源进行保护与修复,以及对历史文化遗产进行保护和修复等的能力	
期望结果		自然与文化资源得到有效保护,受到破坏的自然生态和资源得到修复	
能力要素	要素名称	组件和说明	要素评价指标
	组织与领导	从事自然与文化资源保护相关活动的各级各类机构,如国土、农业、林业、水利、环保、文物等部门	机构类别、规模、数量等
	人员	各类从事自然与文化资源保护活动的人员	各级各类人员的数量、质量(职称、资质、资格)等
	装备	各类自然与文化资源保护机构拥有的遥感探测、分析计算、测量记录、执法等工作的设施、设备、系统和工具等	用于各类装备与系统的数量、价值;达到装备标准的比例等
	物资	各类自然与文化资源的物质载体	品种、数量
	计划	自然与文化资源保护计划和标准规范	计划和标准规范等的数量、质量
	培训	自然与文化资源保护培训、宣传与教育	培训的方式、内容、范围、效果
	演练与评估	自然与文化资源保护活动演练、效果评估和持续改进	演练与评估的类别、范围、频次和效果
主要活动	任务编号	通用任务名称	绩效指标
开展国土生态安全保护与修复活动	Mitigation 3.1.1	强化生态功能区的建设和保护	完成时间、质量
	Mitigation 3.1.2	加强生物多样性保护	完成时间、质量
	Mitigation 3.1.3	加强森林生态保护	完成时间、质量
	Mitigation 3.1.4	开展草原生态环境修复	完成时间、质量
开展资源开发生态环境保护活动	Mitigation 3.2.1	严格保护耕地和农业水资源	完成时间、质量
	Mitigation 3.2.2	合理开发和保护矿产资源	完成时间、质量
	Mitigation 3.2.3	促进水资源和水生态保护	完成时间、质量
	Mitigation 3.2.4	合理开发和保护海洋资源	完成时间、质量
开展历史文化遗产保护活动	Mitigation 3.4.1	了解历史文化遗产的现状和保护需求	完成时间、质量
	Mitigation 3.4.2	对有形历史文化遗产的保护	完成时间、质量
	Mitigation 3.4.3	对非物质文化遗产的保护	完成时间、质量
开展自然与人文资源恢复活动	Recovery 3.3.1	评估受灾的自然和人文资源	完成时间、质量
	Recovery 3.3.2	开发自然和人文资源保护方案	完成时间、质量
	Recovery 3.3.3	实施自然和人文资源保护方案	完成时间、质量
综合绩效指标	CPI 14.1	自然和人文资源的数量和受到保护的比率	数量、百分比
	CPI 14.2	实施自然和人文资源保护措施后的成效(损失下降)	数量、百分比

表 3-96 "环境保护与污染治理能力"描述表

Capability 15		环境保护与污染治理能力	
定义		综合采取严格的污染物排放标准、削减污染物排放总量、改善环境质量和对受污染的环境进行治理的能力	
期望结果		大气、水体和土地等环境得到有效保护,受到污染的环境得到有效治理	
能力要素	要素名称	组件和说明	要素评价指标
	组织与领导	从事环境保护与治理相关活动的各级各类机构,如国土、环境、农业、林业、水利等部门	机构类别、规模、数量等
	人员	各类从事环境保护与治理活动的人员	各级各类人员的数量、质量(职称、资质、资格)等
	装备	各类环境保护与治理机构拥有的用于遥感探测、分析计算、测量记录、执法等工作的设施、设备、系统和工具,各类企业的环保设施设备等	各类装备与系统的数量、价值;达到装备标准的比例等
	物资	环境保护与治理所需的物资	品种、数量
	计划	环境保护与治理计划;环境污染应急预案;相关标准规范	计划和标准规范等的数量、质量
	培训	各类环境保护与治理相关的培训、宣传与教育活动	培训的方式、内容、范围、效果
	演练与评估	环境污染应急预案演练、效果评估和持续改进	演练与评估的类别、范围、频次和效果
主要活动	任务编号	通用任务名称	绩效指标
实施环境保护与污染治理活动	Mitigation 3.3.1	加强污染物总量控制	完成时间、质量
	Mitigation 3.3.2	科学管理固体废物	完成时间、质量
	Mitigation 3.3.3	加强化学品无害环境管理	完成时间、质量
	Mitigation 3.3.4	实施大气污染物综合控制	完成时间、质量
开展环境应急响应与保护活动	Response 3.3.1	评估受灾害区域的环境污染情况	完成时间、质量
	Response 3.3.2	实施食物污染情况监测和管理	完成时间、质量
	Response 3.3.3	实施饮用水污染情况监测和管理	完成时间、质量
	Response 3.3.4	实施污水处理情况监测和管理	完成时间、质量
	Response 3.3.5	建筑物室内环境安全监测和管理	完成时间、质量
	Response 3.3.6	室外环境安全监测和管理	完成时间、质量
	Response 3.3.7	为响应行动提供环境卫生支持	完成时间、质量
实施灾区环境修复活动	Recovery 3.2.1	评估环境污染情况和修复需求	完成时间、质量
	Recovery 3.2.2	制定灾区环境修复方案	完成时间、质量
	Recovery 3.2.3	对环境污染物进行处理	完成时间、质量
	Recovery 3.2.4	对环境污染物进行长期监测	完成时间、质量
综合绩效指标	CPI 15.1	各类环境污染物的数量和下降比率	数量、百分比
	CPI 15.2	实施环境保护与污染治理措施后的成效(损失下降)	数量、百分比

4. 降低社区的脆弱性

表 3-97 "社区减灾能力"描述表

Capability 16		社区减灾能力	
定义		通过全社区共同的努力,降低一个社区的公共设施、公共服务和家庭与个人的脆弱性,从而减少各类突发事件可能造成的损失的能力	
期望结果		社区的公共设施、公共服务和家庭与个人的脆弱性得到降低	
能力要素	要素名称	组件和说明	要素评价指标
	组织与领导	从事社区减灾相关活动的各级各类机构,如街道、居委会、行政村等基层组织,红十字会、志愿者组织等	机构类别、规模、数量等
	人员	各类从事社区减灾活动的人员,如社区工作人员、志愿者、社区居民等	各级各类人员的数量、质量(职称、资质、资格)等
	装备	各类社区减灾机构拥有的用于监测、分析计算、测量记录、减灾等工作的设施、设备、系统和工具等	各类装备与系统的数量、价值;达到装备标准的比例等
	物资	社区减灾所需的物资,如加固建筑物所需的材料等	品种、数量
	计划	社区减灾规划,社区应急预案,相关标准规范	计划和标准规范等的数量、质量
	培训	社区减灾相关教育、宣传与培训活动	培训的方式、内容、范围、效果
	演练与评估	社区应急演练活动、效果评估和持续改进	演练与评估的类别、范围、频次和效果
主要活动	任务编号	通用任务名称	绩效指标
降低社区公共设施的脆弱性	Mitigation 4.1.1	降低社区生命线系统的脆弱性	完成时间、质量
	Mitigation 4.1.2	降低社区服务设施的脆弱性	完成时间、质量
	Mitigation 4.1.3	降低社区公共与私人物业的脆弱性	完成时间、质量
降低社区公共服务的脆弱性	Mitigation 4.2.1	降低社区行政管理机构及服务的脆弱性	完成时间、质量
	Mitigation 4.2.2	降低社区经济与商业组织及服务的脆弱性	完成时间、质量
	Mitigation 4.2.3	降低社区医疗卫生机构及服务的脆弱性	完成时间、质量
	Mitigation 4.2.4	降低社区教育机构及服务的脆弱性	完成时间、质量
	Mitigation 4.2.5	降低社区文化娱乐机构及服务的脆弱性	完成时间、质量
降低家庭和个人的脆弱性	Mitigation 4.3.1	开展社区风险沟通	完成时间、质量
	Mitigation 4.3.2	避免在高风险区域生活和工作	完成时间、质量
	Mitigation 4.3.3	加固家庭住房或排除事故隐患	完成时间、质量
	Mitigation 4.3.4	提高灾难发生时的生存能力	完成时间、质量
	Mitigation 4.3.5	投保财产和人身保险	完成时间、质量
综合绩效指标	CPI 16.1	社区公共设施、公共服务的数量和采取减灾措施的比率	数量、百分比
	CPI 16.2	实施社区减灾措施后的成效(灾害损失下降、服务可持续性增强)	数量、百分比

3.4.4 应急准备使命领域核心应急能力

1. 建立和维护应急准备体系

表 3-98 "应急科技支撑能力"描述表

Capability 17		应急科技支撑能力	
定义		科技支撑能力是为应急管理提供理论、方法、标准、规程、技术、装备、系统等方面的研究、开发、维护,以及应急行动决策支持等方面的能力。从广义的角度,应急管理的科技支撑能力是国家整体科技实力的反映。从狭义的角度,应急科技支撑能力主要包括与应急管理科技相关的机构、人员、设施、装备和项目等	
期望结果		能够为全国的应急管理工作提供理论、方法、标准、规程、技术、装备、系统及应急行动决策支持等方面的全方位的科技支撑	
能力要素	要素名称	组件和说明	要素评价指标
	组织与领导	从事应急管理相关研究及技术开发的各级各类机构,如科研机构、高等院校、检测检验实验室、高科技企业等	机构类别、规模、数量等
	人员	科研人员、技术开发人员、检测检验人员、技术服务人员、产业开发人员、行业专家、应急管理专家	各级各类人员的数量、质量(职称、资质、资格)等
	装备	各类科技支撑机构和人员所拥有的用于科研、实验、检测检验、分析计算、测量记录等工作的设施、设备、系统和工具等	各类装备与系统的数量、价值;达到装备标准的比例等
	物资	科研开发、技术支撑所需要的原材料等	品种、数量
	计划	各类应急相关科技研发计划、理论方法和标准规范等	计划和标准规范等的数量、质量
	培训	对科技支撑人员的应急相关知识培训	培训的方式、内容、范围、效果
	演练与评估	科技支撑相关任务的演练、效果评估和持续改进	演练与评估的类别、范围、频次和效果
主要活动	任务编号	通用任务名称	绩效指标
研究开发应急准备的指导性文件	Preparedness 1.1.1	开发和维护国家应急准备指南	完成时间、质量
	Preparedness 1.1.2	建立和维护国家突发事件管理系统	完成时间、质量
	Preparedness 1.1.3	建立和维护国家应急准备相关标准	完成时间、质量
研究开发应急准备活动过程	Preparedness 1.2.1	建立和维护识别、评估风险的过程	完成时间、质量
	Preparedness 1.2.2	建立和维护分析估计能力需求的过程	完成时间、质量
	Preparedness 1.2.3	建立和维护资源优化配置决策的过程	完成时间、质量
	Preparedness 1.2.4	建立和维护能力验证和更新的过程	完成时间、质量
研究开发应急准备系统	Preparedness 1.3.1	研究开发应急准备评估指标体系	完成时间、质量
	Preparedness 1.3.2	研究开发规范化的应急准备评估方法	完成时间、质量
	Preparedness 1.3.3	研究开发应急准备信息管理系统	完成时间、质量

（续）

主要活动	任务编号	通用任务名称	绩效指标
减灾行动中的科技支撑活动	Mitigation 1	降低生命安全与健康的脆弱性	完成时间、质量
	Mitigation 2	降低自然资源与环境的脆弱性	完成时间、质量
	Mitigation 3	降低基础设施与建筑物的脆弱性	完成时间、质量
	Mitigation 4	降低社区的脆弱性	完成时间、质量
预防行动中的科技支撑活动	Prevent 1	了解危险源和威胁	完成时间、质量
	Prevent 2	控制危险源和威胁	完成时间、质量
	Prevent 3	消除危险源和威胁	完成时间、质量
监测预警行动中的科技支撑活动	MoniWarning 1	突发事件监测与预警	完成时间、质量
	MoniWarning 2	情报信息融合和综合预警	完成时间、质量
应急响应行动中的科技支撑活动	Response 1	抢救与保护生命	完成时间、质量
	Response 2	满足基本人类需要	完成时间、质量
	Response 3	保护财产和环境	完成时间、质量
	Response 4	消除现场危险因素	完成时间、质量
	Response 5	事件管理与协调	完成时间、质量
恢复重建行动中的科技支撑活动	Recovery 1	公众援助与关怀	完成时间、质量
	Recovery 2	恢复基础设施和建筑物	完成时间、质量
	Recovery 3	恢复环境与自然资源	完成时间、质量
	Recovery 4	恢复经济社会	完成时间、质量
综合绩效指标	CPI 17.1	各类应急科技资源的数量和增长率	数量、百分比
	CPI 17.2	科技支撑能力满足应急管理需求的程度	数量、百分比

2. 完善规划体系及沟通协调机制

表 3-99 "应急规划能力"描述表

Capability 18	应急规划能力		
定义	实施系统性的规划过程，开发、验证和维护应急计划（预案）、规划、政策、规程和项目等的能力		
期望结果	开发、验证和维护适当的计划（预案）、规划、政策、规程和项目		
能力要素	要素名称	组件和说明	要素评价指标
	组织与领导	各级各专业领域负责应急相关规划、应急预案编制和管理的政府部门和机构、企事业单位、各类组织等	机构类别、规模、数量等
	人员	在各类规划责任机构和科技支撑机构中从事与应急规划相关活动的人员	各级各类人员的数量、质量（职称、资质、资格）等
	装备	开展规划工作所需要的用于分析计算、测量记录、文字处理等工作的设施、设备、系统和工具等	各类装备与系统的数量、价值；达到装备标准的比例等

（续）

	要素名称	组件和说明	要素评价指标
能力要素	物资	应急规划过程需要的材料	品种、数量
	计划	应急规划工作计划、理论方法和标准规范	计划和标准规范等的数量、质量
	培训	对应急规划人员开展相关法律、法规、标准、规划方法等方面的培训	培训的方式、内容、范围、效果
	演练与评估	各类计划、预案和规划实施效果评估及持续改进	演练与评估的类别、范围、频次和效果
主要活动	任务编号	通用任务名称	绩效指标
建立和完善应急规划体系	Preparedness 2.1.1	开发应急规划工作指南	完成时间、质量
	Preparedness 2.1.2	建立和完善应急规划的框架	完成时间、质量
	Preparedness 2.1.3	建立和维护应急能力建设规划	完成时间、质量
	Preparedness 2.1.4	建立和维护应急预案体系	完成时间、质量
减灾行动中的规划活动	Mitigation 1	降低生命安全与健康的脆弱性	完成时间、质量
	Mitigation 2	降低自然资源与环境的脆弱性	完成时间、质量
	Mitigation 3	降低基础设施与建筑物的脆弱性	完成时间、质量
	Mitigation 4	降低社区的脆弱性	完成时间、质量
预防行动中的规划活动	Prevent 1	了解危险源和威胁	完成时间、质量
	Prevent 2	控制危险源和威胁	完成时间、质量
	Prevent 3	消除危险源和威胁	完成时间、质量
监测预警行动中的规划活动	MoniWarning 1	突发事件监测与预警	完成时间、质量
	MoniWarning 2	情报信息融合和综合预警	完成时间、质量
应急响应行动中的规划活动	Response 1	抢救与保护生命	完成时间、质量
	Response 2	满足基本人类需要	完成时间、质量
	Response 3	保护财产和环境	完成时间、质量
	Response 4	消除现场危险因素	完成时间、质量
	Response 5	事件管理与协调	完成时间、质量
恢复重建行动中的规划活动	Recovery 1	公众援助与关怀	完成时间、质量
	Recovery 2	恢复基础设施和建筑物	完成时间、质量
	Recovery 3	恢复环境与自然资源	完成时间、质量
	Recovery 4	恢复经济社会	完成时间、质量
综合绩效指标	CPI 18.1	完成各类计划、规划和预案的数量	数量、百分比
	CPI 18.2	各使命领域的规划能力能够满足应急管理需要的程度	数量、百分比

3. 建立和维护应急能力

表 3-100 "应急准备组织能力"描述表

Capability 19	应急准备组织能力		
定义	建立和维护统一、协调的组织管理结构和过程，集成所有关键利益相关者的资源与行动，以高效率地开展应急管理相关活动的能力		
期望结果	与事件相关的信息、指令能够快速高效地在组织结构间流动，能够快速高效地调配与应用应急资源，顺利完成应急相关任务		
能力要素	要素名称	组件和说明	要素评价指标
	组织与领导	各级各专业领域负责应急管理和指挥协调的政府部门和机构、企事业单位、各类组织等	机构类别、规模、数量等
	人员	在各类应急组织协调机构中从事应急管理与指挥协调相关活动的人员	各级各类人员的数量、质量（职称、资质、资格）等
	装备	开展组织协调工作所需要的用于通信、信息、调度和辅助决策等工作的设施、设备、系统和工具等	各类装备与系统的数量、价值；达到装备标准的比例等
	物资	开展组织协调工作所需的消耗性材料	品种、数量
	计划	组织协调的工作规程、预先签订的协议、相关标准规范等	计划和标准规范等的数量、质量
	培训	对组织协调人员进行专业培训	培训的方式、内容、范围、效果
	演练与评估	对组织协调过程的演练、效果评估和持续改进	演练与评估的类别、范围、频次和效果
主要活动	任务编号	通用任务名称	绩效指标
建立和维护应急准备活动过程	Preparedness 1.2.1	建立和维护识别和评估风险的过程	完成时间、质量
	Preparedness 1.2.2	建立和维护分析估计能力需求的过程	完成时间、质量
	Preparedness 1.2.3	建立和维护资源优化配置决策的过程	完成时间、质量
	Preparedness 1.2.4	建立和维护能力验证、更新的过程	完成时间、质量
建立规划集成与衔接机制	Preparedness 2.2.1	不同层级政府规划（预案）的纵向集成	完成时间、质量
	Preparedness 2.2.2	不同部门和主体规划（预案）的横向集成	完成时间、质量
	Preparedness 2.2.3	建立规划（预案）之间的衔接协调机制	完成时间、质量
协调建立和维护应急能力	Preparedness 3.1	开发应急能力建设项目	完成时间、质量
	Preparedness 3.2	实施应急能力建设项目	完成时间、质量
	Preparedness 3.3	开展应急队伍建设和技能培训	完成时间、质量
协调验证和更新应急能力	Preparedness 4.1	开展应急演练活动	完成时间、质量
	Preparedness 4.2	开展应急准备评估	完成时间、质量
	Preparedness 4.3	更新和改进应急能力	完成时间、质量
减灾行动中的组织协调活动	Mitigation 1	降低生命安全与健康的脆弱性	完成时间、质量
	Mitigation 2	降低自然资源与环境的脆弱性	完成时间、质量
	Mitigation 3	降低基础设施与建筑物的脆弱性	完成时间、质量
	Mitigation 4	降低社区的脆弱性	完成时间、质量

（续）

主要活动	任务编号	通用任务名称	绩效指标
预防行动中的组织协调活动	Prevent 1	了解危险源和威胁	完成时间、质量
	Prevent 2	控制危险源和威胁	完成时间、质量
	Prevent 3	消除危险源和威胁	完成时间、质量
监测预警行动中的组织协调活动	MoniWarning 1	突发事件监测与预警	完成时间、质量
	MoniWarning 2	情报信息融合和综合预警	完成时间、质量
应急响应行动中的组织协调活动	Response 1	抢救与保护生命	完成时间、质量
	Response 2	满足基本人类需要	完成时间、质量
	Response 3	保护财产和环境	完成时间、质量
	Response 4	消除现场危险因素	完成时间、质量
	Response 5	事件管理与协调	完成时间、质量
恢复重建行动中的组织协调活动	Recovery 1	公众援助与关怀	完成时间、质量
	Recovery 2	恢复基础设施和建筑物	完成时间、质量
	Recovery 3	恢复环境与自然资源	完成时间、质量
	Recovery 4	恢复经济社会	完成时间、质量
综合绩效指标	CPI 19.1	组织协调过程的标准化、信息化程度	数量、百分比
	CPI 19.2	各使命领域的组织协调能力能够满足应急管理需要的程度	数量、百分比

表 3-101 "应急能力建设项目管理能力"描述表

Capability 20	应急能力建设项目管理能力		
定义	组织开发和实施与减灾、预防、监测预警、应急响应和恢复重建等相关的建设项目的能力，以合理和优化配置资源，建立和维护预防事件的发生、减轻事件的影响、对事件进行快速应对所需要的应急能力		
期望结果	各类建设项目得到有效管理，资源得到合理配置，应急能力得到有效提升		
能力要素	要素名称	组件和说明	要素评价指标
	组织与领导	各级各专业领域负责应急相关项目管理的政府部门和机构、企事业单位、各类组织等	机构类别、规模、数量等
	人员	在各类应急项目管理机构中从事应急项目管理相关活动的人员	各级各类人员的数量、质量（职称、资质、资格）等
	装备	开展应急项目管理工作所需要的通信、信息、设施、设备、系统和工具等	各类装备与系统的数量、价值；达到装备标准的比例等
	物资	项目管理过程中需要的消耗性物资	品种、数量
	计划	各类项目实施的管理计划、相关标准规范	计划和标准规范等的数量、质量
	培训	对项目管理相关人员进行专业培训	培训的方式、内容、范围、效果
	演练与评估	对项目管理效果的评估和持续改进	演练与评估的类别、范围、频次和效果

（续）

主要活动	任务编号	通用任务名称	绩效指标
开发应急能力建设项目	Preparedness 3.1.1	落实应急能力建设规划	完成时间、质量
	Preparedness 3.1.2	筹措应急能力建设资金	完成时间、质量
	Preparedness 3.1.3	管理应急能力建设项目	完成时间、质量
组织实施应急能力建设项目	Preparedness 3.2	实施应急能力建设项目	完成时间、质量
	Preparedness 3.3	开展应急队伍建设和技能培训	完成时间、质量
	Preparedness 4.1	开展应急演练活动	完成时间、质量
	Preparedness 4.2	开展应急准备评估	完成时间、质量
	Preparedness 4.3	更新和改进应急能力	完成时间、质量
减灾项目管理活动	Mitigation 1	降低生命安全与健康的脆弱性	完成时间、质量
	Mitigation 2	降低自然资源与环境的脆弱性	完成时间、质量
	Mitigation 3	降低基础设施与建筑物的脆弱性	完成时间、质量
	Mitigation 4	降低社区的脆弱性	完成时间、质量
预防项目管理活动	Prevent 1	了解危险源和威胁	完成时间、质量
	Prevent 2	控制危险源和威胁	完成时间、质量
	Prevent 3	消除危险源和威胁	完成时间、质量
监测预警项目管理活动	MoniWarning 1	突发事件监测与预警	完成时间、质量
	MoniWarning 2	情报信息融合和综合预警	完成时间、质量
应急响应项目管理活动	Response 1	抢救与保护生命	完成时间、质量
	Response 2	满足基本人类需要	完成时间、质量
	Response 3	保护财产和环境	完成时间、质量
	Response 4	消除现场危险因素	完成时间、质量
	Response 5	事件管理与协调	完成时间、质量
恢复重建项目管理活动	Recovery 1	公众援助与关怀	完成时间、质量
	Recovery 2	恢复基础设施和建筑物	完成时间、质量
	Recovery 3	恢复环境与自然资源	完成时间、质量
	Recovery 4	恢复经济社会	完成时间、质量
综合绩效指标	CPI 20.1	项目管理的规范化、信息化程度	数量、百分比
	CPI 20.2	各使命领域的项目管理能力能够满足实际需要的程度	数量、百分比

表 3-102 "应急培训能力"描述表

Capability 21		应急培训能力	
定义		通过开展规范化的培训和教育提升相关人员的应急技能,明确不同类别应急人员的资质和资格要求并实施资质认证的能力	
期望结果		各级各类应急相关人员能够获得相应的培训,达到所需要的资质或资格水平,并获得资质证书	
能力要素	要素名称	组件和说明	要素评价指标
	组织与领导	各级各专业领域负责应急相关培训与资质管理的政府部门和机构、企事业单位、各类组织等	机构类别、规模、数量等
	人员	在各类应急项目管理机构中从事人员培训与资质认证相关活动的人员	各级各类人员的数量、质量(职称、资质、资格)等
	装备	开展人员培训与资质认证工作所需要的通信、信息、设施、设备、系统、工具等	各类装备与系统的数量、价值;达到装备标准的比例等
	物资	开展人员培训与资质认证工作所需要的消耗性材料	品种、数量
	计划	人员培训与资质认证相关计划和标准规范等	计划和标准规范等的数量、质量
	培训	对相关人员进行专业培训	培训的方式、内容、范围、效果
	演练与评估	人员培训与资质认证效果评估和持续改进	演练与评估的类别、范围、频次和效果
主要活动	任务编号	通用任务名称	绩效指标
开展应急队伍建设和技能培训	Preparedness 3.3.1	规划应急队伍体系	完成时间、质量
	Preparedness 3.3.2	制定应急队伍的能力建设标准	完成时间、质量
	Preparedness 3.3.3	制定人员资格要求和认证计划	完成时间、质量
	Preparedness 3.3.4	建立培训与教育课程体系	完成时间、质量
	Preparedness 3.3.5	组织开展培训教育和技能认定	完成时间、质量
减灾行动的培训活动	Mitigation 1	降低生命安全与健康的脆弱性	完成时间、质量
	Mitigation 2	降低自然资源与环境的脆弱性	完成时间、质量
	Mitigation 3	降低基础设施与建筑物的脆弱性	完成时间、质量
	Mitigation 4	降低社区的脆弱性	完成时间、质量
预防的培训活动	Prevent 1	了解危险源和威胁	完成时间、质量
	Prevent 2	控制危险源和威胁	完成时间、质量
	Prevent 3	消除危险源和威胁	完成时间、质量
监测预警的培训活动	MoniWarning 1	突发事件监测与预警	完成时间、质量
	MoniWarning 2	情报信息融合和综合预警	完成时间、质量
应急响应的培训活动	Response 1	抢救与保护生命	完成时间、质量
	Response 2	满足基本人类需要	完成时间、质量
	Response 3	保护财产和环境	完成时间、质量
	Response 4	消除现场危险因素	完成时间、质量
	Response 5	事件管理与协调	完成时间、质量

(续)

主要活动	任务编号	通用任务名称	绩效指标
恢复重建的培训活动	Recovery 1	公众援助与关怀	完成时间、质量
	Recovery 2	恢复基础设施和建筑物	完成时间、质量
	Recovery 3	恢复环境与自然资源	完成时间、质量
	Recovery 4	恢复经济社会	完成时间、质量
综合绩效指标	CPI 21.1	各类培训活动的数量、人员参与率	数量、百分比
	CPI 21.2	各使命领域的培训能力能够满足实际需要的程度	数量、百分比

4. 验证和更新应急能力

表 3-103 "应急演练能力"描述表

Capability 22	应急演练能力		
定义	组织开展演练活动以测试和验证应急预案以及其他方案的有效性与应急人员能力水平的能力		
期望结果	各级各类应急预案和应急人员都通过应急演练进行了检验和验证		
	要素名称	组件和说明	要素评价指标
能力要素	组织与领导	各级各专业领域负责应急演练的政府部门和机构、企事业单位、各类组织等	机构类别、规模、数量等
	人员	在各类应急演练责任机构中从事演练相关活动的人员,如演练策划人员、演练导调人员、演练模拟人员、演练评估人员、参演人员等	各级各类人员的数量、质量(职称、资质、资格)等
	装备	开展演练工作所需要的通信、信息、设施、设备、系统和工具等	各类装备与系统的数量、价值;达到装备标准的比例等
	物资	演练实施过程中所需要的物资	品种、数量
	计划	演练工作计划、演练工作方案,相关标准规范等	计划和标准规范等的数量、质量
	培训	对演练策划人员、导调人员、参演人员、模拟人员、评估人员等进行相关培训	培训的方式、内容、范围、效果
	演练与评估	演练效果评估和持续改进	演练与评估的类别、范围、频次和效果
主要活动	任务编号	通用任务名称	绩效指标
开展应急演练活动	Preparedness 4.1.1	制定应急演练指导性文件	完成时间、质量
	Preparedness 4.1.2	建设应急演练系统和设施	完成时间、质量
	Preparedness 4.1.3	编制应急演练计划和方案	完成时间、质量
	Preparedness 4.1.4	组织实施应急演练	完成时间、质量
	Preparedness 4.1.5	评估应急演练效果	完成时间、质量

（续）

主要活动	任务编号	通用任务名称	绩效指标
减灾行动的演练活动	Mitigation 1	降低生命安全与健康的脆弱性	完成时间、质量
	Mitigation 2	降低自然资源与环境的脆弱性	完成时间、质量
	Mitigation 3	降低基础设施与建筑物的脆弱性	完成时间、质量
	Mitigation 4	降低社区的脆弱性	完成时间、质量
预防的演练活动	Prevent 1	了解危险源和威胁	完成时间、质量
	Prevent 2	控制危险源和威胁	完成时间、质量
	Prevent 3	消除危险源和威胁	完成时间、质量
监测预警的演练活动	MoniWarning 1	突发事件监测与预警	完成时间、质量
	MoniWarning 2	情报信息融合和综合预警	完成时间、质量
应急响应的演练活动	Response 1	抢救与保护生命	完成时间、质量
	Response 2	满足基本人类需要	完成时间、质量
	Response 3	保护财产和环境	完成时间、质量
	Response 4	消除现场危险因素	完成时间、质量
	Response 5	事件管理与协调	完成时间、质量
恢复重建的演练活动	Recovery 1	公众援助与关怀	完成时间、质量
	Recovery 2	恢复基础设施和建筑物	完成时间、质量
	Recovery 3	恢复环境与自然资源	完成时间、质量
	Recovery 4	恢复经济社会	完成时间、质量
综合绩效指标	CPI 22.1	各类演练活动的数量、人员参与率	数量、百分比
	CPI 22.2	各使命领域的演练能力能够满足实际需要的程度	数量、百分比

表 3-104 "应急评估能力"描述表

Capability 23	应急评估能力		
定义	组织开展应急评估活动的能力，以评估应急预案、资源、能力和应急管理工作等的状态和水平		
期望结果	应急预案、资源、能力等都被定期评估，以发现存在的不足并及时加以改进		
能力要素	要素名称	组件和说明	要素评价指标
	组织与领导	各级各专业领域负责应急评估的政府部门和机构、技术支撑机构、各类组织等	机构类别、规模、数量等
	人员	在各类应急评估责任机构中从事评估相关活动的人员	各级各类人员的数量、质量（职称、资质、资格）等
	装备	开展评估工作所需要的通信、信息、设施、设备、系统和工具等	各类装备与系统的数量、价值；达到装备标准的比例等
	物资	开展评估工作所需要的物资	品种、数量
	计划	应急评估工作计划，相关标准规范等	计划和标准规范等的数量、质量
	培训	对参与应急评估的人员进行专门培训	培训的方式、内容、范围、效果
	演练与评估	应急评估活动的效果评估与持续改进	演练与评估的类别、范围、频次和效果

(续)

主要活动	任务编号	通用任务名称	绩效指标
开展应急准备评估	Preparedness 4.2.1	建立应急准备评估规范	完成时间、质量
	Preparedness 4.2.2	组织开展应急预案评估	完成时间、质量
	Preparedness 4.2.3	组织开展应急资源评估	完成时间、质量
	Preparedness 4.2.4	组织开展应急能力评估	完成时间、质量
	Preparedness 4.2.5	组织开展突发事件应对评估	完成时间、质量
	Preparedness 4.2.6	管理和共享应急准备评估报告	完成时间、质量
减灾行动的评估活动	Mitigation 1	降低生命安全与健康的脆弱性	完成时间、质量
	Mitigation 2	降低自然资源与环境的脆弱性	完成时间、质量
	Mitigation 3	降低基础设施与建筑物的脆弱性	完成时间、质量
	Mitigation 4	降低社区的脆弱性	完成时间、质量
预防的评估活动	Prevent 1	了解危险源和威胁	完成时间、质量
	Prevent 2	控制危险源和威胁	完成时间、质量
	Prevent 3	消除危险源和威胁	完成时间、质量
监测预警的评估活动	MoniWarning 1	突发事件监测与预警	完成时间、质量
	MoniWarning 2	情报信息融合和综合预警	完成时间、质量
应急响应的评估活动	Response 1	抢救与保护生命	完成时间、质量
	Response 2	满足基本人类需要	完成时间、质量
	Response 3	保护财产和环境	完成时间、质量
	Response 4	消除现场危险因素	完成时间、质量
	Response 5	事件管理与协调	完成时间、质量
恢复重建的评估活动	Recovery 1	公众援助与关怀	完成时间、质量
	Recovery 2	恢复基础设施和建筑物	完成时间、质量
	Recovery 3	恢复环境与自然资源	完成时间、质量
	Recovery 4	恢复经济社会	完成时间、质量
综合绩效指标	CPI 23.1	开展各类评估活动的数量和应评尽评比率	数量、百分比
	CPI 23.2	各使命领域的评估能力能够满足实际需要的程度	数量、百分比

3.4.5 监测预警使命领域核心应急能力

1. 突发事件监测与预警

表 3-105 "监测与预警能力"描述表

Capability 24	监测与预警能力
定义	对各种突发事件的致灾因子或者特征参数的变化趋势的自动监测或人工观测,并在达到事先设定的预警临界点时或经综合研判后及时发布预警信息的能力
期望结果	完善各类突发事件监测预警系统,扩大监测覆盖面,对各类突发事件因素进行持续监测,提高预警的时效性和准确性

（续）

	要素名称	组件和说明	要素评价指标
能力要素	组织与领导	从事突发事件监测与预警相关活动的各级各类机构	机构类别、规模、数量等
	人员	各类从事突发事件监测与预警活动的人员，如信息报送人员、情报分析人员、系统维护人员、行业专家	各级各类人员的数量、质量（职称、资质、资格）等
	装备	各类突发事件监测与预警机构拥有的信息收集、分析计算、测量记录、检测检验等的设施、设备、系统和工具等	各类装备与系统的数量、价值；达到装备标准的比例等
	物资	开展监测与预警活动所需要的物资	品种、数量
	计划	突发事件监测与预警工作计划，相关标准规范等	计划和标准规范等的数量、质量
	培训	监测与预警科普宣教与专业知识培训	培训的方式、内容、范围、效果
	演练与评估	监测与预警功能演练、效果评估与持续改进	演练与评估的类别、范围、频次和效果
主要活动	任务编号	通用任务名称	绩效指标
开展自然灾害监测与预警	MoniWarning 1.1.1	对气象灾害因素进行监测与预警	完成时间、质量
	MoniWarning 1.1.2	对地质灾害因素进行监测与预警	完成时间、质量
	MoniWarning 1.1.3	对水文灾害因素进行监测与预警	完成时间、质量
	MoniWarning 1.1.4	对海浪灾害因素进行监测与预警	完成时间、质量
	MoniWarning 1.1.5	对森林草原火灾因素进行监测与预警	完成时间、质量
开展事故灾难监测与预警	MoniWarning 1.2.1	重大工业危险源监测与预警	完成时间、质量
	MoniWarning 1.2.2	重大环境风险源监测与预警	完成时间、质量
	MoniWarning 1.2.3	重要基础设施安全监测与预警	完成时间、质量
	MoniWarning 1.2.4	网络与信息系统安全监测与预警	完成时间、质量
	MoniWarning 1.2.5	人的不安全行为监测与预警	完成时间、质量
开展公共卫生事件监测与预警	MoniWarning 1.3.1	医疗机构哨点监测与预警	完成时间、质量
	MoniWarning 1.3.2	动物疫情监测和调查	完成时间、质量
	MoniWarning 1.3.3	流行病学监测和调查	完成时间、质量
	MoniWarning 1.3.4	公共卫生实验室检测	完成时间、质量
开展社会安全事件监测与预警	MoniWarning 1.4.1	特定场所安全监测与预警	完成时间、质量
	MoniWarning 1.4.2	特定人员安全监测与预警	完成时间、质量
	MoniWarning 1.4.3	特殊物品安全监测与预警	完成时间、质量
	MoniWarning 1.4.4	特殊事件安保监测与预警	完成时间、质量
综合绩效指标	CPI 24.1	各类突发事件监测点数量和精准度	数量、百分比
	CPI 24.2	各类突发事件预警信息发布的及时性、覆盖率	数量、百分比

2. 情报信息融合和综合预警

表 3-106 "信息融合与综合预警发布能力"描述表

Capability 25		信息融合与综合预警发布能力	
定义		通过情报和信息的融合与共享，及时地发现情报与信息之间的关联，以及不同事件之间的相互影响，实现大范围、多灾种综合预警的能力	
期望结果		多种来源的信息经过融合、综合分析研判，能够得到更准确、更灵敏的预警信息	
能力要素	要素名称	组件和说明	要素评价指标
	组织与领导	从事信息融合与综合预警相关活动的各级各类机构	机构类别、规模、数量等
	人员	各类从事信息融合与综合预警活动的人员，如信息处理人员、综合分析人员	各级各类人员的数量、质量（职称、资质、资格）等
	装备	各类信息融合与综合预警机构拥有的用于信息收集、分析计算、模拟仿真、综合研判等工作的设施、设备、系统和工具等	各类装备与系统的数量、价值；达到装备标准的比例等
	物资	信息融合与预警工作所需物资	品种、数量
	计划	信息融合与综合预警工作计划、相关标准规范	计划和标准规范等的数量、质量
	培训	信息融合与综合预警专业培训	培训的方式、内容、范围、效果
	演练与评估	信息融合与综合预警功能演练、效果评估与持续改进	演练与评估的类别、范围、频次和效果
主要活动	任务编号	通用任务名称	绩效指标
建立和维护情报信息融合平台	MoniWarning 2.1.1	建立跨领域的信息通信系统	完成时间、质量
	MoniWarning 2.1.2	建立多源信息融合平台	完成时间、质量
	MoniWarning 2.1.3	建立信息融合和共享机制	完成时间、质量
建立和维护信息研判和预警系统	MoniWarning 2.2.1	集成和分析相关信息和情报	完成时间、质量
	MoniWarning 2.2.2	开展综合研判和综合预警	完成时间、质量
	MoniWarning 2.2.3	开发综合预警信息产品	完成时间、质量
建立和维护综合预警信息发布系统	MoniWarning 2.3.1	建立和维护互联互通的预警信息发布平台	完成时间、质量
	MoniWarning 2.3.2	建立和维护多模式的预警信息发布机制	完成时间、质量
	MoniWarning 2.3.3	建立预警信息发布的相关标准规范	完成时间、质量
综合绩效指标	CPI 25.1	多部门、多层级相关信息共享融合的程度	数量、百分比
	CPI 25.2	灾害链、事故链、多因素综合分析研判的程度	数量、百分比
	CPI 25.3	预警信息的公众覆盖率、知晓率	数量、百分比

3.4.6 应急响应使命领域核心应急能力

1. 抢救与保护生命

表 3-107 "先期处置（第一响应）能力"描述表

Capability 26		先期处置（第一响应）能力	
定义		在突发事件发生初期，由第一响应人对事件进行先期处置，以限制事件影响范围，对受害者进行抢救，尽量减少事件损失的能力	
期望结果		现场被困、受伤人员能够得到快速救援，危险因素能够得到快速处置，避免事件失控升级	
能力要素	要素名称	组件和说明	要素评价指标
	组织与领导	从事先期处置的消防、急救、交通管理、公共安全、志愿者组织等机构，以及企事业单位和基层组织	机构类别、规模、数量等
	人员	消防人员、急救人员、交通管理人员、警察志愿者，以及企事业单位和基层组织工作人员	各级各类人员的数量、质量（职称、资质、资格）等
	装备	各类用于先期处置所需的通信、信息、灭火、搜索、定位、破拆、吊运、急救等工作的设施、设备、系统和工具等	各类装备与系统的数量、价值；达到装备标准的比例等
	物资	用于先期处置所需的各种消耗性材料和办公用品等	品种、数量
	计划	各种先期处置应急预案、工作手册、行动方案和标准规范	计划和标准规范等的数量、质量
	培训	对先期处置（第一响应）人员进行培训、教育或资质认证	培训的方式、内容、范围、效果
	演练与评估	各类突发事件先期处置（第一响应）应急演练，效果评估和持续改进	演练与评估的类别、范围、频次和效果
主要活动	任务编号	通用任务名称	绩效指标
开展先期处置行动	Response 1.1.3	解救已发现的被困人员	完成时间、质量
	Response 1.1.4	向被困和被救出人员提供医疗救治	完成时间、质量
	Response 1.3.1	向目标人群发布疏散和避难命令	完成时间、质量
	Response 3.1.2	控制现场及附近的交通和人群	完成时间、质量
	Response 4.1.2	开展现场灭火行动	完成时间、质量
	Response 4.3.4	开展现场危险品控制行动	完成时间、质量
综合绩效指标	CPI 26.1	第一响应人员的数量、培训合格率等	数量、百分比
	CPI 26.2	各类突发事件先期处置（第一响应）的成效（成功处置率，减少损失）	数量、百分比

表 3-108 "搜索与救护能力"描述表

Capability 27	搜索与救护能力		
定义	协调和实施城市/水上/矿山搜索和救护的能力,对被埋在已损坏或倒塌的建筑中、矿山、水上或处于其他灾难中的受害者,进行定位、救出和提供现场医治等救援活动		
期望结果	安全而高效地实施城市/水上/矿山搜索和救护活动,用最短的时间救出最多的受害者,同时保证施救者的安全		
能力要素	要素名称	组件和说明	要素评价指标
	组织与领导	包括从事搜索与救护相关活动的各级各类机构、搜救队伍	机构类别、规模、数量等
	人员	城市/水上/矿山搜索和救护人员;城市/水上/矿山搜索和救护支持人员;医疗小组;工程人员(检查倒塌房屋建筑、矿山、水域的船舶情况);施工人员(大型机械、吊车、推土机等的操作人员)	各级各类人员的数量、质量(职称、资质、资格)等
	装备	各类搜索与救护机构、队伍拥有的用于信息收集、分析计算、测量记录、搜索、定位、破拆、吊运、急救、通信等工作的设施、设备、系统和工具等	各类装备与系统的数量、价值;达到装备标准的比例等
	物资	自我生活保障物资;应急行动消耗性物资	品种、数量
	计划	城市/水上/矿山搜索和救护计划;应急行动计划;搜索与救护工作标准规范等	计划、预案和标准规范等的数量、质量
	培训	城市/水上/矿山搜索和救护技术操作;危险品操作;生命支持系统使用;通信设备使用培训	培训的方式、内容、范围、效果
	演练与评估	专业城市/水上/矿山搜索和救护演练、效果评估和计划及程序的改进	演练与评估的类别、范围、频次和效果
主要活动	任务编号	通用任务名称	绩效指标
开展搜索与救护活动	Response 1.1.1	搜救现场情况侦察和分析	完成时间、质量
	Response 1.1.2	搜索和定位被困人员	完成时间、成功率
	Response 1.1.3	解救已发现的被困人员	完成时间、成功率
	Response 1.1.4	向被困和被救出人员提供医疗救治	完成时间、成功率
	Response 1.1.5	遣返和重新部署搜救队伍	完成时间、恢复情况
综合绩效指标	CPI 27.1	达到不同等级标准的搜救队伍数量	等级、数量
	CPI 27.2	72 小时内可完成搜救的工作量	面积、被困人数

表 3-109 "紧急医疗救护能力"描述表

Capability 28	紧急医疗救护能力
定义	通过医疗服务和相关行动,提供抢救生命的医疗急救,以及向灾区有需要的人群提供有针对性的公共卫生和医疗支持,避免额外的疾病和损伤的能力
期望结果	所有需要的人群都获得了适当的公共卫生和医疗支持,最大限度地挽救了生命、避免了疾病和损伤

（续）

	要素名称	组件和说明	要素评价指标
能力要素	组织与领导	从事紧急医疗救护相关活动的各级各类机构，如医院、急救中心、卫生防疫、红十字会、志愿者组织等机构	机构类别、规模、数量等
	人员	主治人员；辅助人员（如实验室、保管、食物供应等）；公众医疗信息专家；安保人员；法律专家	各级各类人员的数量、质量（职称、资质、资格）等
	装备	医院和医疗设施及设备；实验室设施和设备；病人运输车辆；医疗运输车辆；可代用伤亡人员运输车辆；可代用救护设施（如旅馆、学校等）；医院管理信息系统（如床位信息等）；病人追踪信息系统；个体保护设备	各类装备与系统的数量、价值；达到装备标准的比例等
	物资	检伤分类所需标签；医疗药品；卫生防疫物资	品种、数量
	计划	大规模病人医疗救治计划；院前救护协调计划；互助协议；相关标准规范	计划和标准规范等的数量、质量
	培训	大规模病人医疗救治培训；化学、生物、放射性、核和爆炸伤害的救治培训；医疗设备、通信设备使用培训；个体防护设备使用培训	培训的方式、内容、范围、效果
	演练与评估	大规模病人医疗救治演练、效果评估和持续改进	演练与评估的类别、范围、频次和效果
主要活动	任务编号	通用任务名称	绩效指标
开展紧急医疗救护活动	Response 1.2.1	检伤分类和院前治疗	完成时间、质量
	Response 1.2.2	医疗高峰需求的应对	完成时间、质量
	Response 1.2.3	医疗用品的管理和分配	完成时间、质量
	Response 1.2.4	实施大众防疫	完成时间、质量
综合绩效指标	CPI 28.1	能够同时救治受伤人员的数量	数量
	CPI 28.2	传染病疫情早发现和早处置情况	数量、百分比
	CPI 28.3	易感人群预防接种的数量与比例	数量、百分比

表 3-110 "公众疏散和就地避难能力"描述表

Capability 29	公众疏散和就地避难能力		
定义	公众疏散与就地避难是将处于危险之中的人群立即实施安全和有效的就地避难，或将处于危险中的人群疏散到安全的避难所，以对潜在的或者实际的紧急事件进行响应；此外，还包括在可行条件下使人群安全地返回		
期望结果	所有处于危险之中的人群都得到保护或被疏散到安全地点，最大限度避免发生人员的伤亡		
	要素名称	组件和说明	要素评价指标
能力要素	组织与领导	从事公众疏散与就地避难相关活动的各级各类机构，如政府部门、基层组织、公安、消防、交通、急救中心、卫生防疫、红十字会、志愿者组织等机构	机构类别、规模、数量等

（续）

	要素名称	组件和说明	要素评价指标
能力要素	人员	指挥机构人员；疏散协调人员；人群控制人员；交通控制人员；特殊需要人群援助人员	各级各类人员的数量、质量（职称、资质、资格）等
	装备	通信设备；运输和医疗设备；公众运输工具；向公众通告疏散程序和指导信息、通知疏散时间的多种告知手段；个体防护设备	各类装备与系统的数量、价值；达到装备标准的比例等
	物资	人员身份标识、道路引导标识；口哨、手持喇叭、手电筒；基本生活物资等	品种、数量
	计划	应急避难场所启用计划；应急疏散预案；就地避难预案；相关标准规范	计划和标准规范等的数量、质量
	培训	应急疏散与就地避难预案培训；相关设施管理人员培训；公众培训等	培训的方式、内容、范围、效果
	演练与评估	针对紧急疏散程序和场所的演练、效果评估和持续改进	演练与评估的类别、范围、频次和效果
主要活动	任务编号	通用任务名称	绩效指标
开展公众疏散和就地避难活动	Response 1.3.1	向目标人群发布疏散和避难命令	完成时间、质量
	Response 1.3.2	提供疏散运输工具和交通指挥	完成时间、质量
	Response 1.3.3	设立疏散集合点和接待区	完成时间、质量
	Response 1.3.4	实施就地避难行动	完成时间、质量
	Response 1.3.5	终止疏散和就地避难行动	完成时间、质量
综合绩效指标	CPI 29.1	受影响的公众接到通知后在要求的时间内采取就地避难的比例	数量、百分比
	CPI 29.2	受影响的公众接到通知后在要求的时间内完成疏散撤离的比例	数量、百分比

2. 满足基本人类需要

表 3-111 "公众照料服务能力"描述表

Capability 30	公众照料服务能力		
定义	向受灾人员提供应急避难场所、饮食及相关服务，为失散家庭的团聚提供帮助的能力		
期望结果	所有受灾人员都得到妥善照顾，能够满足基本生活需要		
	要素名称	组件和说明	要素评价指标
能力要素	组织与领导	从事公众照料服务相关活动的各级各类机构，如政府部门、基层组织、公安、消防、卫生防疫、红十字会、志愿者组织等机构	机构类别、规模、数量等
	人员	提供住宿服务的人员；提供饮食服务的人员；提供基本急救和心理健康服务的人员；提供医疗服务及管理医疗设备的人员；提供后勤保障的人员；安全保卫人员；通信联络人员	各级各类人员的数量、质量（职称、资质、资格）等
	装备	医疗设备；厨房与餐饮设备；洗浴、卫生设备；运输车辆	各类装备与系统的数量、价值；达到装备标准的比例等

（续）

	要素名称	组件和说明	要素评价指标
能力要素	物资	临时性住房、帐篷；衣被、生活必需品；急救与医疗用品	品种、数量
	计划	紧急公众照料预案；后勤保障计划；互助协议；设施征用协议；相关标准规范	计划和标准规范等的数量、质量
	培训	公众照料培训；住宿管理培训；急救培训	培训的方式、内容、范围、效果
	演练与评估	公众照料预案演练；有特殊需要人群服务演练；效果评估和持续改进	演练与评估的类别、范围、频次和效果
主要活动	任务编号	通用任务名称	绩效指标
提供公众照料服务	Response 2.1.1	评估公众照料需求	完成时间、质量
	Response 2.1.2	设立或启用避难场所	完成时间、质量
	Response 2.1.3	收容和安置受灾人员	完成时间、质量
	Response 2.1.4	提供食物、饮用水和生活必需品	完成时间、质量
	Response 2.1.5	为特殊需要人员提供服务	完成时间、质量
	Response 2.1.6	转移安置避难场所中的受灾人员	完成时间、质量
综合绩效指标	CPI 30.1	启动避难所后，为避难人员提供稳定的餐饮、医疗、安保等保障服务所需的时间	时间
	CPI 30.2	避难场所能够容纳安置公众的数量或人口比例	数量、百分比

表 3-112 "紧急交通运输保障能力"描述表

Capability 31	紧急交通运输保障能力		
定义	为应急响应提供运输保障，包括疏散人与动物、向受灾地区运送应急响应人员、装备和物资所需的航空、公路、铁路和水上运输的能力		
期望结果	所有人员、设备和物资等资源都能被及时地运送到需要的地点		
	要素名称	组件和说明	要素评价指标
能力要素	组织与领导	从事交通运输保障相关活动的各级各类机构，如政府部门、基层组织、公路、铁路、水运、民航、企业、志愿者组织等机构	机构类别、规模、数量等
	人员	各类运输工具驾驶员；运输工具维修人员；运输指挥调度人员；运输设施抢修人员；搬运工人等	各级各类人员的数量、质量（职称、资质、资格）等
	装备	各类交通运输保障机构与队伍拥有的用于信息收集、分析计算、测量记录，运输车辆、船舶、飞机、场站等工作的设施、设备、系统和工具等	各类装备与系统的数量、价值；达到装备标准的比例等
	物资	油料；运输工具维修零配件	品种、数量
	计划	紧急交通运输保障预案；有关运输保障的互助协议和备忘录；相关标准规范	计划和标准规范等的数量、质量
	培训	交通运输保障培训；交通运输设施抢修培训	培训的方式、内容、范围、效果
	演练与评估	紧急交通运输保障预案演练、效果评估和持续改进	演练与评估的类别、范围、频次和效果

（续）

主要活动	任务编号	通用任务名称	绩效指标
提供紧急交通运输保障	Response 2.2.1	评估交通基础设施受损情况	完成时间、质量
	Response 2.2.2	快速清理和修复关键交通运输设施	完成时间、质量
	Response 2.2.3	建立和维护灾区交通运输通道	完成时间、质量
	Response 2.2.4	优化通向灾区的多种运输模式	完成时间、质量
	Response 2.2.5	启用和调配交通运输能力	完成时间、质量
	Response 2.2.6	恢复和补偿交通运输能力	完成时间、质量
综合绩效指标	CPI 31.1	紧急交通运输能力（不同运输方式的运力、比例）	数量、百分比
	CPI 31.2	紧急交通运输保障需求及其满足率	数量、百分比

表 3-113 "应急资源保障能力"描述表

Capability 32	应急资源保障能力		
定义	向受灾人员和应急响应行动人员提供应急资源与服务，以及技术咨询、后勤保障、财务管理等服务的能力		
期望结果	应急响应过程中所需要的各种应急资源和服务能够及时得到满足		
能力要素	要素名称	组件和说明	要素评价指标
	组织与领导	从事应急资源与服务相关活动的各级各类部门和机构、物资储备库、应急队伍、物流企业、红十字会、志愿者组织等机构	机构类别、规模、数量等
	人员	设备维护人员；资源配送人员；资源库存管理和追踪人员；物资采购人员；安全保卫人员	各级各类人员的数量、质量（职称、资质、资格）等
	装备	通信设备，加油和维修设施、设备，仓储设施和货物中转站；资源管理信息系统、资源追踪系统、运输跟踪系统、库存管理系统、资源报告系统等	各类装备与系统的数量、价值；达到装备标准的比例等
	物资	资源调配的各种表格；应急资源与服务保障过程消耗的相关物资	品种、数量
	计划	各种应急资源保障预案，有关资源调配的互助协议和备忘录，相关标准规范等	计划和标准规范等的数量、质量
	培训	资源和服务保障业务培训；紧急采购程序培训；通信设备使用培训等	培训的方式、内容、范围、效果
	演练与评估	资源保障预案的演练；与事件现场指挥部及应急指挥中心的协同演练；效果评估和持续改进	演练与评估的类别、范围、频次和效果
主要活动	任务编号	通用任务名称	绩效指标
提供应急资源与服务保障	Response 2.3.1	评估响应资源和服务需求	完成时间、质量
	Response 2.3.2	获得所需要的资源和服务	完成时间、质量
	Response 2.3.3	运输和跟踪所调配的资源	完成时间、质量
	Response 2.3.4	设立资源集结和分配中心（站点）	完成时间、质量
	Response 2.3.5	为响应行动提供资源和服务支持	完成时间、质量
	Response 2.3.6	给受灾人员分配资源	完成时间、质量
	Response 2.3.7	提供志愿者及捐赠服务	完成时间、质量
	Response 2.3.8	回收和维护资源	完成时间、质量
综合绩效指标	CPI 32.1	各类应急资源的数量和分布情况	数量、百分比
	CPI 32.2	应急资源与服务需求数量和满足率	数量、百分比

表 3-114 "遇难者管理服务能力"描述表

Capability 33		遇难者管理服务能力	
定义		提供遇难者管理服务,包括遗体恢复和遇难者识别、寻找遇难者家属、提供丧葬服务和其他咨询服务的能力	
期望结果		遇难者遗骸和证据物品得到完整记录、回收和妥善处理(安全与卫生风险超过可接受水平时除外)	
能力要素	要素名称	组件和说明	要素评价指标
	组织与领导	民政、公安、卫生、应急等政府部门,殡葬服务机构,医院、红十字会、志愿者组织等机构	机构类别、规模、数量等
	人员	遗体复原人员;遗体净化人员;尸检人员;遗体整理人员;遗体辨识人员;家属联系人员;实验技术人员;安全保卫人员	各级各类人员的数量、质量(职称、资质、资格)等
	装备	遗体运输车辆;可移动停尸房;可移动冰柜、冷柜;遗体保存设施;净化设施;尸检和证据采集设施;照相器材;死亡人员信息登记系统;个体保护设备;通信设备	各类装备与系统的数量、价值;达到装备标准的比例等
	物资	装尸袋;消毒剂;清洗液;防腐剂;丧葬用品	品种、数量
	计划	灾难性大规模死亡处理应急预案;相关标准规范等	计划和标准规范等的数量、质量
	培训	大规模死亡人员处理培训;个体保护设备使用培训;通信设备使用培训	培训的方式、内容、范围、效果
	演练与评估	大规模死亡处理应急预案演练、效果评估和持续改进	演练与评估的类别、范围、频次和效果
主要活动	任务编号	通用任务名称	绩效指标
提供遇难者管理服务	Response 2.4.1	遇难者搜索和遗体回收	完成时间、质量
	Response 2.4.2	遇难者遗体清理和转运	完成时间、质量
	Response 2.4.3	实施太平间遗体检查	完成时间、质量
	Response 2.4.4	收集和管理遇难者生前数据	完成时间、质量
	Response 2.4.5	识别遇难者身份	完成时间、质量
	Response 2.4.6	进行遗体最终处置	完成时间、质量
	Response 2.4.7	为遇难者家属提供社会支持	完成时间、质量
综合绩效指标	CPI 33.1	遇难者处理服务设施类别及容量	数量、百分比
	CPI 33.2	遇难者遗体得到妥善处理的比例	数量、百分比

3. 保护财产和环境

表 3-115 "现场安全保卫与控制能力"描述表

Capability 34	现场安全保卫与控制能力
定义	为受灾地区和响应行动提供安全保卫,以维护现场秩序和避免损失扩大的能力
期望结果	事件现场得到妥善的安全保护与控制,应急响应活动(包括相关重要场所、设施和物资)获得了必要的安全保卫

（续）

	要素名称	组件和说明	要素评价指标
能力要素	组织与领导	从事现场安保相关活动的各级各类机构，如公安、武警、军队、安保公司、志愿者组织等机构	机构类别、规模、数量等
	人员	执法和安全人员；交通控制人员（包括交通工程师）等	各级各类人员的数量、质量（职称、资质、资格）等
	装备	交通控制设施；路障和周界隔离设施；个体防护设备；通信系统	各类装备与系统的数量、价值；达到装备标准的比例等
	物资	路障、隔离带等物资	品种、数量
	计划	安全与保卫应急预案，交通控制预案，相关标准规范	计划和标准规范等的数量、质量
	培训	各种环境下的安全和保卫操作培训；个体防护设备使用培训；通信设备使用培训	培训的方式、内容、范围、效果
	演练与评估	安全和保卫应急演练、效果评估和持续改进	演练与评估的类别、范围、频次和效果
主要活动	任务编号	通用任务名称	绩效指标
提供现场安全保卫与控制	Response 3.1.1	评估并保护事件现场	完成时间、质量
	Response 3.1.2	控制现场及附近的交通和人群	完成时间、质量
	Response 3.1.3	为应急响应活动提供安保	完成时间、质量
	Response 3.1.4	维护社会公共秩序	完成时间、质量
	Response 3.1.5	开展执法行动	完成时间、质量
综合绩效指标	CPI 34.1	事件现场安全保卫与控制能力（人员类别和数量）	数量、百分比
	CPI 34.2	事件现场和灾区社会秩序恢复情况	数量、百分比

表 3-116 "环境应急监测与污染防控能力"描述表

Capability 35	环境应急监测与污染防控能力		
定义	对事发区域环境进行应急监测，并采取措施对扩散到周边环境中的污染物进行紧急处置的能力		
期望结果	现场污染物得到快速辨识、监测和有效处置		
	要素名称	组件和说明	要素评价指标
能力要素	组织与领导	从事环境应急监测与污染防控相关活动的各级各类机构，如环保、海洋、市政、医疗、应急等机构，相关企业和检测检验机构等	机构类别、规模、数量等
	人员	各类从事环境应急监测与污染防控活动的人员，如环境监测人员、公共卫生专家、去污消毒人员、环卫工人、运输人员等	各级各类人员的数量、质量（职称、资质、资格）等
	装备	各类环境应急监测与污染防控拥有的用于环境监测、信息收集、分析计算、运输、处置等工作的设施、设备、系统和工具等	各类装备与系统的数量、价值；达到装备标准的比例等

（续）

	要素名称	组件和说明	要素评价指标
能力要素	物资	环境应急监测与污染防控所需的取样物品、垃圾袋、垃圾桶、消毒灭菌等物资	品种、数量
	计划	环境应急监测与污染防控预案，相关标准规范	计划和标准规范等的数量、质量
	培训	对环境应急监测与污染防控相关人员的专业培训	培训的方式、内容、范围、效果
	演练与评估	环境应急监测与污染防控活动的演练、效果评估与持续改进	演练与评估的类别、范围、频次和效果
主要活动	任务编号	通用任务名称	绩效指标
开展环境应急监测与污染防控活动	Response 3.3.1	评估受灾害区域的环境污染情况	完成时间、质量
	Response 3.3.2	实施食物污染情况监测和管理	完成时间、质量
	Response 3.3.3	实施饮用水污染情况监测和管理	完成时间、质量
	Response 3.3.4	实施污水处理情况监测和管理	完成时间、质量
	Response 3.3.5	建筑物内环境安全监测和管理	完成时间、质量
	Response 3.3.6	室外环境安全监测和管理	完成时间、质量
	Response 3.3.7	为响应行动提供环境卫生支持	完成时间、质量
综合绩效指标	CPI 35.1	污染物应急监测和处置能力（类别和数量等）	数量、百分比
	CPI 35.2	事件现场污染物监测和处置成效（数量、无害化程度等）	数量、百分比

4. 消除现场危险因素

表 3-117 "火灾事故应急处置能力"描述表

Capability 36		火灾事故应急处置能力	
定义		对火灾现场进行评估、营救被困人员，实施火灾抑制、控制、扑灭、支援和调查行动，以使火灾区域恢复安全状态的能力	
期望结果		灭火活动被安全地实施，火灾危害被抑制、控制、扑灭和调查，事件按照应急预案和程序进行管理	
	要素名称	组件和说明	要素评价指标
能力要素	组织与领导	从事火灾消防相关活动的各级各类机构，如综合性消防救援队伍、企事业单位消防队、志愿者组织等机构	机构类别、规模、数量等
	人员	消防人员；建筑专业人员；资源协调人员	各级各类人员的数量、质量（职称、资质、资格）等
	装备	通用性灭火装置和相关设备；各类消防车辆；自动灭火系统；火灾报警与指挥调度系统；个体防护设备；通信设备	各类装备与系统的数量、价值；达到装备标准的比例等
	物资	水、泡沫、二氧化碳等灭火物资	品种、数量
	计划	消防应急预案，消防标准操作手册，相关标准规范	计划和标准规范等的数量、质量

(续)

	要素名称	组件和说明	要素评价指标
能力要素	培训	消防培训、建筑结构培训、危险物质培训、个体防护设备使用培训、通信设备使用培训	培训的方式、内容、范围、效果
	演练与评估	消防专项演练和联合演练、效果评估和持续改进	演练与评估的类别、范围、频次和效果
主要活动	任务编号	通用任务名称	绩效指标
开展火灾事故应急处置	Response 4.1.1	评估火灾现场的形势	完成时间、质量
	Response 4.1.2	开展现场灭火行动	完成时间、质量
	Response 4.1.3	火灾遇险人员搜救	完成时间、质量
	Response 4.1.4	彻底扑灭火灾和清理火场	完成时间、质量
	Response 4.1.5	开展火灾原因调查	完成时间、质量
综合绩效指标	CPI 36.1	扑救大型复杂火灾（高层建筑、危险化学品等）的能力	数量、百分比
	CPI 36.2	火灾事故应急处置综合成效（人员搜救成功、损失下降等）	数量、百分比

表 3-118 "爆炸装置应急处置能力" 描述表

Capability 37		爆炸装置应急处置能力	
定义		在得到报警和通知后协调、指挥和实施爆炸装置应急处置的能力	
期望结果		爆炸或危险装置被安全拆除，区域内的危害因素被清理	
	要素名称	组件和说明	要素评价指标
能力要素	组织与领导	从事爆炸装置处置相关活动的各级各类机构，如公安、消防、武警、军队的专业排爆队等机构	机构类别、规模、数量等
	人员	可以进行爆炸装置检测、破解、去除引信、处置操作的人员；化学、生物、放射性、核和爆炸物检测与监测人员	各级各类人员的数量、质量（职称、资质、资格）等
	装备	专用爆炸物检测设备；专用防护设备；化学、生物、放射性、核和爆炸检测与监测设备	各类装备与系统的数量、价值；达到装备标准的比例等
	物资	爆炸品处理需要的消耗性物资	品种、数量
	计划	爆炸装置处置应急预案，标准操作手册，相关标准规范	计划和标准规范等的数量、质量
	培训	爆炸装置处置培训、爆炸后调查培训、危险物质识别培训、通信设备使用培训	培训的方式、内容、范围、效果
	演练与评估	爆炸装备、危险品处置演练，效果评估和持续改进	演练与评估的类别、范围、频次和效果
主要活动	任务编号	通用任务名称	绩效指标
开展爆炸装置应急处置	Response 4.2.1	开展爆炸装置搜索和现场评估	完成时间、质量
	Response 4.2.2	实施现场安全保卫和周界控制	完成时间、质量
	Response 4.2.3	对爆炸装置在现场进行安全排险	完成时间、质量
	Response 4.2.4	将爆炸装置运输到异地进行处置	完成时间、质量
	Response 4.2.5	爆炸装置特征和恐怖嫌疑人调查	完成时间、质量
综合绩效指标	CPI 37.1	爆炸或危险装置处置能力（专业队伍数量、等级）	数量、百分比
	CPI 37.2	爆炸或危险装置处置综合成效（数量、成功率等）	数量、百分比

表 3-119 "危险品泄漏处置和清除能力"描述表

Capability 38		危险品泄漏处置和清除能力	
定义		对由于各种事故或恐怖袭击事件所导致的危险物质的泄漏进行处置和清除的能力	
期望结果		危险品泄漏被迅速查明并减轻其危害；暴露于危害之中的受害者被解救、去污和救治；泄漏的影响范围得到限制；应急响应人员和受威胁人群得到有效保护	
能力要素	要素名称	组件和说明	要素评价指标
	组织与领导	从事危险品泄漏处置和清除相关活动的各级各类机构，如消防、军队、企业等的专业危险品应急救援队等机构	机构类别、规模、数量等
	人员	具备从事危险品泄漏处置和清除的消防人员；危险物质净化专业人员；危险物质应急响应人员；危险品识别实验室人员	各级各类人员的数量、质量（职称、资质、资格）等
	装备	危险品泄漏隔离装备，净化或移动装备，检测和监测设备，个体防护设备，转运设备，通信设备	各类装备与系统的数量、价值；达到装备标准的比例等
	物资	净化去污的物资，受害者净化后需要的衣物等	品种、数量
	计划	危险品泄漏处置应急预案，应急标准操作程序，相关标准规范	计划和标准规范等的数量、质量
	培训	危险品泄漏处置和清除培训，个体防护设备使用培训，通信设备使用培训	培训的方式、内容、范围、效果
	演练与评估	针对危险品泄漏处置和清除的演练，效果评估和持续改进	演练与评估的类别、范围、频次和效果
主要活动	任务编号	通用任务名称	绩效指标
开展危险品泄漏处置和清除	Response 4.3.1	现场危险品识别和评估	完成时间、质量
	Response 4.3.2	开展现场危险品监测活动	完成时间、质量
	Response 4.3.3	开展现场遇险人员救援行动	完成时间、质量
	Response 4.3.4	开展现场危险品控制行动	完成时间、质量
	Response 4.3.5	对受污染人员进行洗消处理	完成时间、质量
	Response 4.3.6	开展现场设施和环境的洗消处理	完成时间、质量
综合绩效指标	CPI 38.1	危险品泄漏处置和清除能力（专业队伍数量、等级）	数量、百分比
	CPI 38.2	危险品泄漏处置和清除综合成效（数量、成功率等）	数量、百分比

表 3-120 "生物疫情应急处置能力"描述表

Capability 39	生物疫情应急处置能力
定义	在发生人类与动植物生物疫情时，通过采取药物和非药物干预措施控制疫情的蔓延，限制并最终消除疫情的能力

（续）

期望结果	人类与动植物生物疫情快速得到控制和消除		
	要素名称	组件和说明	要素评价指标
能力要素	组织与领导	从事生物疫情处置相关活动的各级各类机构，如医疗卫生、疾病预防控制、防疫、农业、林业、出入境管理、企事业单位等机构	机构类别、规模、数量等
	人员	公共卫生专家，防疫接种人员，医务人员（例如，医生、护士、急救人员、家庭健康护理人员、感染控制专业人员），运输人员，保卫人员，公众健康教育专家	各级各类人员的数量、质量（职称、资质、资格）等
	装备	疫苗分发和接种中心设施及设备，疫苗分发网络，个体保护设备，通信设备	各类装备与系统的数量、价值；达到装备标准的比例等
	物资	疫苗、标识和表格等，供封闭和隔离者使用的应急物资（医药、食品等）	品种、数量
	计划	群体防疫接种计划，生物疫情应急预案，隔离和封闭预案，相关标准规范	计划和标准规范等的数量、质量
	培训	生物疫情处置专业培训，疫苗接种操作培训，个体防护设备使用培训，通信设备使用培训	培训的方式、内容、范围、效果
	演练与评估	生物疫情处置应急预案，疫苗分发和接种演练，效果评估和持续改进	演练与评估的类别、范围、频次和效果
主要活动	任务编号	通用任务名称	绩效指标
开展生物疫情应急处置	Response 4.4.1	开展流行病学调查和实验室检测	完成时间、质量
	Response 4.4.2	实施药物和医疗干预控制措施	完成时间、质量
	Response 4.4.3	实施非药物干预控制措施	完成时间、质量
	Response 4.4.4	实施染疫动植物处置措施	完成时间、质量
综合绩效指标	CPI 39.1	生物疫情应急处置能力（专业队伍数量、等级）	数量、百分比
	CPI 39.2	生物疫情应急处置综合成效（数量、成功率等）	数量、百分比

表 3-121 "防汛抗旱应急处置能力"描述表

Capability 40	防汛抗旱应急处置能力		
定义	在发生洪涝或干旱灾害时，通过防洪排涝、抽水运水浇灌等措施减轻或消除灾情的能力		
期望结果	洪涝或干旱灾害快速得到控制，最大限度地减少生命财产损失		
	要素名称	组件和说明	要素评价指标
能力要素	组织与领导	从事防汛抗旱相关活动的政府相关部门（如水利、应急等）、专业抢险救援队伍、企事业单位、基层组织和志愿者组织等	机构类别、规模、数量等
	人员	各类从事防汛抗旱相关活动的人员，如工程技术人员、工程机械操作人员、抽排水人员、水利专家、救援队伍人员等	各级各类人员的数量、质量（职称、资质、资格）等

(续)

	要素名称	组件和说明	要素评价指标
能力要素	装备	各类防汛抗旱相关的信息收集、分析计算、测量记录、规划设计、建筑施工、抢险救援、抽排水等设施、设备、系统和工具等	各类装备与系统的数量、价值；达到装备标准的比例等
	物资	防汛抗旱所需的各种消耗性物资，如沙袋、砂石、油料、应急水源等	品种、数量
	计划	防汛抗旱应急预案、洪水调度预案、人员疏散预案和标准规范	计划和标准规范等的数量、质量
	培训	防汛抗旱相关人员培训、公众教育等	培训的方式、内容、范围、效果
	演练与评估	防汛抗旱应急预案演练，人员疏散演练，效果评估和持续改进	演练与评估的类别、范围、频次和效果
主要活动	任务编号	通用任务名称	绩效指标
开展防汛抗旱应急处置	Response 4.5.1	洪涝或干旱灾情信息监测报告	完成时间、质量
	Response 4.5.2	防洪调度	完成时间、质量
	Response 4.5.3	防洪工程抢险	完成时间、质量
	Response 4.5.4	排水防涝	完成时间、质量
	Response 4.5.5	紧急抗旱	完成时间、质量
综合绩效指标	CPI 40.1	洪涝或干旱应急处置能力（专业队伍数量、等级）	数量、百分比
	CPI 40.2	洪涝或干旱应急处置综合成效（抢险成功、损失减少等）	数量、百分比

表 3-122 "人群聚集性事件应急处置能力"描述表

Capability 41	人群聚集性事件应急处置能力		
定义	对一个特定区域内出现大量人员聚集，且人群由于各种原因开始出现焦虑、激动、拥挤、暴力等行为倾向，可能引发踩踏、肢体冲突、骚乱及打砸抢烧等行为的事件进行处置的能力		
期望结果	有效减轻人群中的焦虑、激动、拥挤、暴力等行为倾向，避免人群聚集性事件的发生		
	要素名称	组件和说明	要素评价指标
能力要素	组织与领导	从事人群聚集性事件处置相关活动的各级各类机构，如公安、应急、消防、武警、军队和安保等相关机构	机构类别、规模、数量等
	人员	应急处置人员、人群控制人员、交通控制人员、人员疏散协调人员、谈判专家等	各级各类人员的数量、质量（职称、资质、资格）等
	装备	路障和周界隔离设施、交通控制设施、人群驱散装置、个体防护设备、音视频记录设备、通信设备	各类装备与系统的数量、价值；达到装备标准的比例等
	物资	路障、隔离带、驱散用品等物资	品种、数量

（续）

	要素名称	组件和说明	要素评价指标
能力要素	计划	人群聚集性事件应急处置预案，交通控制预案，有关标准规范	计划和标准规范等的数量、质量
	培训	人群聚集性环境下的安全和保卫操作、人群控制方法培训，各类装备使用培训等	培训的方式、内容、范围、效果
	演练与评估	人群聚集性事件应急演练，效果评估和持续改进	演练与评估的类别、范围、频次和效果
主要活动	任务编号	通用任务名称	绩效指标
开展人群聚集性事件应急处置	Response 4.6.1	现场形势调查和持续监测	完成时间、质量
	Response 4.6.2	人群情绪安抚和心理疏导	完成时间、质量
	Response 4.6.3	现场及周边公共秩序维护	完成时间、质量
	Response 4.6.4	隔离和分散现场人群	完成时间、质量
	Response 4.6.5	疏散或驱散现场人群	完成时间、质量
	Response 4.6.6	伤亡人员救治	完成时间、质量
	Response 4.6.7	事件后续处理措施	完成时间、质量
综合绩效指标	CPI 41.1	人群聚集性事件应急处置能力（专业队伍数量、等级）	数量、百分比
	CPI 42.2	人群聚集性事件应急处置综合成效（处置成功、损失减少等）	数量、百分比

5. 事件管理与协调

表 3-123 "事件态势及损失评估能力"描述表

Capability 42	事件态势及损失评估能力		
定义	快速获取事件相关信息，并对事件性质和后果进行评估、分析、预测、管理的能力		
期望结果	快速获得事件现场情况和损失后果等信息		
	要素名称	组件和说明	要素评价指标
能力要素	组织与领导	从事事件态势及损失评估相关活动的各级各类机构，如应急部门、公安、消防、武警、军队等应急救援队伍、专业技术机构等	机构类别、规模、数量等
	人员	事件指挥官，指挥部人员，救援人员，专业监测与评估人员	各级各类人员的数量、质量（职称、资质、资格）等
	装备	与事件态势及损失评估相关的信息收集、分析计算、测量记录、现场监测、应急指挥、通信、后勤保障等装备与系统	各类装备与系统的数量、价值；达到装备标准的比例等
	物资	态势及损失评估所需的相关表格和检查清单，其他消耗性物资	品种、数量
	计划	各种应急预案，相关标准规范	计划和标准规范等的数量、质量
	培训	事件态势及损失评估专业培训，设备和系统使用培训	培训的方式、内容、范围、效果
	演练与评估	事件态势及损失评估演练，效果评估和持续改进	演练与评估的类别、范围、频次和效果

（续）

主要活动	任务编号	通用任务名称	绩效指标
开展事件形势监测与评估活动	Response 5.1.1	识别事件的性质和程度	完成时间、质量
	Response 5.1.2	评估事件及其直接后果	完成时间、质量
	Response 5.1.3	对事件现场区域进行分类	完成时间、质量
	Response 5.1.4	开展事件原因和起源调查	完成时间、质量
	Response 5.1.5	建立事件的统一行动画面	完成时间、质量
综合绩效指标	CPI 42.1	事件态势及损失评估专业能力（团队数量、等级）	数量、百分比
	CPI 42.2	事件现场形势和相关信息的收集满足指挥部需要的程度	数量、百分比

表 3-124 "应急指挥控制能力"描述表

Capability 43		应急指挥控制能力	
定义		使用统一、协调的事件现场组织结构和工作机制，有效指挥和控制事件现场的应急响应活动的能力	
期望结果		事件现场的应急响应活动被规范、安全、有效和高效率地指挥和控制	
能力要素	要素名称	组件和说明	要素评价指标
	组织与领导	从事应急指挥控制相关活动的各级各类机构，如应急部门、公安、消防、武警、军队等应急救援队伍、专业技术机构等	机构类别、规模、数量等
	人员	事件指挥官，指挥部人员，救援人员，专家和技术支持人员	各级各类人员的数量、质量（职称、资质、资格）等
	装备	应急指挥控制相关的信息收集、分析计算、综合研判、应急指挥、通信、后勤保障等装备与系统	各类装备与系统的数量、价值；达到装备标准的比例等
	物资	应急指挥控制所需的消耗性物资	品种、数量
	计划	各种应急预案，相关标准规范	计划和标准规范等的数量、质量
	培训	应急指挥控制专业培训，设备和系统使用培训	培训的方式、内容、范围、效果
	演练与评估	应急指挥控制演练、效果评估和持续改进	演练与评估的类别、范围、频次和效果
主要活动	任务编号	通用任务名称	绩效指标
开展事件现场管理活动	Response 5.2.1	启动现场事件指挥系统	完成时间、质量
	Response 5.2.2	建立现场事件指挥	完成时间、质量
	Response 5.2.3	开发事件应急行动方案	完成时间、质量
	Response 5.2.4	执行事件应急行动方案	完成时间、质量
	Response 5.2.5	评估现场事件管理的效果	完成时间、质量
综合绩效指标	CPI 43.1	现场事件指挥系统的规范化水平	数量、百分比
	CPI 43.2	现场事件指挥控制的成效（效率提升、损失下降）	数量、百分比

表 3-125 "应急支援协调能力"描述表

Capability 44		应急支援协调能力	
定义		通过启动和运营各级各类应急平台(指挥中心)及其他协调机构,保持各级各类政府机构和社会组织的应急响应行动协调一致,为事件响应提供及时有效的信息、物资、技术等方面的支撑服务的能力	
期望结果		通过多机构协调行动,为事件现场的应急响应活动提供及时有效的资源支持	
能力要素	要素名称	组件和说明	要素评价指标
	组织与领导	从事应急行动协调相关活动的各级各类机构,如政府部门、企事业单位,各级各类应急平台、指挥中心等相关机构	机构类别、规模、数量等
	人员	从事应急协调和支援的协调官,从事行动、计划、后勤、财务和管理支持的人员	各级各类人员的数量、质量(职称、资质、资格)等
	装备	应急指挥中心设施,通信设备,如电话、传真、广播电视、网络等,可以与各种后台系统互联进行信息处理的计算机设备	各类装备与系统的数量、价值;达到装备标准的比例等
	物资	应急行动协调所需的消耗性物资	品种、数量
	计划	各种应急预案,相关标准规范	计划和标准规范等的数量、质量
	培训	应急预案培训,指挥中心运作程序培训,指挥中心软硬件使用培训等	培训的方式、内容、范围、效果
	演练与评估	事件现场指挥部、应急指挥中心的协同演练,效果评估和持续改进	演练与评估的类别、范围、频次和效果
主要活动	任务编号	通用任务名称	绩效指标
开展事件应急响应行动协调活动	Response 5.3.1	建立并维护应急协调机构	完成时间、质量
	Response 5.3.2	保持应急协调机构的态势感知	完成时间、质量
	Response 5.3.3	协调应急资源的调配与使用	完成时间、质量
	Response 5.3.4	协调人员与物资的紧急运输	完成时间、质量
	Response 5.3.5	协调专业性应急处置行动	完成时间、质量
	Response 5.3.6	协调其他功能性活动	完成时间、质量
综合绩效指标	CPI 44.1	应急支援协调体系的规范化水平	数量、百分比
	CPI 44.2	应急支援协调的成效(效率提升、损失下降)	数量、百分比

表 3-126 "应急通信保障能力"描述表

Capability 45	应急通信保障能力
定义	采用任何可用的手段,为应急行动期间在各级政府、相关辖区、受灾社区、应急响应设施,以及应急响应人员和社会公众之间提供可靠通信的能力
期望结果	为事件应急响应活动提供及时有效的通信支持

（续）

要素名称		组件和说明	要素评价指标
能力要素	组织与领导	从事应急通信保障相关活动的各级各类机构，如政府部门、通信企业、各级各类应急平台、指挥中心等相关机构	机构类别、规模、数量等
	人员	通信信息技术专家，包括网络、系统和设备技术人员；应急通信协调和操作人员	各级各类人员的数量、质量（职称、资质、资格）等
	装备	采用地面有线、集群、蜂窝基站、卫星、互联网、无人机等通信方式（声音、数据、传真、图片、视频等）互联互通及冗余通信系统；后备电源等	各类装备与系统的数量、价值；达到装备标准的比例等
	物资	通信系统配件及其他消耗性物资	品种、数量
	计划	应急通信保障应急预案，标准操作程序，相关标准规范	计划和标准规范等的数量、质量
	培训	通信设备使用培训	培训的方式、内容、范围、效果
	演练与评估	通信系统的互联互通及冗余性演练，效果评估与持续改进	演练与评估的类别、范围、频次和效果
主要活动	任务编号	通用任务名称	绩效指标
开展应急响应通信保障活动	Response 5.4.1	开发应急通信互联互通技术标准	完成时间、质量
	Response 5.4.2	建立并维护应急通信与信息系统	完成时间、质量
	Response 5.4.3	评估事件造成的通信设施受损情况	完成时间、质量
	Response 5.4.4	快速修复或建立应急通信系统	完成时间、质量
	Response 5.4.5	为特定场所配置应急通信手段	完成时间、质量
	Response 5.4.6	为灾区公众提供基本通信服务	完成时间、质量
综合绩效指标	CPI 45.1	应急通信保障专业能力（团队数量、等级）	数量、百分比
	CPI 45.2	应急通信保障满足指挥部需要的程度（数量、质量、时间等）	数量、百分比

表 3-127 "应急信息保障能力"描述表

Capability 46		应急信息保障能力	
定义		及时接收或向有关机构及社会公众发布及时、可靠的信息，有效地传递有关威胁或风险的信息，以及必要时关于正在采取的行动和可提供的帮助等信息的能力	
期望结果		有关机构及社会公众能够获得及时、可靠和可行动的应急相关信息，包括但不限于威胁或风险信息、事件和行动进展信息，以及可提供帮助的信息等	
	要素名称	组件和说明	要素评价指标
能力要素	组织与领导	从事应急信息保障、信息沟通与共享的政府部门、企事业单位、专业性机构等	机构类别、规模、数量等
	人员	应急信息保障、信息沟通与共享相关活动人员，新闻发言人等	各级各类人员的数量、质量（职称、资质、资格）等

(续)

	要素名称	组件和说明	要素评价指标
能力要素	装备	应急信息保障所需要的通信、信息、设施、设备、系统和工具等，如信息获取设备、网络平台、广播、电视、报纸、新兴社会化媒体等	各类装备与系统的数量、价值；达到装备标准的比例等
	物资	开展应急信息保障所需的消耗性物资	品种、数量
	计划	应急信息保障相关预案，标准操作手册，标准规范等	计划和标准规范等的数量、质量
	培训	信息获取、信息沟通与共享技术、技能，信息技术与系统使用等培训	培训的方式、内容、范围、效果
	演练与评估	应急信息保障相关演练，效果评估和持续改进	演练与评估的类别、范围、频次和效果
主要活动	任务编号	通用任务名称	绩效指标
开展事件形势监测与评估活动	Response 5.1.1	识别事件的性质和程度	完成时间、质量
	Response 5.1.2	评估事件及其直接后果	完成时间、质量
	Response 5.1.3	对事件现场区域进行分类	完成时间、质量
	Response 5.1.4	开展事件原因和起源调查	完成时间、质量
	Response 5.1.5	建立事件的统一行动画面	完成时间、质量
开展应急公共信息管理活动	Response 5.5.1	建立和维护应急公共信息发布机制	完成时间、质量
	Response 5.5.2	开发和维护应急公共信息模板	完成时间、质量
	Response 5.5.3	生成和发布应急公共信息	完成时间、质量
	Response 5.5.4	回应公众和媒体的信息需求	完成时间、质量
	Response 5.5.5	启动谣言控制并纠正错误信息	完成时间、质量
综合绩效指标	CPI 46.1	应急信息保障满足事件指挥与处置需求的能力（信息获取能力、速度、满足率）	数量、百分比
	CPI 46.2	应急信息保障成效（信息公开及时性，谣言和网络舆情控制程度）	数量、百分比

3.4.7 恢复重建使命领域核心应急能力

1. 公众援助与关怀

表3-128 "受灾人员生活救助能力"描述表

Capability 47	受灾人员生活救助能力		
定义	为受灾人员提供临时住所、生活援助等，使其生活逐渐恢复基本正常的状态的能力		
期望结果	受灾人员能够获得临时住所和生活物资等方面的援助，其生活恢复到基本正常的状态		
能力要素	要素名称	组件和说明	要素评价指标
	组织与领导	从事生活救助相关活动的各级各类机构，如应急部门、民政部门、基层组织、企事业单位，以及红十字会等公益慈善机构、志愿者组织等	机构类别、规模、数量等

（续）

	要素名称	组件和说明	要素评价指标
能力要素	人员	各类从事生活救助活动的人员，如应急人员、救灾人员、基层组织人员、志愿者、心理治疗师等	各级各类人员的数量、质量（职称、资质、资格）等
	装备	各类生活救助所需的信息收集、分析计算、测量记录、物资管理、运输车辆等设施、设备、系统和工具等	各类装备与系统的数量、价值；达到装备标准的比例等
	物资	临时住宅、食品、饮用水、衣物和生活用品等	品种、数量
	计划	灾害紧急救助预案，相关标准规范	计划和标准规范等的数量、质量
	培训	对各类救灾人员进行培训	培训的方式、内容、范围、效果
	演练与评估	灾难紧急救助活动演练、效果评估和持续改进	演练与评估的类别、范围、频次和效果
主要活动	任务编号	通用任务名称	绩效指标
为受灾人员提供安置和遣返服务	Recovery 1.1.1	评估受灾人员的安置需求	完成时间、质量
	Recovery 1.1.2	向受灾人员提供临时住房	完成时间、质量
	Recovery 1.1.3	安排受灾人员重返家园	完成时间、质量
	Recovery 1.1.4	异地安置受灾人员	完成时间、质量
为受灾人员提供生活援助	Recovery 1.2.1	提供基本生活保障	完成时间、质量
	Recovery 1.2.2	提供临时生活设施	完成时间、质量
	Recovery 1.2.3	协调提供临时援助项目	完成时间、质量
	Recovery 1.2.4	提供就业和生计援助	完成时间、质量
综合绩效指标	CPI 47.1	受灾人员得到妥善安置的数量和比例	数量、百分比
	CPI 47.2	受灾人员得到适当生活援助的数量和比例	数量、百分比

2. 恢复基础设施和建筑物

表 3-129 "基础设施修复和重建能力"描述表

Capability 48	基础设施修复和重建能力
定义	修复和重建受损的基础设施和公私建（构）筑物，恢复和维持必要的服务以满足基本生产生活需要，尽最大可能减少损失和次生灾害的能力
期望结果	受损的基础设施和公私建（构）筑物在尽可能短的时间内得到修复和重建

	要素名称	组件和说明	要素评价指标
能力要素	组织与领导	从事基础设施恢复与重建相关活动的各级各类机构，如规划部门、建设部门、建筑施工企业等	机构类别、规模、数量等
	人员	从事基础设施恢复与重建活动的人员，如规划师、建筑设计人员、工程技术人员、质量检验人员	各级各类人员的数量、质量（职称、资质、资格）等

(续)

	要素名称	组件和说明	要素评价指标
能力要素	装备	基础设施恢复与重建所需的信息收集、分析计算、测量记录、规划设计、建筑施工等设施、设备、系统和工具等	各类装备与系统的数量、价值；达到装备标准的比例等
	物资	基础设施恢复与重建所需的建筑材料等	品种、数量
	计划	基础设施恢复与重建规划，相关标准规范	计划和标准规范等的数量、质量
	培训	基础设施恢复与重建相关人员的培训	培训的方式、内容、范围、效果
	演练与评估	恢复重建预案演练、效果评估和持续改进	演练与评估的类别、范围、频次和效果
主要活动	任务编号	通用任务名称	绩效指标
开展基础设施修复和重建	Recovery 2.1.1	评估基础设施的受损情况	完成时间、质量
	Recovery 2.1.2	选择合格基础设施建设承包商	完成时间、质量
	Recovery 2.1.3	编制基础设施恢复和重建方案	完成时间、质量
	Recovery 2.1.4	开展基础设施恢复和重建行动	完成时间、质量
	Recovery 2.1.5	验收和恢复基础设施运行	完成时间、质量
开展公共建（构）筑物修复和重建	Recovery 2.2.1	检查和评估公共建（构）筑物受损情况	完成时间、质量
	Recovery 2.2.2	选择合格建（构）筑物建设承包商	完成时间、质量
	Recovery 2.2.3	编制公共建（构）筑物恢复和重建方案	完成时间、质量
	Recovery 2.2.4	开展公共建（构）筑物恢复和重建行动	完成时间、质量
	Recovery 2.2.5	验收和恢复公共建（构）筑物功能	完成时间、质量
开展居民住房修复和重建	Recovery 2.3.1	检查和评估居民住房受损情况	完成时间、质量
	Recovery 2.3.2	为居民提供住房技术和经济援助	完成时间、质量
	Recovery 2.3.3	选择和推荐合格住房建设承包商	完成时间、质量
	Recovery 2.3.4	编制居民住房恢复和重建方案	完成时间、质量
	Recovery 2.3.5	开展居民住房恢复和重建行动	完成时间、质量
	Recovery 2.3.6	验收和迁入住房	完成时间、质量
综合绩效指标	CPI 48.1	基础设施修复和重建的成效（韧性提升、速度等）	数量、百分比
	CPI 48.2	居民住房恢复和重建成效（韧性提升、速度等）	数量、百分比

3. 恢复环境与自然资源

表 3-130 "垃圾和危险废物管理能力"描述表

Capability 49	垃圾和危险废物管理能力
定义	调查和处理现场的垃圾和危险废物的能力。垃圾和危险废物包括垃圾瓦砾、死亡的动物、农产品，以及受事件破坏的材料、设备、设施和建（构）筑物等
期望结果	现场的垃圾和危险废物得到妥善处理

（续）

	要素名称	组件和说明	要素评价指标
能力要素	组织与领导	从事垃圾与废物处理相关活动的各级各类机构，如市政、医疗、环保等机构和相关企业等	机构类别、规模、数量等
	人员	从事垃圾与废物处理活动的人员，如公共卫生专家、去污消毒人员、环卫工人、运输人员等	各级各类人员的数量、质量（职称、资质、资格）等
	装备	垃圾与废物处理所需的信息收集、分析计算、测量记录、运输、处置等设施、设备、系统和工具等	各类装备与系统的数量、价值；达到装备标准的比例等
	物资	垃圾与废物处理所需的垃圾袋、垃圾桶、消毒灭菌等消耗性物资	品种、数量
	计划	垃圾与废物处理应急预案，相关标准规范	计划和标准规范等的数量、质量
	培训	对垃圾与废物处理相关人员进行专业培训	培训的方式、内容、范围、效果
	演练与评估	垃圾与废物处理活动的演练、效果评估与持续改进	演练与评估的类别、范围、频次和效果
主要活动	任务编号	通用任务名称	绩效指标
开展垃圾和危险废物管理	Recovery 3.1.1	评估垃圾和危险废物的风险	完成时间、质量
	Recovery 3.1.2	抢救或回收垃圾和危险废物	完成时间、质量
	Recovery 3.1.3	现场清除垃圾和危险废物	完成时间、质量
	Recovery 3.1.4	安全运输垃圾和危险废物	完成时间、质量
	Recovery 3.1.5	安全处置/销毁垃圾和危险废物	完成时间、质量
综合绩效指标	CPI 49.1	垃圾清除和危险废物处置能力（类别和数量等）	数量、百分比
	CPI 49.2	事件现场垃圾清除和危险废物处置成效（数量、无害化程度等）	数量、百分比

4. 恢复经济社会

表 3-131 "政府服务恢复能力"描述表

Capability 50	政府服务恢复能力		
定义	恢复因事件影响或因开展响应行动而中断的政府服务和运作的能力，如邮政服务、社会服务和运输服务等		
期望结果	中断的政府服务和运作在尽可能短的时间内得到恢复		
	要素名称	组件和说明	要素评价指标
能力要素	组织与领导	从事政府服务相关活动的各级各类机构，如政府部门和支撑服务机构等	机构类别、规模、数量等
	人员	从事政府服务活动的人员，如政府工作人员、事业单位工作人员、社会服务机构工作人员等	各级各类人员的数量、质量（职称、资质、资格）等
	装备	政府服务所需的通信、信息办公等设施、设备、系统和工具	各类装备与系统的数量、价值；达到装备标准的比例等

（续）

	要素名称	组件和说明	要素评价指标
能力要素	物资	提供政府服务所需要的办公用品等消耗性物资	品种、数量
	计划	政府关键业务连续性计划，相关标准规范	计划和标准规范等的数量、质量
	培训	对政府关键业务相关人员进行培训	培训的方式、内容、范围、效果
	演练与评估	政府关键业务连续性演练、效果评估与持续改进	演练与评估的类别、范围、频次和效果
主要活动	任务编号	通用任务名称	绩效指标
开展政府服务恢复	Recovery 4.1.1	评估政府服务被破坏的情况	完成时间、质量
	Recovery 4.1.2	保持政府关键业务的持续性	完成时间、质量
	Recovery 4.1.3	制订重建政府服务的方案	完成时间、质量
	Recovery 4.1.4	选择合格的建设和服务承包商	完成时间、质量
	Recovery 4.1.5	开展政府服务恢复行动	完成时间、质量
综合绩效指标	CPI 50.1	政府服务受到影响的程度（关键功能中断数量、比例）	数量、百分比
	CPI 50.2	政府服务恢复成效（关键功能维持、恢复速度）	数量、百分比

表 3-132　"经济恢复能力"描述表

Capability 51	经济恢复能力		
定义	为工商企业的重新运营提供支持，重新建立现金流和物流，使受灾地区的工商企业在规定的时间框架内恢复到一个可持续的状态的能力		
期望结果	中断的工商企业运营在尽可能短的时间内得到恢复		
	要素名称	组件和说明	要素评价指标
能力要素	组织与领导	与经济恢复相关的各级各类部门和机构，如工商、税务、劳动人事、安全监管、行业协会，相关企事业单位等	机构类别、规模、数量等
	人员	从事经济恢复活动的人员，如灾害影响评估人员、经济恢复规划人员、投资人员、项目开发与管理人员、银行信贷人员等	各级各类人员的数量、质量（职称、资质、资格）等
	装备	经济恢复相关活动所需的生产生活设施、设备、系统和工具等	各类装备与系统的数量、价值；达到装备标准的比例等
	物资	经济恢复所需要的各类生产生活物资	品种、数量
	计划	经济恢复计划、相关标准规范	计划和标准规范等的数量、质量
	培训	对经济恢复相关人员进行培训	培训的方式、内容、范围、效果
	演练与评估	对经济恢复应急计划的演练、效果评估与持续改进	演练与评估的类别、范围、频次和效果

（续）

主要活动	任务编号	通用任务名称	绩效指标
开展工商企业恢复	Recovery 4.2.1	评估工商企业恢复需求	完成时间、质量
	Recovery 4.2.2	为工商企业提供资金支持	完成时间、质量
	Recovery 4.2.3	为工商企业提供物资支持	完成时间、质量
	Recovery 4.2.4	为工商企业提供政策服务等支持	完成时间、质量
	Recovery 4.2.5	为个人和家庭提供消费补贴和贷款等	完成时间、质量
综合绩效指标	CPI 51.1	各类经济活动受到影响的程度（工商企业中断业务数量、比例）	数量、百分比
	CPI 51.2	各类经济活动恢复成效（工商企业恢复数量、恢复速度）	数量、百分比

表 3-133 "社区恢复能力"描述表

Capability 52		社区恢复能力	
定义		恢复受事件影响社区的基本功能和活力，使受事件影响社区的基本服务、基础设施、商业服务、环境和社会秩序恢复到受影响前的水平的能力	
期望结果		受事件影响社区的基本服务、基础设施、商业服务、环境和社会秩序在尽可能短的时间内得到了恢复	
能力要素	要素名称	组件和说明	要素评价指标
	组织与领导	与社区恢复相关的各级各类部门和机构，如地方政府、乡镇街道、城市小区，以及提供社区服务的相关企事业单位等	机构类别、规模、数量等
	人员	从事社区恢复活动的相关人员，如社区工作人员、社区规划与开发人员、灾害损失评估人员、社区商业人士、社区公共服务提供人员等	各级各类人员的数量、质量（职称、资质、资格）等
	装备	社区恢复所需的生产生活设施、设备、系统和工具等	各类装备与系统的数量、价值；达到装备标准的比例等
	物资	社区恢复所需要的生产生活物资	品种、数量
	计划	社区恢复应急预案，社区恢复规划，相关标准规范	计划和标准规范等的数量、质量
	培训	对社区恢复相关人员进行专门培训	培训的方式、内容、范围、效果
	演练与评估	对社区恢复应急预案的演练、效果评估和持续改进	演练与评估的类别、范围、频次和效果
主要活动	任务编号	通用任务名称	绩效指标
开展社区功能恢复活动	Recovery 4.3.1	评估社区损失和恢复需求	完成时间、质量
	Recovery 4.3.2	开发和实施社区恢复项目	完成时间、质量
	Recovery 4.3.3	恢复社区的公共设施	完成时间、质量
	Recovery 4.3.4	恢复社区的生活环境	完成时间、质量
	Recovery 4.3.5	恢复社区的基本服务	完成时间、质量
	Recovery 4.3.6	恢复社区的商业服务	完成时间、质量
综合绩效指标	CPI 52.1	社区服务受到影响的程度（关键功能中断数量、比例）	数量、百分比
	CPI 52.2	社区服务恢复成效（关键功能维持、恢复速度）	数量、百分比

3.5 "情景-任务-能力"清单的应用

3.5.1 情景清单的应用

情景清单和情景说明书所描述的事件演化过程、后果和需要的应对行动，可以应用于为应急规划和培训演练提供情景基础、对现有应急资源与能力的差距进行分析，以及对应急预案和规划进行评估和改进。

1. 应急规划和培训演练情景基础

应急规划和培训演练等都需要对未来可能发生的突发事件进行预测，对其可能的发生发展过程和产生的后果做出设想，而情景清单和情景说明书恰好可以作为应急工作的起点。以现有情景清单作为一个共同的基础和起点，可以减少不同机构对同一类事件的演化过程与后果的理解差异。在此基础上，根据不同地区、不同时期的实际情况进行裁剪和细化，可以较快得到新的规划和演练情景。情景可以作为设计更详细的演练场景的基础，情景中列出的应对行动也可以作为设计演练任务和期望行动的依据。

2. 应急资源与能力差距分析

根据情景事件所需要采取的应急行动，对现有可用于情景应对的资源与能力进行调研与评估，查找存在的差距，并提出改进的建议。对于查找出的应急资源与能力差距，应该根据不同情况提出针对性的对策、措施，例如，建立资源共享互助协议和机制、增加应急物资储备、加强应急队伍建设等。

3. 应急预案和规划的评估与完善

突发事件情景通常代表了一个区域所面临的最严重的危险情形，因此在编制应急预案和应急规划时应该将其置于优先考虑的地位。

情景清单和说明书可以检验：应急预案体系是否完备，即所有情景是否都有专项应急预案；专项预案是否可行，即情景所需要开展的任务是否都已落实到责任部门、机构或个人；预案是否有效，即是否拥有完成应急任务所需要的资源和能力等。通过对应急预案体系的评估，结合应急资源与能力差距的分析结果，可进一步补充缺失的应急预案，或者对应急预案的内容进行修改完善，同时进一步落实情景应对所需要的应急资源和能力。对于分析得出的应急资源与能力差距可以作为能力建设规划的重点任务和重大工程项目的优先选项。

3.5.2 通用应急任务清单的应用

通用应急任务清单明确了6个应急管理使命领域的关键目标和功能，以及需要执行的通用任务，它提供了描述应急管理活动的通用术语和参考体系，为开展应急规划、编制应急预案、开发培训和演练项目等提供了基础。

1. 定义任务需求

在应急准备过程中经常需要回答这样的问题："我所在的机构、地区、组织能够做什么？"应急规划人员利用通用应急任务清单，根据其所在机构、地区、组织在应急准备中的角色，很容易识别在减灾、准备、预防、监测预警、应急响应和恢复重建等方面的关键任务，从而明确所在机构、地区、组织的任务需求。这是开展应急规划和编制应急预案时的一项核心工作。需要注意的是，大规模事件将需要多机构、多地区的应急响应。许多任务在最初和整个事件过程中是由地方机构执行的，随着事件的发展，将由国家和省（市）机构、社会组织等提供支持。

2. 应急培训规划

在应急准备过程中也经常需要回答这样的问题："为使我的机构、地区、组织能够执行关键任务需要什么培训？""谁必须经过培训？"和"我的优先事项是什么？"对这些问题的回答将为建立培训计划，进而形成培训和演练日程表提供基础。应急培训规划人员利用通用应急任务清单，可以分析执行关键任务所需要的知识和技能，从而设计需要向受训者提供的培训内容。

3. 调查评估和经验教训分享

在开展突发事件事后调查评估和总结经验教训时，可以按照通用任务清单中的任务结构进行梳理和描述，同时改进通用任务清单。通用任务框架组织的这些信息将构成一个有用的知识体系，可供相关人员方便地查找最有效的做法和经验教训。

3.5.3 核心应急能力清单的应用

核心应急能力清单（ECL）作为应急准备的重要参考工具，可以应用于风险评估与情景构建、应急能力评估、应急规划、应急培训与演练等各种应急准备活动中。

1. 风险评估与情景构建

风险的确定包括对危险源和威胁，以及对它们的后果和脆弱性的识别与特征描述；情景构建过程中需要对应急任务和能力进行分析。应急能力清单提供了分析能力需求与差距的重要工具。

2. 应急能力评估

核心应急能力清单为应急能力评估提供了基础，能力描述表中的"能力要素与评价指标"和"主要任务与绩效标准"等，可以作为应急能力评估的重要参考依据。在此基础上，结合实际确定具体的指标值和绩效标准值，就可以快速形成对应急能力进行评估的指标体系。通过评估可以发现各应急能力的现状与评估指标标准（需求）之间的差距，同时还可进一步分析评估应急能力各构成要素现状与需求之间的差距。

3. 应急规划

基于应急能力评估提出的应急能力及其构成要素的差距，可以为应急规划选择主要任务和重点项目等提供重要的参考依据。

4. 应急培训与演练

依据核心应急能力清单设计开发培训项目，可以更有针对性地向学员提供应急相关知识、技能和能力。核心应急能力清单中所定义的主要任务与绩效标准，为演练设计和评估提供了良好基础。基于典型情景、通用应急任务清单和核心应急能力清单进行演练设计、实施和评估，可以更好地检验应急能力的实际水平。

复习思考题

1. 简述基于"情景－任务－能力"的规划方法的基本过程。
2. 简述突发事件情景构建的基本过程。
3. 什么是通用应急任务？
4. 简述通用任务框架的基本构成。
5. 简述预防工作的三项主要目标。
6. 简述减灾工作的四项主要目标。
7. 简述准备工作的四项主要目标。
8. 简述监测预警工作的两项主要目标。
9. 简述应急响应工作的五项主要目标。
10. 简述恢复重建工作的四项主要目标。
11. 简述核心应急能力框架的基本构成。
12. 简述核心应急能力描述表的基本构成要素。
13. 简述情景清单的主要用途。
14. 简述通用应急任务清单的主要用途。
15. 简述核心应急能力清单的主要用途。

延伸阅读

[1] US Homeland Security Council.National Planning Scenarios [R/OL]. (2005-04) [2021-12-04]. https://info.publicintelligence.net/national_planning_scenarios.pdf.

[2] US Department of Homeland Security.Universal Task List：Version 2.1[R/OL]. (2005-05-23) [2021-12-04]. https://images.template.net/wpcontent/uploads/2015/09/22195839/Free-Task-List-Template.pdf.

[3] US Department of Homeland Security. National Preparedness Guidelines[R/OL]. (2007-09) [2021-12-04]. https://www.fema.gov/pdf/emergency/nrf/National_Preparedness_Guidelines.pdf.

[4] US Department of Homeland Security. Target Capabilities List：A companion to the National Preparedness Guidelines [R/OL]. (2007-09) [2021-12-04]. https://www.fema.gov/pdf/government/training/tcl.pdf.

第 4 章

应急规划的基本过程

本章主要内容包括应急规划基本过程概述；应急规划的需求定义，包括明确规划的需求、规划任务分配；应急规划的编制，包括调研与分析、规划文本编写、征求各方意见、规划评审与批准；应急规划的实施，包括规划发布、规划推广和规划应用；应急规划的维护更新，包括规划的评估、修订和更新等。

4.1 应急规划基本过程概述

应急规划是一个有序的分析问题和解决问题的过程。从规划开始到需求与目标分析，到提出实现目标的方法和路径，再到选择最佳的解决方案，整个过程必须遵循一个合乎逻辑的步骤。应急规划也是一个形成规划文件，不断修改完善、持续改进的过程。由于不同的规划文件有不同的侧重点，如预案侧重于任务的分配和执行，发展规划侧重于资源配置和能力提升，因此规划的具体工作过程不会完全相同。本章重点从共性角度介绍应急规划的基本过程。

应急规划的基本过程，大致可以归纳为 4 个阶段共 12 个步骤，如图 4-1 和表 4-1 所示。

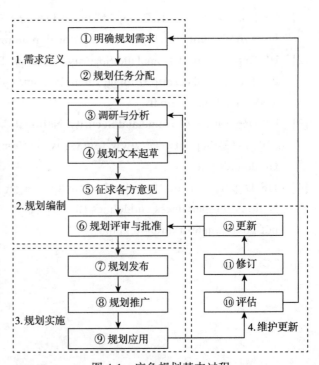

图 4-1 应急规划基本过程

表 4-1 应急规划基本过程

阶 段	步 骤	主要任务
1. 需求定义	①明确规划需求	提出规划编制的建议，并获得批准
	②规划任务分配	成立工作组，分配任务，做出计划安排
2. 规划编制	③调研与分析	调查研究，收集资料，分析问题，研判趋势
	④规划文本起草	形成规划思路，编写规划文本草稿
	⑤征求各方意见	征求相关各方意见，修改完善
	⑥规划评审与批准	组织规划专家评审或论证，履行审批程序
3. 规划实施	⑦规划发布	规划文件编辑、印刷，并通过相关渠道分发有关各方
	⑧规划推广	组织开展必要的宣传、推广、培训等活动
	⑨规划应用	规划应用于指导规范能力建设或实际工作
4. 维护更新	⑩评估	对规划的适用性、有效性、问题等进行评估
	⑪修订	对规划存在的问题进行修正，内容补充完善
	⑫更新	对修订后的规划进行评审与批准后重新发布

4.2 应急规划的需求定义

4.2.1 明确规划需求

应急规划的需求可能源于各级政府及相关部门下达的规划编制任务，也可能源于应急管理实际工作需求。

（1）上级下达的规划编制任务。各级政府及应急管理部门根据国家"五年规划"安排或者针对专项工作下达规划任务，提出规划要求、时间进度，由应急管理部门或相关部门组织开展规划编制。

（2）根据应急管理实际工作需求提出规划编制建议。应急管理部门或相关部门根据应急管理实际工作的需要，提出应急规划编制的建议，报上级或同级人民政府或主管部门批准。

（3）应急预案也是应急规划的一种，各类应急管理主体都需要根据国家法律法规和主管部门的要求，适时组织编制和修订各类应急预案。

4.2.2 规划任务分配

在确定了应急规划需求后，由负责规划编制的部门或机构制订工作方案、成立规划团队，并提供人、财、物等必要的资源保障。

（1）承担规划编制任务的部门或机构拟订应急规划编制工作方案，明确规划编制的必要性、指导思想、编制原则、基本思路、编制程序、衔接单位、论证方式、进度安排和保障措施（机构、人员、经费）等。工作方案应由规划编制主管部门批准后送有关部门进行协调。

（2）成立应急规划编制的相关组织机构。为了加强对应急规划编制的组织、领导和协调，应成立由负责规划编制及与规划相关的部门领导组成的"规划编制领导小组"；同时以负责规划编制部门的工作人员为基础，抽调一些相关部门工作人员及其他相关专业人员，组成"规划编制工作组"，作为规划编制的日常工作机构；为了保证规划的科学性和权威性，一般还会成立由相关领域专家、学者组成的"专家组"，负责重大问题的咨询评审及规划的论证。

（3）应急规划编制的资源保障。主要包括人力、物力、财力等保障。应急规划是一项复杂的系统工程，涉及专业多、政策性强、工作烦琐，因此需要组织具有广泛的知识、丰富的实践经验、强烈的责任心、严肃认真的科学态度和扎实肯干的精神并且相对稳定的工作团队。编制规划要紧密结合实际，通过扎实的调查研究工作，全面调研掌握相关信息资料，对未来做出合理的预测，才能编制出有针对性、可操作性强的规划，这一过程需要相关专家、学者和机构的参与，需要有必要的工作经费、技术装备等作为保障。规划过程的各项工作往往需要多方面的支持与协作，需要领导机构的协调与决策，强有力的组织领导是规划编制的重要保障。

尽可能吸纳多方面的人员参与规划团队，让具有合适的任务经验和观点的规划人员或行业领域专家参与规划，对于形成有针对性、可操作性的规划文件或应急预案，以及未来的顺利实施都有很重要的意义。表 4-2 是一些可能参与规划团队的组织与个体及其贡献的示例。

表 4-2 规划团队的潜在成员

个体/组织	对规划团队的贡献
主管部门领导或其指派的代表	• 支持应急规划过程 • 设定规划目标和要求 • 政策指导和决策 • 调配资源提供保障
应急管理机构或行业领域专家	• 有关应急规划技术与方法方面的知识 • 有关各类突发事件现状与发展趋势的知识 • 有关突发事件应对体制、机制、法制等方面的知识 • 有关国内外与规划相关的经验教训等方面的知识
卫生与健康部门（医学救援）	• 各种突发事件中医学救援方面的知识 • 有关医疗设施能力方面的知识 • 公共卫生与医学救援专业人员和设备资源信息
消防救援队伍	• 有关消防救援行动的知识 • 有关火灾相关风险的知识 • 消防救援专业人员和设备资源信息
公安部门	• 有关公安部门参与应急处置的知识 • 有关突发事件现场警戒与安保的知识 • 公安专业人员和设备资源信息
交通管理部门	• 有关辖区道路基础设施的知识 • 有关交通运输保障的知识 • 交通运输保障专业人员和设备资源信息
市政工程管理部门	• 有关市政设施安全风险的知识 • 有关市政设施恢复和保障的知识 • 市政设施专业人员和设备资源信息

(续)

个体/组织	对规划团队的贡献
疾病预防与控制部门（传染病）	• 传染病历史记录与发展趋势知识 • 传染病防控方面的专业知识 • 传染病防控专业人员和设备资源信息
危险化学品监管部门	• 有关辖区内生产、储存、运输、使用危化品的信息 • 有关危化品事故应急响应的知识 • 危化品事故救援专业人员和设备资源信息
灾害救助部门	• 有关现有救灾基金及救援资源的知识 • 有关救灾应急响应的知识 • 救灾专业人员和设备资源信息
教育管理部门	• 有关学校设施的知识 • 有关学校应急响应的知识 • 学校专业人员和设备资源（例如校车）信息
社会服务机构	• 有关特殊需求人群的知识 • 有关社会服务机构的知识 • 有关社会服务应急响应的知识 • 社会服务专业人员和设备资源信息
社会应急力量	• 有关社会应急力量资源的知识 • 有关社会应急力量应急响应的知识 • 社会应急力量人员和设备资源信息
企业和商业界代表	• 有关辖区内企业和商业资源信息 • 有关辖区内企业和商业应急响应、恢复的知识 • 有关可以动员的专业设施、人员、设备的信息
公众代表	• 有关公众应急意识和应急准备的信息 • 有关公众防灾减灾和自救互救的信息 • 有关公众利益保护等方面的意见、建议

4.3 应急规划的编制

4.3.1 调研与分析

编制规划前，必须认真做好相关基础调查、信息搜集、相关问题专题研究以及纳入规划重大项目的论证等前期工作。编制规划不是简单地"写"一个规划，而是通过调查研究摸清情况，深刻了解本部门和本地区的实际情况。通过多种方式委托第三方机构对规划涉及的一些关键重大课题开展前期研究。对应急规划来说，前期调研与分析工作内容主要包括以下六点。

（1）收集资料。收集辖区内的与应急相关的法律法规、标准规范、规划预案，各类突发事件的历史记录和统计数据，灾害风险区划图，灾害事故调查评估报告，安全风险评估报告，人口统计资料，地理和地形特征信息，应急资源与能力资料等。

（2）对规划范围内突发事件的现状与发展趋势进行分析研究。重点是收集和分析研究本地区历史上发生的各类突发事件的时间、地点、损失、应急处置过程等信息，结合当地自然、社会、经济变迁与发展情况，把握当地各类突发事件的发展趋势，明确未来一段时间内当地需重点防范与应对的突发事件类别、等级等。

（3）对规划范围内突发事件应急资源的现状及需求进行调查和分析研究。重点是收集和分析研究当地在应急队伍、物资装备、监测预警系统、信息系统、指挥系统、通信、紧急运输、培训与演练等方面资源的分布、数量、运行状况、调用程序、建设标准等状况，编制应急资源分布图；结合对本地突发事件发展趋势的分析，了解当地应急资源方面存在的薄弱环节，在对应急资源进行布局优化的基础上，研究提出各类应急资源建设的需求及优先程度。

（4）开展未来可能发生的重特大突发事件情景构建。情景构建是基于风险评估和脆弱性分析，对将来一定时间内有可能存在的重大突发事件进行科学筛选，通过对情景的分析以及对其演化过程和后果的研究，列出应对情景所需完成的任务，分析完成任务所需要的资源与能力，开展应急能力现状评估，找出存在的差距和发展优先次序。

（5）辨识和分析规划需求和目标。规划人员通过对突发事件情景的分析，可以识别出各类应急管理或应急行动需求，大致可分为以下三类：

- 由突发事件的致灾因子所造成后果导致的需求，例如抢救伤员、搜索与救护、疏散与庇护、公众保护、执法干预等。
- 由大规模应急响应所引发的需求，如交通管制、后勤保障、能源供应保障、应急物资供应等。
- 由应急期间的限制引发的需求，通常是依据法律、法规等要求人们必须做、禁止做和不能做的事情，例如人员防疫隔离、限制某些区域的通行、限制使用通信设备、强制使用个体防护设备（戴口罩、安全帽等）。

一旦需求确定，规划团队就可以把它们转化为目的和目标，通常可表述为特定应急主体要在什么时间达到什么样的状态。目的是广泛的、一般性的陈述，说明预期实现的某种最终状态。目标则是在行动过程中更具体、更明确的行动里程碑，如具体的功能或绩效指标等。当目的和目标初步确定后，规划人员可以再倒查应急行动和管理的需求。

（6）开发可能的行动路线。行动路线是指实现规划需求与目标的解决方案或替选方案。虽然只设计一种解决方案可以加快规划过程，但是这极有可能无法达成最优或相对优化的结果，因此，在规划阶段通常需要考虑多种方案，以便进行比较和供决策者选择。

以应急预案的应急响应方案为例，在设计行动路线时，规划人员可以通过勾画事件行动的时间轴、决策点和参与者活动来展示响应行动是如何展开的。

1）建立行动时间轴。规划人员应在时间轴中覆盖全部应急任务。时间轴的时间范围通常取决于突发事件的类别。对于可以预警的突发事件（例如台风），时间轴起始于对突发事件的预警；对于没有预警的事件（例如地震），时间轴起始于事件的发生。突发事件处置与救援的时间则取决于事件的严重程度、影响范围和复杂程度等，可能从数小时到数天，甚至数月。

2）在时间轴上描绘事件的关键情景节点、行动里程碑。规划人员使用前面所述情景构建成果和确定的目的、目标，将相关信息放置到时间轴上。

3）明确和描绘行动决策点。决策点表明在什么时间、什么地点需要领导者做出决定，以明确实现中间目标或最终目的的最佳机会。决策点还可以帮助规划人员确定还有多少时间，或者还需要多少时间来完成一系列行动。

4）明确和描绘行动任务。每一项任务的设计通常都是为了实现某些特定目标。设计行动任务时通常需要考虑：行动任务是什么？由谁去做？什么时候去做？需要多长时间（或者有多长时间可用）？在此之前必须做什么？此后再做什么？需要什么资源？

5）明确需要的资源。规划之初，规划人员不考虑现有资源的限制，而是按照完成行动任务的实际需要列出和计算所需要的资源。在识别出所有行动任务所需要的资源之后，形成资源需求清单，然后，将可用资源与资源需求进行匹配，同时考虑资源的地理位置情况。如果资源不足，可以考虑是否能通过相邻地区资源共享、紧急采购和社会征用等方式弥补不足，形成资源短缺情况表，并提出弥补资源不足的解决方案和建议，供决策者参考。

6）明确信息需求。规划人员应分析并明确在应急行动的不同时间点所需要的信息，以便驱动决策并触发关键行动。这些信息需求节点也应该标绘在时间轴上，并形成应急行动信息需求清单。

7）评估行动路线的可行性。开发行动路线时，规划人员可与相关参与人员一起，通过桌面推演等方式，评估和确定行动路线的可行性。重点是通过分析和讨论时间轴的情景、信息、任务、决策点、资源匹配等，检查各种可能的遗漏和差距，找出可能导致任务失败的关键因素，从而对方案进行完善和优化。

4.3.2 规划文本编写

1. 应急规划文件格式

不同类别的应急规划文件各有其不同的格式，有的文件格式是法规标准规范等规定好的，有的是在工作实践中约定俗成的。在编写规划文本之前，需要收集和了解有关法规标准规范的要求，收集和参考现有相关规划文本资料。对于应急预案类规划文件，通常应包括总则、组织机构与职责、预防与预警、应急响应与处置、恢复重建、应急保障、监督管理、附则与附件等内容；对于能力建设和发展规划类文件，通常应包括前言、现状与形势、总体要求、规划目标、主要任务、重点建设项目、保障措施等。具体可见本书后面相关章节的介绍。

2. 应急规划文件起草

规划文件的起草是规划编制的关键阶段，由"规划编制起草组"在认真研究分析规划前期调查研究资料、广泛听取和吸收各方面意见和建议、综合与协调不同利益相关方的需求，并对规划内容进行反复论证的基础上，形成规划文本及相关说明文件。规划的起草大致可分为编写规划文件框架稿和规划文件初稿两个阶段。

（1）编写规划文件框架稿。为了尽快统一规划编制思路，听取不同利益相关方意见，在规划起草的初始阶段由"规划编制起草组"首先编写出规划文件框架稿。规划框架稿通常包括规划文件的基本结构、核心要素和基本思路等。规划框架稿出来后一般先征求利益相关方、专家组的意见，按照意见修改完善后由"规划编制领导小组"批准，批准同意后作为下一步编写规划的依据。

（2）编写规划文件初稿。根据框架稿所确定的基本结构和核心要素，"规划编制起草组"一般分成几个工作小组，各自负责规划内容的某一个方面，广泛深入地了解情况、听取意见建议，起草并反复修改完成相关部分的内容，然后通过统稿和文字加工凝练，形成规划初稿。

规划文件的文字既要满足规范性要求，又要简洁明了，尽可能少使用专业术语，如果使用专业术语应有必要解释并保持与标准定义及行业领域含义的一致性。

在规划文本编写阶段还要正确处理与上级和相邻地区相关规划文件的关系，既要落实上级规划文件的部署和要求，做好与其他相关规划的衔接，又要避免照抄照搬上级和其他规划文件。关键在于规划内容要与本地本行业领域的实际情况相结合，将相关要求和思路融入规划的具体任务和行动。

4.3.3 征求各方意见

规划初稿出来后，一般通过召开会议、发送函件等形式征求相关部门和单位、社会团体、专家的意见，不涉及保密的内容还应通过网络公布、座谈会、听证会等多种形式，广泛征求社会各界的意见。征求意见和反馈过程是从各视角审视、完善和初步验证规划可行性的一个重要步骤。对反馈的意见建议要认真分析研究，合理可行的意见建议应采纳，不被采纳的要给予说明解释。根据采纳的各方面意见对规划进行修改完善。

规划衔接是保证各级各类规划协调配合、形成合力的关键环节。在应急规划编制过程中，一方面要与上级应急规划衔接，另一方面要与同级其他相关规划相衔接。规划衔接的重点是目标的衔接、职责的衔接、应急任务的衔接、应急资源和能力的衔接、政策措施的衔接等。规划衔接要遵循下级规划服从上级规划、专项规划服从总体规划、同级规划相互协调的原则。规划衔接的方式主要包括规划编制部门内部衔接，与本级综合管理部门衔接，与上一级领导或业务指导部门衔接，与本级有关部门衔接等。

4.3.4 规划评审与批准

1. 应急规划的评审

应急规划文件编制完成后，应经过一定的评审或审核程序才能发布实施。应急规划评审的内容主要包括规划是否符合有关法律法规和标准规范，是否与有关规划进行了衔接，各方面意见是否一致，核心内容是否完备，责任分工是否合理明确，对策措施是否具体、可行等。根据评审主体的不同，应急规划评审大致有以下几种：

1）内部评审。应急规划编制单位在完成规划初稿工作之后，组织对规划进行内部评审，内部评审不仅要确保文字规范、语句通畅，更重要的是评估应急规划内容的完整性、逻辑性、协调性和一致性。

2）相关方评审。相关方评审是指由规划编制单位将所起草的应急规划交由相关机构和组织进行评审。相关方评审的目的是确保规划利益相关方对规划涉及的职责、任务、措施和保障等要求予以确认。

3）专家评审。专家评审是邀请具备相关专业背景的专家学者对应急规划进行评审或论证。专家评审是对规划内容进行专业把关的重要措施之一。专家评审或论证意见是规划文件报送批准的必要附件材料之一。

4）第三方风险评审。对于涉及公共安全和社会稳定的政策文件，国家相关法律法规还要求进行重大行政决策风险评估，主要包括文件的合法性、合理性、可行性和可控性等方面的风险评估，大多委托第三方专业评估机构进行评估。

2. 应急规划的批准

不同类别和层级的应急规划需要由不同的机关或责任人采取不同的形式进行批准。对于政府发展规划，按照规划审批权限的有关规定，关系国民经济和社会发展全局，需要国务院审批或者核准的重大项目，以及投资数额较大的国家级专项规划，由国务院审批；其他国家级专项规划由国务院有关部门批准，报国务院备案；地方各级应急体系建设规划由同级人民政府审批。

规划编制部门在向规划批准机关提交规划报批稿时，需要同时报送规划编制说明、专家论证报告以及其他有关材料。其中，规划编制说明一般要阐述规划编制背景、过程、主要思路和主要内容、征求意见情况以及未采纳意见的理由等。规划的批准通常以专门会议审议通过、相关责任人签批等方式确认。

4.4 应急规划的实施

4.4.1 规划发布

应急规划经法定程序批准后，一般以规划审批部门的名义发布实施。规划的发布一方面要以正式公文的形式发放至相关部门和单位，另一方面要以电子文本形式在网络上公开发布（涉密内容除外）。对于应急预案，一般需要发放到具体任务的责任人，并方便获得或查阅。根据相关法律法规的文件管理要求，应急预案等规划文件还需要在发布后的规定时限内向相关部门进行备案，并留存发放登记表。

在规划文件的附则或者发布函件中，一般应该明确负责对规划文件进行解释、收集反馈意见的部门和机构，以及联系人和联系方式等。对于修改和更新的规划文件，应采取版本编号和版本控制措施。

4.4.2 规划推广

应急规划文件发布后，要尽可能让需要了解的人员及社会公众广泛知晓，可以采取新闻发布会、专家解读、媒体宣传、组织培训和演练活动等方式对规划进行推广。

对于应急预案，组织预案相关部门和单位的人员开展培训和演练是十分重要的，因为如果相关人员不了解自己在预案中的职责，没有经过适当的培训掌握必要的技能，没有通过培训和演练等熟悉指挥体系和应急程序等，那么预案将无法发挥其最大作用。

对于能力建设类规划，还需要通过编制规划实施方案，将规划的目标、工作任务、建设项目和保障措施等分解到具体部门和单位，落实具体责任人，并明确相关任务完成的时限和考核验收的办法等。

4.4.3 规划应用

应急规划工作的成效主要体现在实际工作中发挥的作用。因此，规划应用是规划实施过程中最为重要的阶段。

对于应急预案，其应用主要体现在预案中的规定与实际工作的紧密结合，在平时可指导应急准备工作，在应急演练中进行检验和完善，在实际突发事件中快速启动应急响应并转化为应急行动方案。应急预案中规定的组织机构、运行机制、保障措施等应在应急指挥平台、应急信息系统等中落实，实现应急预案的数字化、智能化应用。

对于能力建设类规划，由规划实施管理部门或机构对规划中的任务和项目进行分解，明确任务与项目的责任主体、实施期限和其他要求。相关责任主体将规划任务纳入年度工作计划，落实到具体工作之中。对于重点建设项目，要按照建设项目程序要求，编制项目立项和审批文件，开展项目设计和申报工作，在项目审批通过后按批复要求组织项目的实施，按期完成项目建设内容并尽早投入实际应用。

4.5 应急规划的维护更新

4.5.1 应急规划的评估

规划评估是在规划实施过程中对规划的实施效果、适用性、修改完善必要性等进行的评估，是保证规划顺利实施和持续改进的重要环节。

1. 应急预案评估

（1）应急预案评估目的。发现应急预案内容存在的问题和不足，对是否需要对应急预案进行修订做出结论，并提出修订建议。

（2）应急预案评估依据。包括相关风险和应急能力评估结果、应急组织机构设置情况、预案实施后出台或者修订的相关法律法规和标准、有关规范性文件、应急演练评估报告、应急处置评估报告等。

（3）应急预案评估方法。一般可采用资料分析、现场审核、推演论证、人员访谈等方式方法，对应急预案进行综合分析评估。

1）资料分析：针对评估目的和评估内容，查阅有关的法律法规、标准规范、应急预案、风险与应急能力评估等文件资料，梳理有关规定、要求及证据材料，初步分析应急预案存在的问题。

2）现场审核：依据资料分析的情况，通过现场实地查看、装备操作检验等方式，准确掌握并验证风险评估、应急资源、应急装备设施等各方面的问题情况。

3）推演论证：根据需要，采取桌面推演、实战演练等形式，对机构设置、职责分工、响应机制、信息报告等方面的问题进行推演论证。

4）人员访谈：采取抽样访谈或座谈研讨等方式，向有关人员收集信息、了解情况、考核能力、验证问题、沟通交流、听取建议，进一步论证有关问题情况。

（4）应急预案评估内容。

1）应急预案的编制依据。法律、法规、规章、标准及上位预案是否对应急预案做出新规定和要求，主要包括应急组织机构及其职责、应急预案体系、事故风险描述、预警及信息报告、应急响应、保障措施、应急预案管理等方面。

2）组织机构与职责。应急相关的组织体系是否发生变化；领导小组和关键岗位应急职责是否调整；重点部门应急职责与分工是否重新划分；应急组织机构或人员对应急职责是否存在疑义；应急机构设置与职责能否满足实际需要等。

3）主要突发事件风险。对突发事件的风险分析是否全面客观；风险等级确定是否合理；是否有新增风险；风险防范和控制措施能否满足实际需要。

4）应急资源。应急资源调查是否全面、与风险评估得出的实际需求是否匹配；现有应急资源的数量、种类、功能、用途是否发生重大变化。

5）应急预案的衔接。应急预案是否结合上位及其他相关应急预案，对信息报告、响应分级、指挥权移交、警戒疏散等内容做出合理规定。

6）预案实施反馈。应急演练、应急处置、监督检查、预案评估、相关方建议等是否反馈应急预案存在问题。

7）其他内容。其他可能对应急预案内容的适用性产生影响的因素。

2. 能力建设类规划评估

对于能力建设类规划，通常需要在规划期限的中期和结束期组织开展规划实施情况的中期和最终完成情况评估，在中间的每个年度对当年的工作情况进行总结。规划中期和最终评估通常以自评估和第三方评估相结合的方式进行。自评估是由规划实施相关部门和单位对规划实施情况进行自我评估，并为第三方评估提供必要的基础数据和资料；第三方评估一般由规划组织编制部门委托相关研究机构、评估咨询机构和智库等进行。规划评估单位应当按照评估要求提出规划评估报告，评估报告经专家评审后，由规划组织编制部门报规划批准及有关主管部门审批。

规划评估的重点内容包括规划目标、任务、政策措施等的完成情况，规划实施所取得的成效，规划实施中存在的问题，规划实施以来政策环境的变化及规划内容需要调整和修订的情况，对存在问题和内容调整修订的建议等。

4.5.2 应急规划的修订

在规划实施期间，经评估需要对规划内容进行调整修订时，由原规划编制单位对规划文件进行具体修改和调整，形成规划修改通知或新版规划文件，按规定的程序审批发布。

1. 应急预案需要修订的情形

应急预案发布后，在实施过程中，环境条件、组织机构和职责人员等都可能会发生变化，通过应急演练、实际突发事件应对和应急预案评估等也会发现预案存在的问题。根据《突发事件应急预案管理办法》，有下列情形之一的，应当及时修订应急预案：

（1）有关法律、行政法规、规章、标准、上位预案中的有关规定发生变化的；
（2）应急指挥机构及其职责发生重大调整的；
（3）面临的风险发生重大变化的；
（4）重要应急资源发生重大变化的；
（5）预案中的其他重要信息发生变化的；
（6）在突发事件实际应对和应急演练中发现问题需要作出重大调整的；
（7）应急预案制定单位认为应当修订的其他情况。

除了上述比较重大的变化外，日常工作中的人员变动、执行机构的调整和重组、人员信息的变化、应急资源信息的变化等，也需要及时反映到应急预案及其相关附件材料中。

2. 能力建设类规划需要修订的情形

能力建设类规划需要修订的情形通常包括：有关法律、行政法规、规章、标准的变化，国家和地方政府机构及规划实施责任主体的变化，规划目标与指标、主要任务、重点工程和项目、保障措施等已不适应实际情况而需要调整等。

4.5.3 应急规划的更新

应急规划的更新是实现规划内容持续改进的重要步骤。在一个规划期内如果通过评估并对规划内容进行了修订，则可以采取适当的方式对规划内容进行更新；如果规划期已经结束，那么就要启动下一个规划期的应急规划工作，重新开始规划周期。因此，应急规划是一个动态更新、持续改进的过程。

1. 应急预案更新

根据应急预案评估的结论，如果存在需要对应急预案进行修订的情形，则要对应急预案进行及时修订。如果应急预案修订涉及组织指挥体系与职责、应急处置程序、主要处置措施、突发事件分级标准等重要内容，修订工作应按照应急预案管理办法规定的预案编制、审批、备案、公布程序进行。如果应急预案修订仅涉及少量非关键性内容时，修订程序可适当简化。为了便于对应急预案修订工作进行有效管理，可以采取如下措施：

（1）在应急预案中附加"修改页"，以便使用者了解和追溯预案修订情况；
（2）应急预案采用活页形式装订，并增加行间距，便于替换或删改过时信息；
（3）维护应急预案持有人名单，定期询问相关机构或组织，了解有无人员变动；
（4）发布变更信息，变更信息应连续编号以便查找，变更内容应具体，比如"用某页代替某页"或"删除某页某个部分，修改如下"；
（5）要求收到变更通知后返回回执，确认其已经收到修改通知，并已对应急预案中的有关内容做出变更；
（6）及时将变更信息反映到其他相关应急预案的管理机构或组织，以便其修订相关预案；

（7）预案经多次变更后，应重新发布整个文本，以确保其完整性；

（8）预案经重大修订或者重新发布时，应按原预案发放登记表收回旧版本预案，同时发放新版本预案并进行登记。

2. 能力建设类规划更新

由于能力建设类规划通常规划期较短，大多以五年为期限，在规划中期评估后如果发现需要对规划做出重大调整修订的情形，一般可由规划批准部门按程序发布调整修订的通知文件，具体说明调整修订的内容。对于规划期 10~20 年的中长期规划，也可以在对规划内容进行调整修订后，重新发布新的规划文本，同时标注新的规划期。

复习思考题

1. 简述应急规划的基本过程。
2. 简述应急规划需求的主要来源。
3. 简述如何组织协调相关各方一起完成应急规划任务。
4. 简述在应急规划编制过程中需要开展哪些调研与分析工作。
5. 简述在应急规划时如何开发可能的行动路线。
6. 简述应急规划文件起草需要注意哪些方面。
7. 简述应急规划征求各方意见有哪些方式。
8. 简述应急规划评审有哪些方式。
9. 简述在提交应急规划报批稿时一般需要同时提交哪些材料。
10. 简述应急规划发布应注意些什么。
11. 简述如何能更好地发挥应急规划的作用。
12. 简述应急规划评估有哪些方式。
13. 简述应急规划可能需要修订的主要情形。

延伸阅读

[1] 杨永恒. 发展规划：理论、方法和实践 [M]. 北京：清华大学出版社，2012.

[2] 吴维海. 政府规划编制指南 [M]. 北京：中国金融出版社，2015.

[3] 李湖生. 我国应急体系建设与规划思路 [J]. 劳动保护，2008(10)：20-22.

[4] Federal Emergency Management Agency. Comprehensive Preparedness Guide (CPG) 101：Developing and Maintaining Emergency Operations Plans.Version 3.0[R/OL].(2021-09) [2021-12-04]. https://www.fema.gov/sites/default/files/documents/fema_cpg-101-v3-developing-maintaining-eops.pdf.

第 5 章
防灾减灾相关规划

 本章主要内容包括防灾减灾规划的基本概念、类别和作用；综合防灾减灾规划的基本定位、相关主体和主要内容；单灾种防灾减灾规划的基本定位、相关主体和主要内容；城市综合防灾规划的基本定位、相关主体和主要内容等。

5.1 防灾减灾规划概况

5.1.1 防灾减灾的基本概念

防灾减灾在中文中是一种习惯说法，一般而言，防灾是指在灾害发生前防止灾害的发生，减灾则是减轻灾害可能造成的不利后果。在我国国家标准《自然灾害管理基本术语》（GB/T 26376—2010）中，将"防灾"（disaster prevention）定义为"灾害发生前，采取一系列措施防止灾害发生或预防灾害造成人员伤亡、财产损失，以及对社会和环境的影响"。将"减灾"（disaster reduction）定义为"在灾害管理的各个阶段，采取一系列措施减轻灾害造成的人员伤亡、财产损失，以及灾害对社会和环境的影响"。从自然灾害致灾因子（风雨雷电和地震等）的角度，灾害很难被人为消除，防灾措施也主要是防止致灾因子造成灾难，例如土地使用规划中避让自然灾害高风险区，建设防洪水坝和堤防防止洪水致灾等。当致灾因子的强度超过一定程度（设防标准）时，灾难的发生往往不可避免，但防灾措施可以起到减灾作用。

在我国，不同行业领域和部门对防灾与减灾的认识和用法也不一致，例如地震部门常用"防震减灾"，气象部门常用"防风减灾"，规划建设部门常用"抗震防灾""抗风防灾"等。也有人认为，"防灾"是手段，"减灾"是目的，是同一块硬币的两面。实际上，仅从采用的具体措施的角度很难对防灾与减灾进行区分，所以很多时候这两个词是混用或者连用的。

在国际上，联合国于 2005 年通过的《兵库行动框架》提出了"减轻灾害风险"（disaster

risk reduction）的全球战略，其目标是"实质性地减少灾害对社区和国家的人员生命和社会、经济及环境资产造成的损失"，在国内通常称之为"国际减灾战略"，其含义相对广泛，包含防灾、减灾和备灾等各种措施，这也是我国目前常用的"综合减灾"概念的由来。在国际应急管理领域，通常将应急管理全过程划分为预防、减灾、应急准备、监测预警、应急响应、恢复重建等阶段或任务领域，其中"预防"（prevention）主要是指通过消除或控制危险源（致灾因子）以避免其引发灾难或突发事件，所以该手段主要针对由技术或人为因素引发的灾难；"减灾"（mitigation）的核心是降低承灾体的脆弱性以减轻致灾因子引发灾难的后果，对于自然因素而言这是主要的手段。

本书采用应急管理领域对"减灾"的理解，将其定义为在灾难发生前或后采取的预防或减轻致灾因子造成人员伤亡、财产损失、生态环境破坏和社会功能破坏的各种措施和活动。这一定义涵盖了前述"防灾"和"减灾"的相关措施和活动，严格来说，本章介绍的相关规划应该是"减灾规划"，但为了与现有相关规划的名称保持一致，并不做严格区分，还是按照习惯使用"防灾规划""减灾规划"或"防灾减灾规划"等。

5.1.2 防灾减灾规划的类别

防灾减灾规划是指在一定行政区域内为提升防灾减灾能力、进行防灾减灾工作等而开展的规划活动及形成的规划文件。

目前，我国与防灾减灾相关的规划主要有综合防灾减灾规划、单灾种防灾减灾规划、城乡防灾减灾规划等。

1. 综合防灾减灾规划

我国的综合防灾减灾规划的编制起始于联合国倡导的"国际减轻自然灾害十年"行动计划。1987年12月第42届联合国大会通过了第169号决议，决定把从1990年开始的20世纪的最后十年定名为"国际减轻自然灾害十年"。1989年12月第44届联合国大会通过《国际减轻自然灾害十年国际行动纲领》，要求所有国家的政府都要做到：拟订国家减轻自然灾害规划（方案）并纳入本国发展规划；在"国际减轻自然灾害十年"期间参与一致的国际减轻自然灾害行动，同有关的科技界合作，设立国家委员会；鼓励本国地方行政机构采取适当举措为实现"国际减轻自然灾害十年"的宗旨做出贡献；采取适当措施使公众进一步认识减灾的重要性，并通过教育、训练和其他办法，加强社区的备灾能力，等等。

1989年4月，我国政府响应联合国倡议成立了"中国国际减灾十年委员会"（2000年10月更名为"中国国际减灾委员会"，2005年4月再次更名为"国家减灾委员会"）。1998年，由"中国国际减灾十年委员会"组织编制了《中华人民共和国减灾规划（1998—2010年）》，这是我国第一部综合性的国家级中长期减灾战略规划。从2006年起，与国民经济和社会发展五年规划同步，国家层面分别编制和发布了《国家综合减灾"十一五"规划》《国家综合防灾减灾规划（2011—2015年）》《国家综合防灾减灾规划（2016—2020年）》和《"十四五"国家综合防灾减灾规划》。大多数省（自治区、直辖市）和市（地区、自治州、盟）级人民政府也编制和发布了自己的综合防灾减灾规划。

每五年编制和发布的国家综合防灾减灾规划，属于国民经济和社会发展五年规划中的国家级专项规划，其主要内容框架大致包括：现状与面临的形势，指导思想、基本原则与规划目标，主要任务以及重大项目和保障措施。其主要任务和重点工程一般是以综合性的防灾减灾任务和重大项目为主，以 2016 年发布的《国家综合防灾减灾规划（2016—2020 年）》为例，其主要任务包括：完善防灾减灾救灾法律制度、健全防灾减灾救灾体制机制、加强灾害监测预报预警与风险防范能力建设、加强灾害应急处置与恢复重建能力建设、加强工程防灾减灾能力建设、加强防灾减灾救灾科技支撑能力建设、加强区域和城乡基层防灾减灾救灾能力建设、发挥市场和社会力量在防灾减灾救灾中的作用、加强防灾减灾宣传教育、推进防灾减灾救灾国际交流合作；其重大项目包括：自然灾害综合评估业务平台建设工程、民用空间基础设施减灾应用系统工程、全国自然灾害救助物资储备体系建设工程、应急避难场所建设工程、防灾减灾科普工程。

2. 单灾种防灾减灾规划

单灾种防灾减灾规划是由各灾种主管部门牵头编制的仅涉及一个灾种的防灾减灾规划，其中大多是中长期规划，部分是五年规划，如《国家防震减灾规划（2006—2020 年）》《国家气象灾害防御规划（2009—2020 年）》《全国山洪灾害防治规划》（2006 年发布）、《全国森林防火中长期发展规划》（2005 年发布）、《全国中小河流治理和病险水库除险加固、山洪地质灾害防御和综合治理总体规划》（2011 年发布）、《全国地质灾害防治"十三五"规划》等。单灾种规划发布后一般还要编制规划实施方案，具体部署相关建设任务和工程项目等，例如《全国山洪灾害防治项目实施方案（2013—2015 年）》。

3. 城市防灾减灾规划

与城市规划相关的防灾减灾规划主要可分为三类，一是城市总体规划中的防灾规划，二是城市综合防灾专项规划，三是城市单灾种防灾规划。

（1）城市总体规划中的防灾规划内容。城市总体规划中的防灾规划内容主要依据城市总体规划编制的有关规定执行，主要包括：提出城市综合防灾与公共安全保障体系规划目标，明确防灾设施建设标准和重大防灾设施空间布局要求，提出防洪（潮）、消防、人防、抗震、地质灾害等防护措施，提出涉及城市安全的生产、仓储用地的布局要求和防护范围，划定对城市发展全局安全有影响的、必须控制的防洪排涝和防灾减灾设施用地控制界线（黄线）等。在城市总体规划中一般设置"城市综合防灾减灾"专篇或专章来阐述上述内容。

（2）城市综合防灾专项规划。城市综合防灾专项规划属于城市总体规划中的专项规划，其定位是衔接并落实城市总体规划中的防灾规划要求，统筹指导各专业、专项防灾规划，与城市交通、给水、排水、电力、通信、燃气、供热、园林、医疗卫生、地下空间、教育、生态保护等其他规划相协调。作为详细规划的设计依据，城市其他规划需要符合城市综合防灾专项规划的规定，落实规划的相关要求。

城市综合防灾专项规划的内容除应包括城市总体规划的防灾规划内容外，还应包括：综合防灾评估，设定防御标准和灾害防御指引，城市防灾安全布局，城市应急保障基础设施和应急服务设施规划，重要防护对象、重要应急保障对象、重要设防对象及规划管控措施，近期实施的防灾设施及其他重点防灾建设项目。

（3）城市单灾种防灾规划。城市单灾种防灾规划是针对城市可能发生的某种灾害而专门编制的防灾规划，其主要内容应按照城市综合防灾规划设定的灾害防御标准和灾害防御指引要求，结合应急保障和服务设施的安全防护，确定相关灾种防灾设施的防御目标、设防标准、规划布局，提出针对性的防灾措施和减灾对策。城市主要灾种的确定应在进行各类灾害综合评估的基础上，以灾害的影响规模、影响范围作为主要评价指标，分析当地各类灾害的危害程度和空间分布，筛选出对城市防灾和公共安全构成重大威胁的灾种。目前城市防灾规划关注的重点灾种主要有地震、洪涝（包括洪水、内涝、风暴潮）、地质灾害（包括滑坡、崩塌、泥石流等）、极端天气灾害（包括台风、龙卷风、暴风雪、雨雪冰冻等）、火灾（包括城市火灾、森林火灾、草原火灾等）等。

从我国城市规划实践来看，城市抗震防灾规划、防洪规划、内涝防治规划、地质灾害防治规划、消防规划、人防规划（地下空间规划）是开展比较普遍的专业防灾规划；避难场所规划、重大危险源规划、公共安全规划、公共卫生规划等也逐步受到重视。

5.1.3　防灾减灾规划的作用

不同层次、不同类别的防灾减灾规划具有不同的定位和作用。

（1）国家和地方层面的综合防灾减灾规划，属于全国或某一地区国民经济与社会发展规划层面的专项规划，是各级政府总体规划在防灾减灾领域的细化，其主要作用是贯彻落实党中央、国务院和地方党委、政府关于加强防灾减灾工作决策部署，对规划期内推进综合防灾减灾事业发展、构建综合防灾减灾体系、增强综合防灾减灾能力等提出总体要求、目标任务、主要任务和重点项目，是各级政府指导防灾减灾领域发展以及审批、核准重大项目，安排政府投资和财政支出预算，制定相关政策的依据。

（2）国家和地方层面的单灾种防灾减灾规划，是依据相关法律规划编制的全国或某一地区仅涉及一个灾种的防灾减灾规划，通常是中长期规划或五年专项规划，是一个时期内该灾种防灾减灾工作的总体布局和统筹安排。单灾种防灾减灾规划主要是为了适应灾害防治工作的长期性、系统性和复杂性特点，对一种灾害的成因、特点和趋势进行分析，划定灾害重点防治区和一般防治区，提出防治总体思路、防治原则、防治目标，并对灾害防治工程措施、非工程措施、重点建设项目和投资需求等做出统筹安排。对于跨越五年发展规划期的中长期防灾减灾规划，编制五年综合或单灾种防灾减灾规划时需要做好与中长期规划的衔接，将中长期规划的建设内容和建设项目纳入五年综合或单灾种防灾减灾规划，或者专门编制近期规划实施方案，以将相关建设项目和投资需求纳入国家和地方的投资计划。

（3）城市防灾减灾规划是与城市总体规划相配套的规划，其定位是城市规划和建设领域，在城市规划阶段，针对城市空间、用地和工程设施的统筹协调和安排，梳理构建城市防灾安全布局，为重大和特别重大灾害的防御和应急提供城市空间和工程设施的基本支撑框架，并服务于城市规划。城市防灾减灾规划的作用是通过城市空间布局和土地使用限制来保障城市安全，构建城市防灾减灾体系，明确城市防灾减灾类型和建设标准，划定重要设施、通道和重大危险源的防护范围，统筹灾害防御设施、应急保障设施和应急服务设施等的布局、用地和管制措施等。城市防灾减灾规划对于一个城市的安全发展而言，具有战略引领和刚性控制作用。在修编和实施城市防灾减灾规划时，需要贯彻落实国家、省、市层面综合和单灾种防灾减灾规划的基本要求。

5.2 综合防灾减灾规划

5.2.1 规划基本定位

国家和地方层面的综合防灾减灾规划属于国民经济和社会发展五年规划中的专项规划。在我国的规划体系中，专项规划是指导特定领域发展、布局重大工程项目、合理配置公共资源、引导社会资本投向、制定相关政策的重要依据。

综合防灾减灾规划定位于"总揽全局、立足综合"，即着眼于国家防灾减灾全局，立足于解决防灾减灾综合性问题，强调多灾种综合、各部门协同、多层级联动、跨区域合作、全社会参与，从战略高度上对规划期内乃至更长一段时期的国家防灾减灾工作进行顶层设计，既注重规划的综合性、指导性，又注重其前瞻性、科学性和可行性。

综合防灾减灾的内涵可概括为"四个统筹"，即统筹考虑各类自然灾害，统筹考虑灾害过程各个阶段，统筹考虑各类资源，统筹考虑各种手段。统筹考虑各类自然灾害，是指要从自然灾害系统认知和综合管理角度出发，分析各类自然灾害的共性和个性特点，以及相互之间的联系和驱动机制。统筹考虑灾害过程各个阶段，是指需要综合考虑灾前、灾中、灾后的防灾、减灾、抗灾、救灾等各个方面，尤其是灾前做好风险管理、应急准备和防灾知识普及，灾中做好灾情控制和应急处置，灾后结合灾区自然生态条件、经济社会建设和区域可持续发展战略做好恢复重建工作。统筹考虑各类资源，是指防灾减灾工作需要充分利用各地区、各部门、各行业的信息、技术、文化、教育、人才、设备装备以及基础设施等资源。统筹考虑各种手段，是指防灾减灾工作需要综合运用法律、行政、科技、市场等手段，为提高防灾减灾能力提供保障和支撑。"四个统筹"体现了全灾种、全过程、全方位、全社会的综合防灾减灾理念。

需要注意的是，综合防灾减灾规划与应急体系建设规划都定位于全灾种、全过程，但两者各有侧重：一是"全灾种"的范围，综合防灾减灾规划主要是指各类自然灾害，而应急体系建设规划则包括自然灾害、事故灾难、公共卫生事件和社会安全事件四大类突发事件；二是针对"全过程"，综合防灾减灾规划的重点在于采取各种措施降低承灾体的脆弱性，增强对受灾人群的保护和关怀，从而减轻灾害风险，应急体系建设规划的重点则在于做好准备，提高应对各类突发事件的快速反应能力，同时兼顾预防、减灾、恢复重建等其他能力的提升。两个规划在自然灾害防范与应对方面存在一定的交叉，所以，在"十四五"规划过程中，不少地方实行应急管理领域"多规合一"，已将这两个规划合并为应急体系或应急管理规划，但在国家层面还是两个独立的规划，应急体系规划作为国家重点专项规划，而综合防灾减灾规划作为一般国家专项规划。

5.2.2 规划相关主体

我国综合防灾减灾规划的编制与实施实行党委领导、政府组织、部门协同、专家支持、公众参与的工作方式。各级人民政府负责本级综合防灾减灾规划的编制与实施工作，具体由各级减灾委员会负责组织，减灾委员会办公室（应急管理部门）会同相关部门承担规划具体编制和实施的组织协调工作。下面以国家综合防灾减灾规划为例,说明各类相关主体的职责。

国家综合防灾减灾规划相关主体包括国务院、国家减灾委员会组成部门、机构和单位共42个,以及地方政府、专家学者、第三方机构与智库、社会公众等。

对于规划的编制,将各类主体的职责划分为以下十种:①领导审批,法定责任方,即国务院;②统筹衔接,即国家发改委;③资金衔接,即财政部;④牵头组织,承担主要组织工作责任,即国家减灾委办公室(应急管理部);⑤会同组织,承担次要组织工作责任,主要是各灾种管理部门和机构;⑥协同,其他承担某些相关工作的部门和机构;⑦支持,提供技术、信息、人、财、物等支持的部门和机构;⑧咨询论证,即专家学者;⑨评估,第三方机构与智库;⑩参与,提出意见建议方,主要是社会各界与公众。

对于规划的实施,将各类主体的职责划分为以下八种:①领导审批,法定责任方,即国务院;②项目审批,即国家发改委;③资金审批,即财政部;④统筹协调,即国家减灾委办公室(应急管理部);⑤参与实施,承担规划实施任务和项目责任的部门和机构;⑥咨询论证,即专家学者;⑦评估,第三方机构与智库;⑧监督,对规划实施进行社会监督的各方,主要是社会各界与公众。

5.2.3 规划主要内容

1. 规划内容框架

国家综合防灾减灾规划采用国家专项规划的一般内容结构,通常包括现状与形势、指导思想、基本原则、规划目标、主要任务、重大项目和保障措施等。以《国家综合防灾减灾规划(2011—2015年)》(以下简称《综合减灾规划》)为例,其内容框架如图5-1所示。

> **序言**
> **一、现状与形势**
> (一)"十一五"期间防灾减灾工作取得显著成效。
> (二)"十二五"时期我国防灾减灾工作面临的形势、挑战和机遇。
> **二、指导思想、基本原则与规划目标**
> (一)指导思想。
> (二)基本原则。
> (三)规划目标。
> **三、主要任务**
> (一)加强自然灾害监测预警能力建设。
> (二)加强防灾减灾信息管理与服务能力建设。
> (三)加强自然灾害风险管理能力建设。
> (四)加强自然灾害工程防御能力建设。
> (五)加强区域和城乡基层防灾减灾能力建设。
> (六)加强自然灾害应急处置与恢复重建能力建设。
> (七)加强防灾减灾科技支撑能力建设。
> (八)加强防灾减灾社会动员能力建设。
> (九)加强防灾减灾人才和专业队伍建设。
> (十)加强防灾减灾文化建设。

图5-1 《国家综合防灾减灾规划(2011—2015年)》内容框架

> 四、重大项目
> （一）全国自然灾害综合风险调查工程。
> （二）国家综合减灾与风险管理信息化建设工程。
> （三）国家自然灾害应急救助指挥系统建设工程。
> （四）国家救灾物资储备工程。
> （五）环境减灾卫星星座建设工程。
> （六）国家重特大自然灾害防范仿真系统建设工程。
> （七）综合减灾示范社区和避难场所建设工程。
> （八）防灾减灾宣传教育和科普工程。
> 五、保障措施
> （一）完善工作机制。
> （二）健全法律法规和预案体系。
> （三）加大资金投入力度。
> （四）广泛开展国际合作与交流。
> （五）做好规划实施与评估。

图 5-1 《国家综合防灾减灾规划（2011—2015 年）》内容框架（续）

规划核心内容主要是形势与挑战、规划目标、规划主要任务、规划重大项目，其他部分有其一般性的要求和编写方法，下面主要以《综合减灾规划》为例，介绍形势与挑战、规划目标、规划主要任务、规划重大项目的思路和主要内容。

2. 形势与挑战

《综合减灾规划》对面临的自然灾害形势进行了研判和概括："十二五"时期，在全球气候变化背景下，自然灾害风险进一步加大，防灾减灾工作形势严峻。干旱、洪涝、台风、低温、冰雪、高温热浪、沙尘暴、病虫害等灾害风险增加，崩塌、滑坡、泥石流、山洪等灾害仍呈高发态势。自然灾害时空分布、损失程度和影响深度、广度出现新变化，各类灾害的突发性、异常性、难以预见性日显突出。同时，随着我国工业化和城镇化进程明显加快，城镇人口密度增加，基础设施承载负荷不断加大，自然灾害对城市的影响日趋严重；广大农村尤其是中西部地区，经济社会发展相对滞后，设防水平偏低，农村居民抵御灾害的能力较弱。自然灾害引发次生、衍生灾害的风险仍然很大。

《综合减灾规划》对"十二五"时期防灾减灾工作面临的挑战和存在的问题进行了梳理：一是自然灾害监测站网密度、预警预报精度以及信息传播水平和时效性需进一步提高。二是部分城乡基础设施设防标准偏低，避难场所建设滞后，防灾减灾能力仍相对薄弱。三是应急救灾物资储备种类、数量难以满足救灾需要，救灾应急装备、技术手段、通信和应急广播设施等比较落后，防灾减灾科技支撑能力有待进一步提高。四是防灾减灾人才队伍建设滞后，部门之间、区域之间协作机制尚需进一步完善，防灾减灾宣传教育和培训体系亟待完善，公众防灾减灾意识和能力需进一步提高。

3. 规划目标

规划目标的提出和确定，一方面是针对形势与挑战提出克服困难、弥补短板、缩小差距、提高能力等目标；另一方面，可以对防灾减灾存在的突出问题进行分析，采用基于"情景－任务－能力"的规划方法，根据本书第 3 章所列出的核心应急能力清单框架中的各项应急使命目标，作为提出规划目标的参考基础，再逐步聚焦和细化规划目标。

《综合减灾规划》确定了八项规划目标，这些规划目标总体上是围绕"弥补短板、缩小差距、提高能力、降低风险、减少损失"的思路展开的，各项目标都具有一定的综合性，与本书第3章所列出的核心应急能力清单框架中的各项应急使命目标不能简单地一一对应，但基本涵盖了其中的主要使命目标。

规划目标一："基本摸清全国重点区域自然灾害风险情况，基本建成国家综合减灾与风险管理信息平台，自然灾害监测预警、统计核查和信息服务能力进一步提高。"该规划目标涵盖"预防"使命领域的"了解危险源和威胁"，"监测预警"使命领域的"突发事件监测与预警"和"情报信息融合和综合预警"，"应急响应"使命领域的"事件管理与协调"等使命目标。

规划目标二："自然灾害造成的死亡人数在同等致灾强度下较'十一五'时期明显下降，年均因灾直接经济损失占国内生产总值的比例控制在1.5%以内。"该规划目标涵盖"减灾"使命领域的"降低基础设施与建筑物的脆弱性"和"降低生命安全与健康的脆弱性"，"应急响应"使命领域的"抢救与保护生命"和"保护财产和环境"等使命目标。

规划目标三："防灾减灾工作纳入各级国民经济和社会发展规划，并在土地利用、资源管理、能源供应、城乡建设和扶贫开发等规划中体现防灾减灾的要求。"该规划目标涵盖"减灾"使命领域的"降低基础设施与建筑物的脆弱性""降低自然资源与环境的脆弱性"，"应急准备"使命领域的"完善规划体系及沟通协调机制"等使命目标。

规划目标四："自然灾害发生12小时之内，受灾群众基本生活得到初步救助。自然灾害保险赔款占自然灾害直接经济损失的比例明显提高。灾后重建基础设施和民房普遍达到规定的设防标准。"该规划目标涵盖"减灾"使命领域的"降低基础设施与建筑物的脆弱性""降低社区的脆弱性"，"应急响应"使命领域的"满足基本人类需要"，"恢复重建"使命领域的"公众援助与关怀"和"恢复基础设施和建筑物"等使命目标。

规划目标五："全民防灾减灾意识明显增强，防灾减灾知识在大中小学生及公众中普及率明显提高。"该规划目标涵盖"预防"使命领域的"消除危险源和威胁"，"减灾"使命领域的"降低社区的脆弱性"等使命目标。

规划目标六："全国防灾减灾人才队伍规模不断扩大，人才结构更加合理，人才资源总量达到275万人左右。"该规划目标涵盖"应急准备"使命领域的"建立和维护应急能力"，"应急响应"使命领域的"事件管理与协调"等使命目标。

规划目标七："创建5000个'全国综合减灾示范社区'，每个城乡基层社区至少有1名灾害信息员。"该规划目标涵盖"减灾"使命领域的"降低社区的脆弱性"，"应急准备"使命领域的"建立和维护应急能力"，"应急响应"使命领域的"事件管理与协调"等使命目标。

规划目标八："防灾减灾体制机制进一步完善，各省、自治区、直辖市以及多灾易灾的市（地）、县（市、区）建立防灾减灾综合协调机制。"该规划目标涵盖"应急准备"使命领域的"建立和维护应急准备体系"等使命目标。

4. 规划主要任务

规划主要任务是为了实现规划目标，对未来工作的重点方向、具体任务的计划安排，规划主要任务主要是围绕完善体制、机制、法制和提升应急能力，其基本内容可以参考本书第3章所列出的应急任务清单和核心应急能力清单。

《综合减灾规划》提出了十个主要任务。

主要任务一："加强自然灾害监测预警能力建设。"主要包括完善自然灾害监测网络，强化部门间信息共享，完善自然灾害灾情上报与统计核查系统，健全自然灾害预报预警和信息发布机制，加强国家防灾减灾空间信息基础设施建设，加强静止轨道灾害监测预警凝视卫星建设等内容。主要涵盖"监测预警"使命领域的"监测与预警能力"和"信息融合与综合预警发布能力"，"应急响应"使命领域的"事件态势及损失评估能力"等核心应急能力建设内容。

主要任务二："加强防灾减灾信息管理与服务能力建设。"主要包括完善灾情信息采集、传输、处理和存储等方面的标准和规范，建立国家综合防灾减灾数据库，加强防灾减灾信息共享能力，建设国家综合减灾与风险管理信息平台，提高信息系统的安全防护标准，推进"数字减灾"工程建设等内容。主要涵盖"应急响应"使命领域的"事件态势及损失评估能力""应急信息保障能力"，"减灾"使命领域的"网络系统保护和减灾能力"等核心应急能力建设内容。

主要任务三："加强自然灾害风险管理能力建设。"主要包括开展全国自然灾害风险与减灾能力调查，建立健全国家自然灾害评估体系，完善减轻灾害风险的措施，建立自然灾害风险转移分担机制，开展自然灾害风险评价试点工作等内容。主要涵盖"预防"使命领域的"危险源和威胁识别能力""风险评估能力"，"减灾"使命领域的"基础设施保护和减灾能力"等核心应急能力建设内容。

主要任务四："加强自然灾害工程防御能力建设。"主要包括加强各类防灾减灾骨干工程建设，开展各类自然灾害隐患排查治理和居民搬迁避让等内容。主要涵盖"预防"使命领域的"危险源物理控制能力""物理隔离与防护能力"，"减灾"使命领域的"基础设施保护和减灾能力""自然与文化资源减灾能力""社区减灾能力"等核心应急能力建设内容。

主要任务五："加强区域和城乡基层防灾减灾能力建设。"主要包括统筹协调区域防灾减灾能力建设，提高城乡建筑和公共设施的设防标准，建设或改造城乡应急避难场所，加强城乡基层防灾减灾能力建设，完善乡镇、街道自然灾害应急预案并适时组织演练，继续开展"全国综合减灾示范社区"创建活动，结合社会主义新农村建设着力提高农村防灾减灾能力等内容。主要涵盖"预防"使命领域的"危险源物理控制能力""物理隔离与防护能力"，"减灾"使命领域的"基础设施保护和减灾能力""社区减灾能力"，"应急准备"使命领域的"应急规划能力""应急演练能力"等核心应急能力建设内容。

主要任务六："加强自然灾害应急处置与恢复重建能力建设。"主要包括加强国家自然灾害抢险救援指挥体系建设，建立健全抢险救灾协同联动机制，加强救灾应急装备建设，加强救灾物资应急保障能力建设，加强受灾群众生活保障能力建设，加强重特大自然灾害伤病人员集中收治能力建设，加强灾后恢复重建能力建设等内容。主要涵盖"应急响应"使命领域的"应急指挥控制能力""应急支援协调能力""公众照料服务能力""应急资源保障能力""紧急医疗救护能力"，"恢复重建"使命领域的"受灾人员生活救助能力""基础设施修复和重建能力""垃圾和危险废物管理能力""政府服务恢复能力""经济恢复能力""社区恢复能力"等核心应急能力建设内容。

主要任务七："加强防灾减灾科技支撑能力建设。"主要包括开展自然灾害形成机理和演化规律研究，推进防灾减灾科技成果的集成转化与应用示范，开展防灾减灾新材料、新产品和新装备研发，建设防灾减灾技术标准体系，加强防灾减灾科学交流与技术合作，推进防灾减灾产业发展等内容。主要涵盖"减灾"使命领域的"基础设施保护和减灾能力"，"应急准备"使命领域的"应急科技支撑能力"等核心应急能力建设内容。

主要任务八："加强防灾减灾社会动员能力建设。"主要包括完善防灾减灾社会动员机制，建立自然灾害救援救助征用补偿机制，完善自然灾害社会捐赠管理机制，扶持基层社区建立防灾减灾志愿者队伍，提高志愿者的防灾减灾知识和技能，建立健全灾害保险制度，推动建立规范合理的灾害风险分担机制等内容。主要涵盖"减灾"使命领域的"社区减灾能力"，"应急响应"使命领域的"先期处置（第一响应）能力""应急资源保障能力"，"恢复重建"使命领域的"受灾人员生活救助能力""经济恢复能力""社区恢复能力"等核心应急能力建设内容。

主要任务九："加强防灾减灾人才和专业队伍建设。"主要包括全面推进防灾减灾人才战略实施，开发防灾减灾人才资源，加强防灾减灾人才培养，加强基层灾害信息员队伍建设，加强自然灾害及风险管理相关学科建设，加强各级减灾委员会专家委员会的建设等内容。主要涵盖"减灾"使命领域的"社区减灾能力"，"应急准备"使命领域的"应急科技支撑能力""应急准备组织能力""应急培训能力""应急评估能力"，"应急响应"使命领域的"事件态势及损失评估能力""应急支援协调能力"及其他专业应急处置能力建设内容。

主要任务十："加强防灾减灾文化建设。"主要包括强化各级人民政府的防灾减灾责任意识，完善防灾减灾宣传教育工作机制，强化防灾减灾文化场所建设，提升社会各界的防灾减灾意识和文化素养，提高公众应对自然灾害的能力等内容。主要涵盖"减灾"使命领域的"社区减灾能力"，"应急准备"使命领域的"应急培训能力""应急演练能力"等核心应急能力建设内容。

5. 规划重大项目

规划重大项目是为了实现规划目标，对未来建设项目与投资的计划安排，规划重大项目的核心目的是提升应急能力。

《综合减灾规划》提出了八个重大项目。

重大项目一："全国自然灾害综合风险调查工程。"主要包括开展全国自然灾害综合风险和减灾能力调查，建立数据库、模型库、方法库和国家自然灾害综合风险调查评估技术系统；开展典型灾种灾害风险评价、多灾种和灾害链综合风险评价以及区域减灾能力评价等工作，编制全国、省、市及灾害频发易发区县级行政单元自然灾害风险图和自然灾害综合区划图，建立风险信息更新、分析评估和产品服务机制。主要涵盖"预防"使命领域的"危险源和威胁识别能力""风险评估能力"，"应急准备"使命领域的"应急科技支撑能力"和"应急规划能力"等核心应急能力建设内容。该重大项目与主要任务二、三相衔接，有助于规划目标一、二、三的实现。

重大项目二："国家综合减灾与风险管理信息化建设工程。"主要包括通过信息化手段的建设和完善，实现相关部门涉灾业务的协同与资源共享，提升中央、省两级的灾害风险信息与搜救信息的获取、分析、研判能力，以及救灾、减灾的会商和决策能力，有效支撑国家相关部门防灾减灾协作。主要涵盖"预防"使命领域的"危险源和威胁识别能力""风险评估能力"，"监测预警"使命领域的"信息融合与综合预警发布能力"，"应急响应"使命领域的

"应急支援协调能力""应急信息保障能力"等核心应急能力建设内容。该重大项目与主要任务二、三相衔接，有助于规划目标一、三、八的实现。

重大项目三："国家自然灾害应急救助指挥系统建设工程。"主要包括建设灾害应急救助指挥系统，实现灾情、决策、指挥、物资调运等各类信息的及时发送与传递；构建灾害损失评估、预案推演信息系统，为灾害应急救助提供科学决策信息；大幅提升灾害应急救助即时信息高效处理、互联互通与指令信息的快速传达能力。主要涵盖"应急响应"使命领域的"应急指挥控制能力""应急支援协调能力""应急信息保障能力"等核心应急能力建设内容。该重大项目与主要任务六相衔接，有助于规划目标二、八的实现。

重大项目四："国家救灾物资储备工程。"主要包括新建或改扩建一批中央生活类救灾物资储备库，各级人民政府按照实际需要建设本级生活类救灾物资储备库，完善受灾群众生活救助、医疗卫生防疫、交通应急保障、森林防火等方面的物资储备，逐步建立全国救灾物资交通运输网络，提高物资投送能力。主要涵盖"应急响应"使命领域的"公众照料服务能力""应急资源保障能力""紧急交通运输保障能力"，"恢复重建"使命领域的"受灾人员生活救助能力"等核心应急能力建设内容。该重大项目与主要任务六相衔接，有助于规划目标二、四的实现。

重大项目五："环境减灾卫星星座建设工程。"主要包括完善环境与灾害监测预报小卫星星座，推动由4颗光学星和4颗雷达星组网构成的"4+4"星座建设，完善灾害遥感应用模型、方法和标准规范，提升业务系统处理、分析与服务水平，加强卫星减灾应用技术的示范与推广等。主要涵盖"预防"使命领域的"危险源和威胁识别能力""风险评估能力"，"应急准备"使命领域的"应急科技支撑能力"，"应急响应"使命领域的"应急指挥控制能力""应急通信保障能力""应急信息保障能力"等核心应急能力建设内容。该重大项目与主要任务一、二相衔接，有助于规划目标一、三的实现。

重大项目六："国家重特大自然灾害防范仿真系统建设工程。"主要包括建立计算机模拟仿真系统，建设典型自然灾害大型实验平台和运行环境，实现灾害风险预警、应急响应推演和指挥决策优化等多维可视化模拟仿真，为重特大自然灾害影响评估、指挥决策提供条件平台和科技支撑，开展防灾减灾科技研发和交流合作。主要涵盖"预防"使命领域的"危险源和威胁识别能力""风险评估能力"，"应急准备"使命领域的"应急科技支撑能力"，"应急响应"使命领域的"应急指挥控制能力""应急信息保障能力"等核心应急能力建设内容。该重大项目与主要任务七、九相衔接，有助于规划目标六、八的实现。

重大项目七："综合减灾示范社区和避难场所建设工程。"主要包括创建5000个"全国综合减灾示范社区"，建设居民就近紧急疏散和临时安置的避难场所，编制城乡社区应急预案和灾害风险图，开展社区救灾演练，建立社区志愿者队伍等。主要涵盖"减灾"使命领域的"社区减灾能力"，"应急响应"使命领域的"公众疏散和就地避难能力"，"恢复重建"使命领域的"社区恢复能力"等核心应急能力建设内容。该重大项目与主要任务五、八、十相衔接，有助于规划目标二、五、七的实现。

重大项目八："防灾减灾宣传教育和科普工程。"主要包括新建或改扩建防灾减灾文化宣传教育基地，开发国家防灾减灾宣传教育网络平台，建立资源数据库和专家库，编制适合不同群体的防灾减灾教育培训教材，组织防灾减灾知识宣传活动和专业性教育培训，开展各类自然灾害的应急演练，加强各级领导干部防灾减灾教育培训，增强公众防灾减灾意识，提高自救互救技能。主要涵盖"预防"使命领域的"公共安全素质提升能力"，"减灾"使命领域的"社区减灾能力"，"应急准备"使命领域的"应急培训能力""应急演练能力"等核心应急能力建设内容。该重大项目与主要任务八、九、十相衔接，有助于规划目标二、五、六的实现。

5.3 单灾种防灾减灾规划

5.3.1 规划基本定位

单灾种防灾减灾规划是由各灾种主管部门牵头编制的仅涉及一个灾种（或者一类相关灾害）的防灾减灾规划。对灾种（灾害）目前有广义和狭义两种不同的理解，在广义上包括各类突发事件，即自然灾害、事故灾难、公共卫生事件和社会安全事件；在狭义上仅指自然灾害，包括气象灾害、海洋灾害、水旱灾害、地震灾害、地质灾害、生物灾害、森林草原火灾等。相应地，单灾种防灾减灾规划也可以按上面的不同灾种分类方法进行分类。

我国相关法律法规对编制不同灾种防灾减灾规划有明确要求。

（1）《中华人民共和国防震减灾法》。该法第二章对防震减灾规划的编制和实施做出了明确规定。该法第十二条规定"国务院地震工作主管部门会同国务院有关部门组织编制国家防震减灾规划，报国务院批准后组织实施。县级以上地方人民政府负责管理地震工作的部门或者机构会同同级有关部门，根据上一级防震减灾规划和本行政区域的实际情况，组织编制本行政区域的防震减灾规划，报本级人民政府批准后组织实施，并报上一级人民政府负责管理地震工作的部门或者机构备案。"第十四条规定"防震减灾规划的内容应当包括：震情形势和防震减灾总体目标，地震监测台网建设布局，地震灾害预防措施，地震应急救援措施，以及防震减灾技术、信息、资金、物资等保障措施。编制防震减灾规划，应当对地震重点监视防御区的地震监测台网建设、震情跟踪、地震灾害预防措施、地震应急准备、防震减灾知识宣传教育等作出具体安排。"

（2）《中华人民共和国防洪法》。该法第二章对防洪规划的编制和实施做出了明确规定。该法第九条规定"防洪规划是指为防治某一流域、河段或者区域的洪涝灾害而制定的总体部署，包括国家确定的重要江河、湖泊的流域防洪规划，其他江河、河段、湖泊的防洪规划以及区域防洪规划。……防洪规划是江河、湖泊治理和防洪工程设施建设的基本依据。"第十条规定"国家确定的重要江河、湖泊的防洪规划，由国务院水行政主管部门依据该江河、湖泊的流域综合规划，会同有关部门和有关省、自治区、直辖市人民政府编制，报国务院批准。……城市防洪规划，由城市人民政府组织水行政主管部门、建设行政主管部门和其他有关部门依据流域防洪规划、上一级人民政府区域防洪规划编制，按照国务院规定的审批程序批准后纳入城市总体规划。"第十一条规定"编制防洪规划，应当遵循确保重点、兼顾一般，以及防汛和抗旱相结合、工程措施和非工程措施相结合的原则，充分考虑洪涝规律和上下游、左右岸的关系以及国民经济对防洪的要求，并与国土规划和土地利用总体规划相协调。防洪规划应当确定防护对象、治理目标和任务、防洪措施和实施方案，划定洪泛区、蓄滞洪区和防洪保护区的范围，规定蓄滞洪区的使用原则。"第十四条规定"平原、洼地、水网圩区、山谷、盆地等易涝地区的有关地方人民政府，应当制定除涝治涝规划……"

（3）《中华人民共和国气象法》。该法第五章第二十七条规定"县级以上人民政府应当加强气象灾害监测、预警系统建设，组织有关部门编制气象灾害防御规划，并采取有效措施，提高防御气象灾害的能力。有关组织和个人应当服从人民政府的指挥和安排，做好气象灾害防御工作。"

（4）《地质灾害防治条例》。该条例第二章对地质灾害防治规划的编制和实施做出了明确规定。第十一条规定"国务院国土资源主管部门会同国务院建设、水利、铁路、交通等部门，依据全国地质灾害调查结果，编制全国地质灾害防治规划，经专家论证后报国务院批准公布。县级以上地方人民政府国土资源主管部门会同同级建设、水利、交通等部门，依据本行政区域的地质灾害调查结果和上一级地质灾害防治规划，编制本行政区域的地质灾害防治规划，经专家论证后报本级人民政府批准公布，并报上一级人民政府国土资源主管部门备案。修改地质灾害防治规划，应当报经原批准机关批准。"第十二条规定"地质灾害防治规划包括以下内容：（一）地质灾害现状和发展趋势预测；（二）地质灾害的防治原则和目标；（三）地质灾害易发区、重点防治区；（四）地质灾害防治项目；（五）地质灾害防治措施等。"

（5）《森林防火条例》。该条例第二章第十四条规定"国务院林业主管部门应当根据全国森林火险区划等级和实际工作需要，编制全国森林防火规划，报国务院或者国务院授权的部门批准后组织实施。县级以上地方人民政府林业主管部门根据全国森林防火规划，结合本地实际，编制本行政区域的森林防火规划，报本级人民政府批准后组织实施。"第十五条规定"国务院有关部门和县级以上地方人民政府应当按照森林防火规划，加强森林防火基础设施建设，储备必要的森林防火物资，根据实际需要整合、完善森林防火指挥信息系统。"

5.3.2　规划相关主体

不同灾种的防灾减灾规划，通常是由该灾种的业务主管部门（依据法律规定和部门职责）牵头组织编制，其他相关部门、机构和单位参与规划编制。以地质灾害防治规划为例，其编制由自然资源部门牵头，应急、建设、水利、交通、生态环境等相关部门参与；而山洪灾害防治规划则是由水利部门牵头，应急、气象、建设、交通、自然资源、生态环境等相关部门参与。

5.3.3　规划主要内容

下面以《国家防震减灾规划（2006—2020年）》《全国山洪灾害防治规划简要报告》（2006年）和《全国地质灾害防治"十三五"规划》为例，阐述单灾种防灾减灾规划的主要内容。

1. 规划内容框架

单灾种防灾减灾规划内容通常包括灾害现状和发展趋势、防灾减灾目标和原则、灾害设防标准、灾害易发区和重点防治区、防灾减灾的工程措施与非工程措施、防灾减灾建设项目、规划实施保障措施等。不同灾种的防灾减灾规划的内容框架和侧重点有所不同。

《国家防震减灾规划（2006—2020 年）》内容框架如图 5-2 所示。

```
序言
一、我国防震减灾现状及面临的形势
二、规划指导思想、目标与发展战略
（一）规划指导思想。
（二）规划目标。
（三）发展战略。
三、总体布局与主要任务
（一）总体布局。
（二）主要任务。
四、战略行动
（一）中国地震背景场探测工程。
（二）国家地震预报实验场建设。
（三）国家地震社会服务工程。
（四）国家地震专业基础设施建设。
五、保障措施
（一）加强法制建设。
（二）健全防震减灾管理体制。
（三）建立多渠道投入机制。
（四）提高科技支撑能力。
（五）加强人才队伍建设。
```

图 5-2 《国家防震减灾规划（2006—2020 年）》内容框架

《全国山洪灾害防治规划简要报告》内容框架如图 5-3 所示。

```
1  基本情况
   1.1  自然概况
   1.2  经济社会
   1.3  灾害损失
2  山洪灾害成因、特点及防灾形势
   2.1  山洪灾害成因
   2.2  山洪灾害的分布及基本特点
   2.3  山洪灾害防治现状
   2.4  防灾形势
3  规划指导思想、原则及目标
   3.1  规划指导思想
   3.2  规划原则
   3.3  规划依据
   3.4  规划范围及规划水平年
   3.5  规划目标
4  山洪灾害防治区划
   4.1  区划原则
   4.2  山洪灾害重点防治区和一般防治区的划分
   4.3  山洪灾害防治区划
5  山洪灾害防治总体规划
   5.1  总体思路
   5.2  山洪灾害防治总体规划
   5.3  山洪灾害分区防治规划主要对策措施
6  非工程措施规划
   6.1  监测、通信及预警系统规划
   6.2  防灾预案及救灾措施
   6.3  搬迁避让规划
   6.4  政策法规建设
7  工程措施规划
   7.1  山洪沟治理规划
   7.2  泥石流沟治理规划
   7.3  滑坡治理规划
   7.4  病险水库除险加固规划
   7.5  水土保持规划
8  环境影响评价
   8.1  环境概况
   8.2  生态环境影响分析
   8.3  环境影响减缓措施
9  投资需求及实施意见
   9.1  投资需求
   9.2  实施意见
10 规划实施效果评价
11 保障措施
12 结论与建议
```

图 5-3 《全国山洪灾害防治规划简要报告》内容框架

《全国地质灾害防治"十三五"规划》内容框架如图 5-4 所示。

```
前言                                    （三）综合治理。
一、地质灾害防治现状与形势              （四）应急防治。
    （一）地质灾害现状。                （五）基层防灾能力建设。
    （二）"十二五"防治成效。          五、资金筹措和实施安排
    （三）"十三五"防治形势。          （一）资金筹措。
二、指导思想与规划目标                  （二）实施安排。
    （一）指导思想。                    六、保障措施
    （二）规划原则。                    （一）落实责任分工。
    （三）规划目标。                    （二）坚持依法防灾。
三、地质灾害易发区和重点防治区         （三）加强资金保障。
    （一）地质灾害易发区。              （四）调动社会力量。
    （二）地质灾害重点防治区。          （五）强化宣传培训。
四、地质灾害防治任务                    附图 1  全国崩塌滑坡泥石流地面塌陷易发程度分区图
    （一）调查评价。                    附图 2  全国地面沉降地裂缝易发程度分区图
    （二）监测预警。                    附图 3  全国地质灾害重点防治区分布图
```

图 5-4 《全国地质灾害防治"十三五"规划》内容框架

2. 灾害形势与挑战

该部分通常简要概述面临的灾害风险情况、灾害造成的损失情况、威胁的人员和财产数量，前期防治工作成效和存在的问题，未来发展趋势等。

《国家防震减灾规划（2006—2020 年）》的"一、我国防震减灾现状及面临的形势"部分，简要介绍了我国面临的地震灾害风险：我国是世界上地震活动最强烈和地震灾害最严重的国家之一。我国占全球陆地面积的 7%，但 20 世纪全球大陆 35% 的 7.0 级以上地震发生在我国；20 世纪全球因地震死亡 120 万人，我国占 59 万人，居各国之首。我国大陆大部分地区位于地震烈度Ⅵ度以上区域；50% 的国土面积位于Ⅶ度以上的地震高烈度区域，包括 23 个省会城市和 2/3 的百万人口以上的大城市。防震减灾方面所取得的成效包括：在党中央和国务院的正确领导下，经过各地区和各部门的共同努力，初步建立了有效的管理体制，全民防震减灾意识明显提高，监测预报、震灾预防和紧急救援三大工作体系建设取得重要进展。存在的主要问题包括：全国地震监测预报基础依然薄弱，科技实力有待提升；全社会防御地震灾害能力明显不足，防震减灾教育滞后；各级政府应对突发地震事件的灾害预警、指挥部署、社会动员和信息收集发布等工作机制需进一步完善；防震减灾投入总体不足等。该规划还指出：地震是我国今后一段时期面临的主要自然灾害之一。迅速提高我国预防和减轻地震灾害的综合能力，是实施城镇化战略、解决三农问题、实现公共安全、构建和谐社会的必然要求。

《全国山洪灾害防治规划简要报告》的"1 基本情况"部分，简要概述了我国面临的山洪灾害风险：我国是一个多山的国家，山丘区面积约占全国陆地面积的 2/3，远高于世界平均水平。全国 2100 多个县级行政区中有 1500 多个在山区。复杂的地形地质条件、暴雨多发的气候特征、密集的人口分布和人类活动的影响，导致山洪灾害发生频繁，造成大量人员伤亡。我国山丘区流域面积在 100km² 以上的河流有约 5 万条，约 70% 的河流因受降雨、地形及人类活动影响，经常发生山洪灾害。我国有山洪灾害防治任务的山丘区（即山洪灾害防治区）面积约为 463 万 km²，约占我国陆地面积的 48%。山洪灾害防治区自然特性复杂多样，人类经济社会活动程度不一，因而形成多种类型的山洪灾害，尤以强降雨引发的山洪灾害发

生最为频繁，危害也最为严重。然后分别从我国的自然概况（气候、暴雨、地形地质、水土流失）、经济社会（山洪灾害防治区经济社会概况和发展预测）和灾害损失（死亡人数、财产损失）等方面说明了山洪灾害多发的原因和影响。"2 山洪灾害成因、特点及防灾形势"部分，则进一步较详细地分析了我国山洪灾害的主要成因：降雨因素、地形地质因素、经济社会因素；分布：山洪灾害的空间分布、发生时间分布；基本特点：分布广泛、数量大，突发性强、预测预防难度大，成灾快、破坏性强，季节性强、频率高，区域性明显、易发性强等；山洪灾害防治现状：初步开展了地质灾害调查和地质灾害风险区划工作，对山洪灾害防治措施进行了有益的探索，并取得了显著成效，但由于投入不足、管理薄弱等原因，目前山洪灾害总体防御能力较低，部分山洪灾害严重威胁区甚至无任何防灾措施，不适应经济社会发展要求；防灾形势：经济社会发展对防灾减灾提出了更高要求，山丘区经济社会迅速发展可能导致或加剧山洪灾害，由于防灾能力仍然很低，山洪灾害仍非常频繁、损失巨大，防灾形势十分严峻。

《全国地质灾害防治"十三五"规划》的"一、地质灾害防治现状与形势"部分，简要概述了我国的地质灾害现状：我国山地丘陵区约占国土面积的65%，地质条件复杂，构造活动频繁，崩塌、滑坡、泥石流、地面塌陷、地裂缝、地面沉降等灾害隐患多、分布广、防范难度大，是世界上地质灾害最严重、受威胁人口最多的国家之一。截至2015年底，全国有地质灾害隐患点288 525处，其中崩塌67 478处，滑坡148 214处，泥石流31 687处，其他地质灾害合计41 146处，共威胁1891万人的生命安全和4431亿元的财产安全。"十二五"期间的防治成效包括：调查评价取得重大进展，监测预警得到有效落实，综合治理力度不断加大，应急防治体系不断完善，综合防灾能力全面提升等。"十三五"时期面临的防治形势为：地质灾害防治形势依然严峻，维护公共安全和社会经济发展对地质灾害防治工作提出新要求，地质灾害防治工作依然存在薄弱环节等。存在的主要问题包括：地质灾害调查评价的精度、广度、深度尚不能满足防灾减灾的要求；群测群防能力水平有待提升，专业监测有待加强；众多威胁集镇、村庄、学校、医院等人员密集区的重大隐患点亟待采取搬迁避让或工程治理措施等。

3. 灾害防治目标

灾害防治目标可以分为总体目标、阶段性目标（近期、长期）、分项目标等。

《国家防震减灾规划（2006—2020年）》的总体目标为：到2020年，我国基本具备综合抗御6.0级左右、相当于各地区地震基本烈度的地震的能力，大中城市和经济发达地区的防震减灾能力达到中等发达国家水平。位于地震烈度Ⅵ度及以上地区的城市，全部完成修订或编制防震减灾规划，新建工程全部实现抗震设防；地震重点监视防御区新建农村民居采取抗震措施；完善地震应急反应体系和预案体系，建立地震预警系统；建立健全地震应急和救援保障体系，进一步增强紧急救援力量；省会城市和百万人口以上城市拥有避难场所；建成救灾物资储备体系；重大基础设施和生命线工程具备地震紧急处置能力；防震减灾知识基本普及；震后24小时内灾民得到基本生活和医疗救助；建成全国地震背景场综合观测网络，地震科学基础研究和创新能力达到国际先进水平，短期和临震预报有所突破。近期（"十一五"）阶段目标为：到2010年，大城市及城市群率先达到基本抗御6.0级地震的目标要求；建成农村民居地震安全示范区；加强地震预警系统建设，加强重大基础设施和生命线工程地震紧急处置示范工作；防震减灾知识普及率达到40%，发展20万人的志愿者队伍；

初步建立全国救灾物资储备体系；震后 24 小时内灾民得到初步生活和医疗救助；建成具有国际水平的地震科研与技术研发基地，完善中国大陆及领海数字化地震观测，并在地震重点监视防御区和重点防御城市实现密集台阵观测，全面提升地震科技创新能力，地震预报继续保持世界先进水平。

《全国山洪灾害防治规划简要报告》的规划目标为：通过制定山洪灾害防治规划，因地制宜，提出防治山洪灾害的对策措施，协调人与自然的关系，减少或减缓致灾因素向不利方向演变的趋势，建立和完善防灾减灾体系，提高防御山洪灾害的能力，减少山洪灾害导致的人员伤亡和财产损失，促进和保障我国山丘区人口、资源、环境和经济的协调发展。近期（2010 年）规划目标为：初步建成山洪灾害重点防治区以监测、通信、预报、预警等非工程措施为主与工程措施相结合的防灾减灾体系，基本改变我国山洪灾害日趋严重的局面，减少群死群伤事件发生，财产损失相对减少。远期（2020 年）规划目标为：全面建成山洪灾害重点防治区非工程措施与工程措施相结合的综合防灾减灾体系，一般山洪灾害防治区初步建立以非工程措施为主的防灾减灾体系，最大限度地减少人员伤亡和财产损失，山洪灾害防治能力与山丘区全面建设小康社会的发展要求相适应。

《全国地质灾害防治"十三五"规划》的规划目标为：以最大限度避免和减少人员伤亡及财产损失为目标，尽心尽力维护群众权益，全面完成山地丘陵区地质灾害详细调查和重点地区地面沉降、地裂缝和岩溶塌陷调查，全面完成全国重点防治区地质灾害防治高标准"十有县"建设，实现山地丘陵区市、县两级地质灾害气象预警预报工作全覆盖，完善提升以群测群防为基础的群专结合监测网络，基本完成已发现的威胁人员密集区重大地质灾害隐患的工程治理。到 2020 年，建成系统完善的地质灾害调查评价、监测预警、综合治理、应急防治四大体系，全面提升基层地质灾害防御能力。在重大工程所在区域、重要城市、人口聚集区等区域建立地质灾害风险管控体系，显著减缓地质灾害风险，全面降低中、东部经济发达地区地质灾害风险，有效解决西部及老少边穷地区因灾致贫、因灾返贫问题。

4. 灾害防治区划

灾害防治区划是根据灾害程度或特点，在对灾害条件进行深入分析的基础上进行的灾害地域划分，其目的是更加清晰地反映灾害的空间分布规律与地区差异，为规划和实施灾害防治工作提供依据。

《国家防震减灾规划（2006—2020 年）》"三、总体布局与主要任务"中的"（一）总体布局"部分，依据规划期内我国地震分布特点和地震灾害预测结果，对我国防震减灾的总体布局进行规划设计，包括：环渤海及首都圈地区，建设地震预报实验场；建设国家防灾高等教育基地；进一步实施地震预警；提高城市群地震综合防御能力；切实做好 2008 年北京奥运会防震对策研究制定工作；长江三角洲地区，实施城市群地震安全工程；推进海域地震监测和地震海啸预警系统建设；切实做好 2010 年上海世博会防震对策研究制定工作；东南（南部）沿海地区，实施城市群地震安全工程；推进海域地震监测和地震海啸预警系统建设；切实做好 2010 年广州亚运会防震对策研究制定工作；南北地震带，建设地震预报实验场；实施重点监视防御区城市地震安全示范工程和农村民居地震安全技术服务工程；南北天山区，建设地震预报实验场；实施农村民居地震安全技术服务工程。此外，在黄河中上游流域重点监视防御区实施城市地震安全工程和农村民居地震安全技术服务工程；加强长江中上游流域、黄河上游流域及西南地区大型水电工程的地震安全工作,加强水库诱发地震的监测与研究;加强国家重大生命线工程沿线地区地震监测设施建设,保障重大生命线工程地震安全;加强青藏高原地区新构造活动前缘研究,不断提高地震监测能力;加强黑龙江、吉林、云南和海南等地区地震监测设施建设,确保对火山地震活动的监测。需要说明的是,以上总体布局与"国家地震区划"不是一回事,国家地震区划是根据地震危险性将国土划分成不同的区域,对不同的区域规定不同的抗震设防参数,具体可参阅《中国地震动参数区划图》(GB 18306—2015)。

《全国山洪灾害防治规划简要报告》"4 山洪灾害防治区划"部分,一方面是根据形成山洪灾害的降雨、地形地质和经济社会因素,划分山洪灾害重点防治区和一般防治区,以利突出重点,按轻重缓急,逐步实施山洪灾害防治措施;另一方面在山洪灾害成灾条件的相似性和差异性分析基础上,对全国山洪灾害防治区进行区域划分,分析不同区域山洪灾害的综合成灾条件、成灾过程、灾害类型,分区制定防灾对策措施。规划确定的全国山洪灾害重点防治区面积 96.93 万 km^2,占防治区总面积的 20.94%(其中一级重点防治区面积 40.36 万 km^2,占防治区总面积的 8.72%;二级重点防治区面积 56.57 万 km^2,占防治区总面积的 12.22%);一般防治区面积 365.96 万 km^2,占防治区总面积的 79.06%;重点防治区主要分布在受东部季风影响的山丘区,以西南高原山地丘陵、秦巴山地以及江南、华南、东南沿海的山地丘陵区分布最为集中。在山洪灾害防治区划方面,将全国山洪灾害防治区划分为 3 个一级区和 12 个二级区,包括东部季风区(Ⅰ):东北地区(Ⅰ1)、华北地区(Ⅰ2)、黄土高原地区(Ⅰ3)、秦巴山地区(Ⅰ4)、华中华东地区(Ⅰ5)、东南沿海地区(Ⅰ6)、华南地区(Ⅰ7)、西南地区(Ⅰ8);蒙新干旱区(Ⅱ):内蒙古高原地区(Ⅱ1)、西北地区(Ⅱ2);青藏高寒区(Ⅲ):藏南地区(Ⅲ1)、藏北地区(Ⅲ2)。

《全国地质灾害防治"十三五"规划》"三、地质灾害易发区和重点防治区"部分,依据地形地貌、岩土体类型及性质、地质构造以及地下水特征与开采状况等地质灾害形成的地质环境条件和人为活动因素,把全国地质灾害易发地区分成高、中、低三级地质灾害易发区。依据全国地质灾害易发区分布,考虑不同区域社会经济重要性因素,如土地利用、工程建设、经济发展和社会防灾减灾能力,结合国家"一带一路"建设、京津冀协同发展和长江经济带发展三大战略,把地质灾害易发、人口密集、社会经济财富集中、重要基础设施和国民经济发展的重要规划区作为地质灾害重点防治区,共划分地质灾害重点防治区 17 个,总面积 141.1 万 km^2。17 个地质灾害重点防治区分别为:滇西横断山高山峡谷泥石流滑坡重点防治区、青藏高原东缘泥石流滑坡崩塌重点防治区、云贵高原滑坡崩塌地面塌陷重点防治区、桂北桂西岩溶山地丘陵崩塌地面塌陷重点防治区、珠江三角洲地面塌陷及地面沉降重点防治区、鄂西湘西中低山滑坡崩塌重点防治区、湘中南岩溶丘陵盆地地面塌陷滑坡重点防治区、浙闽赣丘陵山地群发性滑坡重点防治区、长江三峡库区崩塌滑坡重点防治区、长江三角洲及江浙沿海地面沉降重点防治区、陇南陕南秦巴山地泥石流滑坡重点防治区、黄土高原西南滑坡泥石流重点防治区、汾渭盆地地面沉降地裂缝重点防治区、陕北晋西黄土滑坡崩塌重点防治区、华北平原地面沉降重点防治区、新疆西南地区滑坡泥石流重点防治区、新疆伊犁滑坡泥石流重点防治区。

5. 灾害防治任务

《国家防震减灾规划(2006—2020 年)》"三、总体布局与主要任务"中的"(二)主要任务"部分，明确 2006—2020 年我国防震减灾的主要任务是：加强监测基础设施建设，提高地震预测水平；加强基础信息调查，有重点地提高大中城市、重大生命线工程和重点监视防御区农村的地震灾害防御能力；完善突发地震事件处置机制，提高各级政府应急处置能力。具体规划了八个方面的任务：开展防震减灾基础信息调查；建立地震背景场综合观测网络；提高地震趋势预测和短临预报水平；增强城乡建设工程的地震安全能力；加强国家重大基础设施和生命线工程地震紧急自动处置示范力度；强化突发地震事件应急管理；完善地震救援救助体系；全面提升社会公众防震减灾素质。

《全国山洪灾害防治规划简要报告》"5 山洪灾害防治总体规划"部分，明确了山洪灾害防治的总体思路：以最大限度地减少人员伤亡为首要目标，山洪灾害防治措施立足于以防为主，防治结合，以非工程措施为主，非工程措施与工程措施相结合。为保障山洪灾害威胁区现有人员和财产安全，对处于山洪灾害危险区、生存条件恶劣、地势低洼而治理困难地方的居民实施永久搬迁措施；对一旦溃坝将造成大量人员伤亡和财产损失的病险水库进行除险加固，消除防洪隐患；对山洪灾害威胁区内居住于地势相对较高处的居民，在山洪来临前采取临时转移避灾措施。为避免山丘区不合理的人类活动加剧或直接导致山洪灾害的发生，规划提出了通过宣传教育提高全民全社会的防灾意识、强化政策法规建设和加强执法力度等规范人类活动的措施。根据我国山洪灾害各分区的山洪灾害成因和特点，规划提出了山洪灾害分区防治规划主要对策措施。在"6 非工程措施规划"部分，具体规划了监测、通信及预警系统，防灾预案及救灾措施，搬迁避让规划，政策法规建设等任务；在"7 工程措施规划"部分，具体规划了山洪沟治理、泥石流沟治理、滑坡治理、病险水库除险加固、水土保持等工程措施。

《全国地质灾害防治"十三五"规划》"四、地质灾害防治任务"部分，提出了五个方面的防治任务。①调查评价：加强地质灾害详细调查，全面开展地质灾害"三查"（汛前排查、汛中巡查、汛后复查），深化重点地区地质灾害调查与风险评价。②监测预警：健全完善全国地质灾害气象预警预报体系，构建群专结合的地质灾害监测预警网络，完善地面沉降地裂缝监测网络。③综合治理：继续实施地质灾害搬迁避让，加大地质灾害工程治理力度，严格控制地下水开采。④应急防治：健全应急机构与队伍，加强应急值守与处置。⑤基层防灾能力建设：全面提升基层地质灾害防御能力，强化重点地区地质灾害防治，加强地质灾害防治信息化工作，强化地质灾害防治宣传、培训和演练，强化科学研究、创新技术水平。

6. 灾害防治建设项目

《国家防震减灾规划（2006—2020 年）》"四、战略行动"部分，提出了四项防震减灾重大建设项目。①中国地震背景场探测工程：在中国大陆建设或扩建测震、强震动、重力、地磁、地电、地形变和地球化学等背景场观测系统，在中国海域建设海洋地震观测系统，在我国重要火山区建设火山观测系统，完善地震活动构造及活断层探测系统，建设壳幔精细结构探测系统，以获取地震背景场基础信息。②国家地震预报实验场建设：在中国大陆选择两个地震活动性高且地质构造差异显著的典型区域，建设测震和地震前兆密集观测系统，建设地震活动构造精细探测系统，建设地震孕震实验室和地震数值模拟实验室，建设地震预测系统和地震预报辅助决策系统。③国家地震社会服务工程：建设建筑物、构筑物地震健康诊断系统和震害预测系统，实施城市群与大城市震害防御技术系统示范工程和地震安全农居技术服务工程，建设国家灾害性地震、海啸、火山等预警系统，建设灾情速报与监控系统，构建地震应急联动协同平台，完善国家地震救援装备和救援培训基地，提升国家地震安全社会服务能力。④国家地震专业基础设施建设：完善中国地震通信和数据处理分析等信息服务基础设施建设，实施地震数据信息灾难备份，建设地震观测实验室，建设地壳运动观测实验室，建设国家防灾高等教育基地，完善国家和区域防震减灾中心，推进标准和计量建设，进一步提升国家地震基础设施支撑能力。

《全国山洪灾害防治规划简要报告》"9 投资需求及实施意见"部分，具体说明了规划重点项目概况及其投资概算。非工程措施主要包括：①监测通信及预警系统建设，规划新建山洪灾害防治专业监测站（点）19 153 个，建立连接 30 955 个监测站（点）的通信系统，在行政村配备 125 000 套无线广播警报器及锣、鼓、号等简易预警设施，建立山洪灾害中小尺度数值天气预报业务系统和山洪灾害短时、短期、中期预报业务系统；②群测群防，规划在山洪灾害防治区建立完善的群测群防组织体系，制订群测群防有关规章和管理办法，编制切实可行的群测群防方案，加强宣传与培训工作，编制并落实防灾预案等。工程措施包括：①山洪沟治理，规划加固、新建护岸及堤防工程 94 710km，加固改造和新建排洪渠工程 89 650km，疏浚沟道 8920km；②泥石流沟治理，规划对危害特别严重的 2462 处泥石流沟进行工程治理，需修建拦挡工程 13 457 座、排导工程 8546km、停淤工程 1480 座；③滑坡治理，规划对 1391 处滑坡进行工程治理，需修建截排水沟 398 400m、挡土墙 904.5 万 m^3、抗滑桩 679.1 万 m^3、锚索 347 000m、削坡减载 8350 万 m^3；④病险水库除险加固，规划对山洪灾害防治区内 2999 座小（1）型水库、13 522 座小（2）型水库，共计 16 521 座病险水库进行除险加固等。全国山洪灾害防治规划投资总需求为 1870 亿元（未计入水土保持投资），其中非工程投资 540 亿元，工程投资 1330 亿元。

《全国地质灾害防治"十三五"规划》"五、资金筹措和实施安排"部分，明确了地质灾害防治主要建设项目及中央与地方的职责分工，中央财政对重点省份地质灾害综合防治体系建设给予支持。主要项目包括：①地质灾害调查评价，包括详细调查、重点地区大比例尺风险调查、年度地质灾害"三查"和隐患点勘查工作，由地方各级政府部署安排为主；中央政府负责开展岩溶地面塌陷、地面沉降和地裂缝综合地质调查及大比例尺地质灾害风险调查示范。②监测预警体系建设，由地方政府组织实施，中央政府统筹指导。③地质灾害隐患点治理，按照轻重缓急，突出重点的原则，对危害严重、治理难度大的地质灾害隐患点的人员搬迁，对危害大、难以实施搬迁避让的重大隐患点采取工程治理措施，中央政府对特大型地质灾害治理项目给予资金补助，其他项目由地方各级政府安排部署。

5.4 城市综合防灾规划

5.4.1 规划基本定位

城市综合防灾规划是对抵御、减轻各种灾害对城市居民生命财产造成损失的各种政策性措施和工程性措施的安排。综合防灾规划注重灾前预防，在对所有灾种进行统一考虑和等级评价的基础上，对灾中应急和灾后重建的衔接工作做出周密的安排，与各单灾种规划相互协调和衔接，并同城市总体规划中的其他专项规划相互协调和衔接，实现统一部署、相互协调、综合评估、定期反馈、及时更新。

我国国土空间规划体系分为"五级三类"，"五级"对应我国的行政管理体系，分五个层级，即国家级、省级、市级、县级、乡镇级；"三类"是指规划的类型，分为总体规划、详细规划、相关专项规划。城市综合防灾规划属于"市级"国土空间规划子体系中的"专项规划"。市级总体规划是本级各项规划编制的依据与基础，具有战略指导性和约束性；城市综合防灾规划一方面承接总体规划的防灾要求及防灾专题的原则性引导，另一方面应与其他平行的专项规划（如城市道路交通系统规划、城市绿地系统规划、市政工程系统规划等）形成良好的积极沟通、相互配合关系，达到信息资源的互联互通。同时，城市综合防灾规划与相关单灾种防灾规划（防洪规划、内涝防治规划、抗震规划、地质灾害防治规划、气象灾害防治规划）相协调与衔接，综合平衡各单灾种规划防灾减灾要求，在多灾种风险耦合分析的基础上，考虑城市发展的需求，进行城市土地使用安全及防灾要素的空间布局，并作为详细规划的设计依据。

目前我国相关部门已编制并发布了有关城市综合和单灾种规划编制的一些标准规范，如《城市综合防灾规划标准》（GB/T 51327—2018）、《城市抗震防灾规划标准》（GB 50413—2007）、《镇（乡）村建筑抗震技术规程》（JGJ 161—2008）、《建筑抗震设计规范》（GB 50011—2010）、《建筑工程抗震设防分类标准》（GB 50223—2008）、《防洪标准》（GB 50201—2014）、《城市防洪规划规范》（GB 51079—2016）、《城市排水工程规划规范》（GB 50318—2017）、《室外排水设计标准》（GB 50014—2021）、《城市抗震防灾规划管理规定》（建设部令第117号）、《市政公用设施抗灾设防管理规定》（住房和城乡建设部令第1号）、《房屋建筑工程抗震设防管理规定》（建设部令第148号）等。

5.4.2 规划相关主体

城市综合防灾规划一般由城市规划主管部门组织编制，其他相关部门参与，通常委托具有规划设计资质的专业机构承担规划研究和编制技术支持工作。目前，也有一些城市由应急管理部门统筹编制城市综合防灾减灾规划，这类规划属于前面已经介绍的国民经济和社会发展五年规划中的专项规划范畴，其核心是应急管理体系和应急能力建设，与本节侧重于城市空间布局的综合防灾规划的侧重点有所不同。

5.4.3 规划主要内容

1. 规划主要工作内容

城市综合防灾设施规划主要有七项工作内容

（1）城市灾害现状分析。主要包括城市灾害概况与特征分析、城市现状用地的安全适宜性评价以及城市现状综合防灾能力评估。

（2）城市灾害风险评估与损失预测。根据城市实际情况确定城市灾种，全面分析城市可能面临的地震、洪涝、地质灾害、火灾、防空以及危化品等各类灾害，分析各类灾害发生的可能性，预测灾害的潜在损失，采用综合风险分析评估模型进行城市灾害综合风险评估，得到城市综合灾害风险图。多灾种的综合风险图是进行城市综合防灾规划和城市总体规划的重要依据。

（3）城市总体防灾空间规划。主要包括城市总体防灾空间结构的确定和城市总体防灾分区的划定。防灾分区是指根据城市的自然地理环境条件、灾害分布特征、行政区划、人口经济社会条件等综合因素，对城市空间中的防救灾空间和减灾设施进行科学配置，把城市空间划分为不同的防灾单元。防灾分区以开阔空间（公园、绿地、广场、较宽道路、河流等）作为分区与分区之间的隔离，可以发挥消防隔火带、通风通道、疏散救援通道、避难空间和中长期安置空间，以及将灾害控制在最小范围内等多重作用。

（4）城市疏散避难空间体系规划。主要包括城市救灾干道和疏散通道的系统规划、城市各级避难场所系统规划以及人防疏散干道、人防疏散地域、疏散基地规划、人口疏散方案。

（5）城市生命线系统规划。主要针对供水、供电、通讯、应急指挥设施、医疗设施、消防设施、治安设施、物资保障系统等生命线系统提出相应的防灾规划对策。

（6）主要灾害防治规划指引。主要包括对抗震防灾、防洪、地质灾害、消防、人防以及危化品等防灾规划及次生灾害防治规划进行指引，提出各类专项的防灾标准与防灾对策，包括危化品生产、使用、存贮、交易场所布局及运输线路规划的原则要求，以及各类防灾设施的布局。

（7）近期建设与规划实施保障。确定近期建设重点、时序安排以及规划实施保障措施，明确对控规单元的规划要求，以及需要进行规划管理的内容等。

2. 规划主要内容框架

下面以《唐山市城市综合防灾减灾详细规划（2016—2020年）》为例，说明城市综合防灾规划的主要内容框架，如图5-5所示。

```
第1章  总则
    包括编制目的、指导思想、规划依据、规划期限、规划范围、规划目标。
第2章  市域防灾减灾空间布局
    包括防灾减灾分区、北部分区防灾策略、中部分区防灾策略、南部分区防灾策略、救援通道、
应急指挥中心、救灾物资储备库。
第3章  中心城区建设用地防灾减灾规划
    包括防灾适宜性分类、防灾适宜性分区、不适宜建设区建筑改造规划、不适宜建设区用地调整
规划、重大危险源安全规划。
第4章  中心城区建筑工程防灾规划
    包括抗震设防标准、抗震防灾管理、结构类型评价、建设年代评价、抗震性能评价、抗震加固
改造的确定原则、既有建筑加固改造标准与程序、既有建筑薄弱区加固改造规划。
第5章  中心城区基础设施防灾规划
    包括交通系统、供电系统、供水系统、供气系统、排水系统、供热系统、通信系统、医疗工
程、物资储备系统。
第6章  中心城区防灾工程设施规划
    包括地质灾害防治工程、防洪工程体系、内涝防治工程、消防工程。
第7章  中心城区应急服务设施规划
    包括固定避难场所（选址要求、安全性要求、技术要求、需求分析、布局规划）、紧急避难场所
（技术要求、规划原则、需求分析、紧急避难场所规划）、救援疏散通道（救援疏散通道类型及技术
要求、有效宽度要求、救灾主干道规划、疏散主干道规划、疏散次干道规划、疏散通道规划管控）。
第8章  规划的实施与保障
    包括法律地位、组织保障、财政保障、科技保障。
```

图5-5 《唐山市城市综合防灾减灾详细规划（2016—2020年）》内容框架

3. 城市主要灾害危险性分析

在《唐山市城市综合防灾减灾详细规划（2016—2020年）说明书》"第2章市域防灾减灾空间布局"中对唐山市的承灾环境（地形地貌、气候、河流水系）、主要灾害危险性等进行了分析。指出：唐山市面临的主要灾害包括地震灾害、地质灾害、洪涝灾害、气象灾害、海洋灾害等自然灾害，同时，由于近年来危险化学品灾害社会影响较大，唐山市危险化学品生产、存储企业相对较多，所以规划将危险化学品也作为主要灾害分析。

在地震灾害方面，唐山市所属的华北地震带目前正处于自1815年开始的地震活跃时段的后期。已经经历了本活动期内的应变能大释放阶段，今后百年的地震活动水平将略低于长期的平均值。但邻近的郯庐地震带现在仍处于应变能大释放的后期，今后百年的活动水平将略高于长期平均水平。

在地质灾害方面，崩塌、滑坡、泥石流地质灾害主要分布在中低山迁西、遵化市和迁安市一带；地面塌陷地质灾害是矿区和岩溶发育区主要地质灾害，主要分布在市辖5区、丰南区、古冶区和玉田县；地面沉降地质灾害主要分布在滨海平原区、曹妃甸区和丰南区；尾矿库主要分布在迁安、迁西、遵化、市区周边等地；地裂缝地质灾害主要分布在唐山古冶区及滦县，呈零散条带状分布。

在气象灾害方面，唐山市霾、雾、雷暴天气发生日数较多，属于高频次灾害，暴雨、大风发生较少。

在洪涝灾害方面，滦河流域是唐山市最主要的洪涝发生地，多发生在滦河两岸及北部山区的暴雨山洪；从空间上看，乐亭县、迁安市、滦县风险较高，遵化市、迁西县、玉田县、丰润区风险中等。

在海洋灾害方面，唐山海岸带由于不存在隔水边界，为海水顺层侵染提供了条件。海水入侵使唐山沿海地区有限的淡水资源更加贫乏，加大了人们对深层地下淡水资源的过量开采，促使该地区地面沉降、非构造地裂缝等灾害的进一步发育。受全球气候变暖的影响，预计到2050年，渤海湾地区相对海平面上升幅度可达500～900毫米，沿海地区大片土地和部分城市将被淹没。

在危险化学品事故风险方面，唐山市共有危险化学品企业116处，存在易燃易爆和有毒物质泄漏风险。中心城区的重大危险源企业以工业气体的生产和存储企业为主，涉及危险物质包括液氧、氢气、液化丙烷、碳酸乙烯酯、碳酸二甲酯等，存在的火灾、爆炸、毒气泄漏危险性高。

4. 市域防灾减灾空间布局

唐山市分为三大防灾分区，分别是北部山区防灾分区、中部平原防灾分区、南部沿海防灾分区。

（1）北部山区防灾分区：指玉田、遵化、迁西以及迁安等区域，该区域以山区为主，地势变化较大，山洪和地质灾害风险相对较高，同时由于地形原因救援工作展开困难。

（2）中部平原防灾分区：指中心城区、空港片区、丰润片区、古冶片区、滦县等区域，该区域为城市人口和经济要素集中区域，地下有活动断裂带通过，地震危险性较高，同时，分区内采空区、岩溶塌陷区分布广泛，地质灾害较多。

（3）南部沿海防灾分区：指南堡开发区、唐海片区、海港开发区、乐亭工业区、曹妃甸新城以及曹妃甸工业区，该区域为唐山市未来的重要拓展区，面临的灾害包括台风、风暴潮、地面沉降等，应对不当有可能成为未来发展的限制因素。

5. 中心城区建设用地防灾减灾规划

根据《城镇综合防灾规划标准》以及相关的防灾标准，唐山市建设用地适应性评价结论分为不适宜建设区、有条件适宜建设区、较适宜建设区和适宜建设区四大类。不适宜建设区禁止开展新建活动；有条件适宜及较适宜建设区应在探明该区域灾害风险并采取工程防灾措施后方可开展建设活动；适宜建设区是未来城市可以建设的重点区域。

重大危险源安全规划主要包括：①专项整治，对城区重大危险源开展专项整治行动，加强安全生产管理，建立健全的安全管理和应急体系。②限产搬迁，管控范围内敏感单位较多的重大危险源应在具备条件时尽快限产搬迁。③疏解人口，暂时不能搬迁的，应严格控制管控范围内的新建项目审批，疏解管控范围内的人口。④规划管控，中心城区范围内重大危险源应进行"定量风险评估（QRA）"，根据评估结果合理规划周边建设用地，降低灾害影响。

6. 中心城区建筑工程防灾规划

中心城区抗震设防烈度为8度，其中路北区、开平区和高新区地震动峰值加速度为0.20g，路南区和丰南区地震动峰值加速度为0.30g。

城市新建工程应将符合经国家地震部门审查批准的地震动参数作为建筑工程的抗震设防依据；村镇建设中的公共建筑、生命线工程、中小学校舍、幼儿园、乡镇企业建筑及其他二层及以上建筑，应按建筑抗震设计规范进行抗震设防；两层以下农民自建房屋应因地制宜采取必要的抗震措施，提高抗震能力。加强工程选址、方案评审和初步设计阶段的抗震防灾管理，有关主管部门在进行审查和审批时应同时进行抗震设防审查。

在进行既有建筑抗震鉴定加固时，可按照国家有关规范标准中规定的抗震设防要求执行。对需要加固的既有建筑应进一步进行抗震鉴定和抗震加固设计。加固程序为：抗震检测鉴定—加固方案与设计—设计审批—加固工程施工—加固工程验收。对中心城区集中成片的既有建筑薄弱区分别优先安排加固和抗震改造。

7. 中心城区基础设施防灾规划

交通系统：规划一级防灾干道11条，分别为长深高速公路、西外环高速公路、唐津高速、唐港高速、唐曹高速（长深高速）、京哈高速、机场线、东外环高速公路、S53京哈高速迁西支路、S361唐通线和S263唐海线。二级防灾干道19条，分别为唐丰快速路—西环路—青年路、站前路、北环路、南新西道—南新东道、大庆道、东环快速路、建设北路、滨河路、东城路—中兴大街、长宁西道、唐通路—北新西道—北新东道、复兴路—唐柏路、新华东道、唐古路—唐古南路、南湖迎宾大道、西南环线、学院路、205国道和岳各庄路。重点对中心城区22座建设年代较久的桥梁进行安全性能鉴定，并根据鉴定结构采取相应措施。对于简支梁桥应采取可靠的防落梁措施。

供电系统：在各变电站，根据维修经验备有一定量的高压电气设备，以便灾害后抢修。提高变电站抗震能力，对重要变电站宜提高一度设防。提高变电站灾后应急恢复能力，制定电力系统的地震应急、抢修预案；备用一定的高压电器设备；对重点供电单位、抗震救灾指挥部门及负有重要救灾任务的职能部门，应制定供电保障和灾后抢险、应急恢复供电措施。

供水系统：重点提升输水管抗灾可靠性，原水管管材应选择抗灾能力较高的钢管，并按照高于中心城区设防烈度一度的要求加强其抗震措施；提高骨干管道防灾设防标准，规划一级防灾干管10段，长度为7公里，应采取柔性连接措施，按照提高一度采取抗震措施，保证在罕遇地震情况下不发生严重及以上破坏；规划二级防灾干管11段，长度为4.9公里，宜提高一度设防采取抗震措施，保证在设防烈度地震下不发生严重及以上破坏。对场地不良地段供水设施进行防灾改造工程，对位于不适宜建设区范围内的大洪桥应急水厂实施搬迁。改造不良管材管线，对管径较小的铸铁管进行全面整治，加强穿越断裂带管段的防灾措施等。

供气系统：构建燃气系统防灾骨架，规划一级防灾干管6段，长度为4.6公里，应提高一度设防，保证在罕遇地震情况下不发生严重及以上破坏；规划二级防灾干管8段，长度为6.5公里，宜提高一度设防，保证在设防烈度地震下不发生严重及以上破坏。对场地不良地段供气设施进行防灾改造工程；继续推进"燃气地震应急自动处置系统"；在新建管道燃气时，宜选用抗震性能好的管材和柔性管道接头；过河管道应采用强度高、延性好的钢管敷设；连接管道处尽量采用柔性、半柔性接口，钢管应焊接等。

排水系统：提高城市排水系统的设计标准，排水与排洪体系同步，改建排水管道管径偏小区段、配套排水泵站，解决局地路段低洼的排水问题；加强老城区的管道淤积治理，满足市政污水管道排水要求；加强排水监督巡查力度，实施监管，降低唐山市中心城区在排水系统上的内涝风险。

供热系统：合理布局供热工程的重点设防系统，提高供热系统的安全性与可靠性。对于现有的城市供热系统，应重点加强热电厂和大型区域锅炉房等热源设施的防护力度，保护和适当增加其防护隔离范围，提高其防灾能力；加强对现有蒸汽管道的防护，尤其是高压蒸汽输送管道的加固和防护；蒸汽管道应全部转入地下进行敷设。合理布局热电厂、大型区域锅炉房等热源设施，将其布置在城市主导风向的下风向、侧风向地段，并留有足够的防护隔离范围等。

通信系统：对通信设备安置建筑，应提高一度加强抗震措施，以保障通信设备的安全。对场地不良地段通信设施进行防灾改造工程。城市应急指挥和通信设施应满足各类指挥中心的应急通信要求，并与上级应急指挥系统保持互联互通。城市可整合公安、消防、地震、防汛、市政、气象等应急指挥专用通信平台，协调共享应急通信专线和数据通道等资源。通过采取加密环状网络、提高网络的容量、提高骨干网段的抗灾可靠性等提高网络可靠度等。

医疗工程：对场地不良地段医疗设施进行防灾改造工程。对现状抗灾能力比较差的医疗设施进行防灾改造工程。逐步建设灾后医疗急救体系，增强规划区灾后医疗救护能力。以二级及以上医院为依托，以社区卫生服务医院为成员，建立灾后医疗应急救援队伍。以唐山市疾病预防控制中心为主导，依托各级医疗和诊所，建立有效的灾后卫生防疫体系。包括：卫生防疫物资、卫生防疫队伍和应急措施。

物资储备系统：逐步形成以市—县—乡镇（社区）为网络的物资储备体系。乡镇（街道）和城乡社区视情储备一定量的棉衣、棉被等生活物资以及简易的应急救援工具，并根据气象等部门发出的灾害预警信息，提前做好应急食品、饮用水等物资储备。完善以政府储备为主、社会储备为辅的救灾物资储备机制，逐步推广协议储备、依托企业代储、生产能力储备和家庭储备等多种方式,构建多元、完整的救灾物资储备体系。提升救灾物资全过程和信息化管理水平;积极推进救灾物资储备管理信息化建设。

8. 中心城区防灾工程设施规划

地质灾害防治工程:以采煤塌陷和开采地下水引起的岩溶塌陷为主要防治对象,重点整治崩塌地质灾害隐患点3处,地面塌陷隐患点36处。开展地面沉降专业监测,在唐山市区建设GPS基准站1处,设置地面沉降监测点,建设市级地面沉降自动监测系统。

防洪工程体系:确定防洪标准,陡河,陡河水库以下至草泊水库丁字埝河段,按100年一遇防洪标准设防,行洪能力达到600立方米/秒;青龙河,规划青龙河整段均按50年一遇的防洪标准设防;石榴河,规划石榴河整段均按20年一遇的防洪标准设防。利用环城水系构建大排水系统,在超常雨情时,由环城水系、绿地、道路通过地表排水通道传输至城市排水系统无法传输的径流,缓解南湖水体压力。加大长宁桥下游陡河河道清淤力度。

内涝防治工程:确定内涝防治标准,中心城区能有效应对不低于30年一遇的暴雨。提高城市排水系统的设计标准,排水与排洪体系同步,改建排水管道管径偏小区段、配套排水泵站,解决局地路段低洼的排水问题;在重点地区设置水闸控制河水倒灌问题。加强排水监督巡查力度,实施监管,重点对严重积水区域进行治理,降低严重积水对救援疏散通道的影响。在重点地区设置水闸控制河水倒灌问题。

消防工程:依托唐山市消防支队成立市综合应急救援支队,增加地震救援和工业事故救援专业处置装备;将现有处于不适宜建设区的战勤保障大队迁出,提高消防救援力量可靠性。结合专项规划对于规划消防站布局进行调整,将现有方案中位于不适宜建设区的市五中队、市特勤三中队和开平六中队3个消防站重新选址,切实落实新的消防站用地。加大对地震救援装备的投入,配备适当规模的吊车、推土机、挖掘机等大型地震救援装备。

9. 中心城区应急服务设施规划

固定避难场所:以安全性为原则,协调选址与服务区。以地震避难为主,统筹考虑其他灾害。以现状利用为主,统筹考虑规划资源;以平灾结合为原则,统筹考虑综合利用。固定避难疏散场所由市政府统一管理,用作震灾时灾民较长时间避难和进行集中性救援的重要场所。应优先采用学校、广场、公园等资源作为固定避难疏散场所。中心避难疏散场所,除满足固定避难疏散场所的要求外,还应满足设置抗震防灾指挥机构、情报设施、抢险救灾部队营地、直升飞机场、医疗抢救中心和重伤员转运中心等的需要。规划固定避难场所40处,灾时可安置受灾人员55.8万人。规划唐山师范学院、开平公园、河北联合大学冀唐学院中心固定避难场所;规划现状地震遗址公园、纪念碑广场和凤凰山公园作为备用避难场所。

紧急避难场所:紧急避难场所用于居民区、商业区等人员聚集区附近就近疏散的场所,可利用城市居民住宅附近的小公园、小花园、小广场、专业绿地。现状紧急避难人口需求总量为263万人。城市新建区域中,出让地块应满足地块内按人均有效避难面积1平方米的要求配建紧急避难场所。城市现状区域中,规划城区周边外围46万人灾时以周边农林用地作为紧急避难场所,规划城区内部191万人灾时以438处公共绿地、公园、广场和学校作为紧急避难场所,规划城区内部24.9万人灾时以二类居住用地内部有效绿地、空地作为紧急避难场所,规划友谊路两侧街区1.1万人灾时以友谊路(北新道至新华道段)作为紧急避难场所,并在灾时实行交通管制措施。

救援疏散通道：规划救灾主干道 11 条，分别为长深高速公路、西外环高速公路、唐津高速、唐港高速、唐曹高速（长深高速）、京哈高速、机场线、东外环高速公路、S53 京哈高速迁西支路、S361 唐通线和 S263 唐海线。救灾主干道应按照提高一度进行抗震设防，确保灾时功能不受影响。救援主干道应确保灾后有效宽度不小于 15 米。灾时应进行交通管制，尽量避免无关车辆对交通救援通道的干扰。规划疏散主干道 19 条，分别为唐丰快速路—西环路—青年路、站前路、北环路、南新西道—南新东道、大庆道、东环快速路、建设北路、滨河路、东城路—中兴大街、长宁西道、唐通路—北新西道—北新东道、复兴路—唐柏路、新华东道、唐古路—唐古南路、南湖迎宾大道、西南环线、学院路、205 国道和岳各庄路；疏散主干道应确保灾后有效宽度不小于 7 米。规划疏散次干道 67 条，救灾次干道新建、改造、扩建工程及两侧新建建筑工程时，应通过控制两侧建筑高度、控制退让距离等方式保障其有效宽度不小于 4 米。规划为疏散通道的道路应通过控制道路红线宽度、通道两侧建筑退线指标及规划建筑高度确保满足有效宽度要求。

复习思考题

1. 简述防灾减灾的基本概念。
2. 防灾减灾规划主要可分为哪些类别？
3. 简述防灾减灾规划的作用。
4. 简述综合防灾减灾规划的基本定位。
5. 简述综合防灾减灾规划的内容框架。
6. 简述单灾种防灾减灾规划的基本定位。
7. 简述我国有哪些主要单灾种防灾减灾规划。
8. 简述单灾种防灾减灾规划的内容框架（以一种为例）。
9. 简述城市综合防灾规划的基本定位。
10. 简述城市综合防灾设施规划主要工作内容。
11. 简述城市综合防灾规划的主要内容框架。

延伸阅读

[1] 李永祥. 论防灾减灾的概念、理论化和应用展望 [J]. 思想战线. 2015, 41(4): 16-22.

[2] 中华人民共和国住房和城乡建设部. 城市综合防灾规划标准（GB/T51327—2018）[S]. 北京：中国建筑工业出版社，2018.

[3] 国务院办公厅. 关于印发国家综合防灾减灾规划（2011—2015 年）的通知：国办发 [2011]55 号 [A/OL].（2011-11-26）[2021-11-30]. http://www.gov.cn/zwgk/2011-12/08/content_2015178.htm.

[4] 国务院办公厅. 关于印发国家综合防灾减灾规划（2016—2020 年）的通知：国办发 [2016] 104 号）[A/OL].（2017-01-13）[2021-11-30]. http://www.gov.cn/zhengce/content/2017-01/13/content_5159459.htm.

[5] 国务院办公厅.《国家防震减灾规划（2006—2020年）》发布[EB/OL]. (2007-10-31) [2021-11-03]. http://www.gov.cn/jrzg/2007-10/31/content_791708.htm.

[6] 中国山洪灾害防治网.全国山洪灾害防治规划简要报告[R/OL]. (2012-09-05) [2021-11-03]. http://www.qgshzh.com/show/ 678264a6-39ba-48ef-80e7-12aa46dae2b6.

[7] 国土资源部.关于印发《全国地质灾害防治"十三五"规划》的通知：国土资发[2016]155号[A/OL]. (2016-12-28) [2021-11-03]. http://www.mnr.gov.cn/gk/ghjh/201811/t20181101_2324932.html.

[8] 唐山市城乡规划局.唐山市城市综合防灾减灾详细规划（2016—2020）：公示稿[A/OL]. (2017-07-21) [2021-11-03]. http://www.tangshan.gov.cn/zhuzhan/zxdc/20170721/409536.html.

第 6 章
应急准备建设相关规划

本章主要内容包括应急准备建设规划的概念、类别和作用；应急体系建设规划基本定位、相关主体和主要内容；应急队伍建设规划基本定位、相关主体和主要内容；应急物资储备规划基本定位、相关主体和主要内容等。

6.1 应急准备建设规划概况

6.1.1 应急准备建设规划的概念

应急准备建设规划是指在突发事件发生之前为应对突发事件而进行准备的相关规划，其核心是提升相关应急能力，为应急管理提供应急能力保障。

应急准备是为建立和维护政府、各类组织及个人的必要应急能力，以对突发事件预防、减灾、监测预警、应急响应和恢复重建等提供支持，从而避免和减轻突发事件可能造成的损失，所采取的包括计划、组织、装备、培训、演练、评估、改进等行动的持续循环过程。

在本书第 3 章介绍了准备使命领域的通用任务和核心应急能力，都是围绕四个主要目标，即建立和维护应急准备体系、完善规划体系及沟通协调机制、建立和维护应急能力，以及验证和更新应急能力。应急准备建设规划主要就是为了建立和维护应急能力而开展的规划活动。

《中华人民共和国突发事件应对法》将突发事件应对活动划分为预防与应急准备、监测与预警、应急处置与救援、事后恢复与重建等，在其"预防与应急准备"一章中，要求县级以上地方人民政府及其有关部门制定并完善突发事件应急预案，开展应急培训、宣传及应急演练，组建各类应急队伍，保障经费、物资储备、应急通信，建设应急避难场所，建立健全突发事件监测预警制度等。编制应急预案本质上也属于一种应急准备规划工作，在本书第 7 章将专门介绍，本章的应急准备建设规划主要针对建设应急队伍、物资储备、应急通信，建立健全突发事件监测预警制度等与资源投入（硬件建设）相关的应急准备规划。

应急准备建设规划与应急预案两者既紧密联系，又各有侧重。应急准备建设规划主要是为实施各级、各类应急预案提供支撑基础，保障应急预案的有效执行，而应急预案则主要是为有效应对某一类突发事件而集成运用相关应急能力。建设规划主要是一个时期内的工作任务计划和重点项目安排；应急预案主要是指应对突发事件的工作方案，其重点是指挥体系、职责分工、响应程序、保障机制等。

6.1.2 应急准备建设规划的类别

应急准备建设规划主要包括应急体系建设规划、应急队伍建设规划、应急物资储备建设规划，以及其他涉及应急能力建设的相关规划。

（1）应急体系建设规划，是为了完善应急管理体系和提升应急能力而编制的专项规划。在"十一五"期间，由国务院应急管理办公室、国家发展和改革委员会经济运行调节局组织编制了第一个综合性的《"十一五"期间国家突发公共事件应急体系建设规划》，重点规划监测预警、信息与指挥、应急队伍、物资保障、紧急运输、通信保障、恢复重建、科技支撑、培训与演练、应急管理示范十个方面的建设任务。"十二五"至"十四五"又继续编制和发布了《国家突发事件应急体系建设"十二五"规划》《国家突发事件应急体系建设"十三五"规划》《"十四五"国家应急体系规划》。许多相关部门和地方政府也编制了各自领域或地区的应急体系建设规划或实施方案。

（2）应急队伍建设规划，是为了完善应急队伍体系，优化队伍的空间和领域布局，增强应急队伍能力等而编制的专项规划。我国先后编制了《国家水上交通安全监管和救助系统布局规划（2005—2020）》《国家航空应急救援体系建设规划（2011—2015年）》《突发事件紧急医学救援"十三五"规划（2016—2020年）》等专业领域救援队伍和能力建设规划。"十四五"应急管理部正组织编制《消防工作"十四五"规划》和《应急救援力量建设"十四五"规划》，对国家综合性消防救援队伍和灾害事故专业应急救援队伍建设进行规划。

（3）应急物资储备建设规划，是为了优化应急物资储备的布局和品种数量，改进应急物资保障的体制机制，提升应急物资保障能力等而编制的专项规划。我国于1998年张北地震后开始建立救灾物资储备制度，民政部组织编制了《国家自然灾害救助物资储备规划》，各省市也先后编制了应急物资储备相关规划。2018年国家机构改革后，中央救灾物资储备管理工作由民政部移交国家粮食和物资储备局。"十四五"期间，应急管理部组织编制《"十四五"国家应急物资保障规划》，许多地方也编制了应急物资储备规划，如《山东省应急物资储备体系建设规划（2020—2030年）》《广东省粮食安全和应急物资保障"十四五"规划》等。

6.1.3 应急准备建设规划的作用

编制和实施相关应急准备建设规划，具有以下作用。

（1）通过应急准备规划可以未雨绸缪，早做准备。传统上对灾难性事件的应对是"被动反应式"的，即仅仅当事件发生后才开始行动，其效果往往不太理想。人们从经验教训中认识到应急响应需要超前思维和战略规划。应急准备规划通过事先做出制度性的安排和计划，建立和维持应急能力，可以提高应急响应的速度和效果。

（2）通过应急准备规划可以突破思维的定势。对于一些史无前例的灾难，由于受历史经验和想象力的限制，平时难于预测和准备。通过规划过程的战略思维方法的运用，激发参与各方的洞察力，有可能做出更好的预测，并进而提前建立和维持必要的应急能力。

（3）通过应急准备规划可以统筹运用全社会的资源。一般来说灾难刚开始时都是地方性的，但是地方的资源通常不足以应对所有灾难。因此，通过应急准备规划可以有效协调政府间和社会组织间的资源，建立协作机制；规划的过程还有助于相关各方建立联系，增进了解，从而提高应急行动和资源保障的协同性。

（4）通过应急准备规划可以更有效地组织和利用应急资源。过去，应对灾难可能只有很少的资源，今天可用的资源已十分丰富和复杂。通过应急准备规划可以对大量资源进行合理布局和组织。此外，通过规划建立的系统与程序，可以使相关各方高效地交流并使用资源信息，这是应急管理使命成功的一个关键要素。

（5）通过应急准备规划可以总结积累经验教训。应急准备规划有助于吸取灾害事故应对经验教训，产生组织学习和集体记忆，并将知识与经验汇集到相关规划文件之中，更好地弥补资源与能力的差距，提升未来应对灾害事故的能力。

6.2 应急体系建设规划

6.2.1 规划基本定位

应急体系是应急管理体系与应急能力的总称，是由应急各类相关要素构成的复杂系统。所谓"体系"，是指一定范围内或同类的事物按照一定的秩序和内部联系组合而成的整体，一般是由多个不同系统组成的复杂系统。每个系统由不同的元素、部件等要素组成，系统中的各要素按一定方式相互联系，形成结构。

应急体系是国家治理体系和治理能力的重要组成部分。对于一个特定的社会治理对象（如突发事件），如何设计有效的治理体系，重点是要解决治理目标（期望效果）、治理主体（由谁治理）、治理方法（如何治理）、治理手段（用什么治理）等问题。

在社会治理体系中，通常将治理主体的构成及其相互关系称为"体制"，将不同主体间的相互作用过程和方式（规则、程序等）称为"机制"，将治理的手段（人员、物资、装备、方法、技能等）称为"能力"。

应急管理体系在我国被总结为"一案三制"，即应急管理体制、机制、法制和应急预案。法制实际上是体制、机制的依据；应急预案是针对具体突发事件应对而集成体制、机制、法制及能力的载体。

应急体系规划从广义上来说，就是对应急管理体系与应急能力进行全面分析总结、改革完善、优化布局、建设提升的规划。但应急体制机制很大程度上是通过法律法规、机构改革等进行改革完善，在具体规划中虽然也会对体制机制中存在的一些不足提出改革完善的建议和部署，但规划的重点一般是围绕应急能力的提升而展开，因而通常限定为"应急体系建设规划"。

组织编制国家应急体系建设规划和地方各级应急体系建设规划已明确写入应急管理部和地方各级应急管理部门的"三定（职能、机构和编制）"规定。

应急体系建设规划属于我国政府的专项规划范围，是同级国民经济和社会发展总体规划在突发事件应急管理领域的细化，也是各级政府指导应急管理领域工作，制定应急管理领域相关政策，审批、核准应急体系建设重大建设项目，以及安排政府投资和财政支出预算的依据。

应急体系建设规划主要是明确应急体系建设的指导思想、原则、目标、主要任务和重点建设项目，为实施各级、各类应急预案提供支撑基础，保障应急预案的有效执行。应急体系建设规划与应急预案两者既紧密联系，又各有侧重。两者之间存在"硬件建设"与"软件建设""统一目标"与"整合资源""运行管理"与"条件保障"等区别与联系。

6.2.2 规划相关主体

"十一五"至"十三五"国家应急体系建设规划都是由原国务院应急管理办公室、国家发展和改革委员会经济运行调节局组织编制，"十四五"国家应急体系建设规划由应急管理部组织编制，规划涉及的相关部门参与规划编制工作。

为加强对应急体系建设规划编制的组织、领导和协调，通常成立由规划编制牵头部门和规划相关部门领导组成的"规划编制领导小组"。同时以组织规划编制部门工作人员为基础，抽调相关部门工作人员及其他相关专业人员，组成"规划编制起草组"或者"规划编制工作专班"，作为规划编制的日常工作机构。为了保证规划的科学性和权威性，通常还成立由相关领域专家学者组成的"专家委员会"或"专家组"，负责重大问题的咨询评审及规划的论证。

应急体系建设规划涉及许多部门、地方和其他相关组织，从现状调研分析、规划目标的确定、建设内容和重点项目的筛选，到相关规划的衔接，直至规划的论证和审批，每一项工作都需要各方面的支持与协作，需要建立有效的组织协调与决策工作机制。规划编制过程是一个认清风险形势、明确行动目标、统一行动路线、协调各方利益的过程，在这个过程中需要采取适当方式广泛听取有关方面的意见建议，特别要注意发挥专家、学者和有关机构的作用。规划编制过程中，需要紧密结合实际，通过扎实的调查研究工作，全面把握相关信息资料，力求编制出有针对性、可操作性的规划，避免"写"规划和"抄"规划，以致同类规划上行下效、简单重复。

6.2.3 规划主要内容

应急体系建设规划一般有目录、序言和正文。序言主要简述规划的编制依据、规划范围、规划定位和规划期等。正文内容原则上应包括：现状与形势、指导思想、基本原则、建设目标、主要任务、重点建设项目、保障措施等。下面以《国家突发事件应急体系建设"十三五"规划》为例，说明规划相关内容编制时需考虑的一些主要问题及相关内容示例。

1. 现状与形势

在对应急体系的现状进行调研和评估的基础上，简要说明现有工作基础、存在的主要短板和问题，以及未来规划期内所面临的形势。现有工作基础是实现规划目标、完成规划任务和各项重点建设项目的基础，主要短板和问题是规划要重点着力解决的关键问题，对未来形势的准确把握是决定有限资源如何进行规划布局的依据。因此，该部分的内容是整个规划能否立住脚的关键，提出的问题与主要任务、重点建设项目和保障措施等部分相关内容相互呼应。

在"十三五"国家应急体系建设规划编制过程中，委托中国安全生产科学研究院作为技术支持单位，围绕"十三五"国家应急体系建设规划建设的挑战与需求开展了专题研究。课题组首先总结了"十二五"期间的建设成效和存在的主要问题；其次对我国公共安全形势进行了宏观预测研究，提出了未来5~10年可能发生的重特大突发事件的典型情景；再次，基于"情景-任务-能力"应急准备规划方法，分析了重特大突发事件典型情景应对的主要任务，进而分析应急能力及其资源需求；最后，通过对应急能力现状进行评估和排序，从中选出了"十三五"期间需要优先发展的应急能力，为编制"十三五"规划提供参考依据。

在"十二五"期间建设成效方面，评估认为应急体系建设取得重要进展，防范和应对突发事件综合能力显著提升。一是应急管理体系进一步完善，健全了中央统筹指导、地方就近指挥、分级负责、相互协同的抗灾救灾应急机制，建立中央统筹指导、地方作为主体、灾区群众广泛参与的灾后恢复重建机制，确立党政同责、一岗双责、齐抓共管、失职追责的安全生产责任体系，制修订各类应急预案550余万件等。二是突发事件防范能力明显增强，包括成立国家预警信息发布中心和国家应急广播中心，实施自然灾害防灾减灾工程、隐患排查治理工程，建立网络舆情和各类突发事件监测预警体系等。三是应急救援和保障能力快速提升，包括初步建成了国家应急平台体系，99%的县级政府依托公安消防部队等成立综合性应急救援队伍，武警专业救援力量纳入国家应急体系，组建国家核应急救援队、国家卫生应急队伍、国家矿山应急救援队、国家应急测绘保障队等。四是应急科技和产业支撑能力得到加强，包括成功研制AG600大型灭火/水上救援水陆两栖飞机、移动式生物安全三级实验室、救援现场大型及多功能破拆救援一体化等重大应急设施和装备，开展国家应急产业示范基地建设，成立中国应急管理学会、中国安全产业协会等一批相关社会组织。五是社会公众防灾避险意识进一步增强，推进综合减灾示范社区、安全示范社区、卫生应急综合示范区等基层示范项目建设，初步建立国家应急新媒体平台，广泛开展科普宣教和应急演练活动等。六是不断深化应急管理国际交流合作，积极参与国际应急救援和人道主义紧急援助等。七是各类突发事件损失显著下降，与"十一五"期间相比，全国自然灾害造成的因灾死亡失踪人数和直接经济损失分别下降92.6%和21.8%，生产安全事故发生起数和死亡人数分别下降30.9%和25%，公共卫生事件发生起数和报告病例分别下降48.5%和68.1%，群体性事件发生起数下降25.9%。

在对"十三五"时期面临的形势预测方面，研究认为，我国面临的公共安全形势严峻复杂，深入推进应急体系建设面临风险隐患增多、诸多矛盾叠加的挑战。一是各类突发事件仍处于易发多发期。地震、地质灾害、洪涝、干旱、极端天气事件、海洋灾害、森林草原火灾等重特大自然灾害分布地域广、造成损失重、救灾难度大；生产安全事故总量仍然偏大，道路交通、煤矿等矿产开采、危化品等重点行业领域重大事故频发，部分城市建筑、生命线工程、地下管网等基础设施随着使用年限增长，事故隐患逐步显现，由于生产安全事故、污染物排放或者自然灾害等因素导致的突发环境污染事件多发，危及公众生命、健康和财产安全，威胁生态环境，造成重大社会影响；鼠疫、霍乱等法定报告传染病时有发生，突发急性传染病在全球不断出现，境外输入传染病以及生物技术误用谬用风险不断增大，食品药品安全基础依然薄弱，公共卫生事件防控难度增大；社会利益关系错综复杂，诱发群体性事件因素较多,非法集资、借贷等涉众型因素增多,网络聚集效应明显,网络安全事件频发,反恐怖斗争形势十分严峻,因社会矛盾引发的个人极端犯罪、重大恶性敏感案件屡有发生,涉外安全风险日益增加,社会安全面临新的挑战。二是各种风险相互交织、复杂性增加,呈现出自然和人为致灾因素相互联系、传统安全与非传统安全因素相互作用、既有社会矛盾与新生社会矛盾相互交织等特点。在工业化、城镇化、国际化、网络化、信息化推进过程中,突发事件的关联性、衍生性、复合性和非常规性不断增强,跨区域和国际化趋势日益明显,危害性越来越大;随着网络新兴媒体快速发展,突发事件网上网下呼应,信息快速传播,加大了应急处置难度。同时,在推进全面建成小康社会进程中,公众对政府及时处置突发事件、保障公共安全提出了更高的要求。

在应急体系存在的短板和问题方面,研究认为现有应急体系与严峻复杂的公共安全形势还不相适应,主要表现在:一是重事后处置、轻事前准备,风险隐患排查治理不到位,法规标准体系不健全,信息资源共享不充分,政策保障措施不完善,应急管理基础能力亟待加强;二是应急队伍救援装备和核心能力不足,专业和区域分布结构不均衡;三是应急物资储备结构不合理、快速调运配送效率不高,资源共享和应急征用补偿机制有待健全,应急信息发布和传播能力不足,公共安全科技创新基础薄弱、成果转化率不高,应急保障能力需进一步提升;四是我国城市发展已经进入新的时期,与城市安全保障相适应的应急管理体系建设压力加大;五是基层应急能力薄弱,公众参与应急管理的社会化组织程度较低,公共安全意识和自救互救能力总体薄弱,社会协同应对机制有待健全;六是随着"一带一路"倡议的实施和全方位开放新格局的构建,保护我境外公民和机构安全的需求不断增长,应急体系建设的范围亟须拓展,参与国际应急的能力亟须提高。

2. 指导思想、基本原则与建设目标

指导思想是整个规划的"灵魂",其中确定的基本方针、原则和总体思路要贯穿规划的全过程,并融入规划的各个方面。一般来说,指导思想要包含四个层次的内容:一是明确规划的总体指导方针,通常反映特定时期的政治要求和国家发展战略方针;二是提出本规划的总体思路和着力方向;三是说明规划的总体目标和愿景等。如"十三五"国家应急体系建设规划确定的指导思想为:全面贯彻落实党的十八大和十八届三中、四中、五中、六中全会精神,以邓小平理论、"三个代表"重要思想、科学发展观为指导,深入贯彻习近平总书记系列重要讲话精神,认真落实党中央、国务院决策部署,牢固树立创新、协调、绿色、开放、共享的发展理念,按照编织全方位、立体化公共安全网络的要求,坚持目标和问题导向,着力补短板、织底网、强核心、促协同,推进应急管理工作法治化、规范化、精细化、信息化,最大程度减少突发事件及其造成的损失,为全面建成小康社会提供安全保障。

基本原则是确定规划主要任务和重点项目时必须遵循的基本依据,通常反映应急管理和应急能力建设所依据的准则。"十三五"国家应急体系建设规划确定的基本原则为:坚持源头治理、关口前移;坚持底线思维、有备无患;坚持资源整合、突出重点;坚持科学应对、法治保障;坚持政府主导、社会协同;坚持全球视野、合作共赢。

建设目标是本规划任务和项目完成后所能达到的目标,一般分为总体目标和分类目标。总体目标是对规划期末整个应急体系所能达到的状况和水平的综合性描述,也可以包括对更长时期远景目标的展望;分类目标一般可以按不同的突发事件类别、不同的建设任务进行描述,并尽可能量化,使其可分解落实、具有可控性。量化指标应以统计部门或行业统计指标为依据,不同的专项规划之间同类指标要相互衔接一致。"十三五"国家应急体系建设规划确定的总体目标为:到2020年,建成与有效应对公共安全风险挑战相匹配、与全面建成小康社会要求相适应、覆盖应急管理全过程、全社会共同参与的突发事件应急体系,应急管理基础能力持续提升,核心应急救援能力显著增强,综合应急保障能力全面加强,社会协同应对能力明显改善,涉外应急能力得到加强,应急管理体系进一步完善,应急管理水平再上新台阶。

在分类目标和指标方面,课题组综合考虑应急管理工作面临的形势和需求,在总结前十年规划实施与评估经验的基础上,按照"以人为本,相关性、针对性、可量化、可考核"等原则,初步筛选了应急管理基础能力、应急核心救援能力、综合应急保障能力、社会协同应对能力、应急管理体系五个方面的分类指标共46个,如表6-1所示,以为应急体系建设规划编制提供参考依据。在最终发布的"十三五"国家应急体系建设规划文本中,没有纳入部分没有统计数据基础或者难以收集相关数据的指标,而是采取定性描述方式提出能力建设要求。

表6-1 "十三五"国家应急体系建设规划指标及目标值

分类	序号	规划指标	现值(2015)	目标值	相关部门
1.应急管理基础能力	1	省会城市和百万人口以上城市按照标准建成可承载三分之一以上常住人口的Ⅲ级及以上应急避难场所的比例	≥50%	≥80%	住建部、地震局
	2	灾害性天气预警时间提前量	10~30分钟	≥30分钟	气象局
	3	突发事件预警信息公众覆盖率	≥83.4%	≥95%	气象局
	4	全国陆地疆域地震监测能力(可监测地震震级下限值)	ML2.5级	ML2.0级	地震局
	5	重点区域森林火情瞭望覆盖率	68.1%	≥90%	林业局
	6	重要野生动物疫源疫病重点监测区动态监测覆盖率	≥88%	≥90%	林业局
	7	高危行业(领域)重大危险源实时监控终端安装率	≥90%	≥95%	安全监管总局
	8	安全生产高危行业规模以上企业应急管理执法检查覆盖率	≥70%	≥90%	安全监管总局
	9	突发公共卫生事件预警信息响应率	≥90%	≥95%	卫生计生委
	10	全国鼠疫监测县实验室标准化建设达标率	68.3%	≥90%	卫生计生委
	11	境外重要动物疫情预警信息响应率	85%	≥90%	质检总局
	12	新创建"全国综合减灾示范社区"数量	("十二五"创建6551个)	≥5000个	民政部、海洋局
2.应急核心救援能力	13	国家级专业应急救援队伍人员配备达标率	≥90%(部分队伍尚无统计数值)	≥90%	公安部、卫生计生委、安全监管总局、地震局、武警、军队等
	14	国家级专业应急救援队伍装备配备达标率	≥90%(部分队伍尚无统计数值)	≥90%	公安部、卫生计生委、安全监管总局、地震局、武警、军队等
	15	国家级专业应急救援队伍在接到特别重大事件处置指令后8小时到达现场率	30%(部分队伍尚无统计数值)	≥90%	公安部、卫生计生委、安全监管总局、地震局、武警、军队等

（续）

分类	序号	规划指标	现值（2015）	目标值	相关部门
2.应急核心救援能力	16	国家级应急队伍和公安、武警、军队等骨干突击力量异地自我保障能力	[有的达到1周（168小时），部分尚未达到72小时]	≥72小时	公安部、卫生计生委、安全监管总局、地震局、武警、军队等
	17	生产安全事故遇险被困人员年均救出率	（无统计数据）	≥90%	安全监管总局
	18	水上人命搜救年均成功率	93.4%（5年平均值96.1%）	≥96%	交通运输部
	19	森林、草原火灾24小时扑灭率	（森林火灾94.7%）	≥95%	林业部、农业部
	20	电梯应急处置服务平台覆盖率	25%	≥80%	质检总局
	21	鼠疫、人禽流感等突发急性传染病规范处置率	（尚无统计数值）	≥95%	卫生计生委
	22	距岸50海里内海域溢油综合清除能力	0~10 000 吨	≥1000吨（重点海域10 000吨）	交通运输部
	23	长江干线水域溢油综合清除能力	0~725 吨	≥200吨（重点航段400吨）	交通运输部
3.综合应急保障能力	24	受灾群众基本生活12小时得到初步救助率	基本达到12小时	≥95%	民政部
	25	灾害发生后满足抢险救灾基本用电需求时间	（尚无统计数值）	≤12小时	能源局
	26	灾害发生后灾区应急测绘和卫星图像资料获取时间	（尚无统计数值）	≤4小时	测绘局
	27	县级以上政府应急机构小型便携应急通信终端配备率	18.5%~67%	100%	省级人民政府
	28	国家人防重点城市人民防空基本指挥所、人民防空机动指挥车配备率	85%	100%	省级人民政府
	29	国家人防重点城市人民防空卫星通信覆盖率	74%	100%	省级人民政府
	30	事发现场指挥通信在事件报接后12小时之内的开通率	（尚无统计数值）	≥95%	工信部
	31	一般灾害情况下损毁公路抢通时间	（尚无统计数值）	≤24小时	交通运输部
	32	地质灾害灾情、险情应急调查评估时间	（尚无统计数值）	≤48小时	国土资源部
	33	地质灾害移动远程应急会商覆盖率（省级）	（尚无统计数值）	≥90%	国土资源部
	34	粮食应急供应网点数量	4.4万家	≥5万家	粮食局
	35	灾害发生后应救灾军队和武警部队要求粮食送达指定地点时间	48小时	≤48小时	粮食局
4.社会协同应对能力	36	公共安全与应急管理知识科普宣传受众率	70%~75%	≥80%	省级人民政府
	37	新增持证的应急救护员人数	（"十二五"期间每年新增约300万人）	≥1500万人	红十字会、卫生计生委
	38	注册应急志愿者占全国18~59岁人口总数的百分比	（尚无统计数值）	≥1%	共青团中央、民政部
	39	国家级应急产业示范园区数量	7个	≥20个	工信部

（续）

分类	序号	规划指标	现值（2015）	目标值	相关部门
5. 应急管理体系	40	县级以上人民政府应急管理机构设立率	18.5%～100%	100%	省级人民政府
	41	乡镇、街道应急管理能力标准化建设达标率	0%～60%	≥80%	省级人民政府
	42	社区（乡村）应急服务站覆盖率	0%～50%	≥60%	省级人民政府
	43	各级政府应急预案按要求评估修订率	73%～100%	100%	省级人民政府
	44	各级政府应急预案按要求培训演练率	68%～100%	100%	省级人民政府
	45	县级以上行政区跨区域应急联动机制覆盖率	40%～100%	≥80%	省级人民政府
	46	重特大突发事件发生后突发事件信息报送到国务院应急办的时间	60～120 分钟	≤30 分钟	省级人民政府

3. 主要任务

在主要任务方面，一方面要把规划期间最急需、最紧迫的任务梳理出来，另一方面，还要按照各项任务之间的内在联系和逻辑关系进行适当归类，以增强规划的系统性。在对每一类任务进行表述时，还要按照一定的逻辑关系列出条目和安排顺序，原则上每条任务都应与一个部门的职责分工相对应，以方便将来规划任务的落实。

在"十三五"国家应急体系建设规划主要任务研究过程中，采取第 3 章所述的基于"情景－任务－能力"的综合集成应急规划方法及相关工具对建设需求进行了分析研究。

（1）重特大突发事件情景清单。

通过对我国未来 5～10 年突发事件发展趋势的分析，将以下一些重特大突发事件作为"十三五"国家应急体系规划的主要事件情景集。

1）自然灾害：特别重大破坏性地震、极端气象灾害（台风）、流域性大洪水、特别重大地质灾害（滑坡、泥石流）、特别重大森林火灾。

2）事故灾难：特别重大交通事故、特别重大火灾爆炸事故、人员拥挤踩踏事故、重大危化品环境污染事件、核设施泄漏事件。

3）公共卫生事件：流感大流行、特别重大动物疫情、重大食品安全事件。

4）社会安全事件：严重恐怖袭击事件、大规模群体性事件、重大网络安全事件、重大跨境突发事件。

上述重特大突发事件情景事件具有以下特点：一是具有较广泛的代表性，比较全面地涵盖了自然灾害、事故灾难、公共卫生和社会安全事件中可能发生的各类重特大突发事件；二是具有非常规性，所选择的情景事件都不是常见的事件，其发生概率较低，但其后果和影响都比较大，应急处置消耗较多资源并需要高层的协调和支援，对于应急能力具有挑战性；三是具有现实针对性，这些情景基本上反映了当前我国经济社会发展过程中所面临的来自自然、人工和社会系统方面的重大风险，如果应对不当，将对我国经济发展和社会稳定构成极大破坏。

（2）重特大突发事件情景任务分析。

根据本书第 3 章所述的通用应急任务框架，对前述 17 种重特大突发事件情景所涉及的通用应急任务进行分析，其结果如表 6-2 所示。

表 6-2 重特大突发事件情景通用应急任务分析结果

序号	使命领域	目标	通用任务名称	特别重大破坏性地震	极端气象灾害	流域性大洪水	特别重大地质灾害	特别重大森林火灾	特别重大交通事故	特别重大火灾爆炸事故	人员拥挤踩踏事故	重大环境污染事件	核设施泄漏事件	流感大流行	动物口蹄疫疫情	重大食品安全事件	严重恐怖袭击事件	大规模群体性事件	重大网络安全事件	重大跨境突发事件	涉及情景数(个)
1	预防	了解危险源和威胁	信息收集与管理	y	y	y	y	y	y	y	y	y	y	y	y	y	y	y	y	y	17
2			危险源与威胁辨识	y	y	y	y	y	y	y	y	y	y	y	y	y	y	y	y	y	17
3			突发事件风险评估	y	y	y	y	y	y	y	y	y	y	y	y	y	y	y	y	y	17
4			突发事件隐患排查	y	y	y	y	y	y	y	y	y	y	y	y	y	y	y	y	y	17
5		控制危险源和威胁	技术与工程控制	y	y	y	y	y	y	y	y	y	y	y						y	12
6			相关人员限制	y	y	y	y	y	y	y	y	y	y	y	y	y	y	y	y	y	17
7			政府监管监察	y	y	y	y	y	y	y	y	y	y	y						y	12
8			规划与设计	y	y				y	y	y		y				y			y	8
9		消除危险源和威胁	动机消解		y	y	y	y	y	y	y	y	y	y			y	y		y	14
10			物理隔离与防护	y	y	y	y	y	y	y	y	y	y	y	y	y	y	y	y	y	17
11			公共安全文化与素质提升	y	y	y	y	y	y	y	y	y	y	y	y	y	y	y		y	16
12	减灾	降低生命安全与健康的脆弱性	提升外部环境的生命保护水平	y	y	y	y	y	y	y	y	y	y	y	y	y	y	y		y	16
13			提升生命个体的安全与健康风险抗击能力	y	y	y		y	y	y	y	y		y	y						10
14		降低基础设施和建筑物的脆弱性	增强基础设施和建筑物的抗灾力	y	y	y	y	y	y	y			y						y	y	9
15			增强基础设施和建筑物的恢复力	y	y	y	y		y										y	y	9
16			保护基础设施和建筑物免受人为破坏							y			y						y	y	4

（续）

序号	使命领域	目标	通用任务名称	特别重大破坏性地震	极端气象灾害	流域性大洪水	特别重大地质灾害	特别重大森林火灾	特别重大交通事故	特别重大火灾爆炸事故	人员拥挤踩踏事故	重大环境污染事件	核设施泄漏事件	流感大流行	动物口蹄疫情	重大食品安全事件	严重恐怖袭击事件	大规模群体性事件	重大网络安全事件	重大跨境突发事件	涉及情景数（个）
17	减灾	降低自然资源与环境的脆弱性	国土生态安全保护与修复	y	y	y	y	y												y	6
18			资源开发生态环境保护	y	y	y	y	y	y											y	7
19			环境保护与污染治理	y	y	y	y					y								y	6
20			历史文化遗产保护	y	y	y	y	y	y	y										y	8
21		降低社区公共设施的脆弱性	降低社区公共设施的脆弱性	y	y	y	y	y	y	y							y			y	9
22		降低社区的脆弱性	降低社区的脆弱性	y	y	y	y	y	y	y	y			y			y	y		y	10
23			降低家庭和个人的脆弱性	y	y	y	y	y	y	y	y	y	y	y	y	y	y	y	y	y	17
24	应急准备	建立和维护应急准备体系	开发应急准备的指导性文件	y	y	y	y	y	y	y	y	y	y	y	y	y	y	y	y	y	17
25			建立和维护应急准备过程	y	y	y	y	y	y	y	y	y	y	y	y	y	y	y	y	y	17
26			建立和维护应急准备系统	y	y	y	y	y	y	y	y	y	y	y	y	y	y	y	y	y	17
27		完善规划体系	建立和完善应急规划体系	y	y	y	y	y	y	y	y	y	y	y	y	y	y	y	y	y	17
28		完善规划体系沟通协调机制	建立规划集成与衔接机制	y	y	y	y	y	y	y	y	y	y	y	y	y	y	y	y	y	17
29			建立规划合作伙伴关系	y	y	y	y	y	y	y	y	y	y	y	y	y	y	y	y	y	17

30	建立和维护应急能力	开发应急能力建设项目	y	y	y	y	y	y	y	y	y	17
31		实施应急能力建设项目	y	y	y	y	y	y	y	y	y	17
32		开展应急队伍建设和技能培训	y	y	y	y	y	y	y	y	y	17
33	验证和更新应急能力	开展应急演练活动	y	y	y	y	y	y	y	y	y	17
34		开展应急准备评估	y	y	y	y	y	y	y	y	y	17
35		更新和改进应急能力	y	y	y	y						17
36	突发事件监测与预警	自然灾害监测与预警	y		y		y				y	6
37		事故灾难监测与预警	y	y							y	6
38		公共卫生事件监测与预警	y				y			y		4
39		社会安全事件监测与预警								y		4
40	情报信息融合和综合预警	建立和维护情报信息融合平台	y	y	y	y	y		y	y	y	17
41		建立和维护信息研判和预警系统	y	y	y	y	y		y	y	y	17
42		建立和维护综合预警信息发布系统	y	y	y	y	y	y	y	y	y	17
43	抢救与保护生命	搜索与救护行动	y	y	y	y	y	y	y	y	y	13
44		紧急医疗救护	y	y	y	y	y	y	y	y	y	16
45	应急响应	公众疏散和就地避难	y	y	y	y	y	y	y	y	y	12
46		应急人员安全与健康保护	y	y	y	y	y	y	y	y	y	17

（续）

序号	使命领域	目标	通用任务名称	特别重大破坏性地震	极端气象灾害	流域性大洪水	特别重大地质灾害	特别重大森林火灾	特别重大交通事故	特别重大火灾爆炸事故	人员拥挤踩踏事故	重大环境污染事件	核设施泄漏事件	流感大流行	动物口蹄疫疫情	重大食品安全事件	严重恐怖袭击事件	大规模群体性事件	重大网络安全事件	重大跨境突发事件	涉及情景数（个）
47	应急响应	满足基本人类需要	公众照料服务	y	y	y	y	y	y	y	y			y		y	y	y	y	y	15
48			紧急交通运输保障	y	y	y	y	y	y	y	y	y	y	y	y	y	y	y	y	y	17
49			应急资源与服务保障	y	y	y	y	y	y	y	y	y	y	y	y	y	y	y	y	y	17
50			遇难者管理服务	y	y	y	y	y	y	y	y	y	y	y		y	y			y	14
51		保护财产和环境	现场安全保卫与关键控制	y	y	y	y	y	y	y	y	y	y	y		y	y	y	y	y	16
52			保护基础设施和关键业务	y	y	y	y						y				y		y	y	9
53			环境应急监测与污染防控	y	y	y	y	y		y		y	y		y	y	y			y	13
54		消除现场危险因素	火灾事故应急处置	y	y			y	y	y		y	y			y	y	y	y	y	12
55			爆炸装置应急处置						y	y			y				y			y	5
56			危险品泄漏处置和清除	y	y	y	y		y	y		y	y			y	y			y	11
57			生物疫情应急处置	y	y	y	y		y		y	y	y	y	y	y	y			y	13
58			防汛抗旱应急处置	y	y	y	y	y		y		y	y							y	9
59			人群聚集事件性应急处置							y	y							y			3
60	事件管理与协调		事件形势监测与评估	y	y	y	y	y	y	y	y	y	y	y	y	y	y	y	y	y	17
61			事件现场指挥控制	y	y	y	y	y	y	y	y	y	y	y	y	y	y	y	y	y	17
62			应急响应行动协调	y	y	y	y	y	y	y	y	y	y	y	y	y	y	y	y	y	17
63			应急响应通信保障	y	y	y	y	y	y	y	y	y	y	y	y	y	y	y	y	y	17
64			应急公共信息管理	y	y	y	y	y	y	y	y	y	y	y	y	y	y	y	y	y	17

序号			任务												数量
65	恢复重建	公众援助与关怀	受灾人员安置和遣返	y	y	y	y	y	y	y	y	y	y	y	13
66			受灾人员生活援助	y	y	y	y	y	y	y	y	y	y	y	16
67			灾区医疗卫生和保健	y	y	y	y	y		y				y	9
68		恢复基础设施和建筑物	修复或重建基础设施系统	y	y	y	y					y		y	8
69			修复或重建公共建（构）筑物	y	y	y	y	y			y				8
70			修复或重建居民住房	y	y	y	y							y	6
71		恢复环境与自然资源	管理垃圾和危险废物	y	y	y	y	y	y	y	y	y	y	y	15
72			修复灾区环境	y	y	y		y	y	y					7
73			恢复自然与人文资源	y	y	y	y								6
74		恢复经济社会	恢复政府服务	y	y	y		y	y	y	y	y	y	y	10
75			恢复工商企业	y	y	y	y	y	y	y	y	y	y	y	15
76			恢复社区功能	y	y	y	y	y	y	y	y	y		y	12

由表中的分析结果可知。

1）这些重特大突发事件情景所涉及的应急任务涵盖了所有通用应急任务，具有广泛的代表性。

2）有一些通用应急任务与几乎所有重特大突发事件情景相关，它们分别是：预防、应急准备、监测预警等使命领域的大多数通用应急任务，减灾使命领域与"降低生命安全与健康的脆弱性"相关的通用应急任务，应急响应使命领域与"抢救与保护生命""满足基本人类需要"和"事件管理与协调"相关的通用应急任务等。这些通用应急任务或者属于应急管理的日常性工作，如预防、应急准备、监测预警和"事件管理与协调"等，或者与保护人的生命安全与健康密切相关。它们构成应急管理的基础性工作。

3）减灾、恢复重建使命领域中与基础设施、建筑物、自然资源等相关的通用应急任务主要是与自然灾害相关，它们是防灾减灾的基础性工作。

4）不同类别的突发事件通常需要使用不同的监测预警手段和方法，因此，监测预警系统的建设与维护通常由不同的专业部门负责。但是，情报信息的融合和预警信息的发布具有一定的通用性和综合性，因此，需要整合各方面的资源进行综合管理和资源共享。

5）应急响应使命领域中与"消除现场危险因素"相关的通用应急任务，与灾害或灾难现场存在的危险源和威胁因素密切相关，但火灾事故应急处置则与大多数重特大突发事件情景相关。此外，搜索与救护行动、紧急医疗救护、应急人员安全与健康保护、现场安全保卫与控制、公众照料服务、环境应急响应和保护、危险品泄漏处置和清除等也是涉及大多数事件的通用应急任务，它们是应急响应中的核心工作内容。

6）由于重大跨境突发事件情景有可能包括自然灾害、事故灾难、公共卫生事件和社会安全事件等不同类别，所以涉及大多数通用应急任务。

（3）重特大突发事件情景应急能力分析。

在上述对各重特大突发事件情景相关的通用应急任务分析的基础上，根据第 3 章所述的应急能力清单，对上述 17 种重特大突发事件情景所涉及的应急能力进行分析，其结果如表 6-3 所示。

由表中的分析结果可知，与通用应急任务分析结果相对应，应急能力需求也表现出一定的规律性。

1）有一些应急能力与几乎所有重特大突发事件情景相关，它们分别是：预防、应急准备、监测预警等使命领域的大多数应急能力，减灾使命领域的生命安全与健康保护能力和社区减灾能力，应急响应使命领域与抢救与保护生命、满足基本人类需要和事件管理与协调相关的应急能力等。这些应急能力构成应急管理的基础能力。

2）应急响应使命领域的先期处置（第一响应）能力、搜索与救护能力、紧急医疗救护能力、现场安全保卫与控制能力、公众照料服务能力、火灾事故应急处置能力、危险品泄漏处置和清除能力、环境应急监测与污染防控能力等也涉及大多数事件情景，它们是应急响应中的核心应急能力。

第 6 章 应急准备建设相关规划 · 221

表 6-3 重特大突发事件情景应急能力分析结果

序号	使命领域	应急能力	特别重大破坏性地震	极端气象灾害	流域性大洪水	特别重大地质灾害	特别重大森林火灾	特别重大交通事故	特别重大火灾爆炸事故	人员拥挤踩踏事故	重大环境污染事件	核设施泄漏事件	流感大流行	动物口蹄疫疫情	重大食品安全事件	严重恐怖袭击事件	大规模群体性事件	重大网络安全事件	重大跨境突发事件	涉及情景数（个）
1	预防	危险源和威胁识别能力	y	y	y	y	y	y	y	y	y	y	y	y	y	y	y	y	y	17
2		风险评估能力	y	y	y	y	y	y	y	y	y	y	y	y	y	y	y	y	y	17
3		危险源物理控制能力	y	y	y	y	y	y	y	y	y	y	y	y	y	y	y	y	y	17
4		不安全行为控制能力				y	y	y	y	y	y	y	y	y	y	y	y	y	y	12
5		政府监管监察能力	y	y	y	y	y	y	y	y	y	y	y	y	y	y	y	y	y	17
6		安全规划与设计能力	y	y	y	y	y	y	y	y	y	y	y	y	y	y	y	y	y	17
7		动机消解能力						y		y						y	y	y	y	8
8	减灾	物理隔离与防护能力			y	y		y	y	y	y	y				y	y	y	y	14
9		公共安全素质提升能力	y	y	y	y	y	y	y	y	y	y	y	y	y	y	y	y	y	17
10		生命安全与健康保护能力	y	y	y	y	y	y	y	y	y	y	y	y		y	y		y	16
11		基础设施保护和减灾能力	y	y	y	y		y	y		y	y	y					y	y	10
12		网络系统保护和减灾能力																y	y	3
13		反恐怖袭击或人为破坏减灾能力						y	y	y					y	y	y	y	y	10
14		自然与文化资源保护能力	y	y	y	y	y				y								y	8
15		环境保护与污染治理能力		y							y	y	y	y				y	y	11
16		社区减灾能力	y	y	y	y	y	y	y	y	y	y	y	y	y	y	y	y	y	17
17	应急准备	应急科技支撑能力	y	y	y	y	y	y	y	y	y	y	y	y	y	y	y	y	y	17
18		应急规划能力	y	y	y	y	y	y	y	y	y	y	y	y	y	y	y	y	y	17
19		应急准备组织能力	y	y	y	y	y	y	y	y	y	y	y	y	y	y	y	y	y	17
20		应急能力建设项目管理能力	y	y	y	y	y	y	y	y	y	y	y	y	y	y	y	y	y	17

（续）

序号	使命领域	应急能力	特别重大破坏性地震	极端气象灾害	流域性大洪水	特别重大地质灾害	特别重大森林火灾	特别重大交通事故	特别重大火灾爆炸事故	人员拥挤踩踏事故	重大环境污染事件	核设施泄漏事件	流感大流行	动物口蹄疫疫情	重大食品安全事件	严重恐怖袭击事件	大规模群体性事件	重大网络安全事件	重大跨境突发事件	涉及情景数（个）
21	应急准备	应急培训能力	y	y	y	y	y	y	y	y	y	y	y	y	y	y	y	y	y	17
22		应急演练能力	y	y	y	y	y	y	y	y	y	y	y	y	y	y	y	y	y	17
23		应急评估能力	y	y	y	y	y	y	y	y	y	y	y	y	y	y	y	y	y	17
24	监测预警	监测与预警能力	y	y	y	y	y	y	y	y	y	y	y	y	y	y	y	y	y	17
25		信息融合与预警发布能力	y	y	y	y	y	y	y	y	y	y	y	y	y	y	y	y	y	17
26	应急响应	先期处置（第一响应）能力	y	y	y	y	y	y	y	y	y	y	y	y		y	y		y	13
27		搜索与救护能力	y	y	y	y	y	y	y	y	y	y				y	y	y	y	16
28		紧急医疗救护能力	y	y	y	y	y	y	y	y	y		y		y	y	y		y	12
29		公众疏散和就地避难能力	y	y	y	y	y	y	y	y	y	y	y			y	y	y	y	15
30		公众照料服务能力	y	y	y	y	y	y	y	y	y	y	y	y	y	y	y	y	y	17
31		紧急交通运输保障能力	y	y	y	y	y	y	y	y	y	y	y	y	y	y	y	y	y	17
32		应急资源保障能力	y	y	y	y	y	y	y	y	y	y	y			y	y	y	y	14
33		遇难者管理服务能力	y	y	y	y	y	y	y		y	y	y	y	y	y	y	y	y	16
34		现场安全保卫能力	y	y	y	y	y	y	y	y	y	y	y	y		y	y		y	15
35		环境应急监测与污染防控能力	y	y	y	y	y		y		y	y		y	y	y	y	y	y	14
36		火灾事故应急处置能力	y	y		y	y	y	y	y	y	y				y	y		y	12

序号	能力											合计
37	爆炸装置应急处置能力	y	y	y		y			y	y		5
38	危险品泄漏处置和清除能力	y	y	y	y		y	y	y	y		11
39	生物疫情应急处置能力	y	y	y			y	y		y	y	13
40	防汛抗旱应急处置能力	y	y		y	y			y	y	y	9
41	人群聚集性事件应急处置能力	y				y			y			3
42	事件态势及损失评估能力	y	y	y	y	y	y	y	y	y	y	17
43	应急指挥控制能力	y	y	y	y	y	y	y	y	y	y	17
44	应急支援协调能力	y	y	y	y	y	y	y	y	y	y	17
45	应急通信保障能力	y	y	y	y	y	y	y	y	y	y	17
46	应急信息保障能力	y	y	y	y	y	y	y	y	y	y	16
47	受灾人员生活救助能力	y	y	y	y		y				y	9
48	基础设施修复和重建能力	y	y	y		y	y	y	y	y	y	15
49	垃圾和危险废物管理能力	y	y	y		y	y	y	y	y	y	10
恢复重建	50	政府服务恢复能力	y	y	y		y	y	y	y	y	y	15
51	经济恢复能力	y	y	y		y	y	y	y	y	y	15
52	社区恢复能力	y	y	y		y	y	y	y	y	y	12

3）应急响应使命领域的应急信息保障能力、应急资源与服务能力、紧急交通运输保障能力、应急通信保障能力、应急指挥控制能力、应急支援协调能力等，是为各类突发事件的应对提供物资、装备、信息、通信等关键支撑性资源的能力，是应急响应中的资源保障性能力。

4）由于重大跨境突发事件情景有可能包括自然灾害、事故灾难、公共卫生事件和社会安全事件等不同类别，所以可能会涉及大多数应急能力。

（4）应急能力发展优先性评价。

对于各项应急能力，分别对其与重特大突发事件情景的相关性（R）、重要性（W）、现有基础情况（B）等分别进行评价，然后根据下式计算其优先性指数 P（%）：

$$P = R \times W \div B$$

根据计算得出的优先性指数对应急能力进行排序，然后再根据实际情况进行必要的调整和选择，就可得出需要优先发展的应急能力。

表 6-4 是对应急能力发展优先性的初步评价结果。其中的相关性指数 R 是根据涉及的情景数与情景总数的比值得出；重要性评分 W 是对该应急能力对于突发事件应对的重要性的主观评价，分值为 1~10，分值越高越重要，涉及人员生命安全、对事件处置和尽快恢复关联度高的分值就相对高一些；现有基础评分 B 是对该应急能力的现状的主观评价，分值为 1~10，分值越高基础越好，其评价的依据参考应急体系规划实施效果评价报告，以及专家的主观感觉。目前的初步评价尚不深入全面，仅作为参考性的依据；有待将来进行更全面、深入的研究分析和评价。

表 6-4 应急能力发展优先性评价结果

序号	使命领域	应急能力	涉及情景数（个）	相关性指数 R（%）	重要性评分 W（1~10）	现有基础评分 B（1~10）	优先性指数 P（%）
1	预防	危险源和威胁识别能力	17	100.0%	6	6	100.0%
2		风险评估能力	17	100.0%	6	5	120.0%
3		危险源物理控制能力	17	100.0%	7	5	140.0%
4		不安全行为控制能力	12	70.6%	7	5	98.8%
5		政府监管监察能力	17	100.0%	6	6	100.0%
6		安全规划与设计能力	17	100.0%	7	6	116.7%
7		动机消解能力	8	47.1%	7	5	65.9%
8		物理隔离与防护能力	14	82.4%	7	5	115.3%
9		公共安全素质提升能力	17	100.0%	8	5	160.0%
10	减灾	生命安全与健康保护能力	16	94.1%	8	6	125.5%
11		基础设施保护和减灾能力	10	58.8%	8	5	94.1%
12		网络系统保护和减灾能力	3	17.6%	7	5	24.7%
13		反恐怖袭击或人为破坏能力	10	58.8%	8	6	78.4%
14		自然与文化资源减灾能力	8	47.1%	6	4	70.6%
15		环境保护与污染治理能力	11	64.7%	7	5	90.6%
16		社区减灾能力	17	100.0%	8	6	133.3%

（续）

序号	使命领域	应急能力	涉及情景数（个）	相关性指数 R（%）	重要性评分 W（1~10）	现有基础评分 B（1~10）	优先性指数 P（%）
17	应急准备	应急科技支撑能力	17	100.0%	8	6	133.3%
18		应急规划能力	17	100.0%	7	6	116.7%
19		应急准备组织能力	17	100.0%	7	6	116.7%
20		应急能力建设项目管理能力	17	100.0%	7	6	116.7%
21		应急培训能力	17	100.0%	7	7	100.0%
22		应急演练能力	17	100.0%	7	7	100.0%
23		应急评估能力	17	100.0%	7	6	116.7%
24	监测预警	监测与预警能力	17	100.0%	9	8	112.5%
25		信息融合与预警发布能力	17	100.0%	9	8	112.5%
26	应急响应	先期处置（第一响应）能力	17	100.0%	8	7	114.3%
27		搜索与救护能力	13	76.5%	9	9	76.5%
28		紧急医疗救护能力	16	94.1%	9	8	105.9%
29		公众疏散和就地避难能力	12	70.6%	9	6	105.9%
30		公众照料服务能力	15	88.2%	8	7	100.8%
31		紧急交通运输保障能力	17	100.0%	8	7	114.3%
32		应急资源保障能力	17	100.0%	8	7	114.3%
33		遇难者管理服务能力	14	82.4%	7	6	96.1%
34		现场安全保卫与控制能力	16	94.1%	7	6	109.8%
35		环境应急监测与污染防控能力	15	88.2%	8	6	117.6%
36		火灾事故应急处置能力	12	70.6%	8	9	62.7%
37		爆炸装置应急处置能力	5	29.4%	7	7	29.4%
38		危险品泄漏处置和清除能力	11	64.7%	9	6	97.1%
39		生物疫情应急处置能力	13	76.5%	8	7	87.4%
40		防汛抗旱应急处置能力	9	52.9%	9	7	68.1%
41		人群聚集性事件应急处置能力	3	17.6%	8	6	23.5%
42		事件态势及损失评估能力	17	100.0%	7	6	116.7%
43		应急指挥控制能力	17	100.0%	8	6	133.3%
44		应急支援协调能力	17	100.0%	7	6	116.7%
45		应急通信保障能力	17	100.0%	9	8	112.5%
46		应急信息保障能力	17	100.0%	9	7	128.6%
47	恢复重建	受灾人员生活救助能力	16	94.1%	9	8	105.9%
48		基础设施修复和重建能力	9	52.9%	7	6	61.8%
49		垃圾和危险废物管理能力	15	88.2%	8	7	100.8%
50		政府服务恢复能力	10	58.8%	8	8	58.8%
51		经济恢复能力	15	88.2%	7	6	102.9%
52		社区恢复能力	12	70.6%	8	7	80.7%

各项应急能力发展优先性指数如图 6-1 所示。

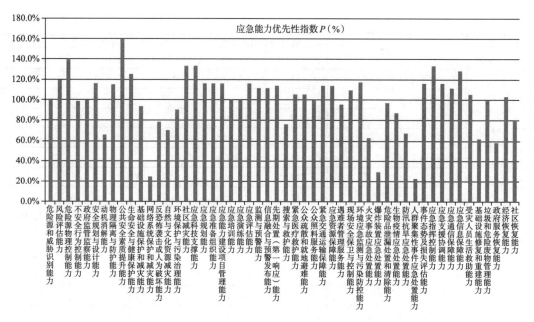

图 6-1　应急能力发展优先性指数

（5）应急能力发展优先顺序分析。

根据上面计算得到的各应急能力优先性指数，按照由高至低的顺序对各项应急能力进行排序，得到的结果如表 6-5 所示。

将"十一五"和"十二五"国家应急体系建设规划中的主要任务（包括政策措施）、重点项目与所涉及的应急能力相对应，将与各项应急能力相关的规划任务条数、重点项目个数进行初步统计，结果如表 6-5 和图 6-2 所示。

表 6-5　应急能力发展优先性排序

序号	能力编号	使命领域	应急能力	重要性评分 W （1～10）	现有基础评分 B （1～10）	优先性指数 P（%）	"十一五"规划 主要任务（条）	"十一五"规划 重点项目（个）	"十二五"规划 主要任务（条）	"十二五"规划 重点项目（个）
1	9	预防	公共安全素质提升能力	8	5	160.0%	5		4	
2	3	预防	危险源物理控制能力	7	5	140.0%	3		3	
3	16	减灾	社区减灾能力	8	6	133.3%	3	1	1	1
4	17	应急准备	应急科技支撑能力	8	6	133.3%	11	1	9	
5	43	应急响应	应急指挥控制能力	8	6	133.3%	1		0	
6	46	应急响应	应急信息保障能力	9	7	128.6%	14	1	8	2
7	10	减灾	生命安全与健康保护能力	8	6	125.5%	1		0	
8	2	预防	风险评估能力	6	5	120.0%	1		8	
9	35	应急响应	环境应急监测与污染防控能力	8	6	117.6%	1		0	

（续）

序号	能力编号	使命领域	应急能力	重要性评分 W（1~10）	现有基础评分 B（1~10）	优先性指数 P（%）	"十一五"规划 主要任务（条）	"十一五"规划 重点项目（个）	"十二五"规划 主要任务（条）	"十二五"规划 重点项目（个）
10	6	预防	安全规划与设计能力	7	6	116.7%	0		1	
11	18	应急准备	应急规划能力	7	6	116.7%	1		1	
12	19	应急准备	应急准备组织能力	7	6	116.7%	1		1	
13	20	应急准备	应急能力建设项目管理能力	7	6	116.7%	2		2	
14	23	应急准备	应急评估能力	7	6	116.7%	3		1	
15	42	应急响应	事件态势及损失评估能力	7	6	116.7%	1		1	
16	44	应急响应	应急支援协调能力	7	6	116.7%	1		2	
17	8	预防	物理隔离与防护能力	7	5	115.3%	1		1	
18	26	应急响应	先期处置（第一响应）能力	8	7	114.3%	3		4	
19	31	应急响应	紧急交通运输保障能力	8	7	114.3%	8	1	8	
20	32	应急响应	应急资源保障能力	8	7	114.3%	15	1	7	1
21	24	监测预警	监测与预警能力	9	8	112.5%	13		14	1
22	25	监测预警	信息融合与预警发布能力	9	8	112.5%	6		1	1
23	45	应急响应	应急通信保障能力	9	8	112.5%	9	1	5	
24	34	应急响应	现场安全保卫与控制能力	7	6	109.8%	1		1	
25	28	应急响应	紧急医疗救护能力	9	8	105.9%	1		1	1
26	29	应急响应	公众疏散和就地避难能力	9	6	105.9%	3		1	
27	47	恢复重建	受灾人员生活救助能力	9	8	105.9%	2		4	
28	51	恢复重建	经济恢复能力	7	6	102.9%	1		1	
29	30	应急响应	公众照料服务能力	8	7	100.8%			1	
30	49	恢复重建	垃圾和危险废物管理能力	8	7	100.8%	3		1	1
31	1	预防	危险源和威胁识别能力	6	6	100.0%	0		0	
32	5	预防	政府监管监察能力	6	6	100.0%	1		1	
33	21	应急准备	应急培训能力	7	7	100.0%	1	1		
34	22	应急准备	应急演练能力	7	7	100.0%	1		1	
35	4	预防	不安全行为控制能力	7	5	98.8%	0		0	
36	38	应急响应	危险品泄漏处置和清除能力	9	6	97.1%	5	1	2	1

（续）

序号	能力编号	使命领域	应急能力	重要性评分 W（1~10）	现有基础评分 B（1~10）	优先性指数 P（%）	"十一五"规划 主要任务（条）	"十一五"规划 重点项目（个）	"十二五"规划 主要任务（条）	"十二五"规划 重点项目（个）
37	33	应急响应	遇难者管理服务能力	7	6	96.1%	0		0	
38	11	减灾	基础设施保护和减灾能力	8	5	94.1%	4		3	
39	15	减灾	环境保护与污染治理能力	7	5	90.6%	1		1	
40	39	应急响应	生物疫情应急处置能力	8	7	87.4%	1		0	
41	52	恢复重建	社区恢复能力	8	7	80.7%	0		0	
42	13	减灾	反恐怖袭击或人为破坏能力	8	6	78.4%	1		1	
43	27	应急响应	搜索与救护能力	9	9	76.5%	3	1	2	
44	14	减灾	自然与文化资源减灾能力	6	4	70.6%	0		0	
45	40	应急响应	防汛抗旱应急处置能力	9	7	68.1%	1		1	
46	7	预防	动机消解能力	7		65.9%				
47	36	应急响应	火灾事故应急处置能力	8	9	62.7%	3		2	
48	48	恢复重建	基础设施修复和重建能力	7	6	61.8%	1		2	
49	50	恢复重建	政府服务恢复能力	8	8	58.8%	0		0	
50	37	应急响应	爆炸装置应急处置能力	7	7	29.4%	0		0	
51	12	减灾	网络系统保护和减灾能力	7	5	24.7%	1		1	
52	41	应急响应	人群聚集性事件应急处置能力	8	6	23.5%	0		2	

由表 6-5 和图 6-2 的排序结果可知：

1）有些应急能力一直是规划建设的重点，如公共安全素质提升能力、危险源物理控制能力、社区减灾能力、应急科技支撑能力、应急指挥控制能力，这些能力的提升需要长期持续努力，目前仍然排在前列（前 10%）。

2）有些在"十一五"和"十二五"规划中重点建设的应急能力（涉及的任务较多，特别是安排了重点项目的），目前已有了相对较好的基础，因此优先排序已不是十分靠前，但由于相关性和重要性高，目前仍处于前 50%，如紧急交通运输保障能力、监测与预警能力、信息融合与预警发布能力、应急通信保障能力、紧急医疗救护能力等。

3）有几项应急能力经过持续的建设和维护，目前基础较好，其优先性已相对靠后，如搜索与救护能力、火灾事故应急处置能力、基础设施修复和重建能力。

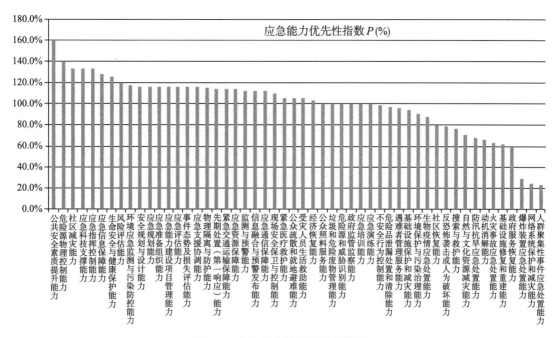

图 6-2 应急能力发展优先性排序

4）另有一些应急能力，由于相关性高，现有基础相对薄弱，因此需要优先发展，如生命安全与健康保护能力、风险评估能力、安全规划与设计能力、应急规划能力、应急准备组织能力、应急评估能力、应急指挥控制能力、应急支援协调能力、物理隔离与防护能力、先期处置（第一响应）能力等。

5）还有一些应急能力，由于处于减灾、预防、恢复重建等使命领域，属于相关部门的日常性工作职责，其能力建设通常与日常工作能力提升紧密相关，在应急体系规划中通常只提出一般性要求，而不作为规划建设的重点内容，如危险源和威胁识别能力、不安全行为控制能力、遇难者管理服务能力、社区恢复能力、自然与文化资源减灾能力、动机消解能力、政府服务恢复能力等。

6）有些应急能力由于其运用范围较窄，所以优先度较低，如爆炸装置应急处置能力、生物疫情应急处置能力、网络系统保护和减灾能力、人群聚集性事件应急处置能力、危险品泄漏处置和清除能力等。但是，当特定类别的突发事件发生后，却是至关重要的核心专业应急能力，因此也有优先发展的必要。

在规划编制过程中，可以参考以上对应急能力发展优先顺序的分析，结合各部门提出的需求，进行主要任务和重点建设项目的设计，但不能完全拘泥于各项应急能力的优先性数值或者排序。

（6）规划主要任务涉及的应急能力。

在规划设计每个方面的具体建设任务时，主要从以下三个方面进行考虑：一是参考应急能力发展优先顺序分析结果，尽可能优先考虑急需发展的应急能力；二是平衡各相关方面提出的建设内容建议，将重点放在弥补应急体系短板和解决共性问题上；三是听取专家学者和各方面意见，查遗补漏，特别是一些未来发展需要的前瞻性建设任务。

"十三五"国家应急体系建设规划确定了六个方面的主要建设任务,即加强应急管理基础能力建设、加强核心应急救援能力建设、加强综合应急保障能力建设、加强社会协同应对能力建设、加强涉外突发事件应急能力建设和进一步完善应急管理体系。

1)加强应急管理基础能力建设。主要涉及表6-6中所示的预防、减灾和监测预警使命领域的相关应急能力。参考各项应急能力的优先性排序情况及与应急能力相关的通用应急任务,重点围绕健全完善突发事件风险管控体系、提升应急管理基础能力和水平,最终按照完善公共安全风险管控体系、加强城乡社区和基础设施抗灾能力、完善突发事件监测预警服务体系、强化城市公共安全风险管理和强化基层应急管理能力五个方面,梳理出41条具体任务。

表6-6 与应急管理基础能力相关的主要应急能力

序号	应急能力	优先性排序序号	使命领域
1	风险评估能力	8	预防
2	危险源物理控制能力	2	
3	安全规划与设计能力	10	
4	物理隔离与防护能力	17	
5	动机消解能力	46	
6	危险源和威胁识别能力	31	
7	不安全行为控制能力	35	
8	社区减灾能力	3	减灾
9	生命安全与健康保护能力	7	
10	基础设施保护和减灾能力	38	
11	网络系统保护和减灾能力	51	
12	反恐怖袭击或人为破坏能力	42	
13	环境保护与污染治理能力	39	
14	自然与文化资源减灾能力	44	
15	监测与预警能力	21	监测预警
16	信息融合与预警发布能力	22	

2)加强核心应急救援能力建设。主要涉及表6-7中所示的应急响应使命领域的相关应急能力。参考各项应急能力的优先性排序情况及与应急能力相关的通用应急任务,重点围绕形成突发事件应对的核心力量、承担急难险重抢险救援使命,最终按照强化应急救援突击力量建设、提高重点行业领域专业应急救援能力两个方面,梳理出14条具体任务。

3)加强综合应急保障能力建设。主要涉及表6-8中所示的应急响应和恢复重建使命领域的相关应急能力。参考各项应急能力的优先性排序情况及与应急能力相关的通用应急任务,重点围绕统筹利用社会资源,加快新技术应用,推进应急协同保障能力建设,进一步完善应急平台、应急通信、应急物资和紧急运输保障体系,最终按照提升应急平台支撑能力、强化应急通信保障能力、完善应急物资保障体系、提高紧急运输保障能力四个方面，梳理出 17 条具体任务。

表 6-7　与核心应急救援能力相关的主要应急能力

序号	应急能力	优先性排序序号	使命领域
1	紧急医疗救护能力	25	应急响应
2	搜索与救护能力	43	
3	生物疫情应急处置能力	40	
4	危险品泄漏处置和清除能力	36	
5	环境应急监测与污染防控能力	9	
6	火灾事故应急处置能力	47	
7	现场安全保卫与控制能力	24	
8	爆炸装置应急处置能力	50	
9	防汛抗旱应急处置能力	45	
10	人群聚集性事件应急处置能力	52	

表 6-8　与综合应急保障能力相关的主要应急能力

序号	应急能力	优先性排序序号	使命领域
1	应急指挥控制能力	5	应急响应
2	应急信息保障能力	6	
3	应急通信保障能力	23	
4	应急资源保障能力	20	
5	紧急交通运输保障能力	19	
6	受灾人员生活救助能力	27	
7	基础设施修复和重建能力	48	恢复重建
8	垃圾和危险废物管理能力	30	

4) 加强社会协同应对能力建设。主要涉及表 6-9 中所示的预防、应急准备和应急响应领域的相关应急能力。参考各项应急能力的优先性排序情况及与应急能力相关的通用应急任务，重点围绕强化公众自防自治、群防群治、自救互救能力，支持引导社会力量规范有序参与应急救援行动，完善突发事件社会协同防范应对体系，最终按照提升公众自救互救能力、支持引导社会应急力量发展、强化应急管理科技支撑能力、大力推进应急产业健康发展四个方面，梳理出 20 条具体任务。

5) 加强涉外突发事件应急能力建设。主要涉及表 6-10 中所示的预防、减灾、监测预警和应急响应领域的相关应急能力。参考各项应急能力的优先性排序情况及与应急能力相关的通用应急任务，重点围绕为"一带一路"倡议和"走出去"战略等提供安全保障，深入推进应急管理国际交流合作，梳理出 18 条具体任务。

表 6-9　与社会协同应对能力相关的主要应急能力

序号	应急能力	优先性排序序号	使命领域
1	公共安全素质提升能力	1	预防
2	应急科技支撑能力	4	应急准备
3	应急培训能力	33	
4	应急演练能力	34	
5	应急评估能力	14	
6	先期处置（第一响应）能力	18	应急响应
7	公众疏散和就地避难能力	26	
8	公众照料服务能力	29	

表 6-10　与涉外突发事件应急能力相关的主要应急能力

序号	应急能力	优先性排序序号	使命领域
1	风险评估能力	8	预防
2	危险源物理控制能力	2	
3	危险源和威胁识别能力	31	
4	反恐怖袭击或人为破坏能力	42	减灾
5	生命安全与健康保护能力	7	
6	监测与预警能力	21	监测预警
7	信息融合与预警发布能力	22	
8	应急指挥控制能力	5	应急响应
9	应急通信保障能力	23	
10	生物疫情应急处置能力	40	
11	现场安全保卫与控制能力	24	
12	公众疏散和就地避难能力	26	

6）进一步完善应急管理体系。主要涉及表 6-11 中所示的预防、应急准备、应急响应和恢复重建使命领域的相关应急能力。参考各项应急能力的优先性排序情况及与应急能力相关的通用应急任务，重点围绕继续推进以"一案三制"为核心的应急管理体系建设，最终按照完善应急管理法律法规和标准体系、进一步完善应急管理组织体系、应急管理工作机制、应急预案体系四个方面，梳理出 19 条具体任务。

表 6-11　与完善应急管理体系相关的主要应急能力

序号	应急能力	优先性排序序号	使命领域
1	政府监管监察能力	32	预防
2	应急规划能力	11	应急准备
3	应急准备组织能力	12	
4	应急能力建设项目管理能力	13	
5	应急指挥控制能力	5	应急响应
6	应急支援协调能力	16	
7	经济恢复能力	28	恢复重建
8	政府服务恢复能力	49	
9	社区恢复能力	41	

4. 重点建设项目

重点建设项目是实现规划目标的最重要的抓手，所规划的重点建设项目是未来政府审批、核准重大项目，安排政府投资和财政支出预算的主要依据。因此，筛选确定规划重点建设项目往往成为编制规划中最敏感、最复杂、最困难的工作内容之一。在规划之初，一般通过前期调查研究，初步筛选凝练出一批建设项目。另外，也可以要求相关部门、地方主动申报相关建设项目，或者通过广泛听取社会各界的意见征集建设项目。对初步筛选出的建设项目，还需要进行充分论证，保证项目的必要性与可行性。最后在统筹兼顾、综合平衡的基础上，形成规划重点建设项目。

在对每个重点建设项目进行表述时，一般应简述项目建设的必要性、可行性，现有资源情况及整合、利用、依托关系，并重点说明项目建设内容、预期效果等内容。

"十三五"国家应急体系建设规划提出了九个重点建设项目，分别是：国家突发事件预警信息发布能力提升工程、国家应急平台体系完善提升工程、国家航空医学救援基地建设、国家应急资源保障服务体系建设、国家应急通信保障能力建设、国家公共安全应急体验基地建设、国家应急管理基础标准研制工程、中欧应急管理学院建设、涉外应急能力建设相关项目。

5. 保障措施

规划保障措施是保障规划顺利实施的必要外部条件。这些外部条件一般体现在组织管理、经费投入、人力投入、财政税收保险等政策措施，以及监督管理、评估评价、激励与处罚等措施上。所提出的政策措施应符合国家的大政方针，要征求相关部门意见，并具有可操作性。

"十三五"国家应急体系建设规划主要从强化组织领导、强化财力保障和强化监督与评估三个方面，提出了保障措施。

6.3 应急队伍建设规划

6.3.1 规划基本定位

应急队伍是指由各级政府、企业、基层组织和社会团队等建立的从事应急救援与处置任务的具有一定组织结构和指挥体系的应急行动单位。

应急队伍建设规划包括区域性、行业性或特定应急队伍的建设规划，通常属于专项规划的范畴，目的是完善应急队伍体系、优化队伍的空间和领域布局、增强应急队伍能力等。

6.3.2 规划相关主体

我国应急队伍大致可分为综合性消防救援队伍、专业领域应急队伍、军队武警公安应急队伍、企事业单位专兼职应急队伍、社会志愿者应急队伍、应急专家队伍等。不同应急队伍的建设或管理主体不同，其建设规划由相关建设或管理主体组织编制和实施。

1. 综合性消防救援队伍

综合性消防救援队伍于2018年由原公安消防部队转制组建。2018年10月，中共中央办公厅、国务院办公厅印发《组建国家综合性消防救援队伍框架方案》，就推进公安消防部队和武警森林部队转制，组建国家综合性消防救援队伍，建设中国特色应急救援主力军和国家队做出制度性安排。国家综合性消防救援队伍由应急管理部管理，实行统一领导、分级指挥；省、市、县级分别设消防救援总队、支队、大队，城市和乡镇根据需要按标准设立消防救援站，现有消防救援人员约20万人，承担消防灭火和各种灾害事故的综合性救援任务。《中华人民共和国消防法》第三十六条明确规定："县级以上地方人民政府应当按照国家规定建立国家综合性消防救援队、专职消防队，并按照国家标准配备消防装备，承担火灾扑救工作。"第三十七条规定："国家综合性消防救援队、专职消防队按照国家规定承担重大灾害事故和其他以抢救人员生命为主的应急救援工作。"

2. 专业领域应急队伍

专业领域应急队伍是各行业领域建立的从事专业性应急处置与救援任务的应急力量，主要有防汛抗旱、森林灭火、地震救援、地质灾害救援、矿山事故救援、危化品事故救援、海上搜救、核生化应急、环境污染监测、紧急医学救援、传染病防控、动物疫情防控、生命线系统抢险等应急队伍，是应急处置各类突发事件的基本力量。各行业领域法律法规规定了各级人民政府和相关部门建立应急队伍的职责和要求，如《中华人民共和国防震减灾法》第五十四条规定："国务院建立国家地震灾害紧急救援队伍。省、自治区、直辖市人民政府和地震重点监视防御区的市、县人民政府可以根据实际需要，充分利用消防等现有队伍，按照一队多用、专职与兼职相结合的原则，建立地震灾害紧急救援队伍。"《中华人民共和国安全生产法》第七十九条规定："国家加强生产安全事故应急能力建设，在重点行业、领域建立应急救援基地和应急救援队伍，并由国家安全生产应急救援机构统一协调指挥；鼓励生产经营单位和其他社会力量建立应急救援队伍，配备相应的应急救援装备和物资，提高应急救援的专业化水平。"《生产安全事故应急条例》第九条规定："县级以上人民政府应当加强对生产安全事故应急救援队伍建设的统一规划、组织和指导。县级以上人民政府负有安全生产监督管理职责的部门根据生产安全事故应急工作的实际需要，在重点行业、领域单独建立或者依托有条件的生产经营单位、社会组织共同建立应急救援队伍。"

3. 军队、武警、公安应急队伍

由军队、武警、公安部门组建的专业或兼职应急队伍，是突发事件处置的骨干和突击力量。军队组建了抗洪抢险、核生化、空中紧急服务、交通应急抢险、海上应急搜救、应急机动通信等专业应急力量，武警、公安部门承担处突维稳、反恐突击、抢险救援、应急保障、空中机动、安全保卫等应急处置任务。我国相关法律法规对于军队、武警等承担应急处置与救援任务也有明确规定，如《中华人民共和国防洪法》规定"中国人民解放军、中国人民武装警察部队和民兵应当执行国家赋予的抗洪抢险任务。"《中华人民共和国防震减灾法》规定："中国人民解放军、中国人民武装警察部队和民兵组织，依照本法以及其他有关法律、行政法规、军事法规的规定和国务院、中央军事委员会的命令，执行抗震救灾任务，保护人民生命和财产安全。"

4. 企事业单位专兼职应急队伍

一些行业领域企事业单位根据法律法规要求和各自行业领域的风险特点，建立了专兼职应急队伍，如石化、化工、冶金、电力、水上交通、通信等行业应急专兼职队伍，他们是突发事件应急处置最重要的先期处置力量。我国相关法律法规对特定行业领域企业建立应急救援队伍有明确要求，如《中华人民共和国安全生产法》第八十二条规定："危险物品的生产、经营、储存单位以及矿山、金属冶炼、城市轨道交通运营、建筑施工单位应当建立应急救援组织；生产经营规模较小的，可以不建立应急救援组织，但应当指定兼职的应急救援人员。"《生产安全事故应急条例》第十条规定："易燃易爆物品、危险化学品等危险物品的生产、经营、储存、运输单位，矿山、金属冶炼、城市轨道交通运营、建筑施工单位，以及宾馆、商场、娱乐场所、旅游景区等人员密集场所经营单位，应当建立应急救援队伍；其中，小型企业或者微型企业等规模较小的生产经营单位，可以不建立应急救援队伍，但应当指定兼职的应急救援人员，并且可以与邻近的应急救援队伍签订应急救援协议。工业园区、开发区等产业聚集区域内的生产经营单位，可以联合建立应急救援队伍。"

5. 社会化志愿应急队伍

近年来，由民间组织建立的社会化应急队伍发展迅速，目前全国已有1200多支；由青年志愿者、社区志愿者、红十字会志愿者、巾帼志愿者、消防志愿者等组成的各类志愿应急队伍也快速发展，日益成为应急队伍体系的重要辅助力量。这些队伍具有人员多、分布广、接近基层的优势，在发生突发事件后，可以立即开展先期处置、进行自救互救和提供后勤保障、秩序维护等协助性工作。《生产安全事故应急条例》第九条规定："国家鼓励和支持生产经营单位和其他社会力量建立提供社会化应急救援服务的应急救援队伍。"

6. 应急专家队伍

应急专家队伍是指由各级政府有关部门和单位登记在册的应急管理专家队伍，他们拥有丰富的专业知识和技能，在突发事件处置中可以提供专业知识咨询、灾情险情调查研判、应急处置方案制订等重要决策支持。

6.3.3 规划主要内容

应急队伍建设规划通常是作为专项规划，其内容框架与一般专项规划相同，通常包括：现状与形势、指导思想、建设原则、建设目标、主要任务、重点建设项目、保障措施等。在应急队伍建设规划中，通常需要分析应急队伍建设的需求，规划应急队伍的空间布局、队伍的规模和能力、队伍的装备建设、培训演练基地建设、队伍运行与保障机制建设等。

在国家"十一五"至"十三五"国家应急体系建设规划中，一直将应急队伍建设放在十分重要的位置。下面以《国家突发事件应急体系建设"十二五"规划》(以下简称"国家应急体系建设规划")和《深圳市专业应急救援队伍建设规划（2020—2025）》(以下简称"市专业应急队伍建设规划")为例，说明应急队伍建设规划的主要内容。

1. 国家应急体系建设规划

该规划"3 主要任务"的"3.4 应急队伍能力建设"部分，围绕建立健全以专业队伍为基本力量，以公安、武警、军队为突击力量，以专家队伍、企事业单位专兼职和志愿者队伍为辅助力量的应急队伍体系，提出了相关建设任务。

（1）加强专业队伍能力建设。

规划任务1：加强全国重点防汛机动抢险队和抗旱服务队伍建设，更新相关设备；健全县级专业森林草原消防队伍，加强扑火装备和训练设施建设；进一步加强国家地震紧急救援训练基地建设，完善地震救援物资装备仓储设施，充实物资装备配备，提高地震紧急应对和快速行动能力。

规划任务2：加快矿山救护、危险化学品救援、公路水路抢通、水上搜救、核生化救援、铁路救援、海上溢油救援、通信保障、电力抢险、卫生防疫、医疗救治、动植物疫情等行业（领域）应急救援专业队伍建设，配备便携式专业应急救援装备，以及必要的大型和特种装备；改善培训演练基础条件，搞好应急演练，提高实战技能。

规划任务3：加强紧急医疗救护、大规模突发急性传染病控制、中毒处置、核与辐射损伤处置等能力建设，提高重特大突发事件的生命救治能力。

规划任务4：加强航空应急救援队伍体系建设，建立综合航空应急救援队，建立完善森林航空消防、海上救助、警用航空、应急测绘和医疗救治等5支专业航空应急救援队，加强通用航空应急救援能力建设，建立完善空中应急救援网络。

（2）加强公安、武警和军队突击力量建设。

规划任务1：重点加强中西部地区和中小城市公安特警、消防特勤和边境一线边防机动部队建设，强化防暴、攻击防护、抢险救援等装备配备，开展实兵实装演练，建立完善协调联动机制，全面提高队伍应急处突、反恐维稳和专业救援能力。继续推进国家陆地搜索与救护基地建设。

规划任务2：推进武警森林、水电、交通部队建设，根据专业特点分别完善灭火、抗洪、抢通等抢险救援和施工装备；加强武警工化救援中队建设，增配搜索营救、顶撑破拆、抗洪抢险等装备；加强国家、省、市、县四级武警反恐力量建设，有效整合反恐作战各要素，推进先进反恐装备建设。

规划任务3：加强军队非战争军事行动能力建设，强化军队国家级应急专业力量的装备器材配备和预置储备，加强单兵野外生存装备等后勤保障能力建设，有针对性地开展专业技能和专业装备训练。适度调整专业力量结构体系，建设人工影响天气应急专业队。推进军队应急队伍与政府有关部门的联建、联管、联用机制建设，提高军队国家级应急专业力量建设和保障水平。

规划任务4：加强应急管理机制与国防动员机制的衔接，将国防动员应急力量纳入国家应急体系，充分发挥民兵、预备役部队和国防动员专业保障队伍在应急抢险中的作用。

（3）加强综合应急队伍建设。

规划任务1：县级以上人民政府依托公安消防队伍及其他优势专业应急救援队伍，建设"一专多能"的综合性应急救援队伍。通过细化队伍职责，补充完善必要的物资装备，加强与专业队伍互动演练，提高队伍综合应急能力。

规划任务2：街道、乡镇通过整合基层警务人员、医务人员、民兵、预备役人员、保安员等具有相关救援专业知识和经验的人员，组建"一队多能"基层应急队伍；完善各项制度建设，重点加强相关专业装备配备和应急培训，提高队伍综合素质和"第一时间"处置突发事件的能力。

（4）加强应急管理专家队伍建设。

规划任务为：县级以上人民政府及其部门建立完善应急管理专家组，形成分级分类、覆盖全面的应急专家队伍。完善专家参与突发事件会商、研判、调查、评估和救援等工作的机制，组织专家参与调研、培训和演练等活动。

（5）推动基层专兼职应急队伍和应急志愿者建设。

规划任务1：推动高风险行业生产经营单位和乡村、学校、社区等基层组织单位加强专兼职应急队伍建设，结合行业风险和属地常发灾害特点，配备相应专业装备，开展应急技能培训和实战演练，提高信息报告、先期处置和快速恢复能力。

规划任务2：鼓励红十字、青年、社区等现有志愿者组织充实应急志愿服务内容，加强专业领域志愿者的招募、注册、技能培训与管理，完善政策法规和激励机制，提高志愿者保障水平，发挥志愿者队伍在辅助应急救援和科普宣教等方面的作用。

规划任务3：培育发展灾害信息员、气象信息员、群测群防员、食品安全协管员、应急救护员、社会工作者等基层专业人才队伍，配备必要的装备，给予必要经费补助，发挥他们在灾害信息采集报送、预警信息传播、协调社会资源、重建社会关系、恢复社会功能等方面的重要作用。

2. 市专业应急队伍建设规划

该规划明确专业应急救援队伍是指市、区两级人民政府、各有关部门、中直或省直驻深各单位依托有条件的企事业单位组建，承担本行业、领域突发事件以及跨灾种突发事件应急救援任务的应急救援队伍。规划定位为全市专业应急救援队伍体系建设的综合性专项规划，是全市各区、各有关部门和单位建设专业应急救援队伍的重要依据。

该规划包括引言、建设现状与存在问题、指导思想、基本原则与规划目标、主要任务、保障措施，以及附件（市重点行业、领域专业应急救援队伍建设专项目标）等内容。

（1）规划目标。

规划提出：围绕"统一领导、协调有序、优势互补、保障有力"的总体目标，利用六年左右的时间，建成全面覆盖重点行业领域、重点专业技术类型和危险复杂环境的专业应急救援队伍体系，健全完善应急救援队伍"联建、联勤、联训、联调、联战"机制，打造专业应急救援尖刀和拳头力量，与综合性消防救援队伍、社会应急力量、基层应急救援队伍等各司其职、互为补充、协同联动，切实形成全市应急救援合成作战能力，适应市城市安全发展需要、满足突发事件应对工作要求。规划还通过列表和附件列出了市专业应急救援队伍建设规划通用目标和重点行业领域专业应急救援队伍建设专项目标。

（2）主要任务。

规划提出了五个方面的主要任务。

规划任务1：循序渐进，推动队伍建制体系化。建立队伍建设管理规范制度，制定出台《市专业应急救援队伍管理办法》；科学制订队伍建设方案，明确建设任务，落实组建单位，合理确定建队规模，按照全市相关风险点位分布情况进行区域均衡布局；落实队伍建设任务，按照"谁组建、谁管理、谁保障"的原则，由组建单位制定队伍工作职责和建设目标，扎实推进队伍建设工作；逐步构建队伍梯队结构，重点行业、领域队伍主管部门在相关灾害事故应急指挥部的指导下，按照拟承担的应急救援任务和行动顺序，细化同行业、同领域专业应急救援队伍的定位与分工，试行开展能力分级测评，逐步细化完善队伍梯队建设；推动优化专业技术领域与空间布局。按照"专业化、差异化、协同化"原则，着力在灾情侦察、生命搜寻、航空救援、通信保障等方面，发展、填补现有专业应急救援队伍的能力弱项、缺项，优化队伍空间布局、推动均衡发展，形成适应城市风险空间分布特征的专业应急救援保障网。

规划任务 2：提质增效，深抓建设管理精细化。落实基础设施与装备建设，依托队伍组建单位落实与建队规模和建设目标相匹配的驻地、办公场所、训练场地和物资装备库，配备必要的基础办公、值班值守和日常训练设施，落实基础救援装备器材和物资配备，保障装备物资的及时补充更新；完善组织架构与管理制度建设，设立队长、联络员等岗位，建立队员花名册和固定联系方式，建立统一鲜明的队伍形象（标识、服装、队旗等）；建立规范的人员管理机制，根据各专业应急救援队伍职业特点，制定和完善符合行业、领域实际的应急救援人员招录、使用管理办法；加强专业应急处置的培训策划与实施，注重培训的实用性、实践性和可操作性，坚持"从练中学、以练代学"；开展队伍标准化创建，制定专业应急救援队伍标准化基本规范，以标准化创建为抓手，不断提高队伍建设管理水平；高标准推进市级应急救援综合训练基地建设。

规划任务 3：锤炼本领，增强救援能力实战化。夯实基础知识与基本技能，常态化开展体能训练，将预防与应急准备、监测与预警、自我防护、常用救援器材使用、基础性医疗救护、救援善后等通用知识与技能，全面纳入专业应急救援队员的能力素质模型，要求所有队员均需扎实掌握；完善应急救援行动方案和操作规程，编制科学完整、简单实用、可操作性强的应急救援行动方案，定期组织方案评估；推动装备科技化升级与战力提升；打造队伍"一专多能"；营造"比、学、赶、超"浓厚氛围。

规划任务 4：联调联战，提升组织指挥协同化。建立统一协调调度机制，依托全市应急指挥平台，统一协调调度全市专业应急救援队伍，健全跨部门、跨领域、跨灾种应急协调联动机制，推进相关部门（单位）指挥平台对接；建立健全值班备勤与快速响应机制，严格执行 24 小时值班备勤制度，确保联络畅通；完善应急救援信息沟通机制，建立应急救援信息直报制度，明确信息报告责任、内容和时限，畅通信息报告渠道；深入开展应急救援力量联训联演；推动建立应急救援容错免责机制。

规划任务 5：多措并举，促进支撑保障精准化。加大队伍政策扶持力度，落实应急救援相关的技能类职业资格、特种作业操作证、特种设备作业人员证等培训补贴政策，建立专业应急救援队伍社会化服务补偿机制；完善职业健康、安全、医疗保障机制；提高人员待遇保障水平，落实专业应急救援队员的工资、福利、补助、抚恤等相关待遇，合理安排高危作业岗位津贴；推动试行职业保障机制，健全和完善专业应急救援队员转岗退出保障机制，解决职业发展后顾之忧。

6.4 应急物资储备规划

6.4.1 规划基本定位

应急物资是指在突发事件应对中所用到的各类物品、器材、装备和系统等，一般不包含固定应急设施和远程调用的信息系统等。

应急物资储备是满足突发事件应对需要的重要手段，编制应急物资储备规划是应急准备工作的重要组成部分。应急物资储备规划是各级各类承担应急物资储备职能的政府机构、企业和社会团体等编制的专项规划，目的是优化应急物资储备的布局、品种、数量，改进应急物资保障的体制机制，提升应急物资保障能力。

我国高度重视应急物资储备工作。《中华人民共和国突发事件应对法》第三十二条规定："国家建立健全应急物资储备保障制度，完善重要应急物资的监管、生产、储备、调拨和紧急配送体系。设区的市级以上人民政府和突发事件易发、多发地区的县级人民政府应当建立应急救援物资、生活必需品和应急处置装备的储备制度。县级以上地方各级人民政府应当根据本地区的实际情况，与有关企业签订协议，保障应急救援物资、生活必需品和应急处置装备的生产、供给。"

2015年8月，民政部等九部门联合印发《关于加强自然灾害救助物资储备体系建设的指导意见》，着眼救灾物资储备体系建设全过程和各环节工作，强调分级负责、部门协作、社会参与，着力构建"中央－省－市－县－乡"纵向衔接、横向支撑的五级救灾物资储备体系，切实增强抵御和应对自然灾害能力，不断提高自然灾害救助水平，有效保障受灾群众基本生活。民政部组织编制了《国家自然灾害救助物资储备规划》，各省市也先后编制了应急物资储备相关规划。2018年国家机构改革后，中央救灾物资储备管理工作由民政部移交国家粮食和物资储备局。2019年3月，国家粮食和物资储备局办公室、应急管理部办公厅印发《关于进一步做好中央救灾物资储备管理工作的通知》，强调要抓紧做好救灾物资管理职责交接工作，做好中央救灾物资资产盘点，强化规范管理，确保中央救灾物资高效调运，保障重特大自然灾害救助急需。

6.4.2 规划相关主体

在突发事件应对过程中需要的应急物资种类繁多，为了便于应急物资的管理和使用，通常采取分类分级方法对应急物资进行储备管理，因此，应急物资储备规划编制也涉及不同行业领域、不同层级的相关主体。

1. 应急物资的分类

目前比较常用的应急物资分类方法如下。

（1）按应急物资的主要用途。

可分为国家战略物资、生活必需品、救灾物资、专用应急物资与装备等几大类。

国家战略物资是指与国计民生和国防安全有重大关系的生活资料、生产资料和武器装备等。战略物资储备分为综合储备物资和专项储备物资，其中，综合物资储备包括重要原材料、燃料、设备、粮食、军械物资等，专项战略物资储备主要有粮食、食用油、棉花、肉、糖、食盐、医药、石油储备等。

生活必需品是指维持人的生命和保障人的基本生理需求的日常生活用品，主要包括粮油、蔬菜、肉类、蛋品、奶制品、食糖、食盐、饮用水和卫生清洁用品等。部分生活必需品（如粮油）属于国家战略物资，其他市场流通的生活必需品应急物资主要通过市场机制来保障供应，可依托商业企业建立相关物资储备和紧急调用机制。

救灾物资是指用于救助受灾紧急转移安置人口，满足其基本生活需求的物资，主要包括帐篷、棉被、棉衣裤、睡袋、应急包、折叠床、移动厕所、救生衣、净水机、手电筒、蜡烛、方便食品、矿泉水、药品和部分救灾应急指挥所需物资以及少量简易的救灾工具等。救灾物资中的主体是帐篷等，这类物资在平时很少被家庭与个人所使用和存储，但在重大自然灾害导致房屋损毁后，是用于临时安置转移人口的重要物资，因此各级政府必须保持一定的储备。

专用应急物资与装备是指在各类突发事件应急处置中所需的专用应急物资和装备，主要用于防震减灾、防汛抗旱、消防、危化品事故、溢油事故、卫生防疫、有害生物防控等突发事件。这些应急物资与装备的专业性很强，一般由各相关部门依托所属应急管理机构、应急队伍、技术支撑单位等进行储备或装备。

（2）按应急物资的主要功能。

国家发改委发布的《应急保障重点物资分类目录（2015年）》，按照"功能—任务—作业方式与功能"的层次结构，将应急响应阶段所使用的主要应急物资分为3大类、16个中类和65个小类，如图6-3所示。

现场管理与保障类物资。主要涵盖突发事件发生后为维持应急处置现场正常运行所需的物资，包括现场监测、现场安全、应急通信和指挥、紧急运输保障、能源动力保障5个主要任务类别（中类），以及气象监测、现场警戒、无线通信、陆地运输、应急动力等20个专业分工或职能（小类）。

工程抢险与专业处置类物资。主要涵盖突发事件处置中交通、电力、通信等基础设施恢复，以及污染清理、防汛抗旱和其他专业处置等所需的各类物资，包括交通与岩土工程抢修、电力工程抢修、通信工程抢修、污染清理、防汛抗旱和其他专业处置6个主要任务类别（中类），以及岩土工程施工、抗雪除冻作业、公路桥梁抢修等24个专业分工或职能（小类）。

生命救援与生活救助类物资。主要涵盖突发事件处置中与各类人员安全、搜救、救助、医疗等有关的物资，包括人员安全防护、生命搜索与营救、紧急医疗救护、人员庇护和饮食保障5个主要任务类别（中类），以及卫生防疫、消防防护、生命搜索等21个专业分工或职能（小类）。

2. 应急物资的分级

主要是按应急物资的所有者或储备管理者的层级，分为国家级（中央）应急物资、地方（省、市、县）应急物资、企事业单位应急物资、基层与民间组织应急物资、家庭应急物资等。

国家（中央）应急物资是指由中央财政投资购置或委托储备的应急物资，其所有权、使用权都属于国家，其管理可由国家相关部门和机构直接管理，或者委托地方、企业等代储代管。

地方（省、市、县）应急物资是指由省（自治区、直辖市）、市（区）、县各级地方政府投资购置或委托储备的应急物资，其所有权、使用权属于相应各级政府，其管理可由本级相关部门和机构直接管理，或者委托下级、企业等代储代管。

企事业单位应急物资是指由各类企事业单位投资购置或委托储备的应急物资，其所有权、使用权属于相关企事业单位，一般是由企事业单位直接管理。

第 6 章 应急准备建设相关规划

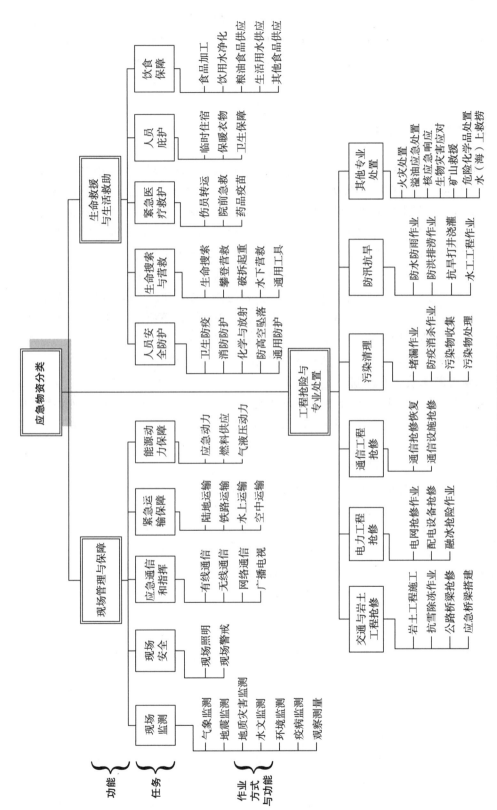

图 6-3 应急物资分类结构图

基层与民间组织应急物资是指由各类基层与民间组织投资购置或委托储备的应急物资，其所有权、使用权属于相关基层与民间组织，一般由基层与民间组织直接管理。

家庭应急物资是指由家庭投资购置的应急物资，其所有权、使用权属于家庭自己，并由家庭自己管理。

6.4.3 规划主要内容

应急物资储备建设规划可大致分为综合性应急物资储备体系规划和专项性应急物资储备规划。综合性应急物资储备体系规划主要是对不同类别应急物资的需求与目标、储备布局、储备职能划分、管理体制机制、保障措施等进行规划和部署；专项性应急物资储备规划主要是针对特定行业领域物资储备或者特定种类应急物资储备进行规划，重点是对物资储备品种、数量，储备库布局、建设和管理，物资储备和调运机制等进行规划部署。

应急物资储备建设规划通常是作为专项规划，其内容框架与一般专项规划相同，包括现状与形势、指导思想、建设原则、建设目标、主要任务、重点建设项目、保障措施等。

下面以《国家突发事件应急体系建设"十二五"规划》（以下简称"国家应急体系建设规划"）和《山东省应急物资储备体系建设规划（2020—2030年）》（以下简称"省应急物资储备体系建设规划"）为例，说明应急物资储备建设规划的主要内容。

1. 国家应急体系建设规划

该规划"3 主要任务"的"3.5 物资保障能力建设"部分围绕建立健全应急物资储备体系，加强综合管理，优化布局和方式，统筹安排实物储备和能力储备，提出了相关建设任务。

（1）建立健全应急物资储备体系。

规划任务1：采用多种方式，加快推进中央和地方各级救灾物资储备库建设，统筹利用国家和地方仓储资源，优化实物储备库点布局，增加中西部救灾物资储备库点数量，逐步实现一库多存。完善物资储备管理制度，建立完善应急物资储备综合信息库，提高管理信息化水平，实行动态管理，保证及时补充和更新。

规划任务2：对重特大突发事件处置过程中峰值需求大、储备条件要求较高、生产工艺特殊的应急物资，根据产品类型、地理位置和未来需求，通过建立目录管理和财政补贴制度，引导企业开展生产能力储备。

规划任务3：充分利用社会资源，制定优惠措施，鼓励企业、社会组织进行必要的应急物资储备；推动社区和居民平时合理储备应急生活保障用品，实现国家储备与社会储备的有机结合。

规划任务4：完善应急物资紧急生产、政府采购、征用补偿、余缺调剂和高效调运机制，加强跨部门、跨地区、跨行业的应急物资协同保障、监测预警和信息共享能力。

（2）进一步完善应急物资及专业装备储备。

规划任务1：加强中央和地方重要生活必需品储备制度建设，利用民政、红十字会等现有救灾物资储备资源，完善受灾群众生活救助等方面的物资储备；中央和地方各级储备均应分类建立应急储备物资目录，并根据应急工作实际需要适时进行修订；依托骨干企业建立应急商品生产加工能力储备、商业代储和投放网络，建立重要商品应急调控平台。

规划任务2：进一步健全防汛抗旱、森林草原防火、地震救援、动植物疫病防控、事故抢险救援、环境应急救援、交通通信保障、医疗救治、应急供水等专业应急物资和装备储备，根据功能定位补充储备品种、增加数量和改进储备方式。

规划任务3：完善公安应急装备物资储备体系，加强公安特警、消防特勤和边防机动队伍反恐处突、综合救援装备储备，强化高新技术专业装备物资储备，增加消耗量大、筹措时间长、难以及时补给的装备物资储备。

2. 省应急物资储备体系建设规划

（1）规划目标。

规划提出的总体目标为：以补短板强弱项为导向、以理顺体制机制为保障、以整合优化职能为支撑，2025年基本建成分级分类管理、反应迅速、保障有力的应急物资储备体系，全省应急物资储备能力和管理水平得到提升；2030年建成分级分类储备、规模适度、品种齐全、布局合理、管理有序的应急物资储备体系，实现统一规划、统一布局、统一管理和统一调度，提高防范应对处置重大突发事件的能力。

规划提出的分类目标为：

1）应急物资管理体制机制健全完善。重大突发事件应急物资管理体制机制进一步健全，形成职责分工明晰、管理职能完备、协作机制健全、灵敏高效、上下联动的应急物资管理体系。

2）应急物资储备体系科学完备。加快构建以政府实物储备为基础、企业（商业）储备和产能储备为辅助、社会化储备为补充的应急物资储备格局，重点加强生活保障类、医疗卫生类、抢险救援类和特殊稀缺类物资储备，逐步形成品类齐全、规模适度、布局完善、信息共享、调拨高效的应急物资储备体系，基本满足应对处置重大突发事件的需要。

3）应急救援队伍装备持续改善。加强应急救援队伍装备器材配备，加快构建综合消防救援队伍和专业救援队伍互为支撑的装备保障机制，促进综合性消防救援队伍能力显著提升、专业救援队伍不断壮大、航空应急救援体系基本形成、社会应急救援力量健康有序发展，有效提升应急救援能力。

4）应急物资要素配置持续优化。建立应急物资生产调配、紧急调拨、采购等制度，积极运用大数据、人工智能、云计算、物联网等数字技术，提高应急状态下的要素高效协同配置能力。

规划"专栏1应急物资储备能力目标"，明确了生活保障类、医疗卫生类、抢险救援类和特殊稀缺类应急物资，到2025年和2030年时的总体储备规模，以及政府、企业（商业）、产能储备的目标；"专栏2应急物资政府实物储备布局目标"，明确了省、市、县三级综合应急物资储备布局、医疗卫生应急物资储备布局，以及防汛抗旱、森林灭火、危化品事故救援、矿山事故救援、地震救援等专业性应急物资仓库布局的目标。

（2）主要任务。

规划提出了九个方面的主要任务。

规划任务1：完善应急物资储备管理体制机制。加强组织领导，建立协调配合机制，整合优化分散在省有关部门（单位）的应急物资管理职能，加快构建党委、政府统一领导，应急管理部门统筹协调，统分结合的应急物资储备管理保障体制。实行分级分类储备，建立以省级储备为支撑、市级储备为依托、县级储备为基础的全省应急物资储备体系，各有关部门（单位）按职责承担应急物资储备任务，科学确定各类应急物资的储备规模和方式。建立健全分级响应协同保障机制，自然灾害、事故灾难或者公共卫生事件发生后，各级应首先动用本级应急物资储备；在本级储备难以保障时，可向上一级提出应急物资调用申请；建立持续改进完善机制，定期对储备体系查漏补缺，确保储备的应急物资能适应形势任务需要并实现螺旋上升式改进。

规划任务2：加强生活保障类物资储备。强化政府实物储备，重点储备2大类4中类10小类生活保障应急物资，确保重大突发事件发生12小时内保障受灾人员得到初步救助，24小时内保障受灾人员得到基本生活救助。按国家相关标准，省、市、县三级政府储备分别能够保障12~20万、4~6万、0.5~0.7万紧急集中转移安置人口的物资。优化提升仓储设施建设布局，加强省级救灾物资中心库建设，新建省级综合应急物资仓储基地，增强仓储功能。各市结合区域突发事件特点，针对应对处置需求，新（改、扩）建市级综合应急物资仓储设施。加强企业（商业）和产能储备，对于重大突发事件发生后需要快速供应且难以长期储存的物资，发挥财政政策的引导激励支持作用，实行企业（商业）储备，达到保障10万紧急集中转移安置人口的物资，产能储备能够保障15万紧急转移安置人口的物资的规模。

规划任务3：加强医疗卫生类物资储备。科学确定储备品种和规模，根据突发公共卫生事件日均医用物资消耗上限，按照不少于1个月的用量，重点储备人员安全防护、紧急医疗救护等应急物资。提升专业仓储能力，依托省级仓储设施及6个代储库，规划建设省级公共卫生应急物资储备库，储备卫生防疫、院前急救、药品疫苗等应急物资；市、县依托综合应急物资储备库，规划建设卫生应急物资仓储设施。强化产能储备，建立或储备必要的医疗卫生应急物资生产线，并动态优化调整。

规划任务4：加强抢险救援类物资储备。抢险救援类物资以政府实物储备和专业队伍能力储备为主要储备方式。防汛抗旱方面，依托省级储备设施、防汛抗旱应急救援中心建设省级综合防汛抗旱物资分储中心和防汛抗旱应急物资储备库。在洪涝灾害易发区新建5个省级水旱灾害防御物资储备库。森林火灾方面，依托森林火灾区域应急救援中心，加强省级森林灭火物资储备；在重点林区规划建设省级森林灭火物资储备直属库。危化品事故救援方面，依托危化品事故区域应急救援中心，结合现有19支和新建专业抢险救援队伍储备各类抢险救援、个人防护等物资。矿山事故救援方面，依托矿山事故区域应急救援中心，结合现有19支和新建专业抢险救援队伍储备各类抢险救援、个人防护等物资。地震救援方面，依托省级综合消防救援等专业队伍储备，重点储备工程抢险与专业处置、现场管理与保障、生命救援与生活救助3大类，地震监测、消防防护、生命搜索、破拆起重、岩土工程施工等12小类，雷达探测、船艇、水陆两用破拆工具组等37种应急物资。其他抢险救援物资储备由相关职能部门（单位）根据保障任务和实际需求采用适当方式储备。

规划任务5：加强特殊稀缺类物资储备。对于应对处置重大突发事件作用巨大且价值较高、市场稀缺的物资，以政府实物储备和专业队伍储备为主，企业（商业）储备和产能储备为补充；对于短期内急需的工程机械装备，尽可能通过社会化储备方式储备；实战化物资装备重点依托综合性救援队伍和省级专业救援队伍配备。对不宜由专业队伍储存但需日常维护保养的物资，依托 5 个区域救援中心、3 个区域灭火与应急救援中心和专业库储备。

规划任务 6：加强应急救援队伍装备配备。全省在综合消防救援队伍和现有 19 支省级安全生产专业应急救援队伍基础上，依托大型企业救援队伍新建省级安全生产专业应急救援队伍，规划建设隧道救援、道路抢通、海上搜救等专业救援队伍。按相关规定标准和实际需求配备相应物资装备，主要包括综合性消防救援队伍装备器材、省级安全生产专业应急救援队伍装备器材、防汛抗旱专业队伍装备器材、森林消防专业队伍装备器材和航空救援队伍装备等。

规划任务 7：增强应急物资要素配置能力。建立应急采购调拨机制，分级分类评估应急物资需求，制定应急物资采购储备规划，按需制定应急物资年度采购计划，建立健全统一高效的调拨机制；建立集中存储轮换机制，按照总量稳定、用旧储新、等量补充、动态轮换的原则，建立分级负责、紧密衔接、科学高效的应急物资轮换管理制度，科学确定应急物资储存期限，适时倒库更新，实现应急物资储备的良性循环，最大限度发挥物资存储效能；建立保障联动机制，建立政府实物储备、企业（商业）储备、产能储备、专业队伍能力储备和社会化储备互联互通的应急物资保障联动机制；建立高效运输配送机制，依托各类交通设施建立应急物资优先通道和快速通行、快速通关机制，提高应急物流配送效率，实现物资调运 4 小时省内全覆盖；建立应急物资社会化储备机制，鼓励、引导、指导企事业单位、社会组织和家庭储备必要应急物资；加快培育应急产业。加大政策扶持力度，优化产业布局，推动优势产业发展。

规划任务 8：提升应急物资储备管理信息化水平。应急物资储备管理系统总体架构。按照集中管理、统一调拨、平时服务、灾时应急、采储结合、节约高效的原则，构筑"一库两系统"总体架构，形成全省统一的应急物资管理信息化平台，为日常管理和灾时指挥调度提供信息化支撑；建设应急物资信息资源库，制定信息系统数据标准，统一分类编码和命名规范，建立全省统一的应急物资信息资源库，实施有效的信息化管理；建设应急物资管理系统，通过数据共享机制，实现各部门应急物资、储备库、队伍、装备等信息的动态更新、统一汇聚和展示，对应急物资储备情况实施全周期动态监测预警，实现应急物资管理全过程 100% 数字化管理；建设应急物资调配系统，实现应急物资需求、调拨、运输、紧急生产、分发配送、征用、捐赠全流程整合管理，推动应急物资调配智能化。

规划任务 9：加强法规制度建设。建立健全制度规范，制定应急物资储备管理制度，对应急物资储备管理的职责分工、采购储备、仓储管理、调拨运输、分发使用、回收报废、经费保障等进行规范。强化政策扶持，加强各级政府应急物资储备资金的预算管理，加强对应急物资储备项目的事前绩效评估；健全落实适用于应急物资商业储备和产能储备的财政税收优惠政策；充分发挥各类保险机构作用，丰富保险种类，扩大商业保险承保和赔付范围，完善风险分担机制。

复习思考题

1. 简述应急准备建设规划的基本概念。
2. 应急准备规划可分为哪几类？

3. 简述应急准备规划的作用。
4. 简述应急体系建设规划的基本定位。
5. 简述应急体系建设规划的主要内容框架。
6. 简述应急队伍建设规划的基本定位。
7. 简述我国应急队伍的主要类别。
8. 简述应急队伍建设规划的主要内容框架。
9. 简述应急物资储备规划的基本定位。
10. 简述我国应急物资的主要类别。
11. 简述应急物资储备规划的主要内容框架。

延伸阅读

[1] 国家发展和改革委员会，交通部. 国家水上交通安全监管和救助系统布局规划（2005—2020）[R/OL].（2009-03-10）[2021-11-06]. http://cn.chinagate.cn/ economics/2009-03/10/content_17418463.htm.

[2] 国家卫生计生委. 关于印发突发事件紧急医学救援"十三五"规划（2016—2020年）的通知：国卫应急发[2016]46号[A/OL].（2016-8-30）[2021-11-06]. https://www.ndrc.gov.cn/fggz/fzzlgh/gjjzxgh/201707/t20170720 _1196857.html?code=&state=123.

[3] 国务院办公厅. 关于印发国家突发事件应急体系建设"十三五"规划的通知：国办发[2017]2号[A/OL].（2017-07-19）[2021-11-06]. http://www.gov.cn/zhengce/content/2017-07/19/content_5211752.htm.

[4] 深圳市突发事件应急委员会办公室. 关于印发深圳市专业应急救援队伍建设规划（2020—2025）的通知：深应急委办[2020]6号[A/OL].（2020-12-29）[2021-11-06]. http://www.sz.gov.cn/szzt2010/wgkzl/jcgk/jchgk/content /post_8710076.html.

[5] 民政部，发改委，财政部，等. 关于加强自然灾害救助物资储备体系建设的指导意见[A/OL].（2015-09-10）[2021-11-06]. http://www.gov.cn/xinwen/2015/09/10/content_2928409.htm.

[6] 山东省人民政府办公厅. 关于印发山东省应急物资储备体系建设规划（2020—2030年）的通知：鲁政办字[2020]170号[A/OL].（2020-12-24）[2021-11-06]. http://www.shandong.gov.cn/art/2020/12/29/ art_107861_109943.html.

[7] 广东省人民政府办公厅. 关于印发广东省粮食安全和应急物资保障"十四五"规划的通知：粤府办[2021]28号[A/OL].（2021-10-14）[2021-11-06]. http://www.gd.gov.cn/zwgk/wjk/qbwj/yfb/content/post_3577043.html.

[8] 浙江省发展和改革委员会. 关于公开征求浙江省应急物资储备发展"十四五"规划（征求意见稿）意见的通知[A/OL].（2021-03-08）[2021-11-06]. http://fzggw.zj.gov.cn/art/2021/3/8/art_1599544_58924976.html.

第 7 章

应急响应相关规划

本章主要内容包括应急响应规划的概念、类别和作用；应急预案的基本定位、相关主体、编制过程、主要内容；应急行动方案的基本定位、相关主体、内容框架和编制过程，以及美国事件行动计划（IAP）示例等。

7.1 应急响应规划概况

7.1.1 应急响应规划的概念

应急响应是指在突发事件即将发生前、发生期间或紧随发生后，为抢救生命、保护财产和环境以及满足基本的人类需要而采取的各种行动，包括信息报告、启动响应及各种处置救援行动。应急响应的主要目标包括抢救与保护生命、保护财产与环境、满足人类基本需要、清除现场的危险因素等。

应急响应规划是指以突发事件应急响应行动为主要规划内容的应急规划，其主要目的是快速、高效启动应急响应并开展应急处置与救援行动，从而最大限度减少生命财产损失、生态环境破坏，以维护社会稳定。

为突发事件应急响应做好预案准备、资源准备、能力准备是应急准备使命领域的主要任务。编制应急预案、开展预案培训和演练是事前的重要应急准备活动。在突发事件发生后，为迅速高效将各种应急队伍、资源投入应急行动，也需要根据现场情况，编制现场应急行动方案，这属于事中的应急响应规划。

7.1.2 应急响应规划的类别

应急响应规划主要包括事前的应急响应规划，即编制应急预案，和事中的应急行动规划,即编制应急行动方案。

1. 事前应急响应规划

事前应急响应规划,即编制应急预案,是指各级人民政府及其部门、基层组织、企事业单位、社会团体等为依法、迅速、科学、有序应对突发事件,最大程度减少突发事件及其造成的损害,而预先编制突发事件应对工作方案的过程。

事先针对各种可能发生的突发事件编制应急预案,不仅可以为事后的应急行动提供指导,有助于实现应急行动的快速、有序、高效,还可以指导相关部门、单位和人员的日常应急培训和演练,以便各种应急资源处于良好的准备状态。同时,事前开展应急响应规划,还有助于总结突发事件应对经验,反思过往教训,建立更加完善、合理、系统的应急准备体系;在突发事件发生后,可以依据应急预案,快速启动响应,建立应急指挥部,并针对现场实际情况,开展事中应急响应规划,形成现场应急行动方案。

2. 事中应急响应规划

事中应急响应规划,是指由现场应急指挥部根据现场实际情况,确定应急行动的目标、行动方案、任务及资源分配,形成现场应急行动方案的过程。对于较为复杂的突发事件来说,由于现场形势千变万化,需要开展的应急任务、投入的应急力量、资源等也随之千变万化,事前在编制应急预案时往往不能准确进行预测,所以应急预案一般不能直接用于指导突发事件的现场处置与救援。但应急预案规定的组织指挥架构及其职责分工、应急响应程序、应急工作原则、主要应对措施、资源保障方案等可以为初期的应急响应提供基础。在现场指挥部建立后,现场指挥官组织规划人员和专家,在了解现场形势和可用资源的基础上,编制具体的现场应急行动方案,并依据方案指挥调度现场资源,必要时请求场外资源支援,开展应急处置与救援行动,从而实现对突发事件的快速高效应对,最大限度减轻突发事件造成的人员伤亡和财产损失等目标。

7.1.3 应急响应规划的作用

通过事前应急响应规划,编制应急预案,可以发挥以下几个方面的作用。

(1)通过应急预案建立应急组织体系和运行机制,使事前应急准备有规可依、有章可循。尤其是通过培训和演练,可以使应急人员熟悉自己的任务和响应程序,形成完成指定任务所需的相应能力。

(2)应急预案有利于及时启动应急响应,有效减轻突发事件后果。应急预案预先明确了应急各方的职责和响应程序,在应急资源等方面进行了先期准备,可以指导应急救援迅速、高效、有序地开展,有利于最大限度减轻突发事件可能导致的人员伤亡、财产损失、生态环境破坏及社会影响。

(3)应急预案有助于识别潜在的突发事件风险,了解突发事件的发生发展机理,事先设想可能产生的后果和需要开展的应急任务,评估现有应急资源和应急能力情况,找出应急准备的差距,从而为应急体系和应急能力建设规划提供基础。

(4)应急预案的编制、评审和备案等多个环节,有利于建立应急部门之间的衔接关系,深化相关部门对各自应急职责和任务的了解,熟悉相互间的应急体制和机制,不但为日常的应急工作联系打下基础，也便于在突发事件发生后快速建立起多部门协调机制。

（5）应急预案有利于提高风险防范意识。应急预案的编制、评审、发布、宣传、教育和培训等活动，有利于各方了解可能面临的突发事件风险，有利于增强人们的公共安全意识，有利于促进各方加强风险防控和提高应急能力。

通过事中应急响应规划，编制应急行动方案，可以发挥以下几个方面的作用。

（1）落实上级领导和相关部门对突发事件处置与援救的指示、命令和要求。

（2）进一步明确突发事件处置与救援的目标和行动路线，提前谋划多种备选方案。

（3）根据现场形势发展预测应急资源需求，高效配置现有应急资源，提前部署不足资源的调用或请求外部支援。

（4）通过合理分配应急任务、运用相关应急资源，确保阶段性目标的如期实现；同时，根据现场情况适时调整下阶段的行动路线，从而实现应急处置效果的最优化。

7.2 应急预案

7.2.1 应急预案基本定位

应急预案的功能定位有以下四点。

（1）应急预案是法律法规的必要补充。应急预案必须依法制定，编制应急预案的目的，并非设定具有确定约束力的制度，内容上也不创设新的权利和义务，而是在法律规范内根据特定区域、部门、行业应对突发事件的需要而制订具体行动方案，目的是在既有的制度和资源下尽可能提高反应速度。

（2）应急预案是体制机制的重要载体。体制主要是指各级党政机关应对突发事件的领导、决策、指挥体系。预案需要在法律规范的框架内明确应急状态下各级政府权力、职责范围的划分，组织形式的选择，部门、机构之间的协调配合等。机制是涵盖事前、事发、事中和事后的应对全过程中各种系统化、制度化、程序化、规范化和理论化的方法与措施，是应急预案的重要组成部分。

（3）应急预案是应急响应的主要规范。应急预案的重点是规范突发事件发生后的应急响应组织指挥、工作流程、任务分工和主要措施，适当向前延伸至监测预警、向后延伸至短期恢复，而长期的灾后重建需制定专门的规划，不作为预案内容。预案作为根据一定的规划情景和假设条件事先制订的工作方案，不可能与实际事件发生的情形完全一致，在事件发生后还需要根据现场实际情况将预案转化为现场行动方案或事件行动计划。

（4）应急预案是关于资源保障的工作计划。应急预案依据现有资源和能力状况，对突发事件应对所需的人力、物力和财力等资源保障的责任主体做出规定，明确权责和资源调配流程，从而为应急响应提供保障。

7.2.2 应急预案相关主体

我国应急预案体系的总体框架如图 7-1 所示。应急预案按照制定主体可分为政府及其部门应急预案、单位和基层组织应急预案两大类。

政府及其部门应急预案由各级人民政府及其部门制定,包括总体应急预案、专项应急预案、部门应急预案等。总体应急预案是应急预案体系的总纲,是政府组织应对突发事件的总体制度安排。专项应急预案是政府为应对某一类型或某几种类型突发事件,或者针对重要目标物保护、重大活动保障、应急资源保障等重要专项工作而预先制订的涉及多个部门职责的工作方案。部门应急预案是政府有关部门根据总体应急预案、专项应急预案和部门职责,为应对本部门(行业、领域)突发事件,或者针对重要目标物保护、重大活动保障、应急资源保障等涉及部门工作而预先制订的工作方案。

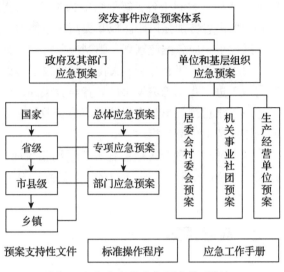

图 7-1 突发事件应急预案体系框架

单位和基层组织应急预案由机关、企业、事业单位、社会团体和居委会、村委会等法人和基层组织制定,重点明确应急响应责任人、风险隐患监测、信息报告、预警响应、应急处置、人员疏散撤离组织和路线、可调用或可请求援助的应急资源情况及如何实施等,体现自救互救、信息报告和先期处置等特点。

政府及其部门、有关单位和基层组织可根据应急预案,编制应急预案支持性文件,包括标准操作程序和应急工作手册等。标准操作程序是描述如何完成一项任务以及所需要采取的具体活动的程序性文件,通常包括相关风险分析、现场组织指挥、工作程序、注意事项等内容。应急工作手册是按照应急岗位职能编制的应急工作指南,通常包含执行具体任务或职能所需要的关键信息,如需完成的任务、需执行的程序、规则,以及各种支撑保障条件、通信联络方式等。

7.2.3 应急预案编制与管理过程

应急预案编制与管理过程包括:预案的需求分析和规划;成立预案编制工作小组;启动应急预案编制;调研与资料收集、风险评估、应急能力评估;预案文本编制;预案评审、发布和备案;预案宣传、培训和演练;预案评估和修订等,如图 7-2 所示。

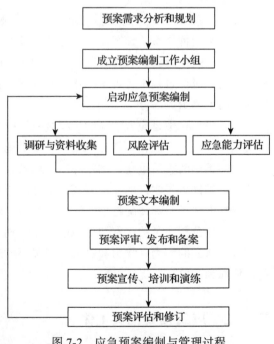

图 7-2 应急预案编制与管理过程

1. 预案需求分析与规划

应急预案需求分析的目的是为预案编制提供充分的理由和依据。需求分析要深入分析国家有关法律、法规要求，了解突发事件的风险，理解现有应急预案体系的结构和特点，把握应急管理和应急准备的现状，并根据突发事件风险情况编制应急预案体系框架和预案编制规划。

2. 成立预案编制工作小组

突发事件的应急行动涉及多个部门和不同专业人员的密切配合与相互协调，因此，应急预案编制需要相关部门和单位的积极参与。成立预案编制工作小组是将各有关部门、各类专业技术人员结合起来的有效方式，可以为应急有关部门提供一个非常重要的协作与交流机会，有利于增强相互了解、信任和统一不同的意见及观点，从而确保应急预案的有效性和可操作性。

3. 启动应急预案编制

应急预案编制是一个需要人、财、物投入，相关人员参与的过程，特别需要相关领导的重视。启动应急预案编制通常采取召开启动会议、印发相关文件、发布相关信息等形式。启动应急预案编制是体现领导重视、分配所需资源、确定工作计划和工作方案、开展宣传推广活动的重要契机。

4. 调研与资料收集

通过调研与资料收集，尽可能全面地获取以下相关信息：适用的法律、法规和标准；预案适用区域的地理、环境、气象和人文资料；预案适用区域重大危险源、重大事故隐患情况；以往的突发事件发生情况及案例资料；国内外已发生的类似突发事件资料；现有应急体系、应急职责划分及应急预案编制情况；现有各类应急资源情况；以往重大突发事件应急处置的经验和存在的问题等。

5. 风险评估

风险评估主要是在充分调研和资料收集的基础上，识别可能引发突发事件的危险源和威胁，分析事件可能产生的直接后果以及次生、衍生后果，评估事件的风险等级，提出风险控制的对策措施等。对于重大、特别重大突发事件，还应该通过情景构建，深入分析事件发生、发展的演化过程和主要应急任务等。

6. 应急能力评估

应急能力评估是在全面调查本地区、本单位可调用及合作区域内可请求援助的应急队伍、装备、物资、场所等应急资源状态的基础上，预测应对突发事件响应行动所需要的能力和资源数量，并分析现有应急资源的差距和不足，为选择有效的应急响应策略和增强应急能力提供依据。

7. 预案文本编制

预案编制工作小组可以参阅相关应急预案、应急预案框架指南等，针对突发事件的特点，按照预案的基本构成、核心要素等，编写相关内容。对预案文本的基本要求：符合有关法规标准对预案格式、要素的规定要求；应明确事件中每一个参与机构及人员的职责和活动；应急预案应该逻辑严密、简单明了，避免使用有歧义或过于专业性的词汇。

8. 预案评审、发布和备案

应急预案编制完成后，应该依据我国有关法律、法规、规章、标准等要求，组织开展预案评审工作，评审方式可以是内部评审和外部评审，广泛听取有关部门、单位、专家和公众的意见，与相关预案做好衔接。按照法律法规规定的审批权限，将预案送审稿和说明材料报政府有关部门或本单位决策机构进行审批，由决策会议或最高负责人签署发布，并送上级有关部门和应急机构备案。各类预案应该采取适当方式公布，使相关人员能够方便地获得和了解预案内容。

9. 预案宣传、培训和演练

应急预案经批准发布后，应采取适当方式开展预案的宣贯和培训，落实和检查各有关部门的职责、程序和资源准备。定期组织开展不同形式的预案演练活动，并对演练过程进行评估，以检验预案的有效性。

10. 预案评估和修订

预案编制单位应该定期对应急预案进行评估，分析评价预案内容的针对性、时效性、实用性，在存在外部条件变化、内部应急资源变化和发现重大缺陷等情况时，要及时对预案进行修订，并按程序进行审批、备案和公布。

7.2.4 应急预案主要内容

1. 法律法规对应急预案内容的要求

《中华人民共和国突发事件应对法》第十八条对应急预案的主要内容做了原则规定：应急预案应当根据本法和其他有关法律、法规的规定，针对突发事件的性质、特点和可能造成的社会危害，具体规定突发事件应急管理工作的组织指挥体系与职责和突发事件的预防与预警机制、处置程序、应急保障措施以及事后恢复与重建措施等内容。

《突发事件应急预案管理办法》第八条对各级各类预案的内容侧重点做了以下说明：

总体应急预案主要规定突发事件应对的基本原则、组织体系、运行机制，以及应急保障的总体安排等，明确相关各方的职责和任务。

国家层面专项和部门应急预案侧重明确突发事件的应对原则、组织指挥机制、预警分级和事件分级标准、信息报告要求、分级响应及响应行动、应急保障措施等，重点规范国家层面应对行动，同时体现政策性和指导性；省级专项和部门应急预案侧重明确突发事件的组织指挥机制、信息报告要求、分级响应及响应行动、队伍物资保障及调动程序、市县级政府职责等，重点规范省级层面应对行动，同时体现指导性；市县级专项和部门应急预案侧重明确突发事件的组织指挥机制、风险评估、监测预警、信息报告、应急处置措施、队伍物资保障及调动程序等内容，重点规范市（地）级和县级层面应对行动，体现应急处置的主体职能；乡镇街道专项和部门应急预案侧重明确突发事件的预警信息传播、组织先期处置和自救互救、信息收集报告、人员临时安置等内容，重点规范乡镇层面应对行动，体现先期处置特点。

单位和基层组织应急预案侧重明确应急响应责任人、风险隐患监测、信息报告、预警响应、应急处置、人员疏散撤离组织和路线、可调用或可请求援助的应急资源情况及如何实施等，体现自救互救、信息报告和先期处置特点。

2. 应急预案核心内容要素

不同类别应急预案的内容侧重点不同，其核心要素亦有所不同，下面根据相关应急预案编制指南或实际预案内容情况，简要介绍不同应急预案的核心要素。

2006 年发布的《国家突发公共事件总体应急预案》的核心要素包括总则、组织体系、运行机制、应急保障、监督管理、附则和附件等核心要素，如图 7-3 所示。2020 年应急管理部组织开展《国家突发公共事件总体应急预案》的修订，修订稿对总体预案的核心要素做出了一定的调整，其中第一层级标题变动较小，但第二层级的内容要素有较大变动，修订稿的核心内容要素如图 7-4 所示。

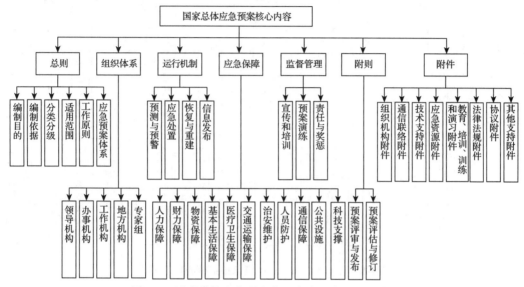

图 7-3　国家总体应急预案核心内容要素（2006 年）

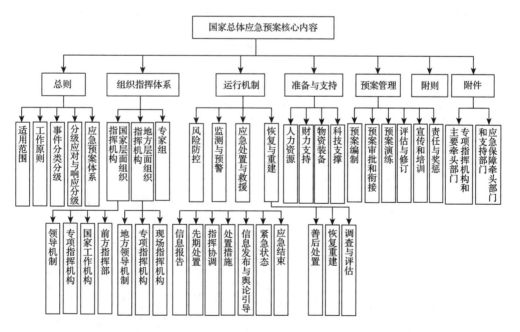

图 7-4　国家总体应急预案核心内容要素（2020 年修订稿）

国务院办公厅印发的《省（区、市）人民政府突发公共事件总体应急预案框架指南》（国办函〔2004〕39号）中规定的省（区、市）人民政府应急预案的核心内容要素如图7-5所示。

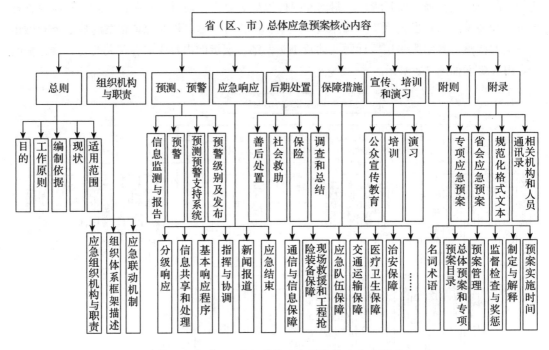

图7-5 省（区、市）总体应急预案核心内容要素

国务院办公厅印发的《国务院有关部门和单位制定和修订突发公共事件应急预案框架指南》（国办函〔2004〕33号）中规定的专项与部门应急预案的核心内容要素如图7-6所示。

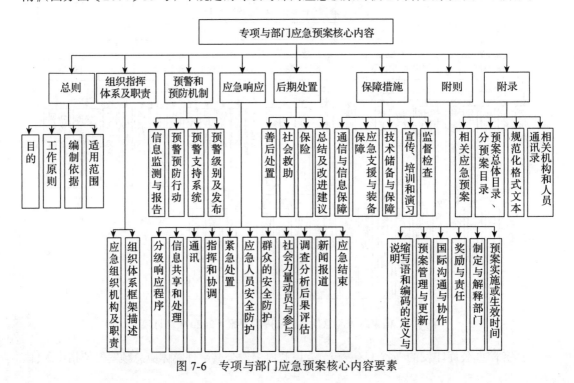

图7-6 专项与部门应急预案核心内容要素

国家安全监管总局牵头制定的《生产经营单位生产安全事故应急预案编制导则》（GB/T 29639—2013），对企业综合应急预案、专项应急预案、现场处置方案的主要内容框架进行了规定，其中企业综合应急预案的核心内容要素如图7-7所示。

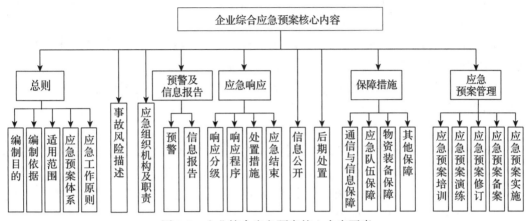

图7-7　企业综合应急预案核心内容要素

从以上国家、省（区、市）总体预案、专项预案和部门预案、企业综合应急预案的基本内容要素框架图可以看出，不同预案之间的内容要素存在一定的区别。此外，随着预案编制和应用经验的不断积累，预案的内容要素也在逐步完善。

3. 应急预案通用内容框架

参考《突发事件应急预案管理办法》（国办发〔2013〕101号）、《生产经营单位生产安全事故应急预案编制导则》（GB/T 29639—2013），以及各类应急预案，归纳总结得到应急预案的通用核心内容要素如图7-8所示，同时对各要素进行简要说明。

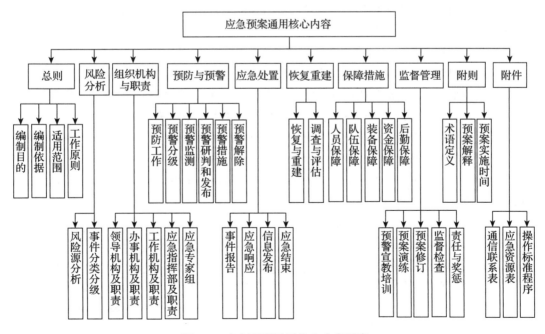

图7-8　应急预案通用核心内容要素

(1)总则。

编制目的。阐明应急预案所要解决的主要问题,能够起到的主要作用以及最终要实现的目标,编制目的应该清晰明确。

编制依据。阐明应急预案制定所依据的重要法律法规和标准等。对于某些重要的法律法规条款,可在附件中详细列出并做必要的说明。

适用范围。对预案适用的地域范围和突发事件类型及其级别进行说明。对于专项应急预案,通常简要说明适用的突发事件类别,适用的区域和单位等。

工作原则。简要说明应急管理与处置工作的优先方向、政策、范围和总体目标,是应急管理工作的纲领,各项工作均要围绕该原则开展。

(2)风险分析。

风险源分析。对本预案适用范围内的危险源和威胁的种类、性质、位置、危险特性等进行辨识和分析,对其可能产生的危害后果、影响范围等进行必要描述。

事件分类分级。简要描述本预案所针对的突发事件的类别、等级及其分级标准,详细的分类和分级标准可以作为预案的附件。

(3)组织机构与职责。

明确应急组织体系的构成,通常包括应急领导机构(应急领导小组)、办事机构(应急办)、应急工作机构、应急指挥机构(应急指挥部)、现场工作组、应急专家组等。应详细说明各级应急管理和指挥机构的人员构成,平时和应急处置中的职责。在描述人员构成和职责时,通常针对岗位而不是具体人员。

领导机构与职责。应急领导机构一般采用"领导小组""委员会"等名称,通常由相关领域工作的最高领导者任组长,相关机构和单位负责人为成员。其职责主要是组织领导、指挥决策等。

办事机构与职责。办事机构承担应急领导机构的日常事务性工作,如应急值守、信息接收报送、指令传达、信息研判等。

工作机构与职责。工作机构通常是与应急工作相关的政府、企业和组织的常设性机构。在此处应该简要说明它们在本预案的突发事件应对工作中所承担的职责。

应急指挥部与职责。应急指挥部通常设置在离事发现场较近的地点,便于突发事件现场应急救援与处置工作的指挥与协调。应急指挥部通常由事发地相关领导机构负责在第一时间设立,当上级现场工作组抵达现场后再对指挥人员及成员进行必要的调整。在此部分应该明确应急指挥部的成员构成、指挥权转移的程序、工作权力与职责等。

应急专家组。明确应急专家组成员的选聘原则、标准,负责日常管理与联系的机构;明确在应急处置中应急专家组的权限与职责等。

(4)预防与预警。

预防工作。明确突发事件预防的责任主体、要求和主要措施等,包括日常性的安全检查、隐患排查、风险管控等,以及重要活动、重点时段的预防措施等。

预警分级。明确突发事件的预警分级要求、分级标准、标识方式等。突发事件预警等级通常分为四级:由高到低依次用红色、橙色、黄色和蓝色表示,分别对应发生或可能发生特别重大、重大、较大和一般突发事件。

预警监测。明确突发事件的监测与报告的责任主体、信息报告、信息共享的要求等。

预警研判和发布。明确突发事件预警研判和预警信息发布的责任主体、信息发布内容、发布时限等。预警信息的内容通常包括事件的类别、预警级别、起始时间、可能影响范围、警示事项、应采取的措施和时限要求、发布机关等。

预警措施。明确不同预警级别的突发事件的预警响应责任主体、需采取的措施等。预警响应措施通常包括：启动应急办事机构和工作机构 24 小时值班，加强对事态发展的信息搜集，组织对事态发展情况的跟踪研判，转移安置可能受到突发事件危害的人员，转移重要财产和保护重要场所，研究制定防范措施和应急工作方案，通知应急技术支撑队伍进入待命状态，协调组织资源调度和部门联动的各项准备工作，并向上级和相关单位报告预警信息。

预警解除。明确不同预警级别的突发事件预警解除的条件、批准责任主体和信息发布责任主体等。

（5）应急处置。

事件报告。明确突发事件的报警和信息报告程序、方式及其时限，各相关单位接到事件报告信息后的记录与响应要求等。

应急响应。按照突发事件分级负责原则，明确预案所在层级不同级别应急响应的启动条件和程序、应急指挥与协调机制等。突发事件的应急响应通常分为四级，一级为最高响应级别。分级响应的依据主要是事件等级及应对所需资源情况；分级响应的目的是科学配置应急所需资源，尽可能避免响应不足和响应过度。要注意区分突发事件等级、突发事件分级负责、以及应急响应分级之间的区别与联系。突发事件等级是按照其性质、造成损失、危害程度、可控性和影响范围等因素进行分级，一般分为特别重大、重大、较大和一般四个等级，反映突发事件的严重程度，其标准大致统一、具有可比性。

突发事件分级负责是明确不同等级突发事件应对的责任主体，与突发事件等级之间存在大致对应的关系。例如，我国各级政府的突发事件分级负责原则是，国家层面负责涉及跨省级行政区划的、超出事发地省级人民政府应对能力的特别重大突发事件，指导地方重特大事件应对；省级层面负责特别重大、重大突发事件应对，必要时请求国家支援；市地级层面负责较大突发事件应对，特别重大、重大的先期处置；县级层面负责一般突发事件应对，较大以上事件先期处置。

突发事件应急响应分级，反映的是负责突发事件应对各责任主体出面组织指挥应对的领导层次及投入资源的程度，一般而言，一级响应由行政区域内或主责单位的主要领导同志负责组织指挥，需投入全部可用资源进行应对，必要时请求外部支援；二级响应由行政区域内或主责单位的分管负责同志负责组织指挥，自身资源一般可以满足应对需要；三级响应由牵头部门或单位的相关负责同志组织协调，通常只需要投入自身部分资源就可以应对；四级响应由牵头部门有关处室负责组织指导协调，投入下级行政区域或单位的资源就可以应对。

信息发布。明确突发事件应急处置相关信息发布的责任主体、信息发布内容、发布时限等。

应急结束。明确不同响应级别的突发事件应急响应结束的条件、批准责任主体、信息发布责任主体等。

（6）恢复重建。

恢复与重建。明确突发事件所造成的基础设施、建筑物、设备等破坏的恢复与重建的责任主体、资金筹措、损害赔偿等相关内容。

调查与评估。明确突发事件调查评估的责任主体、工作内容、时限要求等。调查评估报告应对突发事件的起因、性质、影响、责任等进行分析评估，提出处理意见和改进措施。

（7）保障措施。

明确与突发事件应对相关的人员、队伍、装备、物资、经费、安全、生活等各方面的保障责任主体和具体要求，对重要保障内容应分节给予说明。

（8）监督管理。

预案宣教培训。明确组织应急预案宣教培训的责任机构、宣教培训形式、内容、范围等。

预案演练。明确组织应急预案演练的责任机构、演练形式、内容、范围、频次等。

预案修订。明确组织应急预案评估与修订的责任机构、时限、方式等。

监督检查。明确对应急预案进行备案、监督检查的责任机构及要求等。

责任与奖惩。明确依据有关法律法规对应急预案编制与管理工作认真负责者进行表彰和奖励、失职渎职者追究责任的要求。

（9）附则。

术语定义。对预案中需要进一步说明的名词术语进行定义和解释。

预案解释。明确负责本预案解释与咨询的机构，通常是负责预案编制的机构。

预案实施时间。明确预案实施的起始日期。通常是从应急预案发布之日起实施。

（10）附件。

对于不便在预案正文中详细列出的各种资料，可以作为预案的附件。如：相关法律法规和标准条款、通信联系表、应急资源表、应急响应流程图、应急处置规程、标准操作程序、应急工作手册等。

4. 预案编制的组织实施

（1）制定编制计划和工作方案。

由负责应急预案编制的部门和单位组建预案编制工作小组，并通过制定预案编制计划和工作方案，明确预案编制的各项任务、阶段目标、完成期限、任务分工、资源保障等，并制定相应的管理制度。针对特定的预案编制任务可以成立相应的工作组，工作组的成员可以全部或部分地来自预案编制小组。

将与应急预案相关的各种组织的代表纳入各个相关工作组中，不仅可以增加预案编制小组的专业技术和资源，还为其他各方直接参与预案编制过程提供了机会。如果编制小组的人力资源或者经验有限，编制小组也可以采用邀请专家提供咨询，或者通过任务委托方式将某一些专业性工作（例如开展风险评估、资源调查和应急能力评估等）委托给专业性技术服务机构来完成。

（2）充分利用已有的预案和资料。

应急预案的编制不需要一切都从头开始，应充分利用现有的资料和经验。相关的法律法规、技术标准、以往事故案例分析、现有应急预案等资料都是编制预案的重要参考资料。特别是已有的预案，可以提供许多有参考价值的信息，例如，有哪些相应的主管部门、风险的识别、应急组织的成员、与其他地区的互助协议，等等。应检查现有的应急预案，找出存在的问题，了解还有哪些工作需要进一步调整和完善。

（3）加强应急预案编制的组织领导。

预案编制单位及相关组织的各级领导在应急预案编制中起着关键作用，这是因为：①各级领导承担安全和应急管理的主要责任，是安全和应急管理的第一责任人；②各级领导能够协调和解决不同部门和人员的不同意见；③各级领导能够为预案编制所需资料收集提供协调；④各级领导可以为应急预案编制和应急准备分配所需资源。

由于预案编制小组成员来自不同部门、单位和组织，为了使工作小组成员能全力投入，必须让各级领导和小组成员认识到应急预案编制工作的重要性，加强小组成员的责任心，调动相关部门合作的积极性。

（4）促进相关部门的参与和协调。

应急预案的编制需要多个部门、单位和组织通力合作。只有承担应急任务的所有组织都参与其中，其观点、建议被认真考虑和采纳，应急预案才有可能得到更好的理解和实施，预案编制过程中的协作和联系也有助于将来在应急响应中更好地协调和合作。

各相关工作小组的领导应在预案的编制过程中适时召开工作会议，监督和检查目标进度的完成情况，协调和解决预案编制过程中出现的问题，确保预案编制小组在意见统一的基础上开展工作。

对某些关键问题的决策，可在预案编制小组之外扩大参与的范围，通过鼓励更广泛的参与，在预案编制的有关方面达成共识，例如，邀请重要的利益相关者和周边公众参与预案审核，使其对预案相关内容提供建议和发表意见。

5. 应急预案核心内容编写要点

（1）应急组织与指挥体系。

应急预案的核心之一是事先设立应急管理组织和应急指挥体系，明确相关各方的权力与职责，从而为突发事件应对提供组织保证。组织体系可以将与应急相关的各级政府、基层社区组织、社会组织、生产经营单位、个人与家庭等各类社会主体动员、沟通和协调起来，有效实现突发事件预防、减灾、应急准备、监测预警、应急响应和恢复重建目标的组织和协调。

在应急预案中首先要依法依规设立应急管理的组织体系，通常包括应急管理领导机构、办事机构、工作机构、专家组等，其职责涵盖应急管理全过程，特别是日常性的应急准备和监测预警等。其次要设立应急指挥机构，通常包括应急指挥部、现场指挥部、现场工作组等，其主要职责是统一指挥突发事件的应急处置与救援活动。

我国政府层面逐步形成了在党中央、国务院统一领导下，分级、分类对各类突发事件进行应急管理的模式，应急组织体系的一般架构如图7-9所示。在日常应急管理方面，各级政府大多成立了应急管理委员会（领导小组）和专项应急指挥机构，作为应急管理的领导和指挥机构，并下设应急管理办事机构（应急管理办公室），履行值守应急、信息汇总和综合协调职责。2008年国家机构改革后，组建了应急管理部及各级应急管理部门，统筹负责灾害事故应急管理工作。同时，政府相关部门和机构根据其主要职能承担特定类别突发事件的应急管理职责，称为应急管理的工作机构。在应急预案编制时，应该明确本预案相关突发事件应急组织体系的构成及各相关部门、单位的职责。

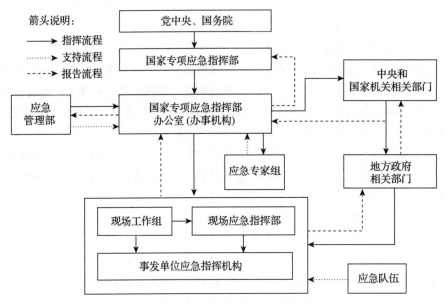

图 7-9 突发事件应急组织体系架构

专项及现场应急指挥机构是在突发事件应急处置与救援期间直接指挥协调应急响应行动的组织架构及其运行机制。在常规突发事件的应急响应过程中，日常性应急组织可能就足以应对，但对于重特大突发事件，由于参与应急响应的组织和人员众多，可能就需要专门的应急指挥机构进行应急指挥与协调。

突发事件应急指挥与协调是一个通过制订计划、实施计划和指导实现应急目标的过程。在此过程中要开展的工作包括：信息采集、形势分析、确定事件目标、制订行动计划、调动资源、实施行动计划等。用系统的方法分析突发事件应急指挥过程如图 7-10 所示。

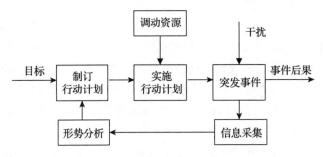

图 7-10 应急指挥与协调的基本过程

应急指挥与协调机构的主要工作职能应包括：①信息采集、分析、汇总、发布；②事件行动计划制订、决策；③资源获取、调配、管理；④通信、安全、后勤保障；⑤财务、行政管理；⑥指挥、协调、控制。

应急指挥与协调机构具有如下特征：①组织机构的临时性，应急指挥机构通常是为应对特定突发事件而成立的临时性机构，随应急过程结束而解散；②组织规模的可变性，其规模和构成随突发事件规模、复杂程度和事态的变化而扩展或收缩；③组成个体和群体的多样性，应急指挥与协调的个体或群体来自不同机构与组织，这些个体或群体承担的职责和任务与日常状态时可能并不相同，参与的时间长短与任务紧密关联；④行动目标要求高度一致，应急指挥与协调机构为迅速高效地实现其应急目标，会制订行动方案或计划，要求各组成要素相互协调行动，目标高度一致。

应急指挥与协调机构虽然是临时性的，但其组织结构直接影响指挥协调的有效性。决定应急指挥与协调机构的组织结构的关键因素是：①分工，即决定在指挥与协调机构中如何分配工作，分工通常根据专业化、工作流程、上下对接等因素进行，有横向、纵向和地域等方式；②授权，即赋予每个应急专业岗位相应的职权，在职权范围内个体无须经过上级批准就可做出决策和指令；③部门划分，即随指挥机构规模扩展和收缩，参与人员和群体的变化，需要将相关的岗位分类组合成部门或者撤销，一般可以按照职能、区域、服务对象和流程等因素决定部门的划分；④控制幅度，即每个主管人员直接指挥与监控的下属人数，合理的控制幅度有利于保证指挥协调效率。

应急指挥机构的组织结构与应急人员的绩效、工作态度、指挥的有效性等之间存在复杂的关系。从美国、日本等国家的发展来看，应急组织结构设计有正式化需求，有关组织结构的政策、规章和程序应有成文的规范予以支持，同时减少复杂管理问题的影响；职责分配过程中，强调一元化指挥原则的同时，赋予下层指挥员相应的权限，保持行动效率和灵活性。

目前，在我国的各类应急预案中根据相关行业规范或经验规定了专项指挥部、现场指挥部等指挥与协调体系，并在实践中发挥了重要作用。例如，在2008年的"5·12"汶川大地震应急救援过程中，国务院成立了"国务院抗震救灾指挥部"，其组织结构随事态的发展而进行了必要的调整。

在5月12日地震发生前期，"国务院抗震救灾指挥部"下设8个工作组，如图7-11所示；在5月23日根据事态的变化增设了前方指挥部、专家委员会、水利组和灾后重建规划组，并将国务院办公厅作为指挥部的组成部分，如图7-12所示。各工作组均由牵头单位和成员单位构成，例如，抢险救援组的牵头单位是总参谋部，成员单位包括公安部、国家安全监管总局、国家地震局、武警部队和成都军区等。

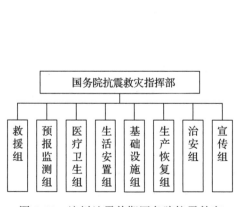

图7-11 汶川地震前期国务院抗震救灾指挥部组织结构

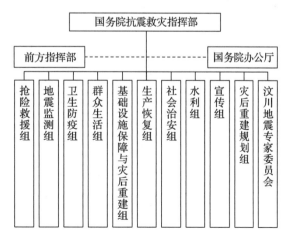

图7-12 汶川地震后期国务院抗震救灾指挥部组织结构

目前我国尚没有关于应急指挥与协调机构的统一标准和规范，在各级各类应急预案中对指挥和组织结构的描述也各不相同，由此带来的指挥与协调方面的一些突出问题，归纳起来主要有以下几点：①有时现场指挥官不明确，特别是当更高层级行政领导到达现场后由谁负责指挥没有明确；②现场指挥部的构成没有统一规范，因事设立不同分支机构的随意性较大，名称术语都不一致，事发之初现场容易出现组织结构和工作程序方面的混乱；③多部门、多层级、多机构参与应对时，无法将各自的指挥和组织体系快速融合或对接起来，需要大量复杂的临时设计和协调工作。

美国在总结重特大突发事件应急指挥与协调方面的经验教训的基础上，逐步形成了全国统一的标准规范，对我国具有一定的参考借鉴价值。20 世纪 70～80 年代，美国加州消防部门为解决森林大火应急处置中多部门多主体的协调和指挥问题，发展出了事件指挥系统（ICS），后来被应用到其他突发事件应急处置部门。"9·11"事件后，美国国土安全部于 2004 年 3 月 1 日发布了《国家突发事件管理系统》（NIMS），将事件指挥系统（ICS）规定为突发事件现场应急指挥的标准结构、将多机构协调系统（MACS）规定为应急协调的标准结构。

事件指挥系统（ICS）包括三个方面的核心内容：一是模块化的组织结构，将所有应急指挥和组织体系划分为五个主要模块：事件指挥官、行动部、策划部、后勤部、财务/行政部，如图 7-13 所示，并根据形势的需要增加其他必要的职能模块，以保持每个指挥管理职位的合理控制幅度。二是通用的术语，对应急响应中涉及的组织职能、主要资源、事件设施等都规定了通用的标准名称，避免混淆。三是对指挥权限的规定，包括指挥官的确立、统一指挥链、指挥权转移和联合指挥等。通过标准化的 ICS 统一了不同大小、不同类别突发事件的现场指挥模式，简化了预案相关内容，并有利于事发现场指挥结构的快速建立，不同主体和层级的指挥与协调机构之间的对接。

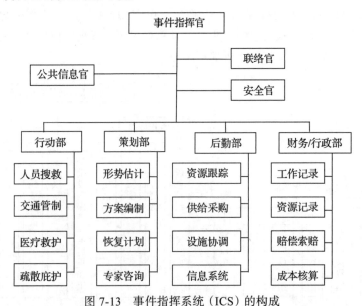

图 7-13　事件指挥系统（ICS）的构成

多机构协调系统（MACS）。对于非直接参与现场救援行动的相关各方，通过在场外建立联合协调中心,集中、统一协调相关各方为现场救援行动提供各类所需的援助。其主要职责是为现场应急指挥机构提供各类资源保障,而不直接指挥应急救援处置行动。多机构协调系统(MACS)与事件指挥系统(ICS)具有基本相同的模块化的组织结构,由协调官/协调员和行动部、策划部、后勤部、财务/行政部等功能部门组成,如图7-14所示。

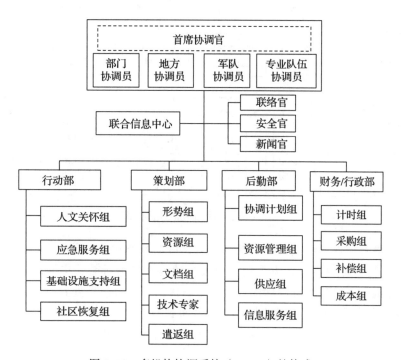

图 7-14 多机构协调系统(MACS)的构成

参考美国 ICS 和 MACS 标准化结构的思路,结合我国专项和现场应急指挥的实际,提出如图 7-15 所示的应急指挥部标准化组织架构。应急指挥部设总指挥、副总指挥、秘书长和成员,下设若干工作组。工作组分为两个层次,第一层次是通用型的标准化工作组,包括应急行动、形势分析、行动策划、综合保障、公共信息、协调联络等工作组,各工作组组长由应急指挥部成员担任,这些工作组通常与突发事件的类别没有关系;第二层次的工作组为应急功能组,是一种事先组装好的应急功能模块,它集成政府、企业和社会的相关应急资源与能力,以完成一组联系紧密的任务并实现某种应急功能,如人员搜救、灭火救援、交通保障、通信保障、物资保障等。每个应急功能组具有明确的应急职责以及牵头部门和支持部门,事先制订工作方案,组建若干行动组,配备必要的人员、装备和信息支持系统,开展培训和演练,随时做好行动准备,必要时可快速启动和部署到专项或现场指挥部,并与第一层次的通用工作组按事先确定的方式进行工作对接,从而提高应急处置效率。

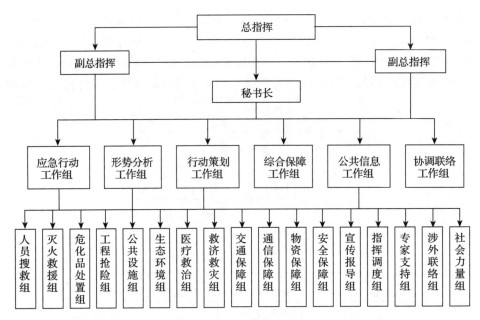

图 7-15 应急指挥部标准化组织架构

对于非直接参与现场救援行动的相关各方,可在场外建立后方联合指挥部(联合协调中心),集中、统一协调相关各方为现场救援行动提供各类所需的援助;其主要职责是为现场应急指挥机构提供各类资源保障,而不是直接指挥应急救援处置行动,其运行机制如图 7-16 所示。这种后方联合协调机制,对于"面域型"重特大灾害事故(如地震、流域性洪水、大范围暴雨洪涝灾害等)的统筹协调,具有十分重要的作用。

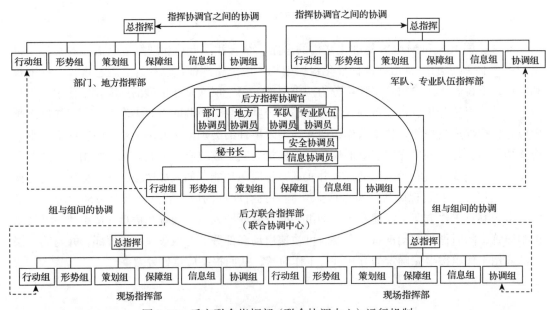

图 7-16 后方联合指挥部(联合协调中心)运行机制

后方联合指挥部(联合协调中心)由负责处置事件的上级政府或部门派往现场的工作组

负责建立，一般可设在上级或本级政府应急指挥中心（平台），为相关部门及领导设置专门的席位；由负责处置事件的上级政府或部门在现场的最高级别领导担任后方指挥协调官；相关各方派出授权代表进入后方联合指挥部（联合协调中心）担任协调员，负责与本机构的联络协调及资源调配。

（2）监测预警与预警措施。

监测是对可能引发突发事件的危险源和威胁的特征参数进行人工观测或自动监测，以了解事态的发展变化趋势。预警是指已经发现可能引发突发事件的某些征兆，或者事态发展到事先设定的预警临界点时，立即发布相关警报信息以便采取防范措施。

在应急预案的监测预警部分，通常需要包括以下内容。

1）预警分级。由于事态的发展通常有一定的过程，根据突发事件发生的紧急程度、发展态势和可能造成的危害，可划分为不同的预警级别，分别采取不同的应急措施。目前，一般将预警级别分为四级：Ⅰ级（特别严重）、Ⅱ级（严重）、Ⅲ级（较重）、Ⅳ级（一般），分别用红色、橙色、黄色和蓝色标示。不同类别的突发事件其预警指标和标准各不相同，一般由相关专业部门制定预警级别的划分标准。

2）事件监测。明确突发事件监测与报告的责任主体、信息报告、信息共享的要求等，以实现对突发事件的致灾因子或者特征参数的变化趋势的自动监测或人工观测，并按照设定的信息传输或报告渠道，将监测信息及时传送到规定的机构或系统。

3）预警研判和发布。明确突发事件预警研判和预警信息发布的责任主体、信息发布内容、发布时限等。预警信息的内容通常包括事件的类别、预警级别、起始时间、可能影响范围、警示事项、应采取的措施和时限要求、发布机关等。

对于涉及许多部门、地区的复杂突发事件的预警，需要集成各种渠道和来源的信息进行综合研判，情报信息融合系统是实现信息融合和共享的必要工具和手段，包括通信系统、信息融合平台、信息管理和共享软件系统等。预警信息也往往需要准确快速地传递给相关人员，因此建立集成多种预警信息发布方式和手段的综合预警信息发布系统，也成为预警信息发布的重要保障手段。

4）预警措施。明确不同预警级别的网络与信息安全事件的预警响应责任主体、需采取的措施等。预警响应措施通常包括：启动应急办事机构和工作机构24小时值班，加强对事态发展的信息搜集，组织对事态发展情况跟踪研判，研究制定防范措施和应急工作方案，通知应急技术支撑队伍进入待命状态，协调组织资源调度和部门联动的各项准备工作，并向上级和相关单位报告预警信息。相关事件防范措施可能是人为的行动，如关闭系统、停止操作、人员疏散、紧急避险等；也可能是系统的自动操作，如信息系统自动备份、列车和危化装置的紧急停车、核电站反应堆自动停止运转等。

（3）信息报告与信息发布。

了解关于突发事件的尽可能详细的信息，是有关部门及责任人决定是否启动应急响应，以及启动几级应急响应的重要依据。

《中华人民共和国突发事件应对法》对突发事件的信息收集及报告做了详细规定。其中第三十八条规定"县级以上人民政府及其有关部门、专业机构应当通过多种途径收集突发事件信息。县级人民政府应当在居民委员会、村民委员会和有关单位建立专职或者兼职信息报告员制度。获悉突发事件信息的公民、法人或者其他组织,应当立即向所在地人民政府、有关主管部门或者指定的专业机构报告"。

突发事件即将发生或者已经发生,事发地现场人员一般可通过公众报警服务台(110、119、122、120等)报警,或者通过相关企事业单位、基层政府部门的值班电话等报告现场警情。接警人员应及时向相关负责人或有关部门报告有关情况。

开展先期处置的现场应急人员,应将处置情况和事件发展态势信息及时报告相关应急指挥中心或有关部门。当不能有效控制事态时,应及时请求有关部门提升响应级别。

在报告突发事件信息时,应包括信息来源、时间、地点、范围、性质、动态、影响情况和采取的应急措施等内容,并根据事态发展和处置情况及时续报。

应急预案的这一部分明确信息报告与信息的相关责任主体,描述突发事件信息报告和发布的程序、方式及其时限要求等,一般需要解决以下相关问题。

1)建立信息报告与发布机制。明确信息报告与信息的相关责任主体,建立信息报告和发布的原则、机制和设施,如设立公共信息官和新闻发言人制度,建立覆盖各类指挥协调机构的联合信息系统,并在应急响应期间设立联合信息中心等。

2)设计开发应急信息报告和发布模板,规范信息内容及其来源和格式,保证信息及时、可靠和易于理解。

3)生成和发布应急信息。在应急响应期间,启动应急信息报告和发布机制,收集、接收、确认和发布应急信息。

4)回应公众和媒体的信息需求。尊重公众和媒体的知情权和信息需求,及时回应热点问题、公布事件响应进展情况、提供预警信息和安全注意事项等。

5)启动谣言控制并纠正错误信息。启动舆情监测,加强与媒体的互动,以真实可靠的信息破解谣言,及时改正前期发布的错误或被误解的信息。

(4)分级响应与应对措施。

分级响应根植于人类居住地的地理空间分布性质和社会治理结构的层级化体制。突发事件一般发生在某一个或一些特定的地理位置,对发生地的一些个体或社区造成生命、财产和环境的损害或影响。因此所在地的地方政府、相关组织和个人总是事件管理的第一责任者和响应者,而且大多数事件都会在地方一级得到妥善处理。有些事件只需要个别部门和组织就可独自处理,其他一些事件则需要地方多个部门和组织甚至全社会的统一协调行动。当事件超出地方的应对能力时,则需要邻近地区或上级政府的支持。随着事件规模、范围和处置复杂性的增大,事件所涉及的政府层级逐步升高,直至国家层级,甚至可能需要国际社会的支援。

我国对突发事件采取"分级负责、属地管理为主"的原则。各类突发事件按照其性质、严重程度、可控性和影响范围等因素,一般分为四级:Ⅰ级(特别重大)、Ⅱ级(重大)、Ⅲ级(较大)和Ⅳ级(一般)。不同级别的突发事件由不同层级的政府及其相关部门、事发基层单位等负责处置。

应急响应级别反映的是负责突发事件应对各责任主体出面组织指挥应对的领导层次及投入资源的程度,其确定一般需要考虑以下几个因素:①突发事件的类型和性质;②突发事件的影响范围与严重程度;③目前已采取的紧急控制措施及控制效果;④突发事件的发展趋势;

⑤应急处置所需要的应急资源等。

应急响应过程大概可分为接警、警情判断、预警、应急启动、救援行动、扩大应急、应急恢复和应急结束等几个阶段，如图7-17所示。

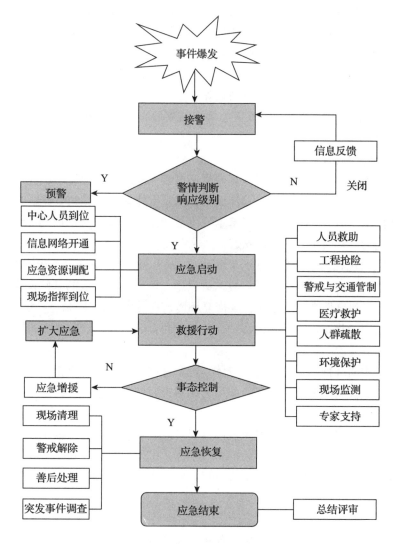

图7-17 应急响应过程示意图

1）接警。突发事件发生后，报警信息汇集到相关应急指挥中心或者其他应急值守部门。性质严重的重特大突发事件的报警信息应及时报送上级指挥机关和相关领导。接警时应做好突发事件的详细情况和联系方式记录等。

2）警情判断。应急指挥中心或应急值守部门接到报警信息后，对警情进行确认并做出判断，由值班负责人或授权人员初步确定预警或响应级别。

3）预警。当事件尚未达到启动应急响应的程度但威胁已很明显时，应按规定程序发出预警信息和采取必要的预警行动。

4）应急启动。应急响应级别确定后，按所确定的响应级别启动应急程序，如通知应急救援指挥中心有关人员到位、开通信息与通讯网络、调配救援所需的应急资源（包括应急队伍和物资、装备等）、派出现场指挥协调人员和专家组等。

5）救援行动。应急队伍及时进入突发事件现场，积极开展现场处置、人员救助、工程抢险等应急处置与救援工作，专家组为救援决策提供建议和技术支持。

6）扩大应急。当事态无法得到有效控制，向上级部门请求实施升级应急响应，调配人员、物资和装备等应急资源实施更高级别的应急响应行动。

7）应急恢复。应急响应行动完成后，进入应急恢复阶段，包括现场清理、人员清点和撤离、警戒解除、善后处理和突发事件调查等。

8）应急结束。当预警警报解除或应急响应结束后，应由应急领导机构按照规定程序宣布应急响应结束。

（5）恢复重建与调查评估。

恢复是指协助受事件影响的社区恢复到最低可接受标准的各种活动；重建是使其状态恢复到正常或更好的水平的各种活动。总体而言，恢复重建就是使受到事件影响的社区在尽可能短的时间（数周至数月）内能够恢复基本的生活状态，在相对长的时间（数月至数年）内能恢复到事件前的正常或更好的生活状态。

恢复重建主要包括以下任务：①公众援助与关怀：使受到事件直接影响的个人的生活、身心健康恢复到事件之前的水平；②恢复基础设施：使受影响社区的基础设施（如网络与信息系统）尽量恢复到事件之前的水平；③恢复环境与自然资源，使水、空气、土地和生态的品质达到一种健康的状态；④恢复经济社会，使工商企业运营、政府服务和社区功能恢复到事件之前的水平。

在应急预案中明确恢复重建的责任主体、资金筹措、损害赔偿等相关内容，可以为灾后的决策者提供相关决策的框架和思路，并可为编制灾后恢复重建规划或方案提供原则和内容基础。

调查评估主要是对突发事件的发生发展过程及应急响应情况进行客观分析与评估。在应急预案中主要是明确突发事件调查评估的责任主体、工作内容、时限要求等。调查评估报告应对事件的起因、性质、影响、应急响应过程、经验教训等进行分析评估，提出处理意见和改进措施。

（6）应急资源与应急保障。

应急资源包括在应急管理过程中需要使用的应急队伍、装备、物资、场所、设施等。应急资源的合理配置是形成应急能力和实现应急管理关键目标的重要物质基础。高效和有效地配置资源是应急预案的重要组成部分。

进行有效的应急资源管理，应该遵守以下原则：①预先计划。应急准备部门应预先制定各种可能紧急情况下的资源管理和保障计划。②标准化管理。应急资源管理者使用标准化的过程和方法识别、订购、调拨、分配和跟踪支持事件行动所需的资源；按事件行动计划的要求进行资源配置。③资源分类。应该按照尺寸、容量、能力、技能和其他特性进行资源分类，这样可以使得在不同机构和部门间订购和调度资源的效率更高，并使事件指挥官能够得到符合要求的资源。④使用协议。为了在紧急事件行动过程中有效地进行资源管理，提供和使用资源的各方应事先签订协议。事先由资源供应和使用各方签订正式协议，可以确保应急所需设备和其他资源的标准化和兼容性，并确保在紧急事件行动中可获得所需资源。⑤有效管理。应急准备部门应该制定标准化的资源采购程序和资源订购、调拨、分配和复原过程中使用的标准协议。此外，应急资源管理者应使用管理信息系统采集、更新和处理数据，跟踪资源和显示它们的可用状态。

　　进行有效的应急资源管理，需要在管理过程中使用标准化的程序、方法和功能。有效资源管理包括以下九个过程。

　　1）资源识别和分类。资源分类是按照事件管理者在请求、配置和使用资源时，对资源的能力要求进行分门别类。具有可度量的识别资源能力和性能水平的标准是进行分类的基础。标准应该由各级资源使用者共同制定，并由一个国家级的机构进行协调。资源分类方法既要尽可能简单以方便使用，又要尽量精确以便于获得所需资源。

　　2）人员资质管理。人员资质管理包括对应急管理和救援人员进行考试和发证。根据制定的关键应急管理岗位培训、经验和技能的专业标准，由权威部门组织考试。发证是向通过考试达到一定条件的应急管理和应急救援人员发放相应等级的证书。通过资质管理系统可以确保不同部门和机构的应急管理或应急救援人员都通过了最低限度的训练，具有一定的经验和身体健康条件，具备所在职位所需的技能。

　　3）资源库存管理。应急管理者使用不同的库存管理系统管理评估政府、企业和志愿者组织提供的各类资源。应急准备部门将可以调配的各种资源录入到资源跟踪系统之中。库存管理的一个重要方面是确定是否需要事先存储某种物品，另一个重要方面是对库存资源做好储备管理工作，资源管理者必须为物资储备的定期更新、预防性维护和补充等做好足够的预算安排。

　　4）识别资源需求。资源管理者在整个事件期间负责识别、提炼和确认资源需求。在这个过程中涉及准确地识别：需要什么和需要多少？什么地方和什么时候需要？谁将接收或使用这些资源？需要进行这类识别的资源包括供应、设备、设施、应急管理人员和应急救援小组等。如果资源请求人不能使用资源分类系统描述所需资源，资源管理者可提供技术建议，以使对资源的需求可以转化为具体的规格。随着事件的发展，对资源的需求及可供使用的资源都会经常变化，所以参与应急响应的各方在此过程中必须密切协作，并且应在事件发生后尽可能早地开始协调。

　　5）订购和获得资源。对于事件应急行动所需的资源，如果不能在本地获得，就需要使用标准化的资源采购程序，将请求提交给地方应急行动中心或多机构协调实体。如果本地应急行动中心也不能完成订单，则将该订单提交给上一级应急行动中心或多机构协调实体。

　　在订单中至少应该包括这样一些信息：事件名称、订单编号、订购日期和时间、数量、类别、型号、报到（收货）地点、出发（发货）时间、使用的无线电频率（如果有的话）、发订单者姓名/职位、联系电话等。

　　6）资源动员。事件应急人员在通过预定渠道得到通知后就要进行动员准备。在下达通知的时候，应给出出发的时间和地点、去往事发地的交通方式、预计的到达日期和时间、报到地点（地址、联系人和联系电话）、预期的任务、预期的工作时限、资源命令号、事件号、可用的费用和资金来源等。资源跟踪和动员过程直接相关。当资源到达现场时，必须正式签到。资源已到达的通知也通过这一系统被返回。

　　对于资源管理者来说，动员过程可能包括设备、训练和人员防疫接种；确定具有合适的后勤支持设施的集合地；根据优先顺序和资金预算，选择最快将资源运送到事发地的交通工具；资源复原过程通常与资源动员过程同步考虑，对资源复原早做计划有助于资源高效利用与管理。

7）资源跟踪和报告。资源管理者使用设定的程序，对资源从动员到复员的整个过程进行连续跟踪。理想状况是，资源管理者将这些实时信息存储在中央数据库中，各事件相关方都能访问以便对资源有清楚的了解。资源管理者依据所需要的程序来请求和管理资源，包括核查、记录、审计和库存管理。

8）资源恢复。资源恢复涉及所有资源的最终部署。在此过程中，资源被复原、再建、报废和退回等。

可重复使用资源。这类资源在事件处理现场被全部记录在案，使用完毕后必须返还其所属单位并进行记录。所属单位负责使其恢复到完全功能能力状态，并且为下一次使用做好准备。对于人力资源来说，应提供必须的休息和恢复时间与设施。同时还应该注意重要的职业健康和心理健康方面的问题，包括对此类突发事件对应急救援人员长期影响的监测。

消耗性资源。这类资源也要有完整记录。消耗性资源的重新进货由其原来的存储单位负责。消耗性资源的费用根据应急准备部门事前制定的财务协议，一般由事件管理部门负责。返回的资源如果不符合再存储的条件，应该根据已制定的规章制度进行报废处理。

9）补偿。补偿是提供在事件相关活动中产生的关键需求所需费用的一种机制。补偿过程在建立和维持资源的准备状态中起着很重要的作用。必须制定相关程序和制度以确保资源提供者能得到及时的补偿，其中包括收集费用账单、根据工作范围确认费用、完成审批程序和资金补偿到位等。

应急保障是指为应急预案的实施提供必要的人员、队伍、装备、物资、经费、安全、生活等各方面的条件。在应急预案中主要是明确应急保障的责任主体和具体要求。

我国各类应急预案基本都是将应急保障职能按照法定职责分配给相关行政部门、应急机构或相关组织；高层级预案通常仅指定不同资源保障的责任部门和一般性要求；基层预案则一般是通过附件列出现有资源的表格。对于重要的国家级的应急保障职能，如应急通信、应急物资、应急财政等，还单独编制了相关应急保障工作方案作为独立的专项应急预案或部门应急预案。

对于应急预案中资源保障部分的写法目前存在一些不同的认识。有人认为，应急预案应该是基于现有条件制订的应对工作方案，预案中的保障部分应该是现有的队伍、物资等情况，而不是建设性的任务要求，是"看菜吃饭"；有人认为，预案不仅是应对具体突发事件的处置工作方案，还应当具有一定的前瞻性，要着眼于突发事件应对工作需要，提出不断加强队伍建设、物资储备、装备完善等要求，是"点菜吃饭"。从保证应急预案的有效性来看，应该根据现有资源条件来设计应急保障措施，对于未来的应急资源与应急能力建设应该通过应急体系建设规划解决，并将已形成的资源与能力及时纳入应急预案之中。

美国的应急预案将一些主要的应急保障能力定义为"应急支持功能"（ESF），并通过附件的形式详细描述每一个应急支持功能（ESF）的协调人及其主责机构和支持机构，在不同应急阶段该ESF的主要任务、需要的资源与能力，并明确每个ESF成员的职责。在2008年版《国家应急响应框架》（NRF）中定义了15个应急支持功能（ESF），包括：交通运输

（ESF#1），通信（ESF#2），公共建设和工程（ESF#3），消防（ESF#4），应急管理（ESF#5），大众关怀、紧急援助、住房和人类服务（ESF#6），物流管理和资源支持（ESF#7），公共卫生和医疗服务（ESF#8），搜索和救护（ESF#9），石油和危险品响应（ESF#10），农业和自然资源（ESF#11），能源（ESF#12），公共安全与安保（ESF#13），长期社区恢复（ESF#14），外交事务（ESF#15）。

应急支持功能是各类重大突发事件应急处置中比较通用的基本应急行动和任务。在应急支持功能附件中，着眼于对突发事件响应时所要实施的紧急任务，明确其可能面临的应急情形、应急目标、主责机构和支持机构、任务要求、应急准备和操作程序等。不同应急预案中包含的应急功能设置的数量和类型因事件类型和地区不同会有所差异。

2020年应急管理部组织开展《国家突发事件总体应急预案》修订时，也梳理出了11项应急保障职能，包括新闻宣传、现场信息、通信保障、交通运输、物资装备、能源供应、医学救援、灾害救助、社会秩序维护、遇难人员遗体处置、慈善力量动员，明确了负责这些应急保障职能的牵头部门和支持部门，并要求牵头部门组织编制相应的应急保障专项预案。

7.3 应急行动方案

7.3.1 应急行动方案基本定位

应急行动方案是突发事件发生后，由现场指挥官及其指挥部相关工作组或专家，根据现场实际情况编制的，用于指导下一阶段具体应急行动的工作方案，属于战术性行动方案。应急行动方案以应急预案为依据，根据战略目标和现场实际，识别并制定在行动层面的具体行动目标、行动路线，达成目标的一项项具体任务，以及保障任务实现的资源配置方案。

应急行动方案将被直接应用于指导应急处置与救援行动，因此，规划（方案编制）人员需要了解现场实际情况，熟悉突发事件演化规律，具备相关事件的处置经验，能够精准预测不同行动方案的预期效果，从而根据现场可调配资源情况选择最适宜的行动方案，并将方案分解为具体任务。

应急行动方案是一个指导应急行动的工具，通过它，可以传达事件指挥官的期望，并为参与突发事件处置与救援行动的人们提供明确的指导，其主要作用如下：

（1）告知参与事件处置与救援的人员行动期间的目标、可以使用的具体资源、为实现目标而采取的行动，以及其他行动相关信息（如天气、约束、限制等）。

（2）向上级领导、指挥中心、相关合作伙伴等通报下一行动期的预期目标和行动活动。

（3）识别工作任务，并提供行动期的行动路线图，以帮助参与行动的人们理解他们个人的努力将如何影响行动的成功。

7.3.2 应急行动方案相关主体

应急行动方案的编制一般是在事件指挥官的组织领导下，由指挥部相关成员、相关工作组参与，由负责信息收集、方案研判和编制的计划组或专家组进行起草，经指挥部会议或指挥官批准同意后，由应急队伍、相关工作组或相关部门和单位负责组织实施。

7.3.3 应急行动方案主要内容

1. 应急行动方案内容框架

对于应急行动方案目前尚没有标准规范，通常应该包括以下主要内容。

（1）事件简报。

事件名称；事件发生日期、时间；事件发生地点（附简要地图）；事件简况，包括事件造成的破坏、影响及其范围，人员伤亡、被困、失踪失联情况，是否存在有毒有害物质，是否存在环境污染和生态破坏情况，发展态势预测等；现场组织指挥、应急救援人员情况、需求预测；现场应急物资、装备情况以及需求预测；已采取的应急处置与救援措施情况，初步效果，存在的困难。编写人、批准人及其日期时间。

（2）事件目标。

事件名称；事件发生日期、时间；应急行动期（起始与结束时间）；事件关键目标清单，如人员搜救目标、人员疏散目标、危险源控制目标、事态控制目标等；行动期天气预报；安全相关信息；其他信息；编写人、批准人及其日期时间。

（3）事件行动任务分配单。

事件名称；事件发生日期、时间；应急行动期（起始与结束时间）；行动任务分配单，按照现场指挥部各职位、工作组、成员单位、应急队伍等，分别列出在应急行动期内的行动任务；每项任务具体说明行动单位、负责人、联络人、任务名称、任务目标、可用资源（人员、物资、装备等）等；编写人、批准人及其日期时间。

2. 应急行动方案编制过程

应急行动方案编制过程应准确了解并描述事件形势和资源状态的最新信息，预测事件可能发展的进程，确定事件应对的关键目标及可供选择的行动路线，为下一个行动期提供准确、现实的事件应急行动方案。方案编制过程主要包括以下五个主要阶段。

（1）了解形势。

收集、记录、分析和整理事件形势与相关资源信息，以便对事件的规模、复杂程度和潜在影响有清晰了解，确定制订和实施一个有效的应急行动方案所需的资源和能力。

（2）设定事件目标和行动路线。

形成事件目标并按优先性排列，识别出合适的行动路线。事件目标和行动路线应符合法律法规、应急预案基本原则和应急管理目标的要求。

应该识别、分析和评价实现事件总体目标的多种可供选择的行动路线，并确定应对当前形势的最佳行动路线。评价的标准包括公众的安全与健康，各种政治、法律和环境因素，以及费用成本等。

（3）制订应急行动方案。

根据所选择的目标和行动路线，确定在一个行动期内所需开展的应急任务、相关物资、装备等资源和支持要求。应急行动方案的文本应尽量简明扼要，主要内容可参考前面的内容框架。根据事件的复杂程度与可用于制订应急行动方案的时间，应急行动方案的详略程度也可以灵活变通，在情况紧急的初始应急响应阶段，方案可以是用于指挥人员口头发布的一个大纲，在应急处置时间较长且跨多个应急行动期的事件，后面应急行动期的应急行动方案则应是比较正式、详细的书面方案。

（4）批准和发布应急行动方案。

应急行动方案通常以由现场指挥官召开指挥部会议的方式进行讨论和审核，由现场指挥官批准并发布实施。批准后的应急行动方案，应发放给指挥部成员、各工作组、相关机构和应急队伍的负责人等，并确保各行动单元清楚地了解各自的行动任务、资源和支持条件。

（5）实施、评估和修订应急行动方案。

在应急行动方案实施过程中，负责现场信息收集、监测的人员以及各行动单元负责人，应及时了解现场形势变化、行动方案各项任务的执行情况和执行效果，对比各任务的计划进程和实际进展情况，如果发现重大差别或出现新的情况，应及时报告现场指挥官，由指挥官决定是否继续执行相关任务并做出临时调整。当形势发生重大变化时，应及时修订应急行动方案。在下一行动期到来之前，负责应急行动方案编制的人员应充分了解最新的事件形势，以及上一行动期各项任务执行的情况和效果，适时启动下一行动期的应急行动方案编制。

7.3.4 美国事件行动计划（IAP）示例

在美国国土安全部发布的《国家突发事件管理系统》（2018 年版）的"附录 A 事件指挥系统（ICS）"的"ICS 标签 8——事件行动计划"中，较为详细地介绍了事件指挥部开展"事件行动计划（IAP）"编制的过程和主要考虑因素。虽然我国现场指挥部的组织架构和运行机制与美国存在很大的差异，但制订"应急行动方案"的相关技术层面的经验，也可以为我们提供参考借鉴。

美国的事件行动计划（Incident Action Plan，IAP）是由根据事件指挥系统（ICS）建立的事件指挥部（IC/UC）组织制订，为事件应急处置提供明确的方向，包括完成目标所需的战术、资源和支持的全面清单的工作方案，与本书前面所述的"应急行动方案"基本一致。

1."P"字规划周期

美国的事件行动计划（IAP）按照事件行动期组织编制。所谓事件行动期是指组织开展事件应急行动的时间周期，一般是 12～24 小时；在一个行动期内，各行动单元完成预定的行动任务，评估行动的效果；各行动单元人员也可以在行动期结束后进行轮换。与此相对应，事件行动计划（IAP）的编制（英语中使用规划"planning"）周期也是按行动期展开，并将行动期内的规划活动划分成具体的阶段，这些阶段标准化后成为一个正式的规划周期，对期间的各种会议、工作和简报的顺序与关系用一个图形表示，因其形状与英文字母"P"相似，所以称为"P字规划周期"，如图 7-18 所示。

"P"的脚部描述了事件初始阶段的工作内容，在事件应对期间只需要执行一次"P"脚部的各个步骤；此后，事件管理就转变为规划与行动的循环周期，由持续的态势感知提供信息，并重复每个行动周期，直到事件处置结束。

2. 初始响应和评估

由最先到达事件现场的应急响应人员开展初步评估，并采取适当和可能的立即响应行动措施。最初的快速评估对于获得和保持对事件态势的感知是必不可少的，它使事件指挥官能够了解需求以便请求更多资源或请求外部支援，并开发和实施初始战术行动方案。事发地政府官员可能会根据初步评估结果决定是否启动应急行动中心（EOC）。

3. 事件简报会

事件简报会标志着事件管理由被动向主动转变。负责事件先期处置的机构官员或最初的应急响应人员，向即将到来的事件指挥官（IC）或联合指挥部（UC）提供关于事件的简报信息。这个简报会能够使即将到来的事件指挥官（IC）或联合指挥部（UC）顺利开始为下一个行动期开展规划，编制事件行动计划（IAP）。

在准备简报材料时，可以使用规范化的"ICS 201- 事件简报"表格，如表 7-1 所示。ICS 201 是一个包含七项事件基本内容的标准化表格，能使相关各方在正式开展规划过程之前大致了解事件关键信息。

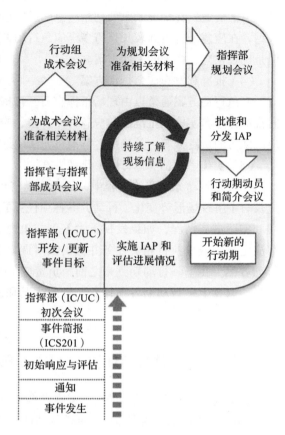

图 7-18　事件行动计划（IAP）"P"字规划周期

表 7-1　ICS 201- 事件简报表

事件简报（ICS201）	1. 事件名称	2. 日期	3. 时间
4. 简要地图			
第 1 页　共　　页	制表人（姓名）		

（续）

5. 当前组织机构

```
                    指挥
                    ┌──────────┐
                    │          │
                    └──────────┘
                         │        安全官员：
                         │        联络官员：
                         │        信息官员：
         ┌───────────┬───┴───┬───────────┐
        策划        行动     后勤        财政
    ┌──────┐   ┌──────┐  ┌──────┐   ┌──────┐
    │      │   │      │  │      │   │      │
    └──────┘   └──────┘  └──────┘   └──────┘
                   │
      ┌─────┬─────┼─────┬──────────┐
     分部  分部  分部  分部       空中
                                行动：
                                支持：
                                协调：
```

第1页共　页	制表人（姓名）

6. 资源概况

现有资源	确认资源	预计到达时间（ETA）	地方资源 / 共享协议

7. 当前行动概况

第2页共　页	

4. 指挥部（IC/UC）初次会议

指挥部的初次会议主要是为了相互认识，以及初步讨论事件目标。如果由联合指挥部（UC）管理涉及不同行政区域的事件，本次会议也提供了联合指挥部成员交流的机会，使他们可以私下讨论各辖区或组织的优先事项和目标，以及需要了解的任何限制、重点关注事项等。

5. 指挥部（IC/UC）开发或更新事件目标

对于第一个行动期，指挥部（IC/UC）需要开发事件目标；对于后续的行动期，指挥部（IC/UC）需要对事件目标进行评估、修订或者开发新的事件目标。

事件目标的开发和更新应基于事件优先事项和其他需求。指挥部（IC/UC）通常指定事件行动组或策划组负责起草事件目标，相关起草人员应该清晰地了解事件优先事项和指挥官及上级领导的指示和意图。

起草事件目标可以使用"ICS 202-事件目标"表格，如表7-2所示。ICS 202通常是书面IAP的第一部分，它包括事件信息，在该行动期的事件目标清单，相关的气象信息，一般安全的信息，以及其他必要信息。

表 7-2　ICS 202- 事件目标表

事件目标（ICS202）	1. 事件名称	2. 日期	3. 时间
4. 行动期			
5. 事件目标清单（包括替代方案）			
6. 行动期天气预报			

（续）

事件目标（ICS202）	1. 事件名称	2. 日期	3. 时间
7. 一般安全信息			
8. 附件（如有请在下面标记）			
☐ 组织清单-ICS203 ☐ 任务单位-ICS204 ☐ 通信计划-ICS205	☐ 医疗计划-ICS206 ☐ 事件地图 ☐ 交通计划		☐ 其他
9. 制表人（计划部部长）	10. 批准人（事件指挥官）		

6. 指挥官与指挥部成员会议（战略会议）

在完成事件目标的起草或修订后，根据需要，由指挥官（IC/UC）召集指挥部成员和各工作组组长等开会，讨论事件目标并提供指示。由于主要是讨论事件处置目标和行动策略，所以该会议也被称为战略会议。

对于第一个规划期，首次召开的战略会议特别重要，因为它使得参加会议的成员间可共享信息，并共同确定响应行动的初始目标和行动策略。最初的战略会议可邀请负责先期处置的事件指挥官和相关机构管理者参加。

7. 为战术会议准备相关材料

在指挥部（IC/UC）确定事件目标和行动策略后，由行动组组长及其工作人员制定事件行动战术，并确定行动期需要使用的资源，为召开行动组战术会议做好准备。

8. 行动组战术会议

行动组战术会议是对战术行动方案进行讨论的一个论坛，由行动组组长主持，主要参与者包括后勤组组长、安全官、计划组代表（通常是资源单元负责人）以及其他技术专家或指挥部成员。

参加会议的人员可就行动组拟订的战术行动方案进行检讨，并规划资源调配方案。工作团队使用"ICS 215-行动计划工作表"，来记录行动计划和资源调配情况，如表7-3所示。

9. 为规划会议准备相关材料

战术会议结束后，负责行动计划编制的规划团队开始为规划会议做好准备。规划团队通过与相关各方进行协作，以确定行动任务及其资源需求，并确定资源调配方案以为行动计划实施提供保障。在一份完整的事件行动计划（IAP）中通常包括一系列要素，可使用规范化的ICS表格辅助计划编制；IAP的相关要素（ICS表格）及其负责准备的单位如表7-4所示。ICS 203、ICS 204、ICS 205和ICS 206分别见表7-5、表7-6、表7-7和表7-8所示。

表 7-3 ICS 215- 行动计划工作表

行动计划工作表 (ICS 215)		1. 事件名称																		2. 日期/时间	3. 行动期
		5. 资源类型（按行动单元列出）																		6. 维修地点	7. 规定到达时间
4. 区/组	工作任务分配	资源情况	灭火/救援车辆				水泵			手动工具			清理设备			直升机				油罐			其他
			1	2	3	4	1	2		1	2		1	2	3	1	2	3	4	1	2	3	
		需求																					
		现有																					
		增补																					
		需求																					
		现有																					
		增补																					
		需求																					
		现有																					
		增补																					
		需求																					
		现有																					
		增补																					
		需求																					
		现有																					
		增补																					
9. 资源总数 – 单一		需求																					
		现有																					
		增补																					
资源总数 – 行动单元		需求																					
		现有																					
		增补																					

表 7-4 事件行动计划（IAP）内容要素及其准备单位

内容要素	通常的准备单位
事件目标（ICS202）	事件指挥官（IC）/联合指挥部（UC）
组织任务分配表（ICS203）	资源组
任务分配清单（ICS204）	资源组
事件无线电通信方案（ICS205）	通信组
医疗保障方案（ICS206）	医疗组
事件地图	形势组
一般安全信息/现场安全预案	安全官
其他视情况可能需要包括的内容	
空中行动概述	空中突击队
交通保障方案	地面支持组
污染消除方案	技术专家
废物管理或处置方案	技术专家
资源遣返方案	遣返组
现场安全保障方案	执法专家
调查方案	情报/调查组
疏散方案	根据需要
会议计划	形势组
公众疏散和安置方案	根据需要
其他	根据实际需要

表 7-5 ICS 203- 组织任务分配表

组织任务分配表（ICS203）		6. 机构责任	
1. 事件名称		机构	名称
2. 日期	3. 时间		
4. 行动期间		7. 计划部（组）	
		领导	
职位	姓名	副手	
5. 事件指挥或成员		资源组	
事件指挥官		形势组	
副手		遣返组	
安全官员		文件组	
信息官员		技术专家	
联络官员		人力资源	
		培训	

（续）

8. 后勤部（组）		副手	
领导		区/分组	
副手		区/分组	
供应组		区/分组	
设施组		d. 空中行动分部	
地面支持组		空中行动分部主任	
通信组		空中突击队监督人员	
医疗组		空中支持监督人员	
保安单位		直升机协调员	
食品组		空中加油	
9. 行动部（组）		10. 财务/行政部（组）	
领导		领导	
副手		副手	
a. 分部Ⅰ-区/组		考勤组	
分部主任		采购组	
副手		赔偿单位	
区/分组		费用单位	
区/分组		制表单位（资源组领导）	
区/分组			
b. 分部Ⅱ-区/组			
分部主任			
副手			
区/分组			
区/分组			
区/分组			
c. 分部Ⅲ-区/组			
分部主任			

表 7-6　ICS 204-任务分配清单

任务分配清单（ICS204）		1. 部门/分部		2. 区/组	
3. 事件名称		4. 行动期间 日期：		时间：	
5. 行动人员					
行动部门			区/组监督人员		
分部主任			空中行动监督人员		

（续）

6.本期资源分配					
行动单元资源分配	领导	人数	车辆需求	下车时间	接车时间

7.一般行动

8.特殊行动

9.区/组通信概况							
功能	频率	系统	频道	功能	频率	系统	频道
指挥				后勤			
区/组				空对地			
制表人（资源组领导）		批准人（计划部部长）		日期		时间	

表 7-7　ICS 205- 事件无线通信方案

事件无线通信方案（ICS205）		1.事件名称		2.制表日期/时间		3.行动日期/时间	
4.基本无线频道的利用							
无线电类型		频道	功能	频率	任务		备注

5.制表人（通信组）

表 7-8　ICS 206- 医疗保障方案

医疗保障方案（ICS206）	1.事件名称	2.制订日期	3.制订时间	4.行动期间

5. 事件医疗援助站

医疗援助站	地点	医务辅助人员	
		是	否

6. 交通

A. 急救车服务

姓名	地址	电话	医务辅助人员	
			是	否

B. 事件救护车

名称	地点	医务辅助人员	
		是	否

7. 医院

名称	地址	路途时间		电话	直升机坪		急救中心	
		空	陆		是	否	是	否

8. 医疗应急程序

9.制表人（医疗组领导）	10.审核人（安全官员）

10. 指挥部规划会议（计划审核）

指挥部规划会议是对规划团队制订的行动计划和资源保障方案的最终审查和批准。一般而言，规划会议不对未事先制订的行动计划和意外情况进行讨论，只是对规划团队事先制订和商定的计划进行审查。在规划会议审查通过并批准行动计划后，所有参与事件行动人员需要同意支持该计划。

11. 批准和分发事件行动计划（IAP）

在规划会议结束时，经过所有成员同意，事件指挥官（IC）或联合指挥部（UC）批准事件行动计划（IAP）。IAP 被批准后，规划团队人员对 IAP 进行汇编和文字加工，确保在行动期简报会上可以使用。IAP 可以电子分发，也可以打印装订成纸质文件，或者两者兼而有之，可根据指挥部和相关单位的需要而定。

12. 行动期简报会

每个新的行动期开始之前都要举行一个行动期简报会。负责事件监管和战术行动的人员通过简报会了解并接受 IAP。在简报会上，事件指挥官、相关部门（工作组）负责人、指挥部成员等介绍事件目标，评估当前情况，共享与通信或安全保障相关的信息。在行动期简报会之后，各行动单元负责人向被分配任务的行动人员简要介绍其在 IAP 中分配的任务。如果事件行动期很长，一般可在行动期简报会之间进行人员换班，在行动期简报会之间举行交接班会议。

13. 实施事件行动计划（IAP）

在行动期简报会之后，开始一个新的行动周期。事件行动计划（IAP）由现场各行动单元实施。在实施过程中，规划团队及指挥部其他相关成员要及时了解事件现场信息，评估 IAP 行动任务执行情况及其效果，为下一个行动期 IAP 的开发或修订提供基础信息。

复习思考题

1. 简述什么是应急响应规划。
2. 应急响应规划可以分为哪几类？
3. 简述应急响应规划的作用。
4. 简述什么是应急预案。
5. 我国政府部门有哪几类应急预案？
6. 简述应急预案的作用。
7. 简述应急预案的编制过程。
8. 比较不同类别应急预案核心内容要素的异同。
9. 简述应急预案通用内容框架的核心内容要素。
10. 简述专项或现场应急指挥部设置应考虑的因素。
11. 简述监测预警与预警措施的主要内容。
12. 简述信息报告与信息发布的主要内容。
13. 简述分级响应与应对措施的主要内容。
14. 简述应急资源管理的主要过程。
15. 简述什么是应急行动方案。
16. 简述应急行动方案内容框架。
17. 简述应急行动方案编制过程。
18. 简述美国事件行动计划（IAP）的"P"字规划周期。

---- 延伸阅读 ----

[1] 国务院办公厅.关于印发突发事件应急预案管理办法的通知：国办发[2013]101号[A/OL].（2013-10-25）[2021-11-30].http://www.gov.cn/zwgk/2013-11/08/content_2524119.htm.

[2] Department of Homeland Security.National Incident Management System (Second Edition)[R/OL].(2008-12) [2021-11-30].https://www.fema.gov/pdf/emergency/nims/NIMS_core.pdf.

[3] Federal Emergency Management Agency.National Incident Management System (Third Edition)[R/OL].(2020-07) [2021-11-30].https://www.fema.gov/sites/default/files/2020-07/fema_nims_doctrine-2017.pdf.

[4] Federal Emergency Management Agency.Comprehensive Preparedness Guide (CPG) 101：Developing and Maintaining Emergency Operations Plans.Version 3.0[R/OL].(2021-09) [2021-12-04].https://www.fema.gov/sites/ default/files/documents/fema_cpg-101-v3-developing-maintaining-eops.pdf.

第 8 章
恢复重建相关规划

本章主要内容包括恢复重建规划的概念、类别和作用;灾前恢复重建规划的基本定位、相关主体、规划过程和内容框架、规划示例;灾后恢复重建规划的基本定位、相关主体、关键任务、规划过程、内容框架和规划示例;业务连续性规划的基本定位、相关主体、规划过程、内容框架和示例等。

8.1 恢复重建规划概况

8.1.1 恢复重建规划的概念

恢复是指协助受事件影响的个人、组织和社区恢复到最低可接受标准的各种活动;重建是使其状态恢复到正常或更好的水平的各种活动。总体而言,恢复重建就是使受到灾难性事件影响的个人、组织和社区在尽可能短的时间(数周至数月)内能够恢复基本正常的状态,在相对长的一些时间(数月至数年)内能恢复到事件前的正常或更好的状态。

恢复重建可能会涉及房屋重建、人员安置、重新就业、恢复商业、修复和重建基础设施等与个人和社区利益相关的决策,因此存在复杂的沟通协调问题。恢复重建过程中还需要平衡短期的重返社区的急迫要求与长期的降低社区脆弱性的目标的关系。恢复重建过程提供了使个人和社区变得更安全、更高发展水平的机会。

恢复重建规划就是通过事前或事后的规划活动,形成与恢复和重建相关的计划、预案、方案和项目等,以便灾难发生后能够快速恢复正常生产生活,甚至变得更好、更有韧性。

8.1.2 恢复重建规划的类别

恢复重建规划有狭义和广义之分,从狭义上来说,恢复重建规划主要是指在灾难发生后政府主导的恢复重建灾区房屋建筑、基础设施和产业发展等活动；广义上来说，包括各类社会主体（个人、家庭、组织、社区和政府等）开展的以促进灾后快速恢复为目的的各种规划活动。

从开展规划的时间来划分，主要有灾前恢复重建规划和灾后恢复重建规划。此外，业务连续性规划通常也包括灾难恢复规划，因此可单独列为一类。

1. 灾前恢复重建规划

灾前恢复重建规划是指在灾前针对灾后可能出现的恢复重建问题，事先开展规划活动，提前做出恢复重建的计划安排，并做好恢复能力准备，以便在灾后可快速开展恢复重建活动。在灾前对一个社区的恢复重建进行谋划，并且与地方的发展战略结合起来，将有助于识别恢复优先项目及长远的减灾战略，从而使对灾后恢复重建方案的选择更清晰。通过整合和协调的灾前恢复重建规划行动，能够进一步增加社区的韧性。

2. 灾后恢复重建规划

灾后恢复重建规划是指根据灾害实际造成的损毁与影响情况，以及相关责任主体所面临的恢复重建问题，在灾后开展的规划活动。

灾后恢复重建规划支持事后决策过程，以调整和实施灾前恢复计划中确定的优先事项和政策。灾后恢复重建规划过程最主要的目的是指导决策，并有助于建立恢复的愿景、目标、倡议、计划、战略和项目，并不一定是为了形成一份正式的规划文件。只有当灾后恢复和振兴活动涉及面广而复杂时，才需要开展一个更正式而全面的灾后恢复重建规划过程，并编制一份正式的灾后恢复重建规划文件。

3. 业务连续性规划

业务连续性规划是在灾前制订业务连续性计划（business continuity plan，BCP）的过程。业务连续性是指政府、企业及各类组织拥有应对风险、自动调整和快速反应的能力，可以保证关键业务的连续运转而不中断。

由于业务连续性计划通常包括灾难恢复计划，所以严格来说，灾前恢复重建规划是业务连续性规划活动的一个组成部分。但由于业务连续性计划目前开展得还不是很普遍，主要是一些涉及关键基础设施或关键业务的部门或企业才开展，特别是对社区、城市或区域而言，针对恢复重建开展事前规划，与企业的业务连续性计划还是有较大的不同，因此本书将它们分别进行介绍。

8.1.3 恢复重建规划的作用

过去，在灾难尚未发生之前，人们通常都很少考虑灾后的恢复重建问题，事前主要是为"应急响应"而开展规划，即编制应急预案，而这也不过是近几十年的做法。但是，等灾难发生后才开始思考和编制灾后恢复重建规划，有可能使本已十分困难的局势雪上加霜。美国洛杉矶市在20世纪90年代初的应急响应预案中包括了一个"恢复和重建"单元，它涉及了恢复管理、重建开发、政府间关系以及融资等问题。研究者们通过对比1994年美国洛杉矶北岭地震和1999年中国台湾集集大地震的恢复重建过程案例，发现洛杉矶市在灾前制定的"恢复预案"加快了住房恢复重建的速度，并促进了将减灾措施纳入恢复过程，此后，灾前编制"恢复预案"在一些城市推广开来。在恢复预案中通过明确恢复重建的领导机构及相关部门的职责，明确短期功能恢复安排，明确建筑标准和土地规划，明确恢复重建资金筹措（包括灾害保险）和补贴标准等，可以为灾后的决策者提供决策的框架和思路，并可为编制灾后恢复重建规划提供原则和内容基础。也有研究者认为，灾前开展恢复规划，其最大的收益并不在于恢复预案本身，而在于规划过程中所建立的联系和预先的思考。对于一个社区（包括地方、组织）而言，灾前恢复重建规划可以提供一个社区成员相互沟通交流的公共平台，使全社区能够对未来可能发生的风险做出前瞻性的谋划，从而为未来的恢复决策和活动提供基础。

在我国，灾后的恢复重建规划是在1976年唐山大地震后才逐步形成制度的，特别是2008年汶川大地震后，由国家层面组织编制灾后恢复重建规划，此后又经历2010年玉树地震、2010年舟曲泥石流、2013年芦山地震、2014年鲁甸地震、2017年九寨沟地震、2019年南方重大洪涝灾害等重特大自然灾害的恢复重建工作，已基本形成了"中央统筹指导、地方作为主体、灾区群众广泛参与"的灾后恢复重建规划与实施机制。在历次重特大自然灾害发生后，通过及时制定发布各个层级和区域范围的恢复重建规划，坚持以人为本、民生优先，坚持尊重自然、科学重建，坚持统筹兼顾、跨越发展，坚持中央统领、地方主导，坚持凝聚力量、多方共建，保障了灾区生产生活的迅速恢复，灾区的经济发展水平普遍超越灾前。

灾后恢复重建不仅是恢复灾前的房屋建筑等物理环境，还要向那些经历了情绪或身体伤痛、经济困难的受灾者提供持续的关怀，通过减灾和可持续发展降低对未来灾难的脆弱性。灾后恢复重建规划是抚平灾难伤痕，改善灾区个人、组织和社区的生存与发展环境，避免未来灾难损失的重要基础性工作。

2019年11月21日，国家发改委、财政部、应急管理部联合印发《关于做好特别重大自然灾害灾后恢复重建工作的指导意见》，明确了我国灾后恢复重建的总体要求，有序推进灾后恢复重建工作的基本步骤，强化地方主体作用及强化保障措施的具体要求等。其中提出的灾后重建目标为，灾后恢复重建任务完成后，灾区生产生活条件和经济社会发展得以恢复，达到或超过灾前水平，实现人口、产业与资源环境协调发展；城乡居民居住条件、就业创业环境不断改善；基本公共服务水平有所提升，基础设施保障能力不断加强，城乡面貌发生显著变化；主要产业全面恢复，优势产业发展壮大，产业结构进一步优化；自然生态系统得到修复，防灾减灾能力不断增强；人民生活水平得到提高，地方经济步入健康可持续发展轨道。

8.2 灾前恢复重建规划

8.2.1 灾前恢复重建规划基本定位

目前，我国法律法规对于开展灾前恢复重建规划没有做出明确要求，《突发事件应对法》第五十九条仅规定了履行统一领导职责的人民政府在灾后制定恢复重建规划的要求。

在我国各级各类应急预案中，特别是在自然灾害相关专项应急预案中，通常也对事后的恢复重建做出简要规定，但并没有规定恢复重建的组织体系和职责、恢复重建的具体措施等，不足以指导恢复重建工作。

与应急响应相比，自然灾害的灾后恢复重建工作往往同样紧迫，而且其工作内容可能更为复杂、参与主体更多、需求更加多样化。对于任何一级行政机构而言，如果事先没有明确关于恢复重建的具体机构职责规定和工作程序安排，也很容易造成效率低、协作难、成本高的状况。灾前开展恢复重建规划，形成"恢复重建预案"或"灾难恢复计划"，可以为政府开展灾后恢复重建工作发挥重要的路线图作用。对于个人和家庭、企事业单位、社区等同样如此。

灾前恢复重建规划的基本定位和作用：

（1）事前明确各层级恢复重建的领导、协调和决策组织体系。

（2）发展合作伙伴关系，确保相关各方都能参与到规划过程之中，特别是易受到灾害影响的弱势群体的参与。

（3）通过灾前恢复重建规划过程，将应急预案、土地使用规划、减灾规划以及其他相关规划（如总体规划、经济社会发展规划、无障碍设计规划）等结合起来。

（4）识别相关各方恢复能力的局限和差距，以及弥补能力差距的手段。

（5）将可持续发展、综合减灾等理念纳入灾前恢复重建规划过程，为灾后恢复重建设定红线。

（6）开发和实施恢复重建相关培训与教育活动，并尽可能覆盖所有利益相关者。

（7）识别恢复重建资源需求，采取多种措施为灾后恢复重建做好准备。

8.2.2 灾前恢复重建规划相关主体

灾前恢复重建规划涉及全社会的各类主体，一方面各类主体在灾后可能都会面临自身的灾难恢复问题，另一方面所有个体、组织和社区都可以在全社会的总体恢复重建中发挥独特的作用。

下面简要介绍不同主体在灾前恢复重建规划中的角色与作用。

1. 个人和家庭灾前规划活动

个人和家庭的灾前恢复重建规划及准备活动可以包括：

- 制订个人和家庭灾难恢复规划（计划）。
- 了解住房及周边、工作地点和社区的灾害情况及灾害位置。
- 自我评估风险暴露情况，并开展减灾活动。
- 针对所在地区的潜在灾害，购买和维护适当种类、适当水平的保险。
- 与他人合作开展准备活动，并向那些可能需要帮助者提供援助。
- 获取和维持必要的生存技能，如参加急救培训。

2. 企事业单位灾前规划活动

企事业单位的灾前恢复重建规划和准备活动可以包括：

- 识别和理解所在地的主要风险。
- 开发、测试和实施业务连续性规划和恢复规划。
- 向社区商业负责人提供培训,使其了解业务恢复过程。
- 参与社区的灾前规划、培训和演练等活动。
- 在工作场所的设计和施工中集成减灾措施,向员工推广减灾理念和知识。
- 与地方应急管理部门建立联系,以便在灾后恢复过程中能参与其中。
- 确定参与社区长期恢复组织(委员会、工作组)的领导人和其他工作人员。

3. 社会组织灾前规划活动

社会组织的灾前恢复重建规划和准备活动可以包括:

- 识别和理解所在地的主要风险。
- 开发、测试和实施业务连续性计划和恢复规划(计划)。
- 与地方应急管理部门建立联系,以便在灾后恢复过程中能参与其中。
- 促进和鼓励弱势群体代表参与社区长期恢复组织(委员会、工作组)相关活动。
- 参与社区的灾前规划活动。
- 在工作场所的设计和施工中集成减灾措施,向员工推广减灾理念和知识。
- 识别资源并以尽可能公平的方式提供服务。
- 组织实施与灾后恢复相关的灾前规划和培训。
- 协助社区和地方政府将弱势群体的需求纳入规划之中。
- 协助社区和地方政府以无障碍、有效的方式向个人和家庭沟通交流风险与脆弱性信息。

4. 地方政府灾前规划活动

地方政府是属地灾前规划和准备活动的责任主体及主要组织协调者,其灾前恢复重建规划和准备活动可以包括:

- 理解关键的灾害、风险和脆弱性,它们可能对灾后恢复重建和复兴带来的挑战。
- 以无障碍、有效的方式与受到威胁的社区沟通交流风险和脆弱性信息。
- 将企事业单位和社会组织纳入规划过程并作为合作伙伴。
- 灾前确定减灾愿景、目标和行动,并将它们纳入灾前恢复重建规划之中。
- 通过采用和实施适当的建筑规范和标准,将减灾理念贯彻到设计和建设之中,并向全社会推广减灾理念。
- 预先确定灾后恢复工作的组织结构、角色、职能和资金,以加快恢复进程。
- 确定灾后必须立即恢复的关键基础设施和关键服务。
- 建立并保持可迅速有效地应对灾后恢复挑战的能力,如大规模人员转移安置、开展建筑物损伤评估、资金筹措等。
- 将弱势群体的需求纳入灾后恢复重建优先事项。
- 在规划中考虑灾难导致流离失所、成员散失的个人和家庭的需求。

5. 国家层面灾前规划活动

国家层面为地方政府的短期、中期和长期恢复提供规划和技术能力援助，在重特大灾难后向灾区提供各方面的支援，其灾前恢复重建规划和准备活动可以包括：

- 制订国家层面的灾后恢复规划。
- 明确国家层面灾后恢复重建的领导和支持部门，开展必要的准备活动。
- 为地方政府和利益相关者提供减灾过程、实践和政策等方面的技术援助和培训等。
- 优化和协调国家减灾和恢复项目，支持地方的恢复重建工作。
- 促进将企业和社会组织作为合作伙伴纳入规划过程之中。
- 促进将弱势群体的需求纳入灾后恢复重建优先事项。
- 促进不同地区建立资源共享和对口援助机制。

8.2.3 灾前恢复重建规划主要内容

1. 灾前恢复重建规划的关键任务

- 在灾前确定并组建一个具有全社区包容性的规划核心团队，该团队将监督灾难恢复规划过程和活动，以降低恢复风险并提高韧性。
- 制定一个统一的方法，对有韧性的基础设施进行投资，使社区能够承受灾害的影响，能够开展有效的响应，并快速恢复，以适应不断变化的条件，并管理未来的灾害风险。
- 完成初始的恢复规划过程，提供整体恢复策略，包括操作级和战术级的方法。
- 加强恢复核心能力，并将社会经济、人口分布、无障碍和风险评估等影响因素整合到恢复规划过程和策略之中。
- 确定可实现的、有形的、基于社区的恢复行动和活动，以为社区确定的恢复目标提供支持。
- 协调跨行政区边界的规划工作。

2. 灾前恢复重建规划过程

灾前恢复重建规划过程主要包括以下阶段和内容。

（1）建立规划团队。

- 由负责灾后恢复重建规划的部门组建一个多方参与的规划团队。
- 发展合作伙伴关系，鼓励公众和利益相关者积极参与。
- 建立多方参与的平台，明确各方的联络人。
- 争取领导和各方面的资源支持。

（2）收集资料和形势分析。

- 收集与规划相关的各种资料。

- 识别危险源，评估风险和脆弱性。
- 识别恢复能力的局限性，以及弥补能力差距的方法和手段。
- 识别潜在的财政金融挑战。

（3）确定愿景与目标。

- 确定指导恢复决策的基本原则。
- 探索确定灾后恢复优先事项的方法。
- 建立灾前优先事项和政策，以指导恢复核心能力的建设。
- 确定灾后优先事项，识别增强韧性的机会，包括可持续发展、公平、社区能力和减灾措施等。
- 根据优先事项设定恢复愿景和目标，进一步分解成定性、定量指标以衡量进展情况。

（4）编制灾后恢复规划。

- 建立恢复重建的领导、协调和决策结构。
- 明确恢复重建的各类参与主体及其职责、权利和义务。
- 建立恢复运行机制，以便在灾难发生后可以立即遵照执行。
- 确定整体恢复策略，包括操作层面和战术层面的具体任务。
- 在操作层面，清晰地描述各种恢复重建活动，相关各方的角色和责任。
- 在战术层面，可参考本书第3章的任务清单，列出具体的恢复相关任务，例如垃圾清运、临时住房、建筑许可、建设管理等，并制定具体的计划、资源保障措施等。
- 开发恢复能力建设项目，可参考本书第3章的能力清单，提出增强相关恢复能力的建设项目。
- 说明与减灾规划、综合规划和区域可持续发展规划及其他政策之间的联系。

（5）测试、批准和发布灾难恢复规划。

- 按照一定的格式将灾前恢复重建规划的成果整理成灾难恢复规划（预案）文本。
- 通过开展研讨、演练等来测试恢复策略、准备和资源能力情况。
- 根据测试和演练结果评估和修订灾前恢复规划。
- 经过一定的审核批准程序后，将灾难恢复规划发布实施。

（6）实施、评估和修订灾难恢复规划。

- 通过宣传、培训、演练等让相关人员了解、熟悉灾难恢复规划。
- 通过相关能力建设项目的实施，增强恢复重建所需能力。
- 在经过一段时间之后，或者组织发生变化后，需要及时对灾难恢复规划进行评估和更新，保证其符合实际并具有可操作性。

3. 灾难恢复计划（预案）内容框架

灾前恢复重建规划的成果通常被称为"灾难恢复规划"或"灾难恢复预案"，其基本内容框架通常包括：
（1）总则。包括目的、范围、风险概况、脆弱性、现有减灾措施、原则、目标等。
（2）组织体系。包括灾难恢复的领导组织体系、相关各方及其职责、权利与义务等。
（3）主要恢复行动。包括恢复启动、具体恢复活动、人员与资源配置、沟通与协调等。
（4）恢复能力建设。包括现有资源能力情况、能力差距、能力建设项目、时间进度、资金安排等。
（5）保障措施。包括支持恢复的人力、物力、财力、政策、监督管理等方面的保障措施。

8.2.4 灾前恢复重建规划示例

美国洛杉矶市从 1987 年开始启动一项创新性的灾前地震恢复重建规划项目。洛杉矶市编制《恢复和重建计划》的原因是，该地区一直存在发生重大破坏性地震的可能性。美国地质调查局的一份报告估计，在五年内洛杉矶市附近的圣安德烈亚斯断层南部发生 7.5 级地震的概率为 10%，在 30 年内发生的概率为 60%。

1986 年 3 月，城市和区域规划学者威廉·斯潘格勒（William E.Spangle）发表一篇名为《地震后恢复重建的震前规划（PEPPER）》的研究论文，阐述了在震前开展地震恢复重建规划的可行性和实际局限性方面的研究成果。作者得出结论，洛杉矶每年发生破坏性地震的可能性很高，需要为地震后的恢复重建开展持续的地震前规划，并且建议，规划过程应包括定期对预期的问题和必要的对策开展评估，以及为震后土地使用规划和重建制定政策和程序。作者还建议洛杉矶市建立一个负责恢复重建工作的组织，以便在发生重大灾难后立即启动恢复重建工作，为了有效运作，该组织需要有明确界定的恢复重建职能、责任和权力，并需要遵循预先确定的准则。

该论文成为美国灾前恢复重建规划的重要理论基础，洛杉矶市采纳了该论文中的许多建议。1987 年，洛杉矶市在市长领导的应急行动组织（EOO）内成立了一个恢复重建分部。该分部负责制订一项工作计划，以解决破坏性地震后的主要恢复和重建问题。EOO 是一个由城市相关机构组成的多部门参与的团队，由市长领导，由应急行动委员会（EOB）管理，EOB 由城市主要部门负责人组成。市长（即 EOO 主任）将来自学术领域和外部机构的代表，以及各城市相关部门的人员聚集在一起，开始了地震恢复重建规划研究编制工作。经过六、七年的不断修改完善，于 1994 年 9 月由应急行动委员会（EOB）正式批准发布了《洛杉矶市恢复和重建计划》。

《洛杉矶市恢复和重建计划》的总体理念非常简单：灾前的规划和行动可以大大降低恢复和重建成本，加速恢复到正常状态，并在灾后创造一个更好的城市。这一理念所体现的愿景是：一个有远见的城市能够从任何灾难中迅速恢复，并重建得更美好。这一愿景包括四个基本主题：规划、减灾、短期恢复、长期重建。

《洛杉矶市恢复和重建计划》包括以下五个部分的内容。

1. 背景和导言

这一部分简要介绍了制订计划的背景、基本理念、规划过程等。

2. 指南、目标和术语

这一部分主要介绍如何使用本计划，以及计划的基本框架、基本理念、规划术语等。

3. 恢复和重建政策摘要

该部分概述了与恢复和重建有关的计划政策，按照10个恢复与重建主要功能领域进行描述，这也是后面第四部分的框架。这10个功能领域是：

A – 住宅、商业和工业恢复

B – 公共部门服务

C – 经济恢复

D – 土地使用/再利用

E – 组织和权限

F – 心理康复

G – 重要档案

H – 辖区间关系

I – 交通缓解

J – 公共信息

例如，"组织和权限"功能领域政策摘要示例，如图8-1所示。

E – 组织和权限

E-1：本市应尽可能通过现有的城市应急行动组织结构完成灾难恢复和重建，这些组织结构可以进行适当修改以解决恢复和重建问题。

E-2：设立一个恢复与重建分部，以作为应急行动组织（EOO）的多部门协调机构。

E-3：在任何重大灾害之后，应尽一切努力尽快恢复正常的运作和决策进程，并尽可能通过标准操作程序来实现恢复和重建目标。

E-4：为解决重大灾难的恢复和重建问题，确定并保持立法政策优先事项。

E-5：由应急行动组织（EOO）负责监督，并由市行政官（CAO）通过年度预算流程进行协调，通过五年实施计划，将本计划的行动与地震预测应急响应预案、应急行动总体预案的行动结合起来。

图 8-1 恢复与重建"组织和权限"功能领域政策摘要示例

4. 政策和行动

该部分包含执行计划政策所需开展的行动，同样是按照前述的10个功能类别进行分组。

对于每项计划政策，将行动根据其所处阶段分为三个类别：事前、事后短期和事后长期。

对于参与每项行动的部门和机构，都在行动后的括号中以机构缩写形式注明，其中，牵头机构用星号（*）标明。

例如，"组织和权限"功能领域的政策和行动，如图8-2所示。

5. 按牵头部门列出的行动计划

该部分是按照领导部门和支持部门的职责列出第四部分按政策条款已明确的各项行动，目的是方便各部门明确自己的职责。各部门按英文首字母顺序排列，包括：

E- 组织和权限

政策条款 E.1- 应急行动组织

本市的政策是本市应尽可能通过现有的城市应急行动组织结构完成灾难恢复和重建，这些组织结构可以进行适当修改以解决恢复和重建问题。

行动项目：

[事前]

E.1.1 准备实施程序、表格和开展培训；保留一份该组织成员的最新名单（*城市规划局，社区发展局）。

政策条款 E.2- 恢复与重建分部

本市的政策是设立一个恢复与重建分部，以作为应急行动组织（EOO）的多部门协调机构。

行动项目：

[事前]

E.2.1 协调制定涉及多部门的城市恢复与重建问题的政策建议（*城市规划局，社区发展局）。

E.2.2 协调城市恢复和重建计划中涉及多部门内容的修订（*城市规划局，所有方）。

E.2.3 协调应急行动组织各分部与恢复和重建有关的必要作业程序的制定（*城市规划局，所有方）。

E.2.4 协调应急行动组织各分部执行与灾后恢复重建有关的新颁布政策、规划立法和业务程序（*城市规划局，所有方）。

政策条款 E.3- 操作程序

本市的政策是在任何重大灾害之后，应尽一切努力尽快恢复正常的运作和决策进程，并尽可能通过标准操作程序来实现恢复和重建目标。

行动项目：

[事前]

E.3.1 根据需要修改应急行动总体预案和程序手册，以确保一致性（*警察局，市行政官，消防局）。

[事后短期]

E.3.2 在必要时宣布进入应急状态，立即实施简化的程序，并确定何时恢复标准操作程序（*城市规划局，建筑与安全局，所有方）。

政策条款 E.4- 立法优先事项

本市的政策是为解决重大灾难的恢复和重建问题，确定并保持立法政策优先事项。

行动项目：

[事前]

E.4.1 为实施《洛杉矶市恢复和重建计划》，确定、优先、发起和支持所需的立法。（*首席立法分析师，所有方）。

政策条款 E.5- 五年实施计划

本市的政策是通过五年实施计划，将本计划的行动与应急响应预案、应急行动总体计划的行动相结合。

本市的政策是由应急行动组织（EOO）负责监督，并由市行政官（CAO）通过年度预算流程进行协调，通过五年实施计划，将本计划的行动与地震预测应急响应预案、应急行动总体预案的行动结合起来。

行动项目：

[事前]

E.5.1 为应急行动委员会（EOB）、市长和市议会批准五年应急行动组织（EOO）工作计划做好各项准备（*市行政官，所有方）。

E.5.2 每年审查和修订五年应急行动组织（EOO）工作计划，与年度应急行动组织（EOO）和部门预算提交，以及各种应急行动组织计划的定期修订相协调（*市行政官，所有方）。

图 8-2 恢复与重建"组织和权限"功能领域政策和行动示例

动物监管局、建筑与安全局、首席立法分析师、市行政官员办公室、市检察官、市行政官、社区发展局、社区重建机构、文化事务局、应急行动委员会、环境事务局、消防局、总务局、住房局、信息服务局、市长办公室、人事局、城市规划局、警察局、专营局（机场、港口、供水、供电）、公共工程局、娱乐与公园局、电信局、交通局、财政局。

例如，消防局的事前行动计划，如图 8-3 所示。

消防局

[事前]
1. 将心理健康准备纳入消防局的灾难准备部门的工作计划中（*消防局，人事局）(F.5.2)。
2. 探讨制订跨行政区域的提供疏散和转移安置地点的计划的可行性（*消防局，警察局，交通局，*娱乐与公园局）(H.2.6)。
3. 在警察和消防部门内保持适当数量的经过培训的人员，以便在重大灾难期间为各自部门的前线应急服务人员进行心理健康管理。（在发生大范围灾难时，警察和消防部门的现有精神卫生专业人员不足以为前线应急服务人员提供足够的保障）(*警察局，*消防局）(F.3.2)。

图 8-3　消防局事前行动计划示例

8.3　灾后恢复重建规划

8.3.1　灾后恢复重建规划基本定位

灾后恢复重建规划是一个时间紧迫的过程，其目的是为当前的灾难开发一份或一系列规划文件，以整合恢复重建项目和行动。灾后恢复重建规划指导范围广泛的各种公共部门和非政府部门的灾后恢复重建投资。

灾后恢复重建规划的一个重大挑战是在时间紧迫的情况下，将所有利益相关者聚拢在一起共同参与规划，协调可能各不相同甚至相互冲突的需求，并尽可能快速地形成恢复重建规划（计划），以满足灾区民众恢复生产生活的需要。如果在灾前开展了恢复重建规划，那么以灾前编制的恢复重建计划为基础，特别是基于灾前确定的恢复重建组织结构、策略和过程，就可能大大加快灾后的恢复重建规划过程。

灾后恢复重建规划过程凝集了全社区的努力，规划过程中发展出的相互关系和跨部门合作，可以在规划完成之后继续为恢复重建过程提供服务。灾后恢复重建规划过程帮助地方和社区聚焦恢复重建问题和需求，通过开发项目和策略来解决这些问题和需求，并确定用于更好地管理恢复重建项目的成功措施，并使灾区能够更好地利用恢复重建所带来的发展机会。

8.3.2　灾后恢复重建规划相关主体

灾后恢复重建规划与灾前恢复重建规划一样涉及全社会的各类主体。下面简要介绍不同主体在灾后恢复重建规划中的角色与作用。

1. 个人和家庭灾后规划活动

灾后恢复重建开始于个人和家庭，个人和家庭在灾后应：

- 负责管理个人和家庭的恢复活动。
- 参与灾后社区恢复重建规划。
- 向受灾和需要援助者提供力所能及的帮助。
- 参与具体恢复重建项目的相关活动。

2. 企事业单位灾后规划活动

企事业单位在社区灾后恢复重建中扮演着重要的角色，企事业单位在灾后应：

- 参与地方的恢复重建规划。
- 实施自己的业务连续性计划和恢复计划。
- 在地方恢复组织中承担重要的角色。

3. 社会组织灾后规划活动

作为社区灾后恢复重建的重要合作伙伴，社会组织在灾后应：

- 参与地方的灾后恢复重建规划。
- 实施自己的业务连续性计划和恢复计划。
- 促进和鼓励弱势群体代表参与社区长期恢复重建相关活动。
- 协助社区和地方政府将弱势群体的需求纳入规划之中。
- 协助社区和地方政府以无障碍、有效的方式向个人和家庭沟通交流灾后恢复相关信息。

4. 地方政府灾后规划活动

地方政府在灾后恢复重建规划中承担属地管理主体责任，其主要职责包括：

- 在确定恢复重建规划的优先目标等方面起到领导作用。
- 承担地方层面恢复重建活动的领导与总体协调职责。
- 明确灾后恢复重建规划的主要责任部门和支持部门。
- 协调相关规划机构，为灾后规划提供资源和专业知识。
- 促进恢复重建规划和实施过程中的多方参与合作。
- 对各种恢复资源实施透明、可追溯的系统管理。
- 将弱势群体的特殊需求纳入灾后恢复重建优先事项。

2019年11月21日国家发改委、财政部、应急管理部联合印发的《关于做好特别重大自然灾害灾后恢复重建工作的指导意见》，明确了地方各级政府在特别重大自然灾害发生后启动和开展恢复重建的相关任务和职责分工。摘录要点如下：

制定实施方案。灾区所在省份省级人民政府承担灾后恢复重建主体责任，及时建立灾后恢复重建领导机制，认真落实党中央、国务院决策部署，按照灾后恢复重建规划，组织编制各领域恢复重建专项规划，细化制定灾后恢复重建相关政策措施，指导灾区所在市级及以下人民政府编制具体实施方案。由中央有关部门组织编制或指导地方编制灾后恢复重建规划的，灾区省级人民政府要与中央有关部门有效对接，科学制定规划实施方案。灾区省级人民政府也可根据灾后恢复重建资金规模，结合实际自主编制规划。

完善工作机制。灾区所在省份省级人民政府要合理安排重建时序、把握重建节奏，优先建设灾害防治、住房、教育、医疗卫生、广播电视等急需项目。灾区所在市级及以下人民政府作为恢复重建执行和落实主体，要建立专门工作机制，负责辖区内灾后恢复重建各项工作。组织力量进行废墟清理，制定建材、运输、施工保障方案。优化调整灾区政府考核评价机制，引导灾区集中力量抓恢复重建。

提高行政效能。灾区所在省份省级人民政府可根据恢复重建需要，简化审批程序，下放审批权限，加快审批进度。灾区所在市县在严格执行项目基本建设程序和法律法规的前提下，可直接开展项目可行性研究等前期工作，有关部门同步开展规划选址、用地预审、环境影响评价、抗震设防等要件审批以及勘察、设计、地震安全性评价等工作。

发挥群众作用。灾区所在省份各级人民政府要建立联系和服务群众工作机制，发挥广大灾区群众的主人翁作用，引导灾区群众积极主动开展生产自救，在项目规划选址、土地征用、住房户型设计、招标管理、资金使用、施工质量监督、竣工验收等工作中，保障灾区群众的知情权、参与权和监督权。

加强援建支持。省级人民政府要组织省（区、市）内相对发达地区对口援建重灾地区。加强灾区所在市县干部配备，选派得力干部赴灾区任职支援恢复重建工作，组织专业技术人才提供技术支持。鼓励和支持其他地区与灾区深化教育、医疗等合作，探索相对发达地区的名校、名院到灾区办学、办医，加强中小学教师和管理骨干培训交流，建立健全远程会诊系统，定期对灾区医务人员进行培训。

5. 国家层面灾后规划活动

国家层面为地方灾后恢复重建提供指导以及各方面的资源支援，例如：

- 根据灾难损失评估结果，划分不同层级的灾后恢复重建责任，具体负责启动国家救灾Ⅰ级响应的自然灾害恢复重建规划组织编制及其实施的指导协调工作。
- 为地方开展灾后恢复重建规划提供援助，必要时派出工作组具体指导。对于跨多个省级行政区的特别重大灾害组织编制国家层面的恢复重建规划。
- 制订完善灾后恢复重建的法规、标准和政策，促进快速、高效地恢复重建。
- 为地方灾后恢复重建提供资金、物资、技术等方面的援助，加强对资金使用等方面的监督监察。
- 促进不同地区建立资源共享和对口援助机制。
- 促进在恢复重建中贯彻新发展理念，加强城乡减灾和韧性建设。

2019年11月21日国家发改委、财政部、应急管理部联合印发的《关于做好特别重大自然灾害灾后恢复重建工作的指导意见》，明确了国家各有关部门及灾区所在省份省级人民政府，在特别重大自然灾害发生后启动和开展恢复重建的相关任务和职责分工。摘录要点如下：

确定启动程序。按照党中央、国务院决策部署，启动救灾Ⅰ级响应的特别重大自然灾害，国务院有关部门会同灾区所在省份启动恢复重建工作，按程序组建灾后恢复重建指导协调小组。指导协调小组负责研究解决恢复重建中的重大问题，指导恢复重建工作有力有序有效推进。未启动救灾Ⅰ级响应的自然灾害由地方政府负责组织灾后恢复重建工作（国家发改委、财政部、应急管理部牵头，有关部门和灾区所在省份省级人民政府按职责分工负责）。

综合评估损失。综合评估城乡住房、基础设施、公共服务设施、农业、生态环境、土地、文物、工商企业等灾害损失，实事求是、客观科学地确定灾害范围和灾害损失，形成综合评估报告，按程序报批后作为灾后恢复重建规划的重要依据（应急管理部牵头，有关部门和灾区所在省份省级人民政府按职责分工负责）。

开展隐患排查。对地质灾害等次生衍生灾害隐患点进行排查，对临时和过渡安置点、城乡居民住房和各类设施建设进行地质灾害危险性评估，研究提出重大地质灾害治理和防范措施（自然资源部、应急管理部牵头，有关部门和灾区所在省份省级人民政府按职责分工负责）。

做好受损鉴定。对住房及其他建筑物受损程度、抗震性能进行鉴定，按照国家建筑抗震设防标准，做好住房及其他建筑物的恢复重建（住房和城乡建设部牵头，有关部门和灾区所在省份省级人民政府按职责分工负责）。

多方筹措资金。根据灾害损失评估、次生衍生灾害隐患排查及危险性评估、住房及其他建筑物受损程度鉴定等，以及灾区所在省份省级人民政府提出的灾后恢复重建地方资金安排意见，研究确定中央补助资金规模、筹集方式以及灾后恢复重建资金总规模。建立健全巨灾保险制度，完善市场化筹集重建资金机制，引导国内外贷款、对口支援资金、社会捐赠资金等参与灾后恢复重建（财政部牵头，有关部门和灾区所在省份省级人民政府按职责分工负责）。

制定配套政策。根据灾害损失情况、环境和资源状况、恢复重建目标和经济社会发展需要等，研究制定支持灾后恢复重建的财税、金融、土地、社会保障、产业扶持等配套政策。建立恢复重建政策实施监督评估机制，确保相关政策落实到位，资金分配使用安全规范有效（财政部牵头，有关部门和灾区所在省份省级人民政府按职责分工负责）。

编制重建规划。根据灾后恢复重建资金规模，结合国家相关政策和地方实际，在资源环境承载能力和国土空间开发适宜性评价的基础上，组织编制或指导地方编制灾后恢复重建规划，统筹规划城镇体系、乡村振兴、基础设施、城乡住房、公共服务、产业发展、文物抢救保护、生态环境保护修复、防灾减灾等领域的重大项目。做好重建规划环境影响评价，健全灾后规划实施情况中期评估和规划项目调整机制（国家发改委牵头，有关部门和灾区所在省份省级人民政府按职责分工负责）。

8.3.3 灾后恢复重建规划主要内容

1. 灾后恢复重建规划的关键任务

- 启动和建立恢复重建规划协调结构，在各类利益相关者之间建立合作伙伴关系。

- 使用社区驱动和地方管理的规划过程，促进地方决策和对恢复重建规划与实施工作的自主权。
- 评估灾区状况，重新评估风险、需求和优先事项，并预测未来的需求和趋势。
- 评估和调整（如有必要）预先准备的恢复重建计划和优先事项，包括灾前恢复计划和减灾计划。
- 设定短期、中期和长期的恢复重建愿景和目标，特别重视公众的参与。
- 采用可持续、普遍可及、健康的社区设计和建设标准，遵守无障碍设计、改造和建设标准；整合减灾和长期韧性建设活动，通过减灾和其他方法增强灾区的未来韧性。
- 确保政策对全社区的包容性，让公众了解恢复重建计划的各个方面，并鼓励合作伙伴之间的合作。
- 识别、调整、实施和管理相关行动、程序、计划、项目、法规、标准和政策，以满足特定需求。
- 提供明确定义的任务时间表和里程碑，开发评估工具和指标，跟踪评估任务完成进度。

2. 灾后恢复重建规划过程

灾后恢复重建规划过程与灾前恢复规划过程相似，如果在灾前已经制定灾难恢复重建规划，则可以基于事先设定的组织架构、职责分工和工作程序，加快灾后恢复重建规划过程。规划过程主要包括以下阶段和内容。

（1）建立规划团队。

- 由负责灾后恢复重建规划的部门组建多方参与的规划团队，识别领导规划过程的个体或群体及其支撑结构。
- 建立多方参与的平台，开发沟通联络图，明确各方的联络人，以确保所有相关部门都参与规划过程。
- 发展合作伙伴关系，鼓励公众和利益相关者积极参与；识别可为恢复重建提供外部资源、资金和技术支持的相关方。

（2）收集资料和形势分析。

- 收集和使用现有减灾、综合规划和其他社区规划，以指导识别恢复和重建的优先事项。
- 检查过去开展的减灾活动的效果，并将其作为新的恢复重建规划和评估需求的基准。
- 评估灾难所产生的风险与需求，确定存在恢复重建问题的领域，如住房、医疗、基础设施、环境、经济等。
- 识别需重点关注的领域，识别恢复重建规划中存在机会的领域。

（3）确定愿景与目标。

- 评估灾前设定的恢复愿景与目标，根据灾后实际进行调整。
- 识别有助于增强和振兴社区的领域，开发新的恢复愿景与目标。
- 在开发和确认愿景与目标过程中征求公众意见。

（4）编制恢复重建规划。

- 评估分析灾前恢复重建规划（如有）设定的恢复重建策略，包括操作层面和战术层面的具体任务，根据灾后实际进行调整。
- 评估分析现有减灾规划、总体规划和区域规划等规划文档的策略和任务，根据灾后实际转化为恢复重建策略和任务。
- 根据确定的愿景与目标，开发具体项目和计划来保证其实现。
- 评估项目和计划，根据设定的恢复需求、资源限制、公众支持、可持续发展、安全韧性和其他标准，分析其适宜性和可行性。

（5）批准和发布恢复重建规划。

- 按照一定的格式将确定的愿景、目标、项目和计划等文档化，形成灾难恢复重建规划（计划）文本草稿。
- 向利益相关者提供规划（计划）文本草稿，征求各方面意见建议，根据反馈意见对规划（计划）文本进行修改。
- 经过一定的审核批准程序后，将规划（计划）发布实施。

（6）实施、评估和修订恢复重建规划。

- 通过宣传、培训、推广等让相关人员了解恢复重建规划（计划）。
- 确定实施方案和恢复项目的优先级，识别负责下一阶段项目实施的关键领导人。
- 使用现有的公共和私人资源，以及新的资金流，创造性地打包项目和资源；分阶段实施大的复杂的项目，以便更灵活地使用资源。
- 监控计划、项目实施进展情况，将实施成果通报给所有利益相关者。
- 根据需要修订恢复重建规划（计划），以满足不断变化的需求和优先事项；吸引更广泛的利益相关者参与恢复重建。

3. 灾后恢复重建规划（计划）内容框架

灾后恢复重建规划的成果通常被称为"灾后恢复重建规划（计划）"，我国各级政府通常都称之为"灾后恢复重建规划"，其基本内容框架大致包括如下内容，不同规划有所不同。

（1）前言。
简要说明灾害发生情况，规划编制情况等。
（2）重建基础。
主要包括规划范围、灾区特点和重建条件等。
（3）总体要求。
主要包括指导思想、重建原则、重建目标等。
（4）空间布局。
主要包括重建分区、城乡布局、土地利用等。
（5）居民住房和城乡建设。

主要包括农村居民住房、城镇居民住房的重建要求、重建机制和配套设施，以及城乡基础设施建设等。

（6）公共服务。

主要包括公共服务设施、公共服务能力、社会管理服务体系等。

（7）基础设施。

主要包括交通、通信、邮政、水利、能源等基础设施恢复重建内容。

（8）产业重建和特色产业。

主要包括文化旅游业、特色农林业、加工业、服务业等各方面产业发展规划内容。

（9）生态环境和灾害防治。

主要包括生态修复、环境保护、防灾减灾、灾害防治、人居环境改善等。

（10）保障措施。

主要包括支持政策、保障条件、规划实施、监督检查等。

8.3.4 灾后恢复重建规划示例

2008年5月12日汶川地震发生后，其恢复重建规划开创了中华人民共和国成立以来灾后恢复重建规划的新时代。在地震发生后不久，国家即迅速起草并颁布了《汶川地震灾后恢复重建条例》《国务院关于做好汶川地震灾后恢复重建工作的指导意见》以及《国家汶川地震灾后重建规划工作方案》等法规和文件，使灾后恢复重建很快步入法制化轨道。国务院于2008年9月19日正式发布《汶川地震灾后恢复重建总体规划》。随后，国家发改委与国家相关部委又相继发布了《汶川地震灾后恢复重建城乡住房专项规划》《汶川地震灾后恢复重建城镇体系专项规划》等10个专项规划。汶川地震灾后恢复重建形成的许多经验和做法被转化为制度，在此后的历次重特大自然灾害后都得到应用。本节以汶川地震灾后恢复重建为例，说明灾后恢复重建规划的过程和主要内容。

1. 灾后恢复重建规划过程

汶川地震发生后，国家迅速成立了国务院抗震救灾总指挥部灾后恢复重建规划组，负责灾后恢复重建规划方案的组织与编制。

《国家汶川地震灾后重建规划工作方案》明确了规划的主要工作过程，包括专项评估、政策研究和规划编制。专项评估包括"两评估一评价"，"两评估"指灾害范围评估和灾害损失评估，"一评价"即资源环境承载能力评价；政策研究包括资金需求、财政政策、税收政策、金融政策、土地政策、援助机制和其他政策的研究；规划编制任务包括灾后恢复重建总体规划和一系列专项规划的编制。此外，受灾的省、市、县、镇、乡、村各级也都根据实际情况开展灾后恢复重建城乡规划的编制工作。

国家层面恢复重建规划组组长单位为国家发改委，副组长单位为四川省人民政府、住房和城乡建设部，成员单位包括了甘肃省人民政府、陕西省人民政府以及国务院38个有关部门和单位。规划组数十次深入灾区开展实地调研，倾听灾区群众的心声，了解地方政府的想法，听取各界专家的建议。在国家发改委网站、人民网、中国网开辟了灾后重建言献策专栏，听取社会公众意见。还通过组织国际研讨会等方式，了解和借鉴国外灾后恢复重建的经验。组织有关部门和单位的数百位专家，经过调查研究和评估论证，完成了《汶川地震灾害范围评估结果》《汶川地震灾害损失汇总与评估报告》《资源环境承载能力评价报告》。在这些工作基础之上，规划组充分吸收了四川、甘肃、陕西三省的总体规划，以及各有关部门与受灾地区政府共同编制的城镇体系、农村建设、城乡住房建设、基础设施、公共服务设施、生产力布局和产业调整、市场服务体系、防灾减灾、生态修复、土地利用共十个专项规划的主要内容，反复研究讨论，形成了《国家汶川地震灾后恢复重建总体规划（公开征求意见稿）》。

四川省于 2008 年 5 月 19 日启动了灾后恢复重建规划工作；5 月 20 日，四川省政府发出了《关于编制 "5·12" 汶川特大地震灾后恢复重建规划的紧急通知》，随后成立了由省长任组长的汶川地震灾后恢复重建规划组，全面负责协调灾后恢复重建规划工作。规划编制人员由中央、省和地方各级政府相关部门工作人员以及各专业规划专家组成。这一组织构架为规划的及时完成提供了强有力的组织保障和技术支撑。

四川省建设厅协调组织全国规划设计技术力量，近千家规划设计单位、上万名规划师开展了县、镇、乡、村等城乡规划的编制工作。根据 2009 年 3 月 28 日中国建设报《四川：恢复重建工作有序推进》报道，至 2008 年年底，重灾区 39 个需编制灾后恢复重建城乡规划的县（市、区）全部完成规划编制任务（其中 6 个纳入当地城市规划统一编制）；重灾区 702 个镇乡，已完成 631 个规划编制任务，占 90%；重灾区 2197 个村庄，2043 个已完成规划编制任务，占 93%。

2. 灾后恢复重建规划总体思路

（1）指导思想。国务院发布的《汶川地震灾后恢复重建总体规划》（以下简称《总体规划》）明确了恢复重建规划的指导思想。指导思想以科学发展观为统领，坚持以人为本、尊重自然、统筹兼顾、科学重建；要求优先恢复灾区群众的基本生活条件和公共服务设施，尽快恢复生产条件；在空间布局上强调合理调整城镇乡村、基础设施和生产力的布局，逐步恢复生态环境；要求灾后恢复重建必须坚持自力更生、艰苦奋斗，以灾区各级政府为主导、广大干部群众为主体，在国家、各地区和社会各界的大力支持下，精心规划、精心组织、精心实施，又好又快地重建家园。

（2）规划原则。《总体规划》确定了"以人为本，民生优先""尊重自然，科学布局""统筹兼顾，协调发展""创新机制，协作共建""安全第一，保证质量""厉行节约，保护耕地""传承文化，保护生态""因地制宜，分步实施"的总体原则，各个专项规划则在此基础上根据自身特点提出各有侧重的规划原则，如《汶川地震灾后恢复重建城镇体系规划》侧重于灾后城镇与乡村的体系构架，提出了"尊重科学，突出重点""因地制宜，分类指导""城乡统筹，协调发展"等规划原则。

（3）重建目标。《总体规划》确立了"用三年左右时间完成恢复重建的主要任务，基本生活条件和经济社会发展水平达到或超过灾前水平，努力建设安居乐业、生态文明、安全和谐的新家园，为经济社会可持续发展奠定坚实基础"的重建总体目标，并将这些目标具体为：家家有房住、户户有就业、人人有保障、设施有提高、经济有发展、生态有改善。专项规划将总体目标具体化，如《汶川地震灾后恢复重建农村建设规划》明确了"一至两年完成农村住房恢复重建，三年完成村庄基础设施、公共服务设施、农业生产设施恢复建设；农业综合生产能力、农业科技支撑能力、农村公共服务能力基本达到同期全省平均水平"等目标。

3. 灾后恢复重建规划主要内容

汶川地震灾后恢复重建规划包括国家层面、四川省层面,以及受灾的市、县、镇、乡、村各层级各方面的恢复重建规划。下面简要介绍国家层面的总体规划和专项规划的主要内容。

(1) 总体规划。

《汶川地震灾后恢复重建总体规划》(以下简称《总体规划》)于2008年9月19日由国务院正式印发。《总体规划》由15章构成,包括重建基础、总体要求、空间布局、城乡住房、城镇建设、农村建设、公共服务、基础设施、产业重建、防灾减灾、生态环境、精神家园、政策措施、重建资金和规划实施等内容。

《总体规划》涉及的范围为四川、甘肃、陕西3省处于极重灾区和重灾区的51个县(市、区),总面积132 596平方公里,乡镇1271个,行政村14 565个,2007年末总人口1986.7万人。规划将51个县城(城区)分为重点扩大规模重建、适度扩大规模重建、原地调整功能重建、原地缩减规模重建和异地新建五种类型。其中,受到极重破坏、无法就地恢复重建的个别县城需要异地新建。

《总体规划》提出了以人为本、民生优先的原则,把保障民生作为恢复重建的基本出发点,把修复重建城乡居民损毁住房摆在突出和优先的位置,加快学校、医院等公共服务设施和基础设施的恢复重建。同时为了切实解决好就业问题,也要高度重视产业的恢复重建和生态环境的修复。规划提出主要领域的重建任务,是根据灾后恢复重建的需要确定的,在有些领域特别是关系民生的公共服务、支撑灾区长远发展的基础设施等方面,也适当兼顾了未来发展提高的需要。

《总体规划》根据规划确定的目标和城乡住房、城镇建设、农村建设、公共服务、基础设施、产业重建、防灾减灾、生态环境、精神家园等方面恢复重建任务要求,测算出恢复重建资金需求为约1万亿元。其中,中央财政资金占其中的30%左右,其余大部分依靠发挥调动各方面积极性,包括地方财政、对口支援、社会募集、资本市场融资、国内银行贷款、国际组织贷款、城乡居民自有和自筹资金、企业自有和自筹资金、创新融资以及其他多种渠道筹措。

(2) 专项规划。

国务院还组织编制并于2008年11月初发布了十个专项规划,这十个专项规划的基本情况如表8-1所示。

表8-1 汶川地震灾后恢复重建专项规划

序号	专项规划名称	主要内容	发布单位
1	汶川地震灾后恢复重建城镇体系专项规划	明确了城镇恢复重建的类型、城镇人口与用地规模,以及城镇住房、公共服务设施、市政公用基础设施、历史文化名城名镇名村、风景名胜区、城镇地质灾害治理与综合防灾体系的恢复重建要求和标准等	由国家发改委、住房和城乡建设部联合制定与发布

（续）

序号	专项规划名称	主要内容	发布单位
2	汶川地震灾后恢复重建农村建设专项规划	明确了农村居民点的重建类型、规模、要求和恢复重建用地，农村公路、村内道路桥涵、供排水、沼气、垃圾收集转运处理、村庄建设场地平整等农村基础设施，以及农业生产设施和贫困村恢复重建的任务和要求等	由国家发改委、住房和城乡建设部、农业部、交通运输部、国务院扶贫办联合制定与发布
3	汶川地震灾后恢复重建城乡住房建设专项规划	明确了城乡住房恢复重建的分类、规模和年度任务，以及新建住房、加固住房、城镇住区设施配套、农村住区设施配套的建设要求和标准等	由国家发改委、住房和城乡建设部、民政部联合制定与发布
4	汶川地震灾后恢复重建基础设施专项规划	明确了交通（高速公路、干线公路、铁路、民航）、通讯（通信、邮政）、能源（电网、电源、煤矿、油气）和水利四个方面基础设施恢复重建的具体方案	由国家发改委、交通运输部、铁道部、工业和信息化部、水利部、国家能源局联合制定与发布
5	汶川地震灾后恢复重建公共服务设施建设专项规划	涉及教育、医疗卫生、计划生育、文化、文物保护、新闻出版、广电、体育、社会福利、就业和社会保障、基层政权等11个行业领域的公共服务领域基础设施恢复重建的具体方案	由国家发改委、教育部、卫生部、民政部、文化部、人力资源和社会保障部、人口计生委、体育总局、广电总局、新闻出版总署、国家文物局等11部门联合制定与发布
6	汶川地震灾后恢复重建生产力布局和产业调整专项规划	明确了适度重建区和生态重建区的生产力布局定位和重建目标，提出现有主要产业的企业关闭、搬迁、恢复重建等结构调整方案	由国家发改委、工业和信息化部、农业部、文化部和国家旅游局以及四川、甘肃和陕西省人民政府共同组织编制并发布
7	汶川地震灾后恢复重建市场服务体系专项规划	明确了市场服务体系的规划布局，以及商品零售网络、生活服务网络、商贸批发体系、物流配送体系、屠宰加工体系、粮食流通体系、金融服务网络、市场监管体系恢复重建的任务和要求等	由国家发改委、商务部、人民银行联合制定与发布
8	汶川地震灾后恢复重建防灾减灾专项规划	明确了灾害风险治理、监测预警、应急指挥和救援救助、综合减灾能力建设的任务和要求等。提出防治地震、地质、洪涝等灾害的预防和应对方案	由国家发改委、民政部、国土资源部、地震局联合制定与发布
9	汶川地震灾后恢复重建生态修复专项规划	明确了生态系统修复、环境整治、大熊猫栖息地及自然保护区恢复、林区基础设施恢复重建的任务和要求等	由国家发改委、国家林业局、环保部、农业部、水利部联合制定与发布
10	汶川地震灾后恢复重建土地利用专项规划	明确了灾后恢复重建所需临时用地、城镇用地、农村居民点用地、独立工矿用地、基础设施用地和其他建设用地的规模，以及土地整理复垦的任务和要求等	由国家发改委、国土资源部联合制定与发布

8.4 业务连续性规划

8.4.1 业务连续性规划基本定位

业务连续性规划就是制订业务连续性计划（BCP）的过程。业务连续性是指政府、企业及各类组织拥有应对风险、自动调整和快速反应的能力，可以保证关键业务连续运转而不中断。

业务连续性能力主要体现在以下三个方面。

（1）高可用性（high availability），是指当组织受到外部或内部突发事件影响情况下，能够继续向用户提供关键业务服务的能力。高可用性主要反映的是组织关键业务系统的可靠性。

（2）连续运行（continuous operations），是指组织在受到外部或内部突发事件影响情况下，能够保持正常运行、业务可持续的能力。连续运行主要反映的是组织运行体系的韧性。

（3）灾难恢复（disaster recovery），是指当组织受到外部或内部突发事件影响，组织业务系统遭到破坏时，能够通过启动灾难备份或重建业务系统而迅速恢复业务的能力。灾难恢复反映的主要是组织的灾难备份和快速响应能力。

上述这三个部分不是相互孤立的，而是相互关联、相互交叉的。灾难恢复与业务连续性在概念上是存在区别的。以网络信息服务系统为例，高可用性是从用户的角度来看，提供服务的组织的业务没有受到明显影响，采用的既可能是抗损毁、高可靠性的设施设备，也可能是异地互为备份的系统；连续运行则强调组织的运行能力，包括设施设备、业务系统、人事、财务、技术等方面；灾难恢复是在信息系统受到灾难影响后迅速恢复正常功能的能力，是业务连续性的一个组成部分，业务连续性的范围要广得多。

8.4.2 业务连续性规划相关主体

不同层面的社会主体都存在业务连续性问题。对于个人和家庭来说，业务连续性是指个人和家庭的生活、工作和学习等的连续性；对于企业来说，业务连续性主要是指企业生产经营活动的连续性；对于政府来说，业务连续性是指政府存续和持续提供治理服务的能力。

目前，开展业务连续性规划的主要是企业，特别是提供关键基础设施和生命线系统服务的企业，国家法律法规和标准对此有一些明确规定和要求。例如，2011年12月银保监会发布《商业银行业务连续性监管指引》，对商业银行业务连续性建设提出了全面的、体系化的监管要求；2017年6月颁布实施的《中华人民共和国网络安全法》规定："建设关键信息基础设施应当确保其具有支持业务稳定、持续运行的性能，并保证安全技术措施同步规划、同步建设、同步使用。"

我国国家标准研发机构参考相关国际标准，先后发布了《公共安全 业务连续性管理体系 要求》（GB/T 30146—2013）、《公共安全 业务连续性管理体系 指南》（GB/T 31595—

2015)、《公共安全 业务连续性管理体系 业务影响分析指南（BIA）》（GB/T 35625—2017）等业务连续性相关标准。

美国联邦政府于 2007 年 5 月发布《国土安全总统指令（HSPD）20：国家连续性政策》，要求建立和维持综合且有效的国家能力，以确保宪法下的政府的存续和韧性，并确保在任何条件下国家关键功能的持续执行。2007 年 8 月，白宫国家安全委员会发布了依据国家连续性运行政策制订的《国家连续性政策实施计划》。2008 年 2 月，国土安全部发布《联邦连续性指令（FCD）1：联邦行政部门国家连续性项目和需求》和《联邦连续性指令（FCD）2：联邦行政部门使命攸关功能和主要使命攸关功能识别和提交过程》。FCD-1 和 FCD-2 详细说明了识别和确认各联邦部门和机构功能中与"国家关键功能（NEF）"相关的"使命攸关功能（MEF）"和"主要使命攸关功能（PMEF）"的方法和步骤，并详细说明了连续性能力的关键要素：关键功能、权力交接顺序、权力委派、连续性设施、连续性通信、关键记录档案和人力资源等。

FCD-1 为联邦行政部门提供了开发连续性计划和项目的指导。FCD-1 构建了政府连续性项目管理的体系框架，如图 8-4 所示。

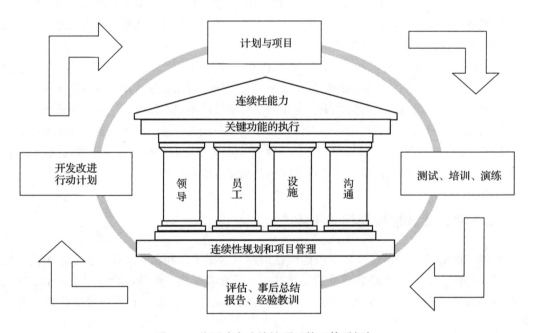

图 8-4　美国政府连续性项目管理体系框架

该框架体系内部的"房屋"框架形象地说明，一个政府组织的连续性能力取决于其连续地执行使命攸关功能的能力。这些能力是以连续性规划和项目管理为基础，并以领导、员工、设施和沟通这四个支柱为支撑。该框架体系的外部圆圈说明了政府连续性项目管理的生命周期，包括计划与项目的开发，对计划进行测试、培训和演练，对演练和事件应对情况进行评估、总结和吸取经验教训，并开发改进行动计划，以实现政府业务连续性计划和项目的持续改进。

8.4.3 业务连续性规划主要内容

1. 业务连续性规划过程

业务连续性规划应该是组织应急准备的一个重要组成部分，以便组织能够在经受一系列自然或人为灾难的打击下能够连续不断地运作。

下面以组织业务连续性规划为例，简要介绍业务连续性规划过程。

（1）风险识别和评估。

识别组织可能面临的各种风险因素。包括自然灾害（如地震、火山爆发、极端天气等）或人为灾难（如计算机病毒、技术故障、人为破坏等）。

评估可能发生的风险事件的风险大小。包括风险事件发生的可能性和后果的严重性，影响的持续时间，确定风险事件的风险等级等。

（2）业务影响分析。

业务影响分析（business impact analysis，BIA）实质上就是对组织的关键功能以及当这些功能一旦失去后可能造成的损失和影响的分析。

组织的关键功能是指当这类功能被中断或失效，就会彻底危及组织的重要业务并造成严重损失。一个组织的关键功能取决于该组织的属性和目的。对于高层政府和社会组织而言，关键功能是那些构成社会运行能力基础的活动、物资和服务，例如能源供应、IT和通信、运输、供水和食品、金融服务、警察、急救服务、医疗服务和社会服务等。

为了确定一个组织的关键功能，通常需要对组织的各种功能在一旦失去作用时可能造成的损失和影响进行分析：

- 该功能对于组织的整体战略而言是否生死攸关。
- 该功能在多长时间内失效不会造成影响和损失。
- 该功能的失效会影响到组织的哪些其他业务功能。
- 该功能的失效可能造成的经济影响——财务影响分析。
- 该功能是否会对客户关系造成影响——客户信心的损失。
- 该功能是否会对市场份额造成影响——市场占有率的下滑。
- 该功能是否会对组织的地位造成影响——竞争力的损失。
- 该功能是否会影响今后的业务——机会的丧失。
- 什么是最大的、可承受的、可允许的失效。

在进行了这些分析之后，就可以对组织的各种功能进行分类：

- 关键功能——如果这类功能被中断或失效，就会危及组织的业务并造成严重损失。
- 基础功能——这些功能一旦失效将会严重影响组织长期运营的能力。
- 必要功能——组织可以继续运营，但这些功能的失效会在很大程度上影响组织的效率。
- 有利功能——这些功能对组织是有利的，但它们的缺失不会影响组织的运营能力。

通过业务影响分析可以帮助组织确定各类业务功能的优先顺序，从而也就确定了各业务功能的优先恢复顺序。

（3）开发业务连续性计划和项目。

主要包括预防、响应、业务接续、业务恢复和复原等内容。

预防的目的在于降低灾难发生的可能性。有关预防的策略应该包括制止和预防控制。制止控制可以降低危险的可能性。预防控制则是保护企业的脆弱区域，以防御危险的发生并降低其影响。

响应就是当灾害事故即将发生或者已经发生时的反应，目的是阻止灾害事故发生或者避免其影响进一步扩大，评估后果严重程度，启动应急响应团队和相关机制，及时发布相关信息，尽可能避免和挽回损失等。

业务接续是尽可能避免关键功能的中断，通常涉及那些时间敏感的业务流程，要么在功能中断发生后立即接续，要么是在许可的一段时间内接续，这是业务连续性计划的关键环节。

业务恢复是启动时间敏感度稍低一些的业务流程，业务恢复的开始时间要取决于接续那些时间敏感的业务流程需要的时间。如从备份设备上恢复操作系统，并按照关键性次序恢复必要的应用系统等。

复原是指修复并恢复主要的经营场所，最终目标是在原有经营场所或者一个全新的经营场所完全恢复所有的业务流程。

（4）业务连续性计划测试和演练。

制订好的业务连续性计划需要通过适当的测试才能投入使用。省略这一过程就意味着业务连续性计划只能等灾难实际发生之后进行实地测试，其后果可能是严重的。规划一次业务连续性计划测试或演练需要开展下列行动：准备一份测试或演练计划，细化测试或演练脚本，说明预期要达到的结果；培训相关人员，执行测试或演练计划，记录测试或演练结果，评估测试或演练结果，分析存在的差距和问题，提出改进措施；向相关部门和人员报告测试结果；修改完善业务连续性计划。

（5）批准和实施业务连续性计划。

根据相关管理程序要求，对业务连续性计划进行审核，提交有关部门或领导进行审批，经批准后发布实施。对于批准发布的业务连续性计划，必须经过适当的宣传和培训，让相关人员完全了解和掌握，特别是高层管理人员，需要了解并提供资源支持。在一段时间之后，或者组织发生变化后，需要及时对业务连续性计划进行评估和更新，保证其符合实际并具有可操作性。

2. 业务连续性计划的内容框架

业务连续性计划（BCP）通常包括预防保护、应急响应、业务接续、业务恢复、恢复正常、实施与维护等内容。

（1）总则。

目的。简要说明制订计划的目的。

范围。说明本计划适用于哪些部门和运营业务。

必备条件、前提条件和限制因素。说明本计划成功实施的相关条件和可能存在的限制条件。

指标。企业必须由用于恢复的恢复点目标和恢复时间目标指标，以及其他性能或绩效指标等。

（2）组织结构。

说明负责业务连续性计划的工作团队、负责人、团队构成、职责、权力等。

（3）预防保护。

说明所采取的制止和预防控制措施，如经营场所的安全管理、人员控制、相关基础设施（如 UPS、后备电池、烟火探测器、灭火器等）、软件控制、相关信息的存储和恢复等。

（4）应急响应。

应该列明信息报告与发布的责任人及时限要求，启动业务连续性计划的相关标准，在响应阶段需要的资源等。

（5）业务接续。

说明从应急响应阶段到业务接续阶段如何进行衔接，有关业务接续运营的决策过程、在哪里以及怎样进行业务接续、需要采取什么行动，以及接续哪些业务到何种程度，等等。详细说明 BCP 团队中的各个小组应该采取的行动、完成指定任务的时间、资源和绩效标准等。BCP 中的这一部分也称为业务接续计划。

（6）业务恢复。

说明执行业务恢复的程序。BCP 的这一部分也可称为灾难恢复计划。这一部分应该尽可能简单明确，由一系列简单明确的指令构成，恢复团队可以按照这些指令进行恢复操作。各种操作之间的相互关系也必须加以明确说明。所有的指令和说明必须明白无误，以免因可能引起误解或不明了而导致时间损失。

（7）恢复正常。

说明为恢复正常状态——包括工作场所、工作状态、各种业务等，应采取的步骤、资源保障、相关团队、负责人的责任和任务。

（8）实施与维护。

说明本计划的生效日期、培训与演练、启动实施、评估改进等内容。

8.4.4　业务连续性计划示例

美国联邦应急管理局（FEMA）向联邦部门和机构推荐业务连续性计划的模板文件，其框架如图 8-5 所示，详见扩展阅读中所列的文献。

美国保险中介公司"RiskSOURCE Clark-Theders"向投保企业推荐企业业务连续性计划模板文件，其框架如图 8-6 所示，详见扩展阅读中所列的文献。

```
《XX 部门业务连续性计划》
1. 基本计划
   1.1 颁布声明
   1.2 变更记录
   1.3 发布记录
   1.4 目的、范围、情况和假设
       1.4.1 目的
       1.4.2 范围
       1.4.3 情况概述
       1.4.4 规划假设
       1.4.5 目标
       1.4.6 安全和隐私声明
   1.5 行动构想
       1.5.1 第一阶段：应急准备
       1.5.2 第二阶段：启动和搬迁
       1.5.3 第三阶段：连续性行动
       1.5.4 第四阶段：重组行动
       1.5.5 控制权和指挥权的下放
   1.6 组织和责任分配
   1.7 领导、控制和协调
   1.8 灾难信息报告
   1.9 通信
   1.10 预算编制和采购
   1.11 计划制订和维护
   1.12 法律和参考资料
2. 功能附件
   2.1 关键功能
       2.1.1 关键功能的确定
       2.1.2 连续性工作人员的确定
   2.2 重要文件档案管理
   2.3 连续性设施
   2.4 连续性通信
   2.5 领导和工作人员
       2.5.1 继任命令
       2.5.2 授权
       2.5.3 人力资本
   2.6 测试、培训和演练计划
3. 特定危害附录
   附件  实施说明
   附件 A  词汇表
   附件 B  法律和参考资料
   附件 C  缩略语
```

图 8-5 部门和机构业务连续性计划框架示例

```
《XX 企业业务连续性计划》
1. 指挥与控制
   1.1 业务使命声明
   1.2 业务连续性政策
   1.3 应急管理工作组
   1.4 事件指挥官
   1.5 团队过程与程序
   1.6 事件指挥官工作流
   1.7 应急行动中心
2. 通信
   2.1 应急通信
   2.2 通知
   2.3 警告
   2.4 保密要求
   2.5 组织结构
   2.6 顾客列表
   2.7 公用事业供应商信息
   2.8 供应商和设备提供者信息
3. 生命安全
   3.1 疏散规划
   3.2 集合和登记
   3.3 庇护所
   3.4 雇员培训
   3.5 雇员家庭应急准备
4. 财产保护
   4.1 保护系统
   4.2 减灾措施
   4.3 设施关闭
   4.4 文件档案保护
   4.5 建筑物信息
5. 社区外联
   5.1 互助协议
   5.2 公共信息
   5.3 媒体响应
   5.4 地方应急信息
6. 恢复与复原
   6.1 采购、后勤和分配
   6.2 行动
   6.3 产品和服务开发
   6.4 市场、销售和客户账户
   6.5 客户及售后服务
   6.6 总务管理和公司基础设施
   6.7 人力资源管理
   6.8 技术和流程开发
7. 实施和维护
   7.1 将计划整合到公司运营之中
   7.2 业务中断保险
   7.3 实施培训与演练
   7.4 员工培训
   7.5 年度计划审计
附件
```

图 8-6 企业业务连续性计划框架示例

复习思考题

1. 简述恢复重建规划的概念。
2. 恢复重建规划可分为哪几个类别？
3. 简述恢复重建规划的作用。
4. 什么是灾前恢复重建规划？与应急预案有何异同？
5. 简述灾前恢复重建规划的作用。
6. 简述灾前恢复重建规划的主要过程。
7. 简述灾前恢复重建规划的主要内容框架。
8. 简述灾后恢复重建规划的特点。
9. 简述灾后恢复重建规划可能涉及哪些不同主体。
10. 简述灾后恢复重建规划主要过程。
11. 简述灾后恢复重建规划的内容框架。
12. 对比分析不同层级灾后恢复重建规划的异同。
13. 简述什么是业务连续性规划。
14. 简述组织功能可分为哪几类，什么是组织的关键功能。
15. 简述业务连续性规划主要过程。
16. 简述业务连续性计划的内容框架。
17. 为自己个人、家庭或学校编制一份业务连续性计划。

延伸阅读

[1] 国家发展和改革委员会，财政部，应急管理部.关于印发关于做好特别重大自然灾害灾后恢复重建工作的指导意见的通知：发改振兴 [2019]1813 号 [A/OL].（2019-11-21）[2021-11-29]. http://www.gov.cn/xinwen/2019-11-28/content_5456597.htm.

[2] 国务院.关于印发汶川地震灾后恢复重建总体规划的通知：国发 [2008]31 号 [A/OL].（2008-09-19）[2021-11-29]. http://www.gov.cn/zwgk/2008-09/23/content_1103686.htm.

[3] 国务院.关于印发舟曲灾后恢复重建总体规划的通知：国发 [2010]38 号 [A/OL].（2010-11-04）[2021-11-29]. http://www.gov.cn/gongbao/content/2010/content_1745844.htm.

[4] 国务院.关于印发芦山地震灾后恢复重建总体规划的通知：国发 [2013]26 号 [A/OL].（2013-07-06）[2021-11-29]. http://www.gov.cn/zwgk/2013-07/15/content_2445989.htm.

[5] 国务院.关于印发鲁甸地震灾后恢复重建总体规划的通知：国发 [2014]56 号 [A/OL].（2014-11-04）[2021-11-29]. http://www.gov.cn/zhengce/content/2014-11/23/content_9234.htm.

[6] United Nations Office for Disaster Risk Reduction.Guidance note on recovery: pre-disaster recovery planning [EB/OL]. 2012[2021-11-29]. https://www.undrr.org/publication/guidance-note-recovery-pre-disaster-recovery-planning.

[7] City of Los Angeles Emergency Operations Organization.Recovery and Reconstruction

Plan[A/OL]. (1994-09-19) [2021-11-29]. https://eird.org/cd/recovery-planning/docs/2-planning-process-scenario/Los-angles-recovery-and-reconstruction-plan.pdf.

[8] FEMA.Continuity of Operations Plan Template and Instructions for Federal Departments and Agencies [EB/OL]. (2011-07) [2021-11-29]. https://www.fema.gov/pdf/about/org/ncp/coop/continuity_plan_federal_d_a.pdf.

[9] RiskSOURCE Clark-Theders.Sample Business Continuity Plan Template [EB/OL]. (2018-06) [2021-11-29]. https://risksource.com/wp-content/uploads/2018/06/Sample-Business-Continuity-Plan-Template.pdf.

第 9 章

应急规划的实施与管理

本章主要内容包括应急规划实施组织的相关责任主体及其主要职责；应急响应相关规划实施要点，包括应急预案培训演练、预警信息发布及预警响应、应急响应启动与终止、应急预案的数字化应用；能力建设类规划实施要点，包括重点项目建设实施程序、能力建设成效监测评估；应急规划的持续改进，包括完善应急规划体系、加强应急规划理论与政策指导、强化应急规划的社会参与等。

9.1 应急规划实施组织管理

9.1.1 应急规划实施各相关责任主体

本书介绍了防灾减灾规划、应急准备相关规划、应急响应相关规划、恢复重建规划等，其中，应急响应规划是以应急行动为核心，通过培训与演练等使承担应急行动任务的主体熟悉任务和锻炼应急技能。其他规划内容通常是平时的风险防范、防灾减灾、监测预警、应急准备及灾后的恢复重建等工作任务，以及应急队伍、设施、物资、装备等应急能力建设项目。这两类规划的实施方式有所不同，但通常都涉及许多不同主体，其实施都不是单独一个部门或者一个地方的职责。因此应急规划文件在发布之后，还需要明确规划实施的相关责任主体，明确各方的职责、任务和进度要求，确保规划的顺利实施。

不同层级和领域应急规划的实施责任主体各不相同。一般而言，负责规划审批和发布的主体是规划实施的责任主体，牵头组织规划编制的部门是规划实施的统筹协调部门，规划中明确了具体任务的部门和单位是相关任务实施的直接责任主体。

以各级政府编制发布的应急体系建设专项规划为例，规划由各级政府审批发布，所以各级政府是本级应急体系建设规划实施的责任主体；应急体系建设规划由各级政府应急管理部门牵头组织编制，因此，各级应急管理部门是本级应急体系建设规划实施的统筹协调部门；

规划涉及的地方、部门和单位是应急体系建设规划实施的直接责任主体。

对于涉及多个部门、不同层级的重大项目，通常由规划审批发布的层级组建重大项目实施统筹协调机构，相关各方参与，共同推进项目实施。

应急规划的有效实施，需要必要的基础保障条件，包括政策法规、人力资源、资金投入等，特别是相应领导的重视，只有具备相应的保障条件，才能保证应急规划实施的进度、质量和效果。

9.1.2 应急规划实施责任主体的主要职责

1. 应急规划实施统筹协调部门的职责

对于各级政府编制发布的应急管理相关规划，各级应急管理部门是本级政府应急规划实施的统筹协调部门，在规划实施的组织过程中需要重点做好以下相关工作。

（1）建立完善规划实施领导与管理机构。将应急规划实施纳入各级领导和议事协调机构的职责范围，强化其领导责任和实施职责。如有可能，建议成立跨部门的规划实施领导小组、建立联席会议制度等，以加强对规划实施的领导。设立或明确规划实施的管理协调机构，具体负责规划实施的组织管理、统筹协调工作。

（2）明确目标任务工作分工。编制规划实施方案，按照相关部门的职责分工或者规划中已明确的任务分工，进一步在实施方案中明确各项规划目标、任务和工程项目的责任主体，编制年度工作计划，形成规划实施时间表和路线图，确保规划各项目标、任务和项目落地。

（3）加强重大事项的统筹协调。对于规划明确的重大规划战略、重大改革举措，应充分发挥领导和管理机构的统筹协调作用，积极推动各项重大战略、举措的加快落地，及时了解规划实施中出现的问题，加强协调与合作，形成更加高效的工作推进机制。

（4）推动重大工程项目加快实施。重大工程项目是规划实施的重要抓手，是实现规划目标的重要条件。要推动项目实施责任主体加快项目前期准备工作，协助解决项目选址、土地供应和方案论证审批等方面可能存在的问题，推动项目尽快完成立项审批和开工建设条件落实，加强项目建设管理，保质保量完成项目建设任务。

（5）发挥各方面的积极作用。搭建多方参与规划实施的交流平台，及时动员和对接各方社会主体积极参与规划实施，充分发挥社会力量和市场机制的作用。

（6）组织开展规划实施监测和评估工作。将相关规划实施情况纳入年度监测评估范围，推动将规划实施情况纳入干部考核评价体系；适时组织开展规划实施专项评估、中期评估、总结评估，充分借助智库等专业资源，全面开展第三方评估。

（7）必要时提请对规划进行调整修订。基于规划实施情况监测分析及评估结果，如果确有必要，由规划组织编制部门提出调整方案，按程序报原规划审批部门批准后实施。

2. 应急规划实施任务责任部门的职责

（1）落实规划确定的部门工作任务。梳理相关规划确定的本部门负责或参与的主要任务，编制规划任务实施工作计划（方案），并将相关任务列入本部门的年度工作计划，明确责任单位和责任人，纳入年度工作考核指标，保障任务实施所需的人、财、物等资源。

（2）组织实施规划确定的部门所承担的重点项目。按照规划重点项目建设要求，组建重点项目实施管理机构,组织开展项目可行性研究报告、设计方案等的审批论证工作,积极与项目审批核准部门做好工作对接,加快推进项目审批核准进度。在项目审批核准通过后,抓紧落实项目建设条件,做好项目招投标、资金筹措等工作,确保及时开工。涉及土建工程的建设项目,要加快推进勘察、设计、征地拆迁、开工前手续办理等工作。对已经开工建设的项目,要加强监督和跟踪,及时解决实施中的问题,大力推进、确保项目实施进度。做好项目试运行和竣工验收,保障项目运行所需条件,充分发挥好项目建设成果效益。

(3)配合开展规划实施监测和评估工作。按照统筹协调部门的工作要求,及时报送任务和项目实施进展情况,组织做好年度评估、专项评估、中期评估、总结评估等各项工作。规划实施过程中出现问题应及时报告,尽快协调解决。对于因某些方面条件发生重大变化,影响规划任务和重点项目顺利实施的,要及时报告规划实施主管部门,必要时提出调整方案建议,经规划审批部门批准后进行调整。

9.1.3 落实应急规划实施的资金保障

根据 2020 年 7 月 4 日国务院办公厅《关于印发应急救援领域中央与地方财政事权和支出责任划分改革方案的通知》(国办发〔2020〕22 号),各级人民政府应按照划定的财政事权和支出责任落实应急规划实施所需政府投入。

1. 预防与应急准备资金

(1)应急管理制度建设。研究制定应急救援领域法律法规和国家政策、标准、技术规范,国家级规划编制,国家总体应急预案和安全生产类、自然灾害类专项预案编制,应急预案综合协调衔接,中央部门直接组织的全国性应急预案演练等,为中央财政事权,由中央承担支出责任。研究制定应急救援领域地方性法规和政策、标准、技术规范,地区性规划编制,地方应急预案编制,地方应急预案演练等,为地方财政事权,由地方承担支出责任。

(2)应急救援能力建设。国家应对特别重大灾害和事故协调联动机制建设、国家综合性消防救援队伍管理、国家应急指挥总部建设与运行维护、国家应急物资储备,为中央财政事权,由中央承担支出责任。国家区域应急救援中心建设与运行维护、国家综合性消防救援队伍建设、国家级专业应急救援队伍建设,为中央与地方共同财政事权,由中央与地方共同承担支出责任。地方应急救援队伍建设、应急避难设施建设、地方应急物资储备,为地方财政事权,由地方承担支出责任。

(3)应急管理信息系统建设。全国统一的应急管理信息系统建设,为中央与地方共同财政事权,由中央与地方按照相关职责分工分别承担支出责任,其中中央主要负责信息系统的规划设计、中央部门信息系统软硬件配备及维护支出,地方主要负责地方各级信息系统软硬件配备及维护支出。

(4)安全生产监督管理。中央部门负责的国家安全生产综合监督管理,对各省、自治区、直辖市和中央企业总部安全生产工作的指导协调服务和监督检查,中央部门直接组织的安全生产巡查、安全生产和消防考核、安全生产标准化建设以及危险化学品、烟花爆竹、工矿商贸企业安全生产监督管理,国家煤矿安全监察,国家煤矿安全生产准入制度的组织实施和监督,海洋石油安全生产综合监督管理等,为中央财政事权,由中央承担支出责任。地方性的安全生产监督管理事项，为地方财政事权，由地方承担支出责任。

（5）应急宣传教育培训。中央部门直接组织开展的全国性应急宣传教育培训工作，为中央财政事权，由中央承担支出责任。地方组织开展的应急宣传教育培训工作，为地方财政事权，由地方承担支出责任。

2. 灾害事故风险隐患调查及监测预警资金

（1）灾害事故风险隐患调查。全国灾害事故风险调查和重点隐患排查为中央与地方共同财政事权，由中央与地方按照相关职责分工分别承担支出责任，其中中央主要负责国家灾害风险事故隐患基础数据库建设、支持开展综合风险评估相关支出，灾害风险事故隐患基础数据库纳入全国统一的应急管理信息系统；地方主要负责本行政区内灾害事故风险调查评估和隐患排查、为国家灾害风险事故隐患基础数据库提供数据支撑相关支出。

（2）灾害事故监测预警。国家自然灾害、安全生产及火灾监测预警体系建设，为中央与地方共同财政事权，由中央与地方按照相关职责分工分别承担支出责任，其中中央主要负责全国统一的灾害事故监测预警和报告制度建设、中央部门监测预警系统建设支出；地方主要负责当地监测预警系统建设、应急信息员队伍建设支出。监测预警系统建设中相关信息化工作纳入全国统一的应急管理信息系统建设。

3. 应急处置与救援救灾资金

特别重大事故调查处理，特别重大自然灾害调查评估，安全生产类、自然灾害类等突发事件的国际救援，为中央财政事权，由中央承担支出责任。煤矿生产安全事故调查处理、国家启动应急响应的特别重大灾害事故应急救援救灾，为中央与地方共同财政事权，由中央与地方共同承担支出责任。其他事故调查处理、自然灾害调查评估、灾害事故应急救援救灾等，为地方财政事权，由地方承担支出责任。

中央预算内投资支出主要用于中央财政事权或中央与地方共同财政事权事项。要根据各省级人民政府制定的财政事权和支出责任划分规定落实省以下应急规划资金投入责任。要加大对经济欠发达地区、财力困难地区的资金支持力度，鼓励和动员社会化资金投入。完善财政、金融、信贷等政策，促进优势要素合理流动和有效配置，努力消除地区和城乡差异，拓宽规划多元投入保障渠道。

9.2 应急响应相关规划的实施与管理

本书第7章介绍应急响应相关规划主要包括事前应急响应规划（即应急预案）和事中应急响应规划（应急行动方案），其中，事中应急行动方案由现场指挥部组织编制及审核通过，然后由现场指挥官调配应急队伍和物资装备等立即付诸行动，行动结果在该行动期内就显现出来。下面介绍应急预案实施中的一些主要内容。

9.2.1 应急预案培训与演练

培训是指通过多种形式的教学手段使应急预案相关方了解和熟悉应急预案，获得一定的应急知识,掌握一定的应急技能的活动。

演练是指针对特定的突发事件模拟情景,按照应急预案所规定的职责和程序,组织应急预案实施相关方,在特定的时间和地域,执行应急响应任务的训练和演习活动。

培训与演练之间的关系十分密切。培训与演练两者常相互交叉,即培训过程中可通过演练来强化受训者的知识和技能、检验培训的效果,演练前通过培训来熟悉预案内容和演练过程与要求。培训与演练在手段上也常有相似之处,如都会设置一定的场景,并根据场景开展讨论或行动等。

在各类应急预案中都有对应急预案培训与演练的要求。为加强对应急演练工作的指导,国务院应急办于2009年9月印发了《突发事件应急演练指南》(应急办函〔2009〕62号)。下面简要介绍演练的概念及组织实施过程。

1. 应急演练的类别

根据演练的组织方式、演练规模和演练动机等,可以对不同的演练形式进行分类,目的是便于演练的组织管理和经验交流。

按组织形式划分,应急演练可分为桌面演练、功能演练和实战演练三类。

(1)桌面演练。桌面演练是指参演人员利用地图、沙盘、流程图、计算机模拟、视频会议等辅助手段,针对事先假定的演练情景,讨论和推演应急决策及现场处置的过程,从而促进相关人员掌握应急预案中所规定的职责和程序,提高指挥决策和协同配合能力。桌面演练通常在室内完成。

(2)功能演练。功能演练是指参演人员利用应急设备和物资,针对事先假定的演练情景,开展模拟应急行动,以在一定时间压力条件下,检验相关人员完成特定应急功能的应急响应任务的能力。通过功能演练可以锻炼和提高相关人员的决策、指挥与协调等能力。功能演练通常在一定的应急设施(如应急指挥中心)内完成。

(3)实战演练。实战演练是指参演人员利用应急处置涉及的设备和物资,针对事先设置的突发事件情景及其后续的发展场景,通过实际决策、行动和操作,完成真实应急响应的过程,从而检验和提高相关人员的临场组织指挥、队伍调动、应急处置技能和后勤保障等应急能力。实战演练通常要在特定场所完成。

桌面演练、功能演练和实战演练的特点如表9-1所示。

表9-1 桌面演练、功能演练和实战演练特点比较表

	桌面演练	功能演练	实战演练
组织方式	圆桌讨论	模拟行动	实际操作
主导人员	主持人	控制人员	控制人员
情景呈现	口头叙述、地图、沙盘、投影设备	模拟情景,视频场景	模拟现场,视频场景
事件导入	控制人员(主持人)提出问题	控制人员发布控制消息,模拟人员反馈行动消息	控制人员发布控制消息,现场行动人员反馈信息
行动压力	无时间压力	真实时间压力,要求按实际行动时间完成任务	现场真实行动,具有时间和环境压力

（续）

	桌面演练	功能演练	实战演练
演练内容	相关部门与人员的职责和响应程序；应急处置的程序与方法（口头说明）	应急响应过程中的决策、指挥和协调活动；应急处置的程序和方法（模拟操作）	应急预案中要求的组织指挥、应急处置以及后勤保障等综合应急能力
演练人员	应急管理人员、指挥与协调人员，其他相关人员	应急管理人员、指挥与协调人员、部分应急处置人员	各类应急响应相关人员
演练地点	会议室或其他适合讨论的地点	应急指挥中心、应急协调机构或其他应急设施	应急指挥中心、应急协调机构、现场指挥部、事件模拟现场
演练目的	解决应急组织相互协作和职责划分的问题；锻炼解决问题的方法	锻炼和提高应急人员的决策、指挥与协调等能力	全方位锻炼和提高相关应急人员的组织指挥、应急处置以及后勤保障等综合应急能力
持续时间	1~4 小时左右	3~8 小时左右	4 小时至数天
准备时间	1~3 个月	3~6 个月	6~12 个月
前期基础	充分的训练	训练、桌面演练	训练、桌面演练、功能演练
代价	低，不消耗应急资源	中等，消耗很少应急资源	高，消耗较多应急资源

按照演练所涉及的内容划分，可以分为单项演练和综合演练。

（1）单项演练。单项演练是指只涉及应急预案中特定应急响应功能或现场处置方案中一系列应急响应行动的演练活动，注重针对一个或少数几个参与单位（岗位）的特定环节和功能进行检验。

（2）综合演练。综合演练是指涉及应急预案中多项或全部应急响应功能的演练活动，注重对多个环节和功能进行检验，特别是对不同单位之间应急机制和联合应对能力的检验。

按演练的目的与作用划分，应急演练可分为检验性演练、示范性演练和研究性演练。

（1）检验性演练。检验性演练是指为检验应急预案的可行性、应急准备的充分性、应急机制的协调性及相关人员的应急处置能力而组织的演练。

（2）示范性演练。示范性演练是指为向观摩人员展示应急能力或提供示范教学，严格按照应急预案规定开展的表演性演练。

（3）研究性演练。研究性演练是指为研究和解决突发事件应急处置的重点、难点问题，试验新方案、新技术、新装备而组织的演练。

不同类型的演练相互结合，可以形成单项桌面演练、综合桌面演练、单项实战演练、综合实战演练、示范性单项演练、示范性综合演练等。

2. 演练的基本过程

为了测试和检验应急预案，以及让新进入应急相关工作岗位的人员熟悉预案和具备所需技能，通常每间隔一定时间就要举行一次演练。同时，每一次应急演练也要经历从规划、准备、实施和总结改进的过程。应急演练的主要阶段可分为演练规划、演练准备、演练实施、评估总结和后续行动，各阶段及任务的顺序流程如图 9-1 所示。

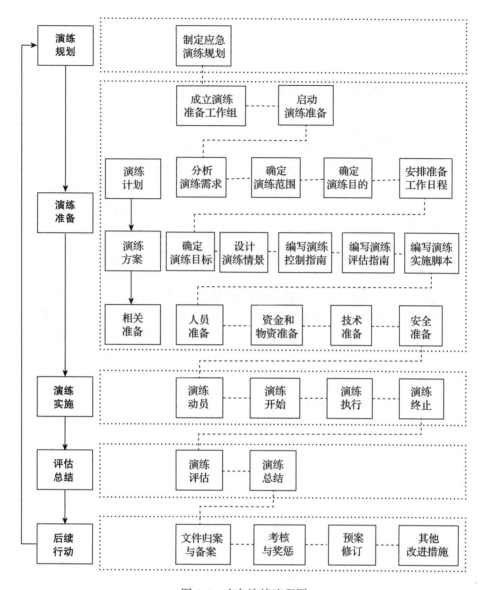

图 9-1 应急演练流程图

（1）演练规划是指对一段时期内的演练工作进行统筹安排。通常要根据实际情况，并依据相关法律法规和应急预案的规定，制定年度应急演练规划，按照"先单项后综合、先桌面后实战、循序渐进、时空有序"原则，合理规划应急演练的频次、规模、形式、时间、地点等。

（2）演练准备是指对演练的各项活动进行计划，设计详尽的工作方案，并提前做好各项准备工作。

（3）演练实施是指在计划的时间和地点，按照演练方案举行演练活动。

（4）评估总结是指对演练过程进行观察和记录，对所演练的应急能力、目标及演练的组织工作等进行分析、评估和总结。

（5）后续行动是指演练结束后进行的文件归案、人员奖惩、预案修订和问题改进等工作。

9.2.2 预警信息发布及预警响应

预警是指已经发现可能引发突发事件的某些征兆，但突发事件仍未发生（或者破坏性结果还未发生），通过预先发布相关预警信息、采取防范措施，避免或减轻突发事件可能造成的损失的措施。不同类别突发事件的预警可能性、预警指标和标准各不相同。对于可以预警的突发事件，一般由相关专业部门制定预警级别的划分标准，并且在相关应急预案中对突发事件的监测、预警级别研判、预警信息发布、预警响应措施等内容做出规定。

我国根据突发事件发生的紧急程度、发展态势和可能造成的危害，通常将即将发生的突发事件的预警级别分为四级：一级（特别重大）、二级（重大）、三级（较大）、四级（一般），分别用红色、橙色、黄色和蓝色标示。

《中华人民共和国突发事件应对法》第四十四条规定："发布三级、四级警报，宣布进入预警期后，县级以上地方各级人民政府应当根据即将发生的突发事件的特点和可能造成的危害，采取下列措施……"三级、四级警报在预警级别中相对较低，在发布三级、四级警报后启动预警响应，重点是做好应对突发事件的信息监测、分析、报送和发布等工作，并提前做好应急处置的准备工作。

《突发事件应对法》第四十五条规定："发布一级、二级警报，宣布进入预警期后，县级以上地方各级人民政府除采取本法第四十四条规定的措施外，还应当针对即将发生的突发事件的特点和可能造成的危害，采取下列一项或多项措施……"发布一级、二级警报后，已处于突发事件发生的临界状态，此时应重点做好人员队伍、物资装备等应急保障条件的准备，特别是要立即将处于危险区域的人员疏散，转移到安全地点并妥善安置，以最大限度减少人员伤亡。

当预警警报解除时，应及时终止预警期，并解除已经采取的有关措施。《突发事件应对法》第四十七条规定："有事实证明不可能发生突发事件或者危险已经解除的，发布警报的人民政府应当立即宣布解除警报，终止预警期，并解除已经采取的有关措施。"

9.2.3 应急响应启动与终止

当突发事件发生的可能性增大或者突发事件已经发生时，要及时启动相关应急预案所规定的应急响应，并按照应急预案的规定开展应急处置行动。

1. 应急响应启动

启动应急响应实质上是启动应急预案中所规定的应急响应措施，标志着由日常应急管理工作状态进入应急响应状态。

应急预案正式发布后就已生效，但并不意味着应急预案的所有规定在任何时候都必须执行。应急预案中有关突发事件的预防与预警机制、应急保障措施等需要平时开展的工作，相关部门和人员必须按照预案的规定执行，但一些有关应急响应的处置程序、措施和指挥协调机构，只有在特定的应急状态下才能启用。应急预案中规定的应急指挥机构一般是非常设机构，在启动应急响应后才开始运作；应急处置的有关队伍和人员，平时可能承担着与应急响应启动时完全不同的工作，只有在启动应急响应后，才进入应急预案所规定的角色；各类应急物资也只有在应急状态下才能调用。

是否启动应急响应，一般需要考虑以下几个因素：①突发事件的类型和性质；②突发事件的影响范围与严重程度；③目前已采取的紧急控制措施及控制效果；④突发事件的发展趋势；⑤是否需要启动应急机制对突发事件进行控制。

在应急预案中一般都规定了启动应急响应行动的条件和程序。当突发事件发生时，应立即启动应急预案所规定的相应级别的应急响应。当突发事件的影响范围或危害程度超出已启动应急预案的范围与能力时，要及时启动其他类别或上级应急预案的应急响应。

了解关于突发事件的尽可能详细的信息，是有关部门及责任人决定是否启动应急响应，以及启动几级应急响应的重要依据。突发事件即将发生或者已经发生，事发地现场人员一般可通过公众报警服务台（110、119、122、120等）报警，或者通过相关企事业单位、基层政府部门等报告现场警情。接警人员应及时向相关负责人或有关部门报告有关情况。开展先期处置的现场应急人员，应将处置情况和事件发展态势信息及时报告相关应急指挥中心或有关部门。当不能有效控制事态时，应及时请求有关部门提升响应级别。在报告突发事件信息时，应包括信息来源、时间、地点、范围、性质、动态、影响情况和采取的应急措施等内容，并根据事态发展和处置情况及时续报。

我国对突发事件采取"分级负责、属地为主"的原则。不同级别的突发事件由不同层级的人民政府负责处置，但事发地县级人民政府对本行政区域内的突发事件负有先期应急处置责任，包括信息的收集、险情的监测和预警、组织调动应急队伍、依法采取必要的应对措施、提供应急响应的支持保障条件等。当事件严重程度和应对所需资源超出事发地县级人民政府应对能力时，由上级人民政府负责组织应急处置。参与突发事件应急处置的各级政府及其相关部门，可能根据自己的应急预案规定启动不同级别的应急响应，但一般而言，下级的响应级别高于上级的响应级别，因为响应级别反映的是领导重视程度和投入资源的程度。在确定启动应急响应级别后，负责突发事件应急处置的人民政府或其指挥机构，应向相关应急人员及社会公众宣布启动应急响应的级别及采取的应对措施等。

2. 应急响应行动

（1）人员通知与就位。

在宣布启动应急响应后，承担应急响应职责的人员应当按照应急预案的规定或事先的约定，迅速到达预定地点履行应急处置职责。必要时，负责应急值守的办事机构应当迅速通知承担应急响应职责的人员到指定地点报到，或者要求相关部门派出代表到指挥中心集中办公和值守。当需要向突发事件现场派遣工作组时，相关部门和单位应按照预案的规定，迅速组建工作组，并通知相关人员，配备物资、装备，并协调交通运输及后勤保障等事项。

需要注意的是，当突发事件发生后，事发地现场往往会出现"人员聚集"现象。聚集的人员中，除了与事件相关的人员（事发地居民及其亲属等）、看热闹者之外，还有一些是主动援助者，包括其他部门甚至外地的应急救援人员、社会应急力量、应急志愿者、热心公民等。现场应有管控措施，并设工作专班负责接待，选择符合救援任务需要的人员，分配合适的任务,以作为现场应急力量的补充,避免出现混乱。

(2)启动应急指挥机构。

对于应急预案中规定的非常设应急指挥机构(如专项应急指挥部、现场指挥部等),应按照应急预案所规定人员构成、场所和运行机制,及时组建并启动运行;对于常设应急指挥机构(如各级应急指挥中心),应从日常应急管理状态迅速转换为应急响应状态。指挥机构负责人(总指挥、副总指挥等)应明确责任分工,要明确谁到前方指挥,谁在后方统筹协调。

现场指挥部设置。现场指挥部是突发事件应急处置与救援的前沿指挥场所,其主要任务是按照一定的组织结构和工作制度,将人员、装备、设施等集成起来,通过指挥、控制和协调等管理手段,有计划地实施应急行动,使事件得到控制、危险被排除或受到限制、受害者得到救助、公众得到安抚等。如果缺乏统一规范的现场指挥机制,往往容易出现以下问题:①事件总指挥要面向太多的下级机构和人员;②参与应急救援的组织结构各异,机构间缺乏协调机制,且术语不同,通信手段不兼容;③缺乏可靠的事故相关信息和决策机制,应急救援的整体目标不清;④授权不清或机构对自身的任务、目标不清等。

专业应急指挥中心。我国许多专业部门都建立了应急指挥中心,如应急部门指挥中心、消防指挥中心、公安指挥中心、安全生产应急救援中心、水上搜救应急指挥中心等,它们平时承担预防与应急准备、监测预警等应急管理工作,在发生突发事件时,则承担专业性应急指挥协调的职责。在启动应急预案后,承担应急指挥与协调责任的人员应按照预案进驻指挥中心,履行指挥协调的职责。

3. 应急处置与救援措施

在应急预案中一般都详细规定了应急响应期间的应急处置与救援措施。在现场应急指挥部建立之后,其主要职责之一就是根据现场情况,适时制订并实施应急行动计划,采取应急处置与救援措施,最大限度减轻突发事件所造成的生命、财产损失及环境破坏。应急处置过程中可能需要完成各种各样的任务,相关任务可参考第3章的通用任务清单。

在《突发事件应对法》中,详细规定了履行统一领导职责或者组织处置突发事件的人民政府应采取的应急处置措施。

(1)自然灾害、事故灾难或者公共卫生事件发生后,履行统一领导职责的人民政府可以采取下列一项或者多项应急处置措施(《突发事件应对法》第四十九条)。

①组织营救和救治受害人员,疏散、撤离并妥善安置受到威胁的人员以及采取其他救助措施。

②迅速控制危险源,标明危险区域,封锁危险场所,划定警戒区,实行交通管制以及其他控制措施。

③立即抢修被损坏的交通、通信、供水、排水、供电、供气、供热等公共设施,向受到危害的人员提供避难场所和生活必需品,实施医疗救护和卫生防疫以及其他保障措施。

④禁止或者限制使用有关设备、设施,关闭或者限制使用有关场所,中止人员密集的活动或者可能导致危害扩大的生产经营活动以及采取其他保护措施。

⑤启用本级人民政府设置的财政预备费和储备的应急救援物资,必要时调用其他急需物资、设备、设施、工具。

⑥组织公民参加应急救援和处置工作,要求具有特定专长的人员提供服务。

⑦保障食品、饮用水、燃料等基本生活必需品的供应。

⑧依法从严惩处囤积居奇、哄抬物价、制假售假等扰乱市场秩序的行为，稳定市场价格，维护市场秩序。

⑨依法从严惩处哄抢财物、干扰破坏应急处置工作等扰乱社会秩序的行为，维护社会治安。

⑩采取防止发生次生、衍生事件的必要措施。

（2）社会安全事件发生后，组织处置工作的人民政府应当立即组织有关部门并由公安机关针对事件的性质和特点，依照有关法律、行政法规和国家其他有关规定，采取下列一项或者多项应急处置措施（《突发事件应对法》第五十条）。

①强制隔离使用器械相互对抗或者以暴力行为参与冲突的当事人，妥善解决现场纠纷和争端，控制事态发展。

②对特定区域内的建筑物、交通工具、设备、设施以及燃料、燃气、电力、水的供应进行控制。

③封锁有关场所、道路，查验现场人员的身份证件，限制有关公共场所内的活动。

④加强对易受冲击的核心机关和单位的警卫，在国家机关、军事机关、国家通讯社、广播电台、电视台、外国驻华使领馆等单位附近设置临时警戒线。

⑤法律、行政法规和国务院规定的其他必要措施。

（3）发生突发事件，严重影响国民经济正常运行时，国务院或者国务院授权的有关主管部门可以采取保障、控制等必要的应急措施，保障人民群众的基本生活需要，最大限度地减轻突发事件的影响（《突发事件应对法》第五十一条）。

（4）履行统一领导职责或者组织处置突发事件的人民政府，必要时可以向单位和个人征用应急救援所需设备、设施、场地、交通工具和其他物资，请求其他地方人民政府提供人力、物力、财力或者技术支援，要求生产、供应生活必需品和应急救援物资的企业组织生产、保证供给，要求提供医疗、交通等公共服务的组织提供相应的服务。

履行统一领导职责或者组织处置突发事件的人民政府，应当组织协调运输经营单位，优先运送处置突发事件所需物资、设备、工具、应急救援人员和受到突发事件危害的人员（《突发事件应对法》第五十二条）。

（5）履行统一领导职责或者组织处置突发事件的人民政府，应当按照有关规定统一、准确、及时发布有关突发事件事态发展和应急处置工作的信息（《突发事件应对法》第五十三条）。

（6）突发事件发生地的居民委员会、村民委员会和其他组织应当按照当地人民政府的决定、命令，进行宣传动员，组织群众开展自救和互救，协助维护社会秩序（《突发事件应对法》第五十五条）。

4. 终止应急响应

通过采取应急处置措施，突发事件的威胁和危害得到控制或者消除后，负责组织处置突发事件的人民政府或单位，应向相关应急人员及社会公众宣布终止已启动的应急响应。

对于在应急响应期间设立的各类临时性应急指挥机构，应在履行完相应的职责后及时予以撤销。恢复重建及其他后续工作转由日常性应急管理机构负责处理。

应急处置结束后应及时恢复消耗的资源，补充完善应急物资储备，为将来的应急响应做好准备。对于应急响应期间调用的各类应急队伍和物资，应及时遣返；征用的物资、设备、设施、工具，要及时归还，造成损失的应及时给予补偿；在应急响应中消耗的物资储备应及时补充；在应急响应中发现的物资储备的不足应及时补充完善。

应急处置结束后，应对应急处置过程进行全面评估，总结应急准备、应急资源、应急指挥与协调、应急响应程序、应急响应启动与终止等方面的经验教训，并对应急预案及其实施效果进行评估，为进一步完善应急预案提供依据。

9.2.4 应急预案的数字化应用

目前，一般意义上所指的应急预案是基于纸面的文档，或者是基于文本的电子文档。然而，随着信息技术的发展，人们着手将信息技术研究成果应用于突发事件应急管理，用信息技术手段来表示应急预案中的有关应急信息，用信息系统去支持应急流程。这样，应急预案无论格式、内容还是展示形式都发生了深刻变化，称为数字应急预案（简称数字预案），而这个过程称为应急预案数字化。

1. 数字预案的基本概念

数字预案是以预案库、模型库、案例库、地理信息数据库、基础信息数据库、知识库为基础，针对各类突发事件和已制定的文本预案，采用预测分析模型，对事件的发生发展进行科学模拟、预测预警和演练，指导应急救援力量的调派部署和应急救援物资调配的计划和方案。简单地说，数字预案是指运用现代信息技术进行结构化存储和应用的应急预案，数字预案各项内容与公共安全科技紧密结合。

数字预案可以根据文本预案和应急工作的需要对突发事件应急管理与处置的程序和措施进行结构化处理，将各结构化要素以及与其相关的数据、模型进行存储，构建预案库，在突发事件发生时，基于基础数据库和预案库，结合事件监测预警模型、智能辅助决策模型，利用3S、虚拟仿真技术等展示方式，形成突发事件处置方案，并利用网络技术进行发布与实施。数字预案具有以下特征：

（1）数字预案充分利用计算机和网络技术，根据突发事件的处置流程，形成全面、具体、针对性强、直观高效的应急预案，使预案的制定和执行达到规范化、可视化的水平。

（2）数字预案可以根据事态发展演变及时进行调整，提供尽量详尽的步骤和信息，尽量贴近应急真实情况，并将更新过的行动方案迅速通知到有关人员和部门。

（3）数字预案能够更加容易地根据真实情况下的行动方案对预案进行修正和调整，让预案的建立、修改、更新、升级更加方便快捷。

（4）数字预案也是结构化的预案，包括预案的结构化要素及其涉及的指标体系、指挥机构信息、专家信息、救援力量、应急响应、应急保障、信息发布、恢复重建等信息的关联。

（5）数字预案必须有数据库的支持，包括存储预案结构化要素的预案库以及支撑数字预案在突发事件应急中应用的公共安全基础数据库、地理信息数据库、模型库等。

2. 数字预案与应急平台融合

将应急预案中的各种信息映射到应急平台，在应急处置过程中，应急平台按照应急预案中规定的处置流程，主要实现事件信息汇聚、报送、分发、模拟分析、辅助决策等功能。

一般来说，应急平台为支持数字预案需要运行专门的软件系统，主要包括：

（1）数据库系统。

数据库系统管理数字预案系统中所有的数据信息，包括知识库、模型库、案例库等。知识库中的数据包括有关领域的常识性和专业性等在应急决策过程中所应用的知识类数据。模型库中的数据包括数字预案系统在进行事件分析与模拟预测时所应用的所有模型数据，如发展与影响后果模型、人群疏散与预警分级模型等。从某种意义上说，模型库也是知识库的一种。案例库中的数据包括所有的案例信息。

（2）分析与模拟系统。

分析与模拟系统在进行事件情况分析与模拟预测时，要求快速与准确。通常快速与准确这两个条件并不能同时达到最好，快速的模型往往不太准确，较为准确的模型速度往往不令人满意。这就需要在相应场景中进行权衡，通常制定预案时采用准确度和精度较高的模型，现场模拟采用速度较快的模型，实际的应用常常选择折中的方案并尽量满足实际要求。

（3）辅助决策系统。

辅助决策系统帮助应急指挥人员完成应急行动方案的产生与调整，系统运行贯穿于应急处置过程始终，是整个数字预案系统的核心部分。辅助决策将应急预案信息、数据库系统和现场方面的信息进行综合，通过对主要救援队伍、应急储备物资和救援装备、应急通信系统、医疗急救机构、应急资金储备等情况的掌握，提供对应急资源的协调管理，保证应对过程中所需资源及时到位。利用决策流程可以实现应急指挥中心与突发事件现场间的信息互通和互动，下达指挥方案，在必要时迅速制订新的资源部署和配置计划，实现交互、动态的决策指挥。

（4）评估系统。

应用评估系统完成应急效果评估，可以自动记录事件的应对过程，按照应急预案等相关规定确定的评价指标，结合预测预警系统，对应急过程中各种措施的及时性、有效性等进行综合评估，对应急能力进行评价，辅助生成报告。此系统在应急处置不同阶段以及应急结束之后发挥作用。

（5）地理信息系统。

地理信息系统（GIS）是支持数字预案系统实现各种功能的支撑系统，可实现空间定位、查询、空间分析等功能。借助GIS强大的空间查询和空间分析功能，为应急决策的制定提供数据支持与空间辅助决策支持。数字预案各种功能的实现需要其有力的支持。

（6）系统操作界面。

为了使数字预案具有良好的人机交互与演示功能，系统操作界面应该直观明了、简单易用、美观大方。应急响应信息"一张图"展现，就是数字预案的外在表现形式。

3. 智能化应急系统发展

无论是文本预案的结构化，还是数字预案与应急平台的融合，都有文本预案的存在。未来，随着应急技术、通信和信息技术的发展，应急系统将高度智能化，文本预案可能将不复存在。应急信息管理、监测预警、处置流程等应急管理内容将完全融入智能化应急系统中。应急管理的全过程（预防、减灾、应急准备、监测预警、应急响应和恢复重建）将全部依托智能化应急系统，实现突发事件应急处置过程中的完全信息通畅、互联互通和智能决策。应急预案的基本理念与核心要素将内化到智能化应急系统的设计运行规则和基本业务流程中。

智能化应急系统是应急预案数字化的最终发展方向。目前，应急预案数字化还处于研究探索阶段，真正实现与应急平台系统的有机融合还有相当长的路要走。随着我国应急管理工作的推进，应急管理将越来越依靠信息技术等现代科技，因此，应急预案数字化将会变得越来越重要。

9.3 应急能力建设类规划的实施与管理

应急能力建设类规划的任务主要包括三类：一是规划中部署的相关工作任务，需要纳入相关部门和单位的年度工作计划，融入日常应急管理工作，并取得相应的工作成效；二是规划中提出的重点建设项目或工程，需要由负责与参与项目建设的部门和单位完成项目立项、建设、验收和投入使用等建设任务；三是规划提出的保障政策措施，通常涉及发展改革、人事、财政、法规、金融、保险、监督、执法等外部支撑保障政策，需要由牵头部门协调相关部门制定和落实保障政策条件，以保障应急规划的顺利实施和应急管理工作的顺利开展。本节主要介绍重点项目与工程实施的基本内容，这通常也是能力建设类规划实施的难点。

9.3.1 重点项目建设实施程序与管理要求

重点项目（工程）建设根据是否需要开展土建工程，存在一定的差异。该部分以需要开展土建工程的项目为例，说明项目建设实施基本过程。

根据我国有关规定，建设项目一般要经历以下几个阶段：项目建议书（立项）阶段、可行性研究报告阶段、初步设计文件阶段、施工图设计阶段、建设准备阶段、建设实施阶段、竣工验收阶段、项目后评价阶段。这几个大的阶段中的每一阶段又都包含着许多环节，顺利完成每个环节的任务需要加强项目的组织管理。

1. 项目建议书（立项）阶段

对于已列入应急相关规划的重点项目而言，这一阶段通常是在规划编制阶段完成，在规划发布实施后，一般可以省略这一阶段直接进入下一阶段。但在一些规划的编制过程中，这一阶段的工作做得不细致，没有分析论证清楚项目建设的主要内容和必要条件，可能导致项目实施难以向前推进，不得不回过头来补充开展这一阶段的工作，所以需要简要介绍相关内容。

项目建议书是项目建设筹建单位根据应急能力建设需求，经过调查、预测分析后，提出的某一具体项目的建议文件，是基本建设程序中最初阶段的工作，是对拟建项目的框架性设想，也是在规划编制阶段选择项目的依据。

项目建议书的主要作用是推荐一个拟进行建设的项目的初步说明，论述它建设的必要性、重要性、条件的可行性和获得的可能性。本阶段分为以下几个环节。

（1）编制项目建议书。

项目建议书的内容一般应包括以下几个方面：①建设项目提出的必要性和依据；②拟建规模、建设方案；③建设的主要内容；④建设地点的初步设想情况、资源情况、建设条件、协作关系等的初步分析；⑤投资估算和资金筹措方案；⑥项目进度安排；⑦经济效益和社会效益估计；⑧环境影响的初步评价等。

对于没有列入专项规划的项目，项目建议书按要求编制完成后，要按照建设总规模和限额的划分审批权限，分别报送国家、省、市（地）、县（区）投资主管部门（发展改革部门）审批。

（2）办理项目选址规划等审批手续。

对于有土建工程的项目，在项目建议书编制完成后，项目筹建单位应到规划部门办理建设项目选址规划意见书、建设用地规划许可证和工程规划许可证，到国土资源部门办理土地使用审批手续，到生态环保部门办理环保审批手续，对于具有较大公共安全风险的项目还需要到应急等相关部门办理安全审批手续。在开展以上工作的同时，必要时也应做好拆迁摸底调查，请有资质的评估单位做评估论证和选址建设地点测绘，并做好资金来源及筹措准备等工作。

2. 可行性研究报告阶段

可行性研究是对项目在技术上是否可行和经济上是否合理进行科学的分析和论证。通过对建设项目在技术、工程和经济上的合理性进行全面分析论证和多种方案比较，提出评价意见。本阶段分为以下几个环节。

（1）编制可行性研究报告。

由经过国家资格审定的适合本项目的等级和专业范围的规划、设计、工程咨询单位承担项目可行性研究，并形成可行性研究报告。

可行性研究报告一般具备以下基本内容。

1）总论：①报告编制依据（项目建议书及其批复文件或相关专项规划、国家有关法律、法规、政策等）；②项目提出的背景和依据（项目名称、承办法人单位及法人、项目提出的理由与过程等）；③项目概况（拟建地点、建设规划与目标、主要条件、项目估算投资、主要技术经济指标）；④问题与建议。

2）建设规模和建设方案：①建设规模；②建设内容；③建设方案；④建设规划与建设方案的比选。

3）应急能力需求预测或者市场需求预测，确定的依据。

4）建设标准、设备方案、工程技术方案：①建设标准的选择；②主要设备方案选择；③工程方案选择。

5）原材料、燃料供应、动力、运输、供水等协作配合条件。

6）建设地点、占地面积、布置方案：①总图布置方案；②场外运输方案；③公用工程与辅助工程方案。

7）项目设计方案。

8）节能、节水措施：①节能、节水措施；②能耗、水耗指标分析。

9）环境影响评价：①环境条件调查；②影响环境因素；③环境保护措施。

10）劳动安全卫生与消防：①危险因素和危害程度分析；②安全防范措施；③卫生措施；④消防措施。

11）组织机构与人力资源配置。

12）项目实施进度：①建设工期；②实施进度安排。

13）投资估算：①建设投资估算；②运行维护资金估算；③投资估算构成及表格。

14）经济效益评价：①经济效益测算；②经济效益测算标准和依据；③经济评价报表；④经济评价指标；⑤经济评价结论。

15）社会效益评价：①项目社会影响分析；②项目与所在地互适性分析；③社会风险分析；④社会评价结论。

16）风险分析：①项目主要风险识别；②风险程度分析；③防范风险对策。

17）招标投标内容和核准招标投标事项。

18）研究结论与建议：①推荐方案总体描述；②推荐方案优缺点描述；③主要对比方案；④结论与建议。

19）附图、附表、附件。

（2）可行性研究报告论证。

报告编制完成后，项目建设筹建单位应委托有资质的单位进行评估、论证。

（3）可行性研究报告报批。

项目建设筹建单位提交书面报告附可行性研究报告文本、其他附件（如建设用地规划许可证、工程规划许可证、土地使用手续、环保审批手续、拆迁评估报告、评估论证报告、资金来源和筹措情况等手续）上报原项目审批部门审批。经过批准的可行性研究报告是确定建设项目、编制设计文件的依据。

可行性研究报告经批准后，不得随意修改和变更。如果在建设规模、建设方案、建设地区或建设地点、主要协作关系等方面有变动以及突破投资控制数时，应经原批准机关同意重新审批。

（4）办理土建相关手续。

到国土部门办理土地使用证；到政府相关征收管理部门办理征地、青苗补偿、拆迁安置等手续；根据可行性研究报告审批意见委托或通过招标、比选方式选择有资质的地勘单位进行地质勘查等。

（5）报审市政配套方案。

报审供水、供气、供热、排水等市政配套方案，一般建设项目要在规划、建设、土地、人防、消防、环保、文物、安全、劳动、卫生等主管部门提请审查意见，取得有关协议或批件。

3. 初步设计文件阶段

初步设计是对拟建工程实施在技术上和经济上所进行的全面而详尽的安排，是基本建设计划的具体化，是把先进技术和科研成果引入建设的渠道，是整个工程的决定性环节，是组织施工的依据。设计直接关系着工程质量和将来的使用效果。可行性研究报告经批准的建设项目应委托或通过招标投标选定设计单位，按照批准的可行性研究报告的内容和要求进行设计，编制设计文件。

（1）初步设计。

项目筹建单位应根据可行性研究报告审批意见委托或通过招标投标择优选择有相应资质的设计单位进行初步设计。

初步设计是根据批准的可行性研究报告和必要而准确的设计基础资料，对设计对象进行通盘研究，阐明在指定的地点、时间和投资控制数内，拟建工程在技术上的可能性和经济上的合理性。通过对设计对象做出的基本技术规定，编制项目的总概算，根据国家规定，如果初步设计提出的总概算超过可行性研究报告确定的总投资估算 10% 或其他主要指标需要变更时，要重新报批可行性研究报告。

初步设计主要内容包括：

1）设计依据、原则、范围和设计的指导思想。
2）自然条件和社会经济状况。
3）工程建设的必要性。
4）建设规模、建设内容、建设方案、原材料、燃料和动力等的用量及来源。
5）技术方案及流程、主要设备选型和配置。
6）主要建筑物、构筑物、公用辅助设施等的建设。
7）占地面积和土地使用情况。
8）总体运输。
9）外部协作配合条件。
10）综合利用、节能、节水、环境保护、劳动安全、消防和抗震措施。
11）生产组织、劳动定员和各项技术经济指标。
12）工程投资及财务分析。
13）资金筹措及实施计划。
14）总概算表及其构成。
15）附图、附表、附件。

承担项目设计单位的设计水平应与项目大小和复杂程度相一致。按现行规定，工程设计单位分为甲、乙、丙三级，低等级的设计单位不得越级承担工程项目的设计任务。设计必须有充分的基础资料，基础资料要准确；设计所采用的各种数据和技术条件要正确可靠；设计所采用的设备、材料和所要求的施工条件要切合实际；设计文件的深度要符合建设和生产的要求。

（2）初步设计文本审查。

初步设计文本完成后，应报规划管理部门审查，并报原可行性研究报告审批部门审查批准。

初步设计文件经批准后，总平面布置、主要工艺过程、主要设备、建筑面积、建筑结构、总概算等不得随意修改、变更。经过批准的初步设计，是设计部门进行施工图设计的重要依据。

4. 施工图设计阶段

（1）施工图设计。

通过招标、比选等方式择优选择设计单位进行施工图设计。施工图设计的主要内容是根据批准的初步设计,绘制出正确、完整和尽可能详尽的建筑安装图纸。其设计深度应满足设备材料的安排和非标设备的制作,以及建筑工程施工要求等。

(2)施工图设计文件的审查备案。

施工图文件完成后,应将施工图报有资质的设计审查机构审查,并报行业主管部门备案。

(3)编制施工图预算。

聘请有预算资质的单位编制施工图预算。

5. 建设准备阶段

(1)编制项目投资计划书。

编制项目投资计划书,并按现行的建设项目审批权限进行报批。

(2)建设工程项目报建备案。

省重点建设项目、省批准立项的涉外建设项目及跨市(地)大中型建设项目,由建设单位向省级人民政府建设行政主管部门报建。其他建设项目按隶属关系由建设单位向县级以上人民政府建设行政主管部门报建。

(3)建设工程项目招标。

业主自行招标或通过比选等竞争性方式择优选择招标代理机构;通过招标或比选等方式择优选定设计单位、勘察单位、施工单位、监理单位和设备供货单位,签订设计合同、勘察合同、施工合同、监理合同和设备供货合同。

6. 建设实施阶段

(1)开工前准备。

项目在开工建设之前要切实做好以下准备工作。

1)征地、拆迁和场地平整。

2)完成"三通一平"即通路、通电、通水,修建临时生产和生活设施。

3)组织设备、材料订货,做好开工前准备,包括计划、组织、监督等管理工作的准备,以及材料、设备、运输等物质条件的准备。

4)准备必要的施工图纸。新开工的项目必须有三个月以上(工作量)的工程施工图纸。

(2)办理工程质量监督手续。

持施工图设计文件审查报告和批准书,中标通知书和施工、监理合同,建设单位、施工单位和监理单位工程项目的负责人和机构组成,施工组织设计和监理规划(监理实施细则)等资料在工程质量监督机构办理工程质量监督手续。

(3)办理施工许可证。

向工程所在地的县级以上人民政府建设行政主管部门办理施工许可证。

(4)项目开工前审计。

审计机关在项目开工前,对项目的资金来源是否正当,项目开工前的各项支出是否符合国家的有关规定,资金是否按有关规定存入银行专户等进行审计。建设单位应向审计机关提供资金来源及存入专业银行的凭证、财务计划等有关资料。

(5)报批开工。

按规定进行了建设准备并具备各项开工条件以后,建设单位向主管部门提出开工申请。

建设项目经批准新开工建设，项目即进入了建设实施阶段。

项目新开工时间，是指建设项目设计文件中规定的任何一项永久性工程（无论生产性还是非生产性）第一次正式破土开槽开始施工的日期。不需要开槽的工程，以建筑物的正式打桩作为正式开工日期。公路、水库需要进行大量土、石方工程的，以开始进行土方、石方工程作为正式开工日期。

7. 竣工验收阶段

（1）竣工验收基本条件。

根据国家现行规定，凡新建、扩建、改建的基本建设项目和技术改造项目，按批准的设计文件所规定的内容建成，符合验收标准的，必须及时组织验收，办理固定资产移交手续。

竣工验收需满足以下基本条件：

1）项目已按设计要求完成，能满足功能要求。

2）项目形成的应急能力已投入实际应用，基本实现项目建设目标。

3）环保设施、劳动安全卫生设施、消防设施已按设计要求与主体工程同时建成使用。

（2）申报竣工验收的准备工作。

竣工验收依据：经批准的可行性研究报告、初步设计、施工图和设备技术说明书、现场施工技术验收规范以及主管部门有关审批、修改、调整文件等。

建设单位应认真做好竣工验收的准备工作。

1）整理工程技术资料。各有关单位（包括设计、施工单位）系统整理以下资料，由建设单位分类立卷，交使用单位统一保管：①工程技术资料主要包括土建方面、安装方面及各种有关的文件、合同和试生产的情况报告等；②其他资料主要包括项目筹建单位或项目法人单位对建设情况的总结报告、施工单位对施工情况的总结报告、设计单位对设计的总结报告、监理单位对监理情况的总结报告、质监部门对质监评定的报告、财务部门对工程财务决算的报告、审计部门对工程审计的报告等资料。

2）绘制竣工图纸。它与其他工程技术资料一样，是建设单位移交生产单位或使用单位的重要资料，是生产单位或使用单位必须长期保存的工程技术档案，也是国家的重要技术档案。竣工图必须准确、完整、符合归档要求，方能交付验收。

3）编制竣工决算。建设单位必须及时清理所有财产、物资和未用完的资金或应收回的资金，编制工程竣工决算，分析预（概）算执行情况，考核投资效益，报主管部门审查。

4）竣工审计。审计部门进行项目竣工审计并出具审计意见。

（3）竣工验收程序。

1）根据建设项目的规模大小和复杂程度，整个项目的验收可分为初步验收和竣工验收两个阶段进行。规模较大、较为复杂的建设项目应先进行初验，然后进行全部项目的竣工验收。规模较小、较简单的项目可以一次进行全部项目的竣工验收。

2）建设项目在竣工验收之前，由建设单位组织施工、设计及使用等单位进行初验。初验前由施工单位按照国家规定，整理好文件、技术资料，向建设单位提出交工报告。建设单位接到报告后，应及时组织初验。

3）建设项目全部完成，经过各单项工程的验收，符合设计要求，并具备竣工图表、竣工决算、工程总结等必要文件资料，由项目主管部门或建设单位向负责验收的单位提出竣工验收申请。

(4) 竣工验收的组织。

竣工验收一般由项目批准单位或委托项目主管部门组织。竣工验收由项目主管部门、其他有关部门人员及邀请相关领域专家等组成验收委员会或验收组，建设单位、施工单位、勘察设计单位参加验收工作。验收委员会或验收组负责审查工程建设的各个环节，听取有关单位的工作报告，审阅工程档案资料并实地察验建筑工程和设备安装情况，并对工程设计、施工和设备质量等方面做出全面的评价。不合格的工程不予验收；对遗留问题提出具体解决意见，限期落实完成。

8. 项目后评价阶段

国家对一些重大建设项目，在竣工验收若干年后进行项目后评价或绩效评价。这主要是为了评价项目所取得的成效，总结项目建设成功和失败的经验教训，供以后项目决策参考借鉴。

9.3.2 应急能力建设成效监测评估

对应急能力建设类规划实施成效的评估，一方面可以通过规划确定的目标、任务和项目的完成情况来进行评估，这通常是规划中期和总结评估的主要做法；另一方面可以从一个区域、一个组织或一支队伍等的应急能力水平及其与需求目标的差距等方面进行评估，可以为相关领导和部门开展规划、决策等提供更有价值的信息。

1. 应急能力评估方法

对应急能力进行评估有多种多样的方法，反映了人们对应急能力不同层面的认知，各有不同的特点。

(1) 基于资源的评估方法。

由于应急能力是由有形资源（如人员、物资、装备、培训与演练）和无形资源（如组织领导、信息、知识、授权、士气、有效沟通、公众信心、公众认知、有用情报等）所构成。对于有形资源可以用资源数量或需花费的资金数量来定量表示，因此，对有形资源的评估可以直接用现有资源与所需资源（目标）的数量之比来表示资源准备水平。而对于无形资源，由于不能用准确的数量或资金来表示，只能通过专家观察、演练与真实事件应对经验进行定性评估。

对于有形资源的定量评估，往往是评估一个组织能力的最方便的指标。对有形资源的定量评估相对容易，并可以对收集到的数据制作为表格、图形、地图等。但这些定量数据及图表通常只能告诉我们投资建设了什么或购置了什么资源、有多少数量、分布在哪里等，却不能告诉我们总体的能力准备情况。资源本身并不构成能力，资源只有在适当的时间和地点被正确地使用才能转化为能力，并达成期望的效果。因此，资源的数量只有与反映准备目标的能力框架、能力基准等结合起来才有意义。

(2) 基于应急能力水平的评估方法。

对于每项具体应急能力水平的评估，可以根据本书第3章所介绍的"应急能力清单"所描述的每项能力的主要活动的关键任务与绩效标准，资源要素与目标准备水平等进行评估。

评估的基本思路是：首先，根据本地的突发事件情景确定各项应急任务的绩效标准，以及各资源要素需要达到的目标水平；其次，根据对真实事件响应、应急演练等的分析结果得出实际完成各项应急任务的绩效水平，通过对现有资源情况的调查统计得到现有的资源数量与水平；最后，对比应急任务的实际绩效水平与绩效标准、资源要素的实际水平与目标水平，就能得到每项能力的差距或富余情况，从而为应急能力建设规划提供基础数据。

一个区域的总体应急能力水平，也能够通过对区域内应具有的各项应急能力进行评估后再综合分析得出。但是，由于应急能力数量较多，评估所需要的大量原始数据不易获得，短期内完成这种方式的综合能力评估的难度很大。此外，为了比较不同区域的应急能力水平，通常需要有统一的能力水平标准，而对每项应急能力的评估则主要是针对特定区域的具体风险水平确定相应的任务绩效和能力水平。为减少评估难度，简化评估内容，缩短评估过程，并实现对不同区域应急能力水平的比较，对区域应急准备能力的评估通常采用专门设计的评估指标体系和评估方法。

（3）基于系统可靠性的评估方法。

应急准备和能力建设不仅仅是投入资源，而且应该保证所建立的应急响应体系能够可靠有效地运行。为了保证有效性，能力和物资必须在需要的时间、需要的地点提供给需要的人，并在被应用后能够发挥预期的作用。但是，应急响应体系并不总是能像预期的那样运行，而是会出现故障或失效。其原因可能多种多样，如可能计划的救灾物资需要通过一座桥梁或者机场，但是，桥梁和机场不幸在灾难中损毁了，或者由于通信系统出现故障导致信息不能传递，或者指挥机构效率低下，等等。故障或失效将导致应急响应行动不能按计划实施，应急功能不能实现，如果应急响应机构不能快速地做出调整并解决出现的问题，整个应急响应行动将会失败。

在技术系统设计领域可以使用系统可靠性来描述系统实现预定功能而不出现失效的可能性。如果将应急响应体系看作一个由一系列的预案、资源、主管部门、机构及与之相关的人力资源所组成的复杂系统，该系统的可靠性就是发生突发事件时其响应能力能够达成预期应急功能而不会失效的可能性。利用系统工程领域的分析工具来分析评估应急响应系统中的哪些环节和组件可能会出故障或失效，从而威胁到系统的有效运行，这就是对应急系统可靠性的评估。这一概念是由美国兰德公司的科学家杰克逊（Brian A. Jackson）于2008年首次提出的。通过对应急响应系统可靠性评估，有助于回答公众和政策制定者们都关心的基本问题：当下一次大规模灾难发生时，我们对这些系统能够像所规划的那样发挥作用的信心有多大？为了评估应急响应系统的可靠性，可以采用可靠性分析领域的一些技术，特别是事故树分析技术（fault tree analysis，FTA）以及故障模式、影响、严重性分析技术（failure mode and criticality analysis，FMECA）等。杰克逊等对这种方法进行了深入研究，以化工企业氯气泄漏事故为情景，对应急响应系统开展了失效分析、可靠性分析评估，并于2010年发表了详细报告，说明了可靠性评估的过程、方法及可行性。该研究成果提供了一种定量评估应急系统可靠性的思路和方法，对于分析特定情景下应急响应体系的可靠性具有重要的参考应用价值。

（4）基于成熟度模型的评估方法。

能力成熟度模型（capability maturity model，CMM），是一套由美国卡内基梅隆大学软件工程研究所于 1987 年研制成功的，用来确定一个软件企业的软件开发能力成熟程度以及指明如何提高该成熟度的参考模型。后来，能力成熟度模型被引进到许多其他领域，应急管理领域引用其来描述一个组织的应急能力情况。

CMM 将能力成熟度分为五个等级：一级为初始级，二级为已管理级，三级为已定义级，四级为量化管理级，五级为优化管理级，如图 9-2 为一般项目管理的能力成熟度模型的分级示例。每个能力成熟度等级包含若干个对该成熟度等级至关重要的过程，它们的实施对达到该成熟度等级的目标起到保证作用，这些过程域就被称为该成熟度等级的关键过程域。

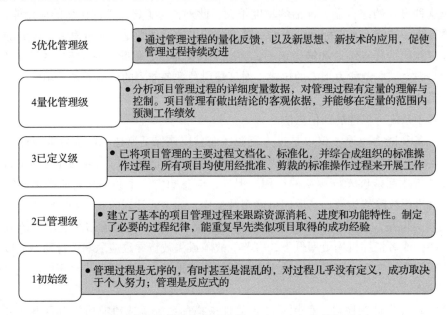

图 9-2　项目管理能力成熟度模型（CMM）的分级示例

通过定义应急组织的应急能力成熟度等级划分标准，并根据标准对应急组织的能力成熟度进行评估，从而确定能力成熟度等级。能力成熟度等级越高，应急组织完成应急任务的能力越强，其应对复杂环境条件的灵活性、适应性也越强，实现应急准备目标的可能性也就越大。

（5）基于结果的评估方法。

应急演练和真实事件应对结果可以更真实客观地评估和检验应急准备的效果。对应急演练和真实事件应对工作的总结评估，可以为完善应急体系和提升应急能力提供重要信息。

每天都有各种不同的突发事件发生，其中绝大多数都是在不知不觉中就过去了，这正是由于负责对这些事件进行应对的组织和系统的有效运作，满足了受影响个人和地区的应急需要，使事件得到有效处置。对于这些被成功处置的事件而言，应急能力经受了检验，其效果是好的。但也有一些事件，由于其影响范围广或损失巨大或者应急处置不当，受到社会的广泛关注甚至引起公众对政府批评与质疑。这种情况说明这些事件的应急准备还不充分，应急能力不足或者没有发挥应有效果。在重特大突发事件发生之后，对事件应急处置过程经验与教训的全面深入评估，是对应急准备最为有效且最有说服力的评估。

应急演练则是在模拟的环境中对应急准备和应急能力的检验与展示。从原理上，一个精心设计、足够真实的演练能够完全测试应急响应活动并评估一个组织在真实事件中表现如何，并且能够在封闭条件下评估每项应急能力或行动。因此，一个预案是否经过演练通常被用作评估其准备程度的间接指标。在实践中，演练对于准备的评估是否有效取决于演练的设计。演练是一种多用途的工具，可以用于多种目的，包括评估、政策开发、个体和组织培训以及多机构协调规划等。通常，演练也被期望起到多重作用，如培训工作人员、帮助制定政策以及评估准备，但这些与目的并不完全相符，可能需要不同的演练设计方案。此外，演练的真实程度也受到许多限制，开展一次完全真实的重大灾难事件演练的代价十分昂贵，不仅在经济上而且在它可能引起的业务中断上。因此，需要采用精心设计的或标准化的方法来从演练中获得数据，以便能从特定的演练情景中尽可能多地获得对准备进行评估的有用的结果。由于大规模演练代价很大，可以经常举行一些小规模的演练来执行响应活动的某些"片断"，如疏散一幢大型建筑物或设施中的人员而不是整座城市。虽然缩小演练规模对于减少其成本和可能引起的业务中断而言是有效的，但其结果的可用性也同样受到限制。一个组织在演练中成功地使用一辆公交车疏散了一幢建筑物中的 50 人，该结果并不能放大千倍，说明它拥有疏散一座拥有 50 000 人的城市的能力。应急演练中的这种人为设计的特点，使得它对于培训或者识别应急准备中的某些缺陷而言是非常有用的，但是对于评估一个组织或者一组响应机构在真实灾难性事件中的表现而言其用处可能有限。

此外，对应急演练和真实事件的应对效果进行评估，总是能够发现这样那样的问题，例如，"如果反应速度更快损失可能会更少""如果有某某资源事情应该能够做得更好"，等等。这些问题对于后续改进而言是重要的，但是如果用来评估现有应急体系的效果可能就不一定合适。因为，理想的效果永远没有止境，关键应该看在有限资源投入下的应急体系是否实现了期望的结果。

2. 应急组织能力评估

在应急能力建设类规划中，有不少规划的建设项目是提升某个或某类应急组织（如应急队伍、指挥中心、监测中心、技术支持中心等）的建设，对这些应急组织的建设成效主要可以从两个方面进行评估，一是从其应具备的应急能力方面进行评估；二是从其综合能力方面进行评估。

（1）应急组织核心能力评估。

根据应急组织在应急管理的预防、减灾、应急准备、监测预警、应急响应和恢复重建各使命领域所履行的职责，确定其应该拥有的核心能力。

对每一项核心能力，可以根据其能力要素配置标准、现状等进行评估。能力要素包括人员、装备、物资、计划、组织领导、培训、演练和评估等。某些应急救援组织的核心能力的构成必须符合一定的标准，例如，《国家危险化学品应急救援队建设规范》（征求意见稿）对国家危险化学品应急救援队的各项能力要素提出了具体要求，因此，在对国家级危险化学品应急救援队进行能力评估时，就可对照该标准检查各项内容是否达到要求，如表 9-2 所示。对于没有标准规范的核心能力，则需要在评估前根据该组织所承担的职责，确定其最低能力要素标准。

表 9-2　国家级危险化学品应急救援队能力要素描述表（示例）

能力名称	危险品泄漏处置和清除能力					
能力描述	承担规划服务区域内及跨区域特别重大和复杂危险化学品事故处置任务，具备危险化学品应急救援人才储备、技术储备、装备储备和救援人员培训与演习训练功能					
能力表现	具有扑灭各种类型火灾的能力，有毒有害气体防护能力，危险化学品堵漏、开孔分流、燃烧排放、起重等工程抢险能力，防化洗消、警戒与疏散能力					
能力构成要素	要素	类别	标准	现状	结果	
	人员	总部人员	≥20人	22人	100%	
		消防支（大）队	≥180人	185人	100%	
		有毒有害气体防护站	≥35人	36人	100%	
		工程抢险队	≥30人	32人	100%	
		防化洗消队	≥15人	16人	100%	
		警戒与疏散队伍	≥15人	16人	100%	
	装备	基础设施	5 670m^2	4 000m^2	70.5%	
		救援技术装备	165台（套）	125台（套）	75.8%	
		气防站装备	288台（套）	200台（套）	69.4%	
		工程抢险装备	135台（套）	135台（套）	100%	
		信息系统	应急终端系统，事故信息、数据视频实时传输系统，应急救援基础信息数据库，辅助决策系统	应急终端系统，事故信息、数据视频实时传输系统，应急救援基础信息数据库	75%	
	物资	器材、药剂	干粉泡沫药剂，油料等	有	100%	
	计划	计划	抢险救援预案 抢险操作手册 行动方案	有	100%	
	组织领导	组织领导	规章制度、决策能力、组织能力、协调能力	有，需加强科学决策能力	80%	
	培训	培训	各类人员的培训要求、人员资质要求	开展了各类培训，90%以上人员满足资质要求	90%	
	演练和评估	演练和评估	每月4次单项演练训练；每季度1次综合性演练	按规定组织开展了演练，演练评估要进一步规范	90%	

(2)应急组织综合能力评估。

对各类组织的能力进行评估一直是国内外研究的热点,特别是各类公益性组织,如社会应急力量和应急技术支撑单位等,为了加强自身能力开发、规范运行,一般可以采用公认的能力评估标准,通过自我评估、同业评估、国际机构认证等方式,对组织的能力进行诊断和认证。例如,中国红十字会及8个省市的红十字会组织从2012年开始采用《国家红会组织能力评估与认证程序》(简称OCAC)标准进行自我评估。OCAC是国际联合会为推动强大国家红会的建设而研究开发的一个诊断式的评估工具,其基本内容是定义了强大国家红会的国际通用标准、评估方式和认证方式,具体来说是把红会的核心能力分解为5个方面、89个具体特征,每个特征分为ABCDE五个等级,共计495个指标。

2014年3月,亚洲基金会在社会资源研究所(SRI)的协助下完成了《中国公益组织能力评估框架》的开发,其目的是开发出一套本土化,更适用于中国公益组织的自我评估工具,以协助中国公益组织进行自我诊断、目标设定、观察变化并激发讨论。该能力评估框架经适当调整后适用于各类应急组织的综合能力评估。

该能力评估框架由三个维度建构而成,即战略、管理和团队能力。战略是组织生存与发展的基础,而管理能力和团队能力都是实现战略的工具。该评估框架的所有评价项目如表9-3所示。该能力评估框架还设定了每项评价指标的详细评分标准:亟须建设(1分);基本具备(2分);表现良好(3分);表现优秀(4分)。每项指标4个等级的含义都有详细说明,具体内容可参见问卷星网站提供的《中国公益组织能力评估框架》自我评估打分网页。

3. 区域核心能力评估

一个区域(省、市、县、乡镇等,或者简称为社区)存在各类不同的突发事件的风险,因此,可以采用基于"情景-任务-能力-目标"的规划方法,来确定该区域需重点建设的核心能力及其能力目标,并将相关应急能力建设纳入区域应急能力建设规划。为检验规划建设成效,应该定期对区域的相关核心应急能力进行评估。

对区域核心应急能力进行评估,一般包括以下三个步骤:

一是确定资源需求,即需要什么样的资源以满足能力目标。

二是检查现有资源水平,即确定区域内可用于提供核心能力的资源。

三是比较现有资源水平和需求,将区域现有资源与满足其目标所需要的资源进行比较,得到资源充足、富余和不足的清单。

(1)确定资源需求。

针对每一项核心能力的能力目标,确定实现该目标所需要的人员、装备、物资、计划、组织领导、培训、演练和评估等能力要素的数量。在分析实现能力目标所需要的资源时,需要考虑以下问题。

1)为使核心能力达到能力目标水平需要什么政策、计划、程序或战略?
2)为使核心能力达到能力目标水平需要什么项目、资金或政策?
3)为使核心能力达到能力目标水平需要什么组织结构、团队和人力资源?
4)为使核心能力达到能力目标水平需要什么设备、物资、设施和系统?
5)为使核心能力达到能力目标水平需要什么培训课程和认证?
6)为使核心能力达到能力目标水平需要什么样的演练?

表 9-3 中国公益组织能力评估框架

评价项目	得分	评价项目	得分
1. 战略		2.3 职能管理	
1.1 愿景、使命、价值观与文化		2.3.1 筹资管理	
1.1.1 愿景		2.3.2 资金管理	
1.1.2 使命		2.3.3 财务内控	
1.1.3 价值观与文化		2.3.4 税务管理	
1.2 组织战略		2.3.5 人力资源规划	
1.2.1 总目标		2.3.6 岗位设置	
1.2.2 总体战略		2.3.7 员工能力描述	
1.3 项目战略		2.3.8 薪酬体系	
1.3.1 计划性		2.3.9 对外沟通与关系维护	
1.3.2 一致性		2.3.10 传播	
1.3.3 创新性		2.3.11 知识管理	
1.3.4 协同性		2.3.12 法务	
2. 管理		3. 团队能力	
2.1 组织架构与领导层		3.1 组织认同	
2.1.1 组织架构		3.1.1 理念认同	
2.1.2 理事会构成		3.1.2 制度认同	
2.1.3 理事会承诺		3.1.3 积极主动	
2.1.4 理事会决策		3.2 员工能力	
2.1.5 理事会监督		3.2.1 技能经验	
2.1.6 理事会支持		3.2.2 核心素质	
2.1.7 监事会监督		3.3 团队支持	
2.1.8 高级管理人员承诺		3.3.1 授权	
2.1.9 高级管理人员领导力		3.3.2 流程管理	
2.2 项目管理		3.3.3 内部沟通协调	
2.2.1 项目设计		3.3.4 激励与奖励	
2.2.2 项目监测		3.3.5 学习培训	
2.2.3 项目评估		3.3.6 团队建设	
2.2.4 项目调整			

对资源的描述应尽可能采用标准化的术语和分类方法。标准化术语与方法的例子包括美国的《国家突发事件管理系统》(NIMS) 中的资源分类和应急管理援助协议 (EMAC) 的任务准备包 (MRP)。这种标准化方法将有利于全社会的各类不同主体之间的合作与支持，因为它提供了一种基于通用标准的方法来识别和跨区域共享所需的资源，从而更便于解决资源的不足。

表 9-4 是一个能力评估工作表的示例，说明一个地区对"搜索与救护能力"进行评估的情况。在该表中列出了所有需要的资源类型，包括有形和无形资源。在"备注"栏中，可以记录信息的来源和必要的解释，以方便用作对照材料或未来的评估。

表 9-4　区域核心能力评估工作表示例

核心能力			搜索与救护能力		
能力目标			在事件发生后的 72 小时内，实施 1000 栋住宅的常规和非常规的搜索与救护 (SAR) 行动		
能力构成要素	要素	类别	资源需求	现有资源	资源差距
	人员	NIMS 分类 Ⅳ 型带搜救犬的 SAR 队伍	3 支	3 支	0
		NIMS 分类 Ⅱ 型垮塌 SAR 队伍	1 支	1 支	0
		NIMS 分类 Ⅱ 型快速水上/洪水 SAR 队伍	1 支	1 支	0
		NIMS 分类 Ⅲ 型城市搜寻和救援 (US&R) 工作组	1 支	1 支（大部分部件）	不足
		公共工程应急队伍	4 支	4 支（其中 2 支来自外部，可能需要 80 小时的响应时间）	不足
		警察	150 名	150 名	0
		公交车（校车）司机	15 名	15 名	0
		残疾人群专业响应人员	5 名	5 名	0
		社区应急志愿者	100 名	50 名	不足
	装备	固定翼航空侦察机	1 架	1 架（Ⅱ型）	0
		救援直升机	2 架	2 架（其中 1 架是通过资源共享备忘录可获得）	0
		公交车（校车）	15 辆	15 辆	0
		高级生命支持救护车	2 辆	2 辆（其中 1 辆来自外部，可能需要 1 小时的响应时间）	不足
		基本生命支持救护车	4 辆	4 辆	0
	物资	器材、药剂、饮用水、食品等	3 天用量	3 天用量	0
	计划	应急预案	1	1（2020 年）	0
		疏散方案	1	1（2020 年）	0
		搜索与救护 (SAR) 方案	1	1（2020 年）	0

(续)

核心能力		搜索与救护能力			
	要素	类别	资源需求	现有资源	资源差距
能力构成要素	组织领导	应急委员会	1	1	0
		应急指挥部	1	1	0
		搜索与救护（SAR）专家组	1	1	0
	培训	SAR 队伍专业培训	按标准	符合	0
		医学进修培训/重新认证	每年 1 次	每年 1 次	0
		公共工程复习培训	每年 2 次	每年 2 次	0
	演练和评估	飓风桌面演练	每年 1 次	每年 1 次	0
		地震桌面演练	每年 1 次	每年 1 次	0
		功能性 SAR 演练	每年 2 次	每年 2 次	0
资源状态概要说明	（1）在设定的时间框架（72 小时）内能够开展 650 栋住宅的 SAR 操作，留下 350 栋住宅的缺口 （2）需要额外的公用事业支持能力以对关键基础设施事件进行响应 （3）需要加快完成对 II 型搜救队伍的建设，并取得相关机构的认证 （4）需要在 24 小时内增加 2 支公共工程应急队伍 （5）需要在 30 分钟之内增加 1 辆高级生命支持救护车 （6）需要增加 50 名社区应急响应志愿人员				
备注	（1）本表参考了美国 FEMA 的《能力估计指南》的相关表格和内容 （2）本表仅是个示例，并没有包括一个社区可能需要的资源的完整清单				

（2）检查现有资源水平。

对于每一项能力目标，社区应使用源于真实事件、评估、规划过程和演练的信息来检查现有资源水平。这种检查可能涉及与全社区的合作伙伴一起，收集和研究各种资源信息。检查结果应该确定提供核心能力的可利用资源，包括对每项资源数量的说明。社区应确保评估结果反映当前的真实资源，并进行诚实的评估，以便揭露当前的不足，并促使这些不足尽快得到解决。在评估过程中需要考虑的因素包括：

1）第一响应者和专业应急队伍到达现场需要多长时间？

2）一个设施（如应急避难场所、医院等）启动运行或扩大其正常能力需要多长时间？

3）志愿者组织在其成员必须回到他们的正常工作岗位之前能够运作多长时间？

4）各类应急队伍成员的资质认证离过期还有多长时间？

5）调动外部资源参与任务和响应需要多长时间？这些行动的发生有什么样的法律要求？

6）私营部门有哪些潜在的资源可以被集成到应急行动之中？

7）有哪些资源可用于支持核心能力？

8）向合格接受者分配资源需要遵守哪些法律规定？

让行业领域专家和实践部门人员参与其中，并回顾过去的演练和现实事件的经验，可以帮助更好地定义和回答这些问题。

（3）比较现有资源水平和需求。

上述表 9-4 中的"现有资源"列，列出了示例社区对"搜索与救护能力"的相关资源进行调查分析后的结果。

在这一步对满足每个能力目标所需资源与现有的资源进行比较，然后检查两者之间的差异。这样的分析，有时也被称为"差距分析"，确定为满足能力目标，哪些资源需要继续维护，还需要什么其他资源，以及是否有些有富余。这一步将得到一份每项能力所需资源是否充足、富余和不足的清单。

以上述示例社区对"搜索与救护能力"资源需求分析为例，表 9-4 中右边的"资源差距"列，列出了相关资源需求与现状对比后得出的资源的不足，在工作表底部的"资源状态概要说明"栏中列出了资源不足的摘要信息。在这个示例中，示例社区尽管拥有所需要的搜救队伍，但部分资源存在不足，不能完全满足能力目标需求。对核心应急能力的评估结果可为制订战略计划、确定应急准备的工作重点、完善预案和程序，以及维持和建立能力的其他手段，甚至整个应急准备工作提供参考。

9.4 应急规划的持续改进

9.4.1 完善应急规划体系

1. 明确应急规划在国家规划体系中的地位

从国家规划体系的角度，我国的规划体系包括发展规划、国土空间规划、专项规划和区域规划四个子体系，并由国家、省、市、县各级规划共同组成。各类规划的基本定位是：国家发展规划是统领，空间规划是基础，专项规划、区域规划是支撑。

本书所介绍的防灾减灾规划、应急准备相关规划、应急响应相关规划、恢复重建规划等应急规划，大多属于国家规划体系中专项规划的范畴；但与城乡总体规划相关的防灾减灾规划和灾后恢复重建规划，则与空间规划存在密切的关系。其他规划中涉及应急避难场所、应急基础设施等方面的建设任务和工程建设项目时，也需要考虑空间布局，并且需要纳入空间规划以提供支撑保障。目前各类应急规划与空间规划之间的关联不是很紧密，有的甚至处于完全割裂的状态。

从各类自然灾害和事故灾难发生的深层次原因来看，大多与基础设施、建筑物、企业生产经营设施等的选址和规划建设存在密切的关系，不合理的开发建设加剧了自然灾害的损失和风险，也是大多数事故灾难风险的源头。

明确应急规划在国家规划体系中的地位，首先要将防灾减灾、安全风险防控纳入国家、省、市、县各级国民经济与社会发展规划总体规划，从全局角度统筹好发展与安全的关系，把防灾减灾、安全风险防控摆在更加重要的位置。其次，要加强应急规划与国土空间规划的紧密衔接，要在国土空间规划中科学划示各类灾害事故安全控制线，划定自然灾害与安全风险控制区，强化对灾害高风险区、重大危险源等的避让和防护，严格落实隔离缓冲或安全距离要求。统筹考虑并适度超前布局城市生命线系统、应急避难场所、救灾物资储备库、应急救援设施、转移安置和恢复重建等各类防灾减灾和公共安全设施，形成完善的防灾减灾救灾和公共安全防护空间体系。最后，各级各类应急规划要衔接、落实和深化国民经济与社会发展总体规划、国土空间规划和区域规划的相关要求。

2. 优化应急规划体系

根据应急管理部发布的《关于做好"十四五"应急管理领域专项规划编制工作的通知》（应急函〔2019〕179号），"十四五"期间，国家层面实行"1+2+N"的应急规划体系，其中"1"是指国家应急体系规划，是应急管理领域的总体规划；"2"是指安全生产规划和防灾减灾规划，是对两大领域的工作任务分别进行的系统部署；"N"是指部门编制的具体专项规划，用以指导重点行业和业务领域的工作，包括矿山安全、消防、防震减灾、防汛抗旱、应急救援力量建设、物资保障、科技创新等。

"十四五"应急规划体系主要是按照应急管理部门的职责分工和机构设置进行分类，存在较大的内容交叉和重复。许多地方为了减少规划工作量，根据各地实际对应急规划体系进行了调整，如不少地方将"1+2"合并为"1"，即将应急体系、安全生产和防灾减灾"三规合一"，仅编制一个综合性应急体系规划。

总体而言，我国还没有形成覆盖预防、减灾、应急准备、监测预警、应急响应、恢复重建全过程的应急规划体系，对规划的定位、功能和作用也不是很清晰，规划编制的方法也还不是很科学合理。建议围绕实现应急管理体系和能力现代化目标，建立完善统筹突发事件全灾种、涵盖应急管理全过程、包容全社会各类主体的应急规划体系，以优化应急管理体系和加强应急能力建设为主要内容，进一步加强应急规划编制、实施和管理的科学性。本书介绍的相关内容可以提供一定的参考和借鉴。

9.4.2 加强应急规划理论与政策指导

目前，我国在应急规划编制方面还存在规划过程不规范、规范编制方法不科学、规划成果针对性与可操作性较差等问题，其根本原因是政策指导不足，主要反映在以下几个方面。

（1）缺少国家层面的总纲性的指导文件。目前我国有关应急规划的国家级指导文件极少，一些部门和地方探索性地提出了一些自己的指导文件，但由于没有总体框架性的文件做指导，这些指导文件不仅粗细深浅不一，而且自成一统，容易造成混乱，并给未来的规范统一以及实际工作中的部门之间、上下之间的协调带来困难。

（2）缺少内容翔实、实用性强的应急规划指南。目前已发布的一些相关指南、导则等文件，出于普适性、通用性等考虑，大多高度概括，文字极为简略，无法给规划人员提供详细的方法上的指导。最终只能以上级部门和单位或其他地区发布的规划文件为蓝本，从内容上进行借鉴，导致规划质量不高。

（3）缺少信息化支持工具。应急规划离不开大量基础数据的支撑，如各种灾害和突发事件的历史数据，应急资源数据，风险评估、战略研究报告，风险地图、规划图纸、规划文件，以及规划过程中积累的各种资料等。对于复杂的风险评估、应急能力评估、应急资源规划等，还需要有专门的应用软件系统的支持。为了实现规划过程的广泛参与，还需要有具备通信、交流、研讨、信息发布等功能的网络信息系统。目前，我国应急规划领域还缺少这类信息化支持工具。

建议进一步加强应急规划理论与方法研究，制定发布应急规划编制指南等指导性文件和重要标准规范；推广应用"风险－情景－任务－能力－目标"的应急准备规划方法，强化公共安全风险评估和突发事件情景构建，并以此为基础分级分类确定应急准备任务和应急能力需求；将应急准备与应急能力建设目标落实到不同层次、不同领域的应急规划之中，统筹全社会的资源、加强应急能力建设；建立统一的应急准备评估系统，收集和积累应急准备相关数据，对应急准备效果进行全面、客观评估，使全社会的应急能力与所面临的风险相适应。

9.4.3 强化应急规划的社会参与

突发事件风险防范与应急管理涉及全社会的方方面面，是全社会的共同责任。目前我国应急准备与应急规划中各类主体之间的关系尚未厘清、职责尚不明确，社会力量和社会公众参与不足，应急管理的社会化组织程度较低，社会公众的防灾避险意识和自救互救能力较弱。建议转变规划理念和做法，在应急规划中真正落实包容性规划理念，通过建立多方参与的应急准备论坛、应急规划委员会、网络社区等多种方式，提供全社会共同参与应急规划的渠道，并加强宣传、教育和培训，明确各类主体的应急准备职责，指导各类主体开展应急准备行动，形成全社会共同参与应急准备的氛围。通过规划明确各类主体的职责、任务、权利和义务，考虑各类主体特别是弱势群体的需求。广泛开展面向公众的应急准备宣传教育活动，引导全社会共同采取行动，提高全社会风险防范意识和自救互救能力，不断提高城乡社区、单位、家庭及个人的应急能力，逐步形成"居安思危、主动预防、积极准备、沉着应对，防灾减灾、人人有责"的应急准备文化氛围。

复习思考题

1. 简述如何确定应急规划的实施责任主体。
2. 简述应急规划实施不同责任主体的主要职责。
3. 简述应急预案培训演练的主要目的。
4. 简述应急预案演练的主要类型。
5. 简述应急预案演练组织实施的主要过程。
6. 简述突发事件预警的概念，预警通常分为几级，分别用什么颜色标识。
7. 作为公众接收到有关部门发布的预警信息后需要做什么？
8. 发生突发事件后是启动应急预案还是启动应急响应？
9. 启动应急响应后，相关指挥机构工作人员通常需要做些什么？
10. 简述数字预案的基本概念。
11. 简述如何实现应急预案的数字化应用。
12. 简述重点项目（工程）建设实施的主要程序。
13. 简述对应急能力进行评估的主要方法。
14. 简述对一个组织（机构、单位）进行应急能力评估的主要方法。

15. 简述对一个区域（行政区域、城市等）进行应急能力评估的主要方法。
16. 简述应急规划在国家规划体系中的地位。
17. 你参与过规划相关活动吗？你认为如何才能增强应急规划的社会参与度？

延伸阅读

[1] 中共中央办公厅，国务院办公厅. 关于建立健全国家"十三五"规划纲要实施机制的意见 [A/OL]. (2016-10-23) [2021-11-30]. http://www.gov.cn/zhengce/2016/10/23/content_5123382.htm.

[2] 国务院应急管理办公室. 关于印发突发事件应急演练指南的通知：应急办函 [2009]62号 [A/OL]. (2009-9-25) [2021-11-30]. http://www.ruzhou.gov.cn/221/28653.html.

[3] 姜卉，姜乃琨. 组织应急管理成熟度模型研究 [J]. 中国应急管理，2011(2): 17-20.

[4] Department of Homeland Security. Threat and Hazard Identification and Risk Assessment (THIRA) and Stakeholder Preparedness Review (SPR), Guide: Comprehensive Preparedness Guide (CPG) 201 [R/OL]. 3th. (2018-05-25) [2021-11-30]. https://www.fema.gov/sites/default/files/2020-04/CPG201Final20180525.pdf.

[5] 问卷星网站. 中国公益组织能力评估框架 [A/OL]. [2021-11-30]. https://www.wjx.cn/jq/105254792.aspx.